Anatomía
del
Alma

Por
Jaim Kramer

Con
Abraham Sutton

Traducido al Español por
Guillermo Beilinson

Publicado por
BRESLOV RESEARCH INSTITUTE
Jerusalem/New York

Segunda Edición 2013
Título del original en Inglés:

Anatomy of the Soul

Para más información:
Breslov Research Institute
POB 5370
Jerusalem, Israel.

Breslov Research Institute
POB 587
Monsey, NY 10952-0587
Estados Unidos de Norteamérica.

Breslov Research Institute
c\o G.Beilinson
calle 493 bis # 2548
Gonnet (1897)
Argentina.
e-mail: abei2ar@yahoo.com.ar

Diseño de Cubierta: Ben Gasner
Revisión del original: Sarah Efrati

Guía para este Libro

Anatomía del Alma explora la descripción Bíblica del hombre "creado a la imagen de Dios". Las ideas principales de este libro han sido tomadas de las enseñanzas del gran maestro Jasídico Rabí Najmán de Breslov (1772-1810) y de su discípulo más cercano, el Rabí Natán (1780-1844). Presenta una descripción de la anatomía humana y de sus paralelos espirituales esenciales, con el objetivo de alentar al lector a actualizar todo su potencial concibiendo al cuerpo como un templo para el alma. Como en la mayoría de los libros de anatomía, hemos seguido la práctica usual de dividir el cuerpo de acuerdo a los sistemas fisiológicos. Sin embargo, dado que es nuestra intención explorar la esencia espiritual de la anatomía humana, hemos debido estructurarlo de acuerdo a nuestro particular punto de vista.

La Parte Uno introduce el concepto de la "anatomía espiritual," tomando la representación bíblica de Adán como el prototipo de toda la humanidad. También trata sobre los conceptos de Adán en el Jardín del Edén, del comer el fruto prohibido del Árbol del Conocimiento del Bien y del Mal, de su subsiguiente expulsión del Jardín y del significado que esto tiene hoy para nosotros.

La Parte Dos detalla la necesidad de que el cuerpo y el alma funcionen juntos en armonía. Trata también sobre la creación de un alma y de un cuerpo, su interdependencia y sus características principales. En esta sección se introducen muchos de los conceptos Kabalistas incorporados a nuestro texto.

En la Parte Tres comenzamos a explorar los sistemas internos del cuerpo. Como quedará claramente demostrado, el carácter de la persona se encuentra enraizado en su sistema circulatorio y digestivo. Examinaremos primero estos órganos y sistemas para comprender cómo es que nuestros rasgos básicos de carácter se desarrollan durante la niñez. Explicaremos, por ejemplo, las raíces de la ira y de la arrogancia y cómo llegan a desarrollarse la avaricia, la gula y la lujuria.

A continuación, y desde la Parte Cuatro hasta la Seis, tratamos sobre los órganos que pueden emplearse para contrarrestar los bajos deseos del hombre. Estos incluyen el sistema nervioso central y los órganos que se encuentran dentro de la cavidad torácica (el corazón y los pulmones - el asiento del intelecto y de las emociones), que contienen los medios mediante los cuales la persona puede aprender a comprenderse a sí misma.

La Parte Siete trata sobre el sistema nervioso periférico, las ramificaciones del intelecto que nos da el potencial para dominar nuestros deseos y sublimarlos para nuestro beneficio espiritual.

En la Parte Ocho, el tópico se centra en los sistemas esquelético y muscular, que nos permiten ascender en la escala espiritual, cada individuo de acuerdo con sus propias y únicas capacidades.

La Parte Nueve trata del sistema reproductivo, juntamente con un acercamiento espiritual a la pureza sexual, las relaciones matrimoniales, la concepción, el embarazo y el nacimiento.

Finalmente la Parte Diez trata respecto de por qué Dios consideró necesario crear al hombre con un cuerpo físico y con necesidades fisiológicas, sobre el propósito de la muerte y la idea de la recompensa final, el Mundo que Viene, el cual *puede* experimentarse inclusive en Este Mundo, simplemente dirigiendo nuestros esfuerzos hacia la superación de la búsqueda de lo material.

El Apéndice A es una lista, tomada del *Sefer Jaredim*, donde se detallan las mitzvot específicas asociadas con los diferentes órganos. El Apéndice B define cuáles características del hombre se encuentran enraizadas en cada *Sefirá* determinada, para poder ser capaces de buscar la propia imagen Divina, tal y como se encuentra citado en el *Tomer Dvora*. El Apéndice C contiene diagramas y una ayuda visual para ilustrar los conceptos Kabalistas introducidos en nuestro trabajo.

* * *

Índice

Prefacio

"Y todos mis miembros declararán, 'Señor, ¿Quién es como Tú?'" (Salmos 35:10).

"Envidio a la persona sinceramente religiosa. Puede parecer que también ella tiene manos, pies y un cuerpo como cualquier otra persona, pero en realidad es mucho más que eso. Pues un hombre sinceramente religioso es de hecho infinitamente precioso" (*Sabiduría y Enseñanzas del Rabí Najmán de Breslov* #14).

El Rebe Najmán de Breslov (1772-1810) fue un importante maestro Jasídico de finales del siglo XVIII y principios del siglo XIX. Su *magnum opus* es el *Likutey Moharán*, una obra en dos volúmenes que comprende más de cuatrocientas lecciones. Reconocida por los más importantes estudiosos del mundo, desde los maestros Jasídicos y líderes religiosos hasta los estudiosos universitarios, esta obra es una colección magistral de discursos que abarcan todo el espectro de la literatura de la Torá. El material presentado en *Anatomía del Alma* ha sido tomado principalmente del *Likutey Moharán*, de algunas de las conversaciones del Rebe Najmán y del *Likutey Halajot*, la obra del Rabí Natán (1780-1844), uno de los más cercanos discípulos del Rebe Najmán.

La Biblia, el Talmud y el *Zohar* están repletos de historias de personas que superaron las circunstancias materiales y que llegaron incluso a dominar su cuerpo físico. De este modo llegaron a ser dignas de santificar su materialidad, transformándose en "carrozas" o "templos" de la presencia de Dios en el mundo. En las enseñanzas del Rebe Najmán es posible encontrar, más que en ninguna otra parte, una enorme riqueza de material que explica cómo dominar y trascender lo físico. Así y desde la primera lección del *Likutey Moharán*, cada discurso incluye una disertación sobre alguna parte de la anatomía humana, describiendo el poder espiritual inherente a cada órgano.

El Rebe Najmán lo expresó de una manera absolutamente clara: *Todos* - no importa quiénes sean - pueden, de acuerdo al esfuerzo que le dediquen, comenzar a efectuar un cambio inmediato en sus vidas. *Pueden* ascender en la escala espiritual y recibir una iluminación aún mayor. Uno de los conceptos singulares expresados a lo largo de las enseñanzas del Rebe Najmán es el principio de que las funciones del cuerpo físico y de su contraparte en el alma se encuentran inextricablemente interconectadas y, como veremos, los paralelos entre el cuerpo y el alma son verdaderamente asombrosos. Las enseñanzas del Rebe Najmán abarcan desde lo mundano a lo sublime, presentando la anatomía humana como un reflejo de lo espiritual y mostrando cómo es posible alcanzar rasgos verdaderamente espirituales. Muchas de las ideas del Rebe, una vez explicadas, parecen tan simples que uno se pregunta cómo es que nunca antes había pensado en ellas.

La interfase entre los conceptos espirituales y físicos es algo extremadamente difícil de explicar a un lector que sólo tiene un limitado conocimiento de las enseñanzas Kabalistas. Así, agradecemos profundamente a Moznaim Publishers de Brooklyn, New York, quienes nos han dado el permiso de citar del libro *Innerspace* del Rabí Arie Kaplan. La capacidad del Rabí Arie Kaplan para presentar los conceptos más esotéricos en términos simples nos ha ayudado grandemente en nuestro trabajo.

Mi más profunda apreciación a Abraham Sutton, quien examinó, diagnosticó, operó y trató con éxito la enferma anatomía del manuscrito original. Su capacidad única para llegar al corazón de la "materia" extrajo la "forma" de este libro.

Gracias de todo corazón a C. Safran, S.C. Mizrahi, S. Brand y C. Raphael por revisar y editar esta obra. Incomprensible como era el "cuerpo" de mi presentación, fue notable su capacidad para alcanzar el "alma" del tema. Que Dios les confiera Sus bendiciones, a ellos, a sus anatomías y a sus familias para salud y prosperidad. Muchas gracias a los doctores Raphael Rosen y Robert Friedman. Su guía y sugerencias han sido invalorables. Gracias al doctor Noaj Bittelman por su explicación de la medicina oriental. Gracias también a mis colegas del Breslov Research Institute por su paciencia y asistencia en hacer que este libro tuviese su "proceso de purificación," haciéndolo potable al lector.

Una especial y profunda gratitud a Seymour Stein quien me apoyó a lo largo de muchos años. Nuestra relación lleva varias décadas, desde que Seymour fuera alumno de mi suegro el Rabí Zvi Arie Rosenfeld, *zal*, y sus padres me han mostrado su bondad y amistad. Su profunda dedicación y constante contribución al Breslov Research Institute, han permitido que esta obra, junto con muchas otras, llegara a completarse. Afortunados somos de su sincero entusiasmo y honesta dirección, propias de un real amigo. Que Dios haga descender Su bondad sobre él y su familia, en el mérito del Rebe Najmán por quien Seymour ha sacrificado tanto, para salud y prosperidad y que sus queridos padres reciban verdadera *najas* de Seymour, su hermana Ann y de todos sus descendientes, Amén.

Y a mi esposa, a quien agradezco, pues aunque ha sido "tomada de mi costilla," se ha mantenido sin embargo fielmente a mi lado. Cuando comencé este libro ella enfermó y requirió muchos meses de convalecencia. Agradezco a Dios Quien, en Su infinita bondad le ha devuelto la salud. Este libro es así una expresión de mi aprecio al intentar devolver el gran favor que Dios nos ha mostrado, presentando las enseñanzas del Rebe Najmán sobre la anatomía. Que la sabiduría del Rebe sea nuestra guía mientras anhelamos y buscamos la Divinidad, hasta que merezcamos experimentarla.

Al hablar de lo valiosa que es una persona sincera, el Rebe Najmán concluye: "Aunque el deseo por la espiritualidad es muy grande, esto no es suficiente. Uno debe anhelar continuamente hacer que este buen deseo fructifique. Entonces, aunque la persona no pueda completar su tarea, aun así, sólo con su buen deseo ha logrado algo muy valioso" (*Sabiduría y Enseñanzas del Rabí Najmán de Breslov* #14). También enseñó el Rebe Najmán que el alma está siempre encontrando nuevas y maravillosas delicias espirituales. La persona debe tener compasión de su cuerpo y compartir con él los logros de su alma (*Likutey Moharán*, I, 22:5).

Que Dios nos dé la claridad para anhelar y esperar el logro espiritual, iluminando nuestros cuerpos con los logros del alma. En virtud de esto, que la paz llegue al mundo, y merezcamos ver la Llegada del Mashíaj, el Retorno de los Exiliados y la Reconstrucción del Santo Templo, pronto y en nuestros días, Amén.

Jaim Kramer
Jerusalem, *Tevet*, 5758

Parte Uno

El Alma de la Anatomía

1

"A la Imagen de Dios"

La tradición Midráshica y Kabalista dice que cuando existía la profecía, la existencia de Dios era mucho más evidente que hoy en día. Dios hablaba en el corazón del hombre, el cielo estaba en la tierra y el espíritu permeaba la materia. La verdad es que esto aún sigue siendo así. El hombre aún se encuentra conectado con Dios, la tierra aún está conectada con el cielo y la materia aún se encuentra plena de espíritu o energía. Más aún, hoy se sabe también que la materia es indudablemente otra forma de energía. Pero este fenómeno se encuentra profundamente oculto y la humanidad busca desesperadamente una manera de volver a conectarse con Dios.

¿Qué conecta a Dios con el hombre, al cielo con la tierra y al espíritu con la materia? ¿Existe un puente hacia Dios? ¿Hay una escalera con la que podamos subir al cielo y traer de retorno su luz a nuestras vidas?

Existe un puente y una escalera. La Torá.

¿Qué es la Torá?

La Torá es el documento escrito que fuera recibido y transmitido por Moisés en el Sinaí hace algo más de 3.300 años. También es la tradición oral que acompaña a ese documento y que incluye las instrucciones para comprender el significado básico de la Torá (pues es un texto extremadamente conciso que dice mucho más de lo que aparenta) y para cumplir con sus mandamientos.

La Torá Oral se ensambla con la Torá Escrita de cuatro

formas primarias codificadas en la palabra hebrea *Pardes*. *Pardes* es el origen de la palabra castellana *Paraíso*, que hace referencia al Jardín del Edén. *PaRDeS* es también un acrónimo de los cuatro diferentes niveles de comprensión de la Torá: *P'shat* (el significado simple), *Remez* (alusión), *Drush* (significado homilético), *Sod* (Kabalá; el significado secreto). Estos cuatro niveles componen las llaves necesarias para entrar al Paraíso de la Torá.

Mediante estas cuatro llaves, la Torá se abre y revela no sólo sus propios secretos, sino también los secretos del universo, los secretos de la materia (del espacio), de la historia (del tiempo) y del hombre (el alma y la conciencia). Si deseamos ir más allá de las apariencias y examinar los misterios de la creación y de la existencia humana, la Torá es el lugar indicado. Esto se debe a que la Torá precedió a la creación del Universo. En verdad, la Torá es nada menos que una luz de lo que llamamos la Mente de Dios. Es la Unión conceptual entre Él y Su mundo, entre Él y nosotros.

*

Torá y Anatomía

"Ésta es la Torá, el hombre..."

Números 19:14

Es bien sabido que la Torá contiene 613 *mitzvot* (mandamientos; plural de *mitzvá*) (*Makot* 23b). La raíz del significado del verbo *LeTZAVot* (ordenar) es "unir". Cuando cumplimos con una *miTZVá* nos unimos, nosotros y el mundo que nos rodea, con Dios.

Las 613 mitzvot se dividen en 248 mandamientos positivos y 365 prohibiciones. Estos mandamientos abarcan todos los aspectos de nuestra relación con Dios, con nuestros congéneres y con toda la existencia. Mediante estos mandamientos, Dios provee las herramientas necesarias para que el hombre pueda conectarse con Dios y llevar a toda la creación hacia su perfección final.

También la forma humana tiene 248 miembros,

correspondiendo a los 248 mandamientos positivos de la Torá y 365 tejidos conectivos, venas o tendones, correspondientes a las 365 prohibiciones de la Torá (*Zohar* I, 170b). Así el hombre fue diseñado sobre el modelo de la Torá. No sólo su alma, sino también el mismo cuerpo que aparentemente le impide elevarse por sobre las limitaciones físicas de este mundo, es en sí mismo "una Torá". Mediante esta conexión, el hombre es capaz de utilizar todo lo que hay en el mundo para reconocer y servir a Dios con su cuerpo. Con su alma puede ascender más allá del mundo material y entrar al ámbito de lo espiritual. Con su cuerpo puede canalizar lo espiritual haciéndolo descender hacia lo material, creando la perfección de lo que se espera que sea la vida humana sobre la tierra.

La Torá es la conexión que le permite al hombre lograr este objetivo. Escribe el Rabí Natán sobre la conexión entre la Torá y el cuerpo del hombre:

> Para que un médico pueda curar deberá tener un conocimiento completo de la anatomía humana. Deberá conocer todas las partes del cuerpo - los miembros, arterias, venas, etcétera. Deberá saber cómo es que cada órgano se encuentra interconectado con los demás y cómo uno depende del otro. Deberá saber cómo cada órgano puede ser afectado por los otros. Entonces y sólo entonces, podrá el médico comprender la naturaleza de la enfermedad que desea curar. De la misma manera, la Torá es un cuerpo de leyes donde cada mitzvá individual representa un "órgano" de ese "cuerpo". Para poder comprender el verdadero valor de la Torá la persona deberá conocer su "anatomía" - sus leyes e ideales - cómo es que cada mitzvá se encuentra interconectada con las otras, como parte individual e integral de toda la Torá (*Likutey Halajot, Rosh Jodesh* 5:6).

El Rabí Natán continúa su discurso explicando los paralelos entre la "anatomía" de la Torá y la anatomía humana. Este es un tema muy importante de la Kabalá, que describe la conexión entre ciertas partes del cuerpo y determinadas mitzvot. El Rabí Natán escribe en otro lugar que aquél que comprende los escritos del Zohar y del Ari sabe que todos los misterios de la Kabalá se refieren a esto (*Likutey Halajot, Minja* 7:22). Dos de los trabajos mencionados en este libro, *Sha'arey Kedushá* y *Sefer Jaredim* tienen éste como su tema principal (ver también Apéndices A-B).

*

    Aunque sea material, la forma humana corresponde a la Torá y refleja los más altos niveles de espiritualidad. Cada parte del cuerpo corresponde a un concepto espiritual diferente, a una mitzvá diferente. Cada órgano y cada vena contienen su propio poder espiritual. Si son controlados, estos poderes pueden elevar al hombre por sobre la forma material que alberga su alma. Moisés es el paradigma de esta elevación. Él purificó su cuerpo físico al punto en que su corporeidad se transformó en espiritualidad. La Torá es testigo de esto cuando relata que Moisés ascendió a los cielos y allí estuvo durante cuarenta días y cuarenta noches sin comer ni beber (Deuteronomio 9:9). Otro versículo afirma, "Esta es la bendición con la cual Moisés, el *hombre de Dios*, bendijo al pueblo de Israel (*Ibid.*33:1). Moisés es llamado "hombre de Dios" porque logró transformar su cuerpo físico en un templo Divino para su espíritu (*Devarim Rabah* 11:4).

    Así está escrito (Exodo 34:30), "Cuando Moisés descendió del Monte Sinaí con las dos Tablas del Testimonio en sus manos... No supo que la piel de su rostro se había vuelto luminosa pues [Dios] había hablado con él. Cuando Aarón y todos los hijos de Israel vieron que la piel del rostro de Moisés brillaba con una luz muy grande, tuvieron temor de acercarse a él".

* * *

2

En el Jardín del Edén

Uno de los primeros pasos que podemos dar hacia la verdadera espiritualidad es llegar a ser más conscientes del significado espiritual de la anatomía humana. Para ello debemos primero reconocer la grandeza del alma y aprender cómo es que se relaciona con el cuerpo.

El Zohar (III, 105a, 281a; *Tikuney Zohar* 26, p.72a) dice que el alma se encuentra muy por encima del cuerpo y que éste es llamado un "zapato" respecto del alma. Sólo la más baja extremidad del alma "calza" en el cuerpo. Mediante nuestro deseo de acercarnos a Dios, con nuestros pensamientos, emociones, palabras y acciones, podemos hacer descender de nuestra propia alma iluminaciones cada vez más grandes. De esta manera, todos tenemos la capacidad de hacer que nuestro cuerpo físico sea una carroza o un templo para las partes más elevadas del alma, tal como lo hizo Moisés.

El cuerpo humano no siempre fue tal cual lo conocemos hoy. El cuerpo de Adán era un cuerpo de luz e irradiaba Divinidad (*Bereshit Rabah* 20:12). Era tan asombroso que los ángeles se confundieron y hasta pensaron en adorarlo (*ibid.* 8:10). Incluso luego de haber pecado, siguió siendo un ser espiritual envestido en un cuerpo físico, irradiando espiritualidad. Pero, con respecto a su nivel anterior al pecado y, de más está decir, con respecto al nivel que se suponía que debía haber alcanzado, sus acciones produjeron un ocultamiento de la Luz de Dios. Su cuerpo de luz (*kotnot or*, donde *or* se deletrea *alef-vav-resh*), que revelaba el alma, ahora la encerraba en un cuerpo de piel y cuero (*kotnot or*, donde *or* se deletrea *ain-vav-resh*) que oculta el alma (*ibid.* 20:12).

Luz (*or* con *alef*) y piel (*or* con *ain*) corresponden a los dos árboles específicos del Jardín del Edén. Está escrito en la Torá (Génesis 2:8-9), "Y el Señor Dios había plantado un jardín en Edén, al oriente, y puso allí al hombre que había formado. Y el Señor Dios había hecho brotar del suelo toda suerte de árboles gratos a la vista y buenos para comer y también el árbol de vida en medio del jardín y el árbol del conocimiento del bien y del mal". Poco después de esto se registra la advertencia de Dios (*Ibid.* 2:17), "Mas del árbol del conocimiento del bien y del mal, no comerás, porque en el día que de él comieres, ciertamente morirás".

La Torá afirma explícitamente que Adán recibió la orden de no comer del Árbol del Conocimiento. De acuerdo con la Kabalá, la prohibición incluía el Árbol de Vida, pero sólo hasta la puesta del sol, la llegada del primer Shabat (cf. *Sefer HaLikutim* #3, p. 25-27). Desde ese momento, comer del Árbol de Vida se habría transformado en una mitzvá. Y una vez que Adán hubiera comido del Árbol de Vida, también se le habría permitido comer del Árbol del Conocimiento, pues habría alcanzado la capacidad de elevar el Árbol del Conocimiento de retorno hacia su fuente en el Árbol de Vida (pues los niveles superiores siempre incluyen a los inferiores).

Así, Dios colocó a Adán en el Jardín con estos dos árboles, para darle la oportunidad de alcanzar la más elevada espiritualidad. Ambos árboles fueron creados por Dios, pero, como todo en la creación, Dios los diseñó para que representasen energías potencialmente opuestas o potencialmente complementarias - dependiendo del uso que el hombre hiciera de ellos. El Árbol de Vida correspondía al alma, a la espiritualidad. El Árbol del Conocimiento del Bien y del Mal correspondía al cuerpo, específicamente a la potencialidad del cuerpo para revelar el alma e irradiar su santidad, o para ocultar y empañar el alma. La misión de Adán era transformar el Árbol del Conocimiento en el Árbol de Vida, irradiar el cuerpo con el *or* (luz) del alma. En lugar de ello, Adán hizo que el alma fuera oscurecida por el *or* (piel) del cuerpo (ver *Likutey Halajot, Orlá* 4:2).

Adán fue creado con la habilidad de discernir entre el bien y el mal. ¿Por qué, entonces, fue tentado por el mal? Él anhelaba su fuente espiritual. Quería conocer a Dios y discernir Su presencia en todo y a través de todo, inclusive a través del mal.

Pero el hombre era impetuoso y sutilmente engreído. Si sólo hubiera percibido la experiencia de la tentación como una oportunidad para aferrarse a Dios, para anhelar y clamar a fin de ser salvado de la tentación... Si sólo hubiera visto a Dios oculto en el dolor de esa tentación, percibiendo el Árbol de Vida oculto dentro del Árbol del Conocimiento...

Pero no, la conciencia de Dios que había estado esperando ser realizada ahora se vio activamente restringida. Adán perdió su exaltado nivel de profecía. Separado de los niveles más altos de su alma, experimentó entonces la sensación de la "muerte" - "porque en el día que de él comieres, ciertamente morirás". Desde ese momento, ha sido la misión del hombre buscar lo espiritual y retornar a su nivel original (ver *Hagadá de Breslov*).

*

El alma es la esencia del hombre. Si Adán no hubiera pecado, el hombre habría sido capaz de vivir una vida puramente espiritual - una vida llena de alegría, de satisfacción y de pureza. Habría vivido para siempre - la muerte fue decretada recién después de que pecara. Habiendo sucumbido a sus deseos físicos, cayó de su nivel, fue expulsado del Jardín del Edén y la Espada Giratoria le impidió retornar (Génesis 3:24). Nosotros, sus descendientes, debemos pagar el precio por sus acciones. Este precio es el constante conflicto entre las necesidades del cuerpo y los deseos y anhelos del alma.

El conflicto entre cuerpo y alma se encuentra hermosamente ilustrado en uno de los cuentos clásicos del Rebe Najmán, "Los Niños Cambiados". Esta historia comienza cuando la reina y su sierva dan a luz a sus respectivos hijos. La comadrona cambia a los niños, de modo que el hijo de la sierva crece como un príncipe mientras que el príncipe es criado en la casa de la sierva. Al correrse el rumor de que los niños habían sido intercambiados en su nacimiento, el usurpador expulsa al príncipe de su reino. Este recorre el mundo, dejándose llevar por los deseos de su corazón, pero eventualmente comienza a reflexionar sobre su situación y a cuestionarse su forma de vida. "Si no soy el príncipe, ¿por qué me expulsaron del reino? Y si realmente soy el príncipe, ¿es correcto que esté viviendo una vida así?" El príncipe comienza a buscarse a sí mismo - a su verdadera identidad - y eventualmente llega a ser rey de un reino mucho más grande que aquél que había tenido originalmente. En una interesante vuelta de la historia, el siervo, que había sido criado como príncipe, se vuelve siervo del príncipe (el cuento completo se encuentra en *Los Cuentos del Rabí Najmán*).

El Rabí Natán comenta que la Espada Giratoria que le impide a Adán volver a entrar al Jardín del Edén corresponde a los *Heijalot HaTemurot*, las "Cámaras de los Intercambios". En estas Cámaras uno se enfrenta constantemente con conflictos entre el bien y el mal, entre la luz y la oscuridad, entre lo dulce y lo amargo (cf. Isaías 5:20), y cada aspecto se presenta a sí mismo como la elección correcta. En síntesis, estas Cámaras están representadas por nuestros conflictos respecto a la vida misma - ¿debemos seguir una vida material o una vida espiritual? El mal se presenta como bueno, lo que es verdaderamente oscuro se muestra brillante y correcto y lo que es amargo puede volverse dulce y maravilloso. ¿Acaso lo material es malo? ¿Acaso lo corporal puede ser bueno? ¿Es lo espiritual demasiado amargo al paladar o puede la experiencia espiritual ser dulce?

El Rabí Natán explica que la oscuridad que reina en estas Cámaras, la confusión entre lo correcto y lo incorrecto, está simbolizada por el intercambio entre el príncipe y el siervo. Es esta oscuridad la que lleva a los conflictos entre Itzjak e Ishmael, entre Iaacov y Esaú, entre Iosef y sus hermanos, entre los Judíos y las Naciones; y es la fuente de la constante batalla entre el cuerpo y el alma.

Al comer del Árbol del Conocimiento del Bien y del Mal, Adán descendió dentro de estas Cámaras y cambió lo que era verdaderamente bueno - una vida de eterna delicia espiritual -

por la vida material temporal de la que depende ahora nuestra existencia. La misión del hombre es buscar la espiritualidad y discernir entre el bien y el mal, de modo que pueda finalizar su exilio personal y volver a entrar al Jardín. Esta es la constante lucha de cada alma, en cada generación.

A menudo, el alma - tan elevada en su fuente - asume la identidad de su entorno material. Se somete a él y se vuelve cautiva de las pasiones materiales que gobiernan en ese momento, tal como el príncipe del cuento. El alma olvida entonces por completo su origen real, quedando atrapada en la corporeidad y engañándose a sí misma sobre la verdad de su existencia.

Pero ¿es así como debe ser?

* * *

Parte Dos

Cuerpo y Alma

3

Dios y el Alma

Hemos visto en nuestro Prefacio que, de acuerdo con el Rebe Najmán, las funciones del cuerpo físico y de su contraparte en el alma se encuentran totalmente interconectadas. El Rebe Najmán percibió el alma en cada aspecto de la anatomía. Todo su acercamiento al cuerpo fue por lo tanto espiritual en el sentido de la Kabalá. Es por ello que este capítulo estará dedicado a presentar el antecedente Kabalista de muchas de las enseñanzas que serán mencionadas en esta obra.

La palabra *kabalá* significa "recibido". Designa un cuerpo de conocimientos que ha sido recibido de manera profética y cuidadosamente trasmitido de generación en generación. Uno de los axiomas básicos de la Kabalá es que todo el ámbito físico es un paralelo de la dimensión espiritual. De hecho, uno de los significados de la palabra *KaBaLá* es *haK'BaLá* que significa "paralelismo" o "correspondencia". Esto sigue la antigua enseñanza Kabalista, "Como arriba, así es abajo; como abajo, así es arriba". Para poder comprender este principio, el estudio de la Kabalá comienza desarrollando la comprensión y manejo de un complejo sistema de correspondencias. Estas correspondencias no deben ser pensadas como mecánicas. Ellas nos permiten más bien una percepción interior de las relaciones que gobiernan la existencia y nos llevan hacia la raíz y fuente de lo múltiple en el Ser Infinito Mismo, Quien creó y continúa manteniendo todo el holograma interdimensional que llamamos "Universo".

Comenzaremos entonces nuestra revisión del sistema Kabalista con una mirada a Dios Mismo, la Fuente unitaria de toda existencia. Seguiremos con una exposición de los cuatro (que en realidad son cinco) niveles del Tetragrámaton, los cinco niveles del alma, los cinco universos y los cinco elementos del mundo físico. Luego, mostraremos la relación de las Diez *Sefirot* con todo lo anterior.

*

Dios y Sus Nombres

> ¡Señor de los mundos! Tú eres El Oculto Cuya Unidad es infinita y absoluta y por tanto indivisible.
>
> (*Petijat Eliahú, Tikuney Zohar* segunda introducción)

No es casual que el principio de la indivisible Unidad de Dios se encuentre al comienzo del *Tikuney Zohar*, uno de los más importantes textos Kabalistas. La primera afirmación de Eliahu (el Profeta Elías) se presenta así como señal de advertencia para todo aquel que quiera comprender Quién y Qué es Dios. A diferencia de todo lo que Él ha creado, Dios Mismo no está sujeto a las leyes de la división, de la categorización, de la cuantificación y de la calificación, que caracterizan Su creación. Él trasciende todas las dicotomías, las polaridades y las paradojas. Todas ellas son parte de la Creación. Dios trasciende a la Creación. Él se encuentra fuera del "sistema" que creó. Él no puede ser juzgado por sus reglas y no está sujeto a ellas.

Esta naturaleza bipolar de la realidad se encuentra aludida en la afirmación Talmúdica (*Baba Batra* 74b), "Todo lo que el Santo, bendito sea, creó en Su mundo, lo creó masculino y femenino". "Masculino y femenino" se refiere primariamente a pares de opuestos conceptuales tales como el cielo y la tierra, trascendencia e inmanencia, revelación y ocultamiento, misericordia y justicia, omnisciencia Divina y la libertad de elección del hombre, el día y la noche, el sol y la luna, el alma y el cuerpo, el mundo que viene y este mundo, etcétera. Nuestra experiencia y percepción de Dios implican una cantidad de estas dicotomías básicas o paradojas subyacentes al sistema de la creación y que sólo existen desde nuestro punto de vista, desde el punto de vista del sistema mismo. Ello no define a Dios, sino al doble lente a través del cual nosotros Lo percibimos a Él. En palabras del Maharal de Praga (*Derej Jaim* p.14b), "La intención [del Talmud (*loc.cit.*)] es que el universo fue creado de acuerdo al principio de los opuestos. La Unidad del Santo Nombre, sin embargo, es absolutamente única".

Esto también es lo que el Salmista quiso decir cuando cantó (Salmos 113:4-6), "El Señor, más allá de la concepción de todas las naciones; sobre los cielos, Su gloria. ¿Quién es semejante al Señor, nuestro Dios, Quien se sienta en las alturas, Quien baja la mirada para ver en el cielo y en la tierra?

La tradición Kabalista es inequívoca. Dios Mismo se encuentra más allá de toda descripción. Él es llamado *Ein Sof* (El Infinito) pues no existe una categoría finita con la cual podamos describirlo o describir Su Esencia. Sólo es Su Luz, la luz del *Ein Sof*, la que fluye en forma restringida a través de todo el sistema de *Olamot* (Universos). Como veremos, el término *OLaM* deriva de la raíz *ELeM* o *he'ELeM*, "escondido" u "oculto". Dios es *Melej HaOlam*, "El Rey del Universo" o "El Rey que Se oculta en Su mundo". Todos los universos que Dios creó son sólo pantallas que filtran la poderosa radiación de Su Luz Infinita. Llamamos a estos filtros de maneras diferentes - Nombres Divinos, *Sefirot*, Mundos, Universos, Dimensiones, o, en conjunto, la Dimensión Espiritual.

Pero, nuevamente, ¿por qué necesitamos un sistema de canales, una dimensión espiritual, entre nosotros y el Infinito? ¿Por qué no podemos relacionarnos directamente con Dios? Porque la energía sería demasiado caliente - como un reactor atómico. Es imposible conectar una lámpara al reactor, a menos que uno quiera que se desintegre. Se necesita una estación reductora del poder eléctrico de modo que pueda utilizarse y no sea dañada.

Ein Sof es El Infinito, con E y con I mayúscula. Por definición, *Ein Sof* excluye la existencia de lo finito. Para que algo más pueda existir, para que el mundo y todo lo que contiene, incluidos todos nosotros, pueda existir, el *Ein Sof* hubo de crear un sistema gradual descendente. Este sistema es como una estructura limitativa o una escala, o, como lo llaman los Kabalistas, un sistema de "vestimentas" que ocultan y disminuyen gradualmente la luz de Dios. La más elevada de estas "vestimentas" es el Nombre *IHVH* (pronunciado *Iud-Kei-Vav-Kei* o *HaVaIaH*, pues está prohibido pronunciar el Tetragrámaton tal cual se escribe).

Antes de continuar con este Nombre, veamos la diferencia entre Dios y Sus Nombres. Es un hecho que tenemos diferentes relaciones con diferentes clases de personas. Tenemos un padre y una madre. Tenemos cónyuges y amigos y maestros. A veces incluso tenemos diferentes nombres para la misma persona dependiendo de las circunstancias. Esto se debe a que tenemos diferentes relaciones con la misma persona. Dependiendo de la situación en la que nos encontremos, formal o informal o incluso en un ambiente íntimo, podemos llegar a llamar a la misma persona de diferentes maneras. Esto puede llevar incluso al uso de diferentes inflexiones de nuestra voz. A veces no importa lo que decimos sino cómo lo decimos. En términos generales, a medida que más nos involucramos con alguien, le hablamos de manera diferente y los nombres e inflexiones se vuelven más íntimos. Por ejemplo, si uno se encuentra con una persona llamada Martín Cohen, lo llamaría Sr. Cohen en un ambiente formal. Al conocerlo mejor, le diríamos Martín y más tarde quizá Martincito; entonces habríamos llegado al nivel en el que ya no existen nombres. Vale decir, aunque el nombre de la persona es algo muy profundo, ¿podemos decir que él o ella son su nombre?

Lo mismo ocurre con Dios. Un versículo de los Salmos dice (65:2) *"Lejá dumiá tehilá* - Para Ti, el silencio es alabanza". Decimos de Dios que es "nuestro Rey," "nuestro Padre". En el Zohar llegamos incluso a llamarlo "nuestro Abuelo". Moisés llama a Dios "Aquel del Rostro Largo". Dios Mismo le dice a Moisés que Él es *Ehié Asher Ehié* - "Seré El que Seré," "Soy lo que Soy," o "Yo soy Aquél Cuya existencia sólo puede ser expresada como Siendo". Daniel Lo llama "El Anciano de Días". Nosotros llamamos a Dios "Misericordioso y Bondadoso, Sabio y Recto". Lo llamamos *"Adonaí"* (Señor); *"Elohim"* (Gobernante o Juez); *"Shadai"* (el Todopoderoso). En el nivel más profundo Lo llamamos *"HaVaIaH"*, el Ser mismo y el Ser que trasciende espacio y tiempo, El Que fue, es y será eternamente, Quien está por encima y más allá de toda concepción, la Fuente de toda la existencia. Todos estos nombres expresan diferentes interacciones de Dios con Su creación.

Aunque todos estos nombres son muy profundos, Dios es más que el nombre con el cual Lo podemos llamar. Pues hasta el más exaltado de los nombres es finito en comparación con la Luz Infinita que le da vida. Un nombre es una creación que expresa una relación determinada, que crea la posibilidad de una relación entre Dios y aquello que Él ha creado. Dios Mismo, el Infinito, está más allá - Él trasciende toda relación. Por esto "*Lejá dumiá tehilá* - Para Ti, el silencio es alabanza". De modo que cuando decimos o pensamos o meditamos sobre un Nombre Divino, estamos relacionándonos esencialmente con Dios, El Infinito, a través de este Nombre. Como dice el Zohar (II, 42a), estos Nombres Divinos son como canales o conductos a través de los cuales fluye el agua. La única diferencia es que un canal físico existe aunque no corra el agua a través de él. Estos canales Divinos, y todo el resto, no existirían ni un solo momento si se detuviese el Divino flujo de energía.

Descendamos un poco. Uno de los axiomas más importantes del Judaísmo es que Dios es Uno. Dice la Torá (Deuteronomio 6:4), "*Shemá Israel, Adonai Eloheinu Adonai Ejad*". Este es el *Shemá*. Decimos estas palabras por lo menos dos veces al día. Ellas se encuentran entre las primeras palabras que aprende el Judío y entre las últimas que murmura antes de morir. En el marco de las puertas de toda casa Judía hay una *mezuzá* proclamando estas palabras. Ellas están en los *tefilín* que diariamente acercamos a nuestro corazón y a nuestra mente. Todos ellos proclaman este principio básico del Judaísmo.

Lo que esto nos dice es que todas las cosas provienen de la Fuente Una y Unica. Toda la creación esta Unida por Dios. Existe Una sola Fuerza unificadora en el universo, Dios, el *Ein Sof*. La Torá nos dice (Deuteronomio 4:39), "Conoce hoy y pon en tu corazón que *IHVH Hu HaElohim* [Dios es el Supremo Poder], en los cielos arriba y sobre la tierra debajo; y no hay ningún otro".

Abre un *Jumash* hebreo (los Cinco Libros de Moisés) o un *sidur* (libro de oraciones) y contempla el nombre *IHVH*. Como se dijo, no lo pronunciamos tal cual está escrito. Esto también nos enseña algo - que el Nombre más elevado de Dios y más aún Su Infinitud, la cual permea este Nombre, se encuentra más allá de nuestra posibilidad de comprensión. *IHVH* es el Santo de los Santos de la existencia. Contiene el secreto de la relación de Dios con los mundos que Él creó. Al no decir el Nombre y al no pronunciar siquiera sus letras en voz alta, reconocemos esta santidad. Reconocemos que si hay algo en el mundo que no debe ser mal usado es la Esencia misma del ser y de la Existencia, el Santo Nombre de Dios. De modo que por reverencia y en señal de nuestra sensibilidad respecto de aquello que es completamente uno y santo, sólo podemos pensar sus letras y lo que éstas significan, pero nunca pronunciarlas tal cual están escritas.

El Tetragrámaton consta de cuatro letras, *Iud-Hei-Vav-Hei*, más un quinto nivel que trasciende e incluye a los otros cuatro, el ápice de la *Iud*. De acuerdo con la Kabalá, estos cinco niveles comprenden todo lo que existe. Este es el Nombre que representa la totalidad de todo lo existente. Y para nuestros propósitos, la única diferencia entre este Nombre y el *Ein-Sof*, que lo llena y lo atraviesa, es que mediante este Nombre Dios deseó y trajo a la existencia toda la creación. Como dijimos, en el nivel del puro *Ein-Sof*, nosotros no existimos. Dios, sin embargo, desea nuestra existencia. Veamos cómo es que esto funciona.

Este Nombre está relacionado con la conjugación verbal en sus tiempos pasado, presente y futuro de la palabra hebrea "ser". En hebreo, "fue" es *haiá*, "es" es *hové* y "será" es *ihié*. Esto nos dice algo con respecto a Dios. Nos dice que Él creó el tiempo y que Él Se encuentra absolutamente más allá y por sobre el tiempo. Nos dice que para crear, Él ocultó Su Infinitud y le dio existencia a los universos, de un modo en el cual Él los atravesaría pero sin destruirlos. Nos dice que Dios Mismo es Existencia, pero que nada puede existir hasta que Él no lo traiga a la existencia.

Podemos comprender esto mejor sobre la base de una antigua enseñanza Kabalista que afirma que estas cuatro letras contienen el secreto de la caridad. De acuerdo a estas enseñanzas la *Iud* es como una moneda, simple y pequeña. La *Hei* es como la mano que da esta moneda. La *Vav* es el brazo que se extiende para dar. La última *Hei* es la mano de la persona que recibe la moneda.

Esta es la caridad en su nivel mundano. También puede comprenderse en un nivel Divino. La *Iud* es la existencia. Esta existencia es lo que Dios quiere dar. En este nivel, sin embargo, la existencia es tan poderosa que no podemos recibirla. De modo que la *Hei*, como una mano, representa el concepto de algo que puede retener la existencia. La *Vav* es una extensión posterior de este concepto, algo que reduce suficientemente este poder como para permitirnos existir. La última *Hei* es nuestra capacidad para recibir la existencia que Dios nos quiere dar (ver *Innerspace* p.11-12).

Dios y el Alma Humana

El Ari (Rabí Itzjak Luria, 1534-1572) explica que estos cinco niveles del Tetragrámaton corresponden a los cinco niveles del alma (*Etz Jaim* 42:3). El alma es de hecho una unidad conectada al Dios Único, aunque graduada en diferentes niveles que representan los diferentes aspectos de su relación con el cuerpo. Estas cinco partes son conocidas (en orden descendiente) como:

Iejidá	—	esencia única y singular
Jaiá	—	esencia viviente
Neshamá	—	alma divina
Rúaj	—	espíritu
Nefesh	—	alma residente

Ellas corresponden también a los cinco niveles de universos, *Adam Kadmón* (el Hombre Primordial), *Atzilut* (Cercanía o Emanación), *Briá* (Creación), *Ietzirá* (Formación) y *Asiá* (Acción o Terminación).

Todos estos grupos de cinco pueden ser descritos en términos de sus paralelos en el nivel humano. La voluntad más interna de una persona corresponde al ápice de la *Iud*, *Iejidá* y

Adam Kadmón. El nivel de la mente conceptual o indiferenciada corresponde a la *Iud, Jaiá* y *Atzilut*. El proceso del pensamiento corresponde a la *Hei, Neshamá* y *Briá*. El habla y la comunicación son paralelos de la *Vav, Rúaj* y *Ietzirá*. La acción corresponde a la *Hei* final, *Nefesh* y *Asiá*.

Tetragrámaton	Universo	Alma	Manifestación Humana
ápice de la *Iud*	*Adam Kadmón*	*Iejidá*	voluntad
Iud	*Atzilut*	*Jaiá*	mente
Hei	*Briá*	*Neshamá*	pensamiento
Vav	*Ietzirá*	*Rúaj*	habla
Hei	*Asiá*	*Nefesh*	acción

Estas correspondencias y otras que veremos a lo largo de este libro no son en absoluto mecánicas; ellas representan conexiones muy profundas entre nosotros y las dimensiones superiores. Como vimos más arriba, nuestras almas se encuentran enraizadas en lo trascendente. Como resultado, cuando tenemos pensamientos - por ejemplo cuando contemplamos alguna verdad o simplemente apreciamos el hecho de que estamos vivos o nos damos cuenta en un instante de que Dios está realmente aquí con nosotros pese a toda indicación en contrario - estos no son meros pensamientos que vienen y van y que nunca volverán a ser pensados. No. Ellos son lo que nosotros somos realmente, y lo que realmente somos es algo eterno. Estos pensamientos son la conexión entre nuestras almas y Dios. Cuando sentimos algo con fuerza, cuando hablamos desde nuestro corazón, cuando actuamos o nos resistimos a la urgencia de una pasión, todas estas son expresiones de nuestras almas vibrando y trabajando dentro de nosotros y a través del medio de nuestro cuerpo. Y, como veremos, nuestros cuerpos son sensibles a estas vibraciones superiores, mucho más sensibles de lo que somos conscientes...

Los antiguos maestros enseñaron que también existen cinco niveles en el mundo material. Se dice que la materia está compuesta por cuatro elementos básicos y un quinto "elemento fundamental" que armoniza y unifica a los demás. Los cuatro elementos son el fuego, el aire, el agua y la tierra. Estos cuatro elementos corresponden a los cuatro tipos básicos de personas o a los cuatro rasgos básicos de carácter de cada uno de nosotros (explicado más adelante; estos elementos no deben confundirse con los elementos de la química). El quinto "elemento" es el Tzadik, el individuo recto que une a los cuatro elementos, a los cuatro rasgos de carácter y a todos ellos con Dios (ver más adelante, Capítulos 4-5).

*

El Espacio Vacío

El Ari describe en el *Etz Jaim* (El Árbol de Vida) la manera en que Dios trajo el mundo a la existencia.

Antes de que todas las cosas fueran creadas... La Luz Superna era simple [es decir, completa y perfecta]. Ella llenaba toda la existencia. No había espacio vacío que pudiera ser caracterizado como espacio, como vacío o como desocupado. Todo estaba lleno de esa simple *Or Ein Sof* [Luz del Infinito]. No había categoría de comienzo ni categoría de final. Todo era una simple e indiferenciada Luz Infinita.

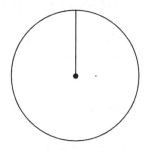

El punto central representa el primer tzimtzum, el primer acto de la Creación. El círculo que lo rodea es el Espacio Vacío, en el cual es como si Dios se hubiera retraído a Sí Mismo para dejar lugar a la Creación. La línea representa el kav.

Cuando se elevó en Su Simple [es decir, perfecta] Voluntad el crear mundos y emanar emanaciones... Él constriñó [retrajo] Su Esencia Infinita desde el punto central de Su Luz [por supuesto que, dado que el Infinito no tiene un punto central, esto está dicho sólo desde el punto de vista del Espacio que está por ser creado]. Él retrajo entonces esa Luz [más aún], distanciándola hacia las extremidades alrededor del punto central, dejando un Espacio

Vacío (*Jalal HaPanuí*).

Luego de esta retracción que dio como resultado la creación de un Espacio Vacío en el mismo centro de la Luz Infinita del *Ein Sof*, hubo entonces un *lugar* para todo lo que iba a ser emanado [*Atzilut*], creado [*Briá*], formado [*Ietzirá*] y completado [*Asiá*]. Él trazó entonces una *Kav* [Línea] simple y recta desde Su Luz Infinita Circundante hacia dentro del Espacio Vacío. Esta *Kav* descendió en etapas dentro del Espacio Vacío. La extremidad superior de esta *Kav* tocaba la Luz Infinita del *Ein Sof* [aquella que rodeaba el Espacio], y se extendía hacia abajo [dentro del Espacio Vacío hacia su centro], pero no totalmente hacia el otro extremo [para que el Espacio Vacío no colapsara y volviera a unirse en la Luz Infinita de Dios]. Fue a través de esta *Kav*, [como un conducto], que la Luz del *Ein Sof* fue hecha descender y expandirse debajo... Mediante esta *Kav* la Luz Superna del *Ein Sof* se expandió y extendió, fluyendo hacia abajo, hacia los universos que se encuentran dentro de ese Espacio y ese Vacío (*Etz Jaim, Drush Igulim v'Iosher* 1:2).

Cinco Olamot y Diez Sefirot

No sólo el *Ein Sof*, sino también la *Or Ein Sof* (la Luz del Infinito) es tan tremenda que nada es capaz de soportarla de manera directa. De modo que Dios constriñó Su Luz para crear un Espacio Vacío donde introdujo una cantidad medida de esa Luz, a través de un conducto que el Ari denomina "*Kav*". También esto se produjo en etapas, para evitar que el Espacio Vacío se desintegrase y volviera a unificarse con la Luz Infinita de Dios.

Estas etapas son los diferentes universos que el Ari menciona y que en hebreo se denominan *Olamot* (*olam*, en singular) y las *Sefirot* (*sefirá*, en singular). Como hemos visto, el término *Olam* proviene de la raíz *ELeM*, que significa ocultamiento. Los *Olamot* sirven para ocultar la Luz de Dios. Continúa el Ari explicando el lugar de las *Sefirot* dentro de los *Olamot*:

La *Kav* que se extiende... en una línea recta desde arriba hacia abajo... está constituida por diez *Sefirot*, en la forma de un hombre que se encuentra de pie, con 248 miembros distribuidos en tres líneas o columnas, derecha, izquierda y centro. Cada una de estas diez *Sefirot* está compuesta por otras diez, estas diez por otras diez, *ad infinitum*. Esto es lo que el Zohar llama "*Tzelem Elohim*" [la imagen Divina], como en el versículo (Génesis 1:27), "Elohim creó al hombre en Su imagen; en la imagen de Elohim Él lo creó; masculino y femenino Él los creó" (*Etz Jaim, ibid.*).

El término *Sefirá* está relacionado con la palabra *SaPeR*, que significa "expresar" o "comunicar". También está relacionado con la palabra *SaPiR*, "brillo" o "luminaria," y *SefaR*, "límite". En esencia, todos estos son conceptos relacionados y apuntan al hecho de que las *Sefirot* poseen dos funciones básicas. Primero, las *Sefirot* son luces o luminarias que sirven para revelar y expresar la grandeza de Dios. Segundo, son recipientes que limitan y delinean la Luz Infinita de Dios, llevándola hacia el ámbito finito de los límites (ver *Innerspace* p.40).

Cinco Partzufim y Diez Sefirot

Enseña el Ari que las Diez *Sefirot* se dividen en cinco unidades principales conocidas como *Partzufim* (plural de *partzuf*, que significa "persona"). La diferencia entre ambos es que, mientras que la *Sefirá* representa un Atributo Divino único o determinada iluminación espiritual de la Luz de Dios, un *Partzuf* es una persona completa o configuración de *Sefirot*.

Cada *Partzuf* corresponde a una particular *Sefirá* o grupo de *Sefirot*: *Arij Anpin* (Rostro Extendido; Paciencia) es paralelo a *Keter*; *Aba* (Padre) es paralelo a *Jojmá*; *Ima* (Madre) es paralela a *Biná*; *Zeir Anpin* (Rostro Pequeño) es paralelo a las seis *Sefirot* (*Jesed, Guevurá, Tiferet, Netzaj, Hod* y *Iesod*); y *Nukva* de *Zeir Anpin* (la Contraparte Femenina de *Zeir Anpin*) es paralela a *Maljut*.

Las Diez *Sefirot* y los Cinco *Partzufim*:

Sefirá	Partzuf	Traducción	Familia
Keter	*Arij Anpin*	Rostro Extendido	Abuelo
Jojmá	*Aba*	Padre	Esposo; Padre
Biná	*Ima*	Madre	Esposa; Madre
Seis *Sefirot*	*Zeir Anpin*	Rostro Pequeño	Hijo; Novio
Maljut	*Nukva*	Contraparte Femenina	Hija; Novia

Existe una correspondencia directa entre cada *Sefirá* y el *Partzuf* paralelo. Pero hay diez *Sefirot* y sólo cinco *Partzufim*. El lector atento ya habrá notado que cada *Partzuf* es paralelo a una *Sefirá*, excepto el *Partzuf* de *Zeir Anpin*. Más aún, no puede decirse que el *Partzuf* de *Nukva* de *Zeir Anpin* sea tan completo como los tres *Partzufim* superiores (*Arij Anpin, Aba* e *Ima*). La razón es que mientras que *Arij Anpin, Aba* e *Ima* comienzan siendo una configuración completa de Diez *Sefirot, Zeir Anpin* comienza siendo una configuración de seis *Sefirot* y *Nukva* comienza siendo una sóla *Sefirá*. El Ari lo explica en gran detalle y agrega que la creación incompleta de estos dos últimos *Partzufim* fue intencional. Ellos completan la estructura final de Diez Sefirot a través de las buenas acciones del hombre (*Etz Jaim* 11:15, 22:1; ver *Innerspace* p. 95-96).

Las principales ideas que desarrollaremos en este libro muestran cómo las acciones del hombre son paralelas de las Diez *Sefirot* y cómo sus actos, buenos o no, producen un impacto sobre los mundos superiores con sus *Partzufim* y *Sefirot*. Escribe el Ari que *Zeir Anpin* y *Maljut* (correspondiendo respectivamente a la *Vav* y a la *Hei*, las dos letras finales del Tetragrámaton) son la principal interfase entre Dios y el hombre. Como tal, la mayoría de las acciones del hombre se relaciona con estos dos *Partzufim* y con sus correspondientes *Sefirot* (tal como se explicará a largo del libro y en especial en las Partes 8 y 9). Sin embargo, muchas acciones producen también un efecto sobre los *Partzufim* y las *Sefirot* superiores. Las implicaciones de estos *Partzufim* y su interacción con la humanidad están tratadas más adelante, desde la Parte 4 a la Parte 7 y en el Capítulo 35.

Es muy importante recordar que las enseñanzas Kabalistas sobre los *Partzufim* y las *Sefirot* no tienen conexión alguna con ningún tipo de imagen física. Estos son poderes espirituales y conceptos. La tradición Kabalista es muy firme con respecto al hecho de que la terminología utilizada debe ser estrictamente para *nuestro* beneficio, para que seamos capaces de tratar con ideas elevadas y podamos comprenderlas.

*

Las Tres Columnas

Las *Sefirot* están ordenadas en tres columnas y se dice que se asemejan a un hombre erguido. En hebreo, la palabra "erguido" es *iashar*, que se refiere a la tarea del hombre para ser una persona moralmente recta, a fin de asemejarse a Dios. El *Tikuney Zohar* explica así el concepto de las tres columnas:

> Las Diez *Sefirot* se ubican en un orden especial a lo largo de tres columnas. La columna de la derecha se dice que es "larga" [porque representa el amor y la bondad de Dios]. La columna de la izquierda se dice que es "corta" [porque representa el juicio y el poder de restricción]. La columna del medio o tronco se dice que es "intermedia" [porque representa la misericordia, la armonía perfecta entre el amor y la restricción]... (*Tikuney Zohar* Segunda Introducción p.17a).

Las *Sefirot* son los modos básicos del poder creativo y de la providencia de Dios, con las cuales Él guía a la creación hacia su perfección definitiva. Como veremos, en términos Kabalistas, Dios es el alma del "Cuerpo Cósmico," de los *Olamot*, siendo las *Sefirot* sus "órganos" o "miembros".

Keter es la más elevada de las Diez *Sefirot*; corresponde al ápice de la letra *Iud* y es la corona de la cabeza del cuerpo cósmico. La siguiente *Sefirá*, *Jojmá*, es paralela a la *Iud* y corresponde al lado derecho del cerebro. Luego de *Jojmá* está *Biná*. *Biná* es paralela a la *Hei* y corresponde al lado izquierdo del cerebro. Las siguientes seis *Sefirot* (*Jesed, Guevurá, Tiferet, Netzaj, Hod* y *Iesod*) son paralelas de la letra *Vav* y corresponden al torso, a los genitales y a las piernas. *Maljut*, la última *Sefirá*, es paralela de la *Hei* final y corresponde tanto a los pies como a la contraparte femenina (ver Apéndice C).

De modo que cuando la Biblia habla de Dios creando al hombre con una "imagen Divina," de hecho se está refiriendo a la imagen espiritual del hombre, a los poderes reflejados en las *Sefirot*.

*

El Cuerpo Cósmico

El *Tikuney Zohar* continúa describiendo las Diez *Sefirot* como un sistema unificado que Dios permea y dirige tal como el alma permea y dirige al cuerpo. Los "miembros" del "cuerpo cósmico" están ordenados de la siguiente manera:

> *Jesed* [bondad y amor] es el brazo derecho, *Guevurá* [restricción] es el brazo izquierdo y *Tiferet* [armonía] es el torso. *Netzaj* [dominio] y *Hod* [empatía] son los dos muslos y *Iesod* [cimiento; canal] es la extremidad del cuerpo, el signo del pacto sagrado. *Maljut* [reinado] es la boca [del santo pacto]. Es por tanto llamado *Torá She be'alPé* ["Torá de la boca" o "Torá Oral"]. [Por sobre estos "miembros" está la "cabeza" en la cual] *Jojmá* [sabiduría] es el cerebro [derecho], el asiento del pensamiento y *Biná* [comprensión] es el cerebro [izquierdo] y el corazón, mediante el cual el corazón comprende. Respecto a estos, está escrito (Deuteronomio 29:28), "Los secretos pertenecen a Dios [correspondiendo a la *Sefirá* de *Jojmá*] nuestro Señor [correspondiendo a la *Sefirá* de *Biná*]". *Keter Elión* [corona superna] es el *Keter* [corona] de *Maljut* [reinado], con respecto a la cual se ha dicho (Isaías 46:10), "Yo [Dios] declaro el final [*Maljut*] desde el principio [*Keter*]".

Todo el sistema de *Olamot* y *Sefirot* fue creado como un filtro de la Luz de Dios para permitir que el hombre pueda interactuar con Dios de manera segura, sin ser abrumado. Tal como el cuerpo humano enmascara la intensidad del alma, también las *Sefirot* enmascaran y ocultan la Luz de Dios.

El orden antropomórfico de las Diez *Sefirot*:

Sefirá	Descripción
Keter	cráneo
Jojmá	cerebro [derecho]
Biná	cerebro[izquierdo];corazón
Jesed	brazo derecho; mano
Guevurá	brazo izquierdo; mano
Tiferet	torso
Netzaj	pierna derecha; riñón; testículo
Hod	pierna izquierda; riñón; testículo
Iesod	órgano sexual
Maljut	pies; corona del órgano sexual

A lo largo de este libro trataremos y clarificaremos el orden antropomórfico de las *Sefirot* en términos de sus paralelos con el cuerpo humano, tal cual se refleja en todo el espectro de los poderes espirituales contenidos dentro del hombre.

*

Cinco Niveles del Alma

Dice el Zohar con respecto al versículo (Génesis 2:7), "Y Dios insufló en su nariz un aliento de vida,": "Aquél que exhala, exhala desde su ser más profundo". Una vez que Dios insufla Su "aliento" dentro del hombre, este "aliento" no puede ser separado del Él. El alma del hombre es una extensión del "aliento" de Dios y está directamente conectada a Él.

Esta conexión interna puede observarse en la etimología de los cinco términos que definen los niveles del alma del hombre. La palabra *IeJiDá* proviene del término *eJaD* y del término *IJuD*, que significan "uno" y "unidad". En el nivel de la *Iejidá* el alma aún es una con Dios, con la Fuente.

La palabra *Jalá* deriva de las palabras *Jai*, "vida," y *Jalut*, que significa "fuerza vital". *Jaiá* es la fuerza vital del alma, el nivel en el cual el alma aún se encuentra unida con todas las otras almas. En la Biblia, la conexión con este nivel es llamada "unión con el haz de vida" (Samuel I, 25:29).

La palabra *NeSHaMá* es como la palabra *NeSHiMá* que significa "aliento," "respiración". La razón es que Dios nos insufló el alma divina tal como lo hizo con Adán. Además, el intelecto de la persona se refleja en la manera como "respira" - esto es, en la manera como vive su vida (ver más adelante, Parte 5).

Rúaj se traduce comúnmente como "espíritu," pero la palabra tiene también connotaciones de viento, aire o dirección. Representa el carácter de la persona, su capacidad para elegir una dirección, de hacer decisiones conscientes y de ser responsable de esas decisiones.

La palabra *NeFeSH* proviene de la raíz *NaFaSH*, que significa "descansar". *Nefesh* es la extremidad más baja del alma, identificada casi totalmente con el cuerpo, en especial con el torrente sanguíneo. La Torá afirma (Deuteronomio 12:23), "La sangre es el *Nefesh*". La palabra hebrea *NeFeSH* es similar también a la palabra Aramea *NaFiSH* que significa "crecer" o "expandirse". Así *Nefesh* corresponde al torrente sanguíneo en la medida en que se expande por todo el cuerpo, llevando vida a todas las diferentes células.

Los cinco niveles del alma forman así una cadena que une al hombre con los Universos Superiores y finalmente con Dios.

*

La Analogía del Soplador de Botellas

Los antiguos Kabalistas asemejaban esta relación a un soplador de botellas que desea hacer un hermoso recipiente. Así lo describe el Rabí Ari Kaplan (*Innerspace* ps.17-20):

> La "decisión" de hacer la botella emana de la voluntad más interna y corresponde al nivel de *Iejidá* [Unidad]. Corresponde al

universo de *Adam Kadmón* y al ápice de la *Iud*.

Luego vemos al mismo soplador de botellas antes de comenzar a soplar. Este es el nivel de *Jaiá* [Esencial Viva], correspondiendo al universo de *Aztilut*, donde la fuerza de vida se encuentra dentro del ámbito de lo Divino. Este nivel es paralelo a la *Iud* del Tetragrámaton.

Luego, el aliento [*Neshimá*] emana de la boca del soplador y fluye como un viento a presión [*Rúaj*] a través del tubo de soplado, expandiéndose en todas direcciones y formando un recipiente en bruto. El viento termina por asentarse [*Nafash*] en el recipiente terminado...

El Rabí Kaplan utiliza entonces esta analogía como una meditación para elevarse hacia una percepción cada vez mayor de lo Divino a través de los cinco estados de conciencia.

La parte más baja del alma hace interfase con el cuerpo físico... Es en el nivel del *Nefesh* que la persona obtiene conciencia del cuerpo como receptáculo de lo espiritual. Sin embargo, esto sólo es posible cuando uno es capaz de aislarse del constante fluir de los estímulos internos y externos que ocupan el pensamiento. De modo que la conciencia de lo espiritual comienza necesariamente con el aquietamiento de la percepción de lo físico. Es por esta razón que esta parte del alma es esencialmente pasiva y no activa. Antes de poder experimentar la poderosa influencia del *Rúaj* se deberá eliminar toda la estática. Esto lo sugiere el término *Nefesh*, que significa literalmente "alma en reposo".

El segundo nivel del alma es *Rúaj*, el "viento" que sopla hacia nosotros proveniente del aliento de Dios... En este nivel, la persona avanza más allá de la quieta espiritualidad del *Nefesh* y siente una clase de movimiento completamente diferente. En este estado de conciencia puede producirse un pasaje de información; es posible tener visiones, escuchar sonidos y ser consciente de niveles de espiritualidad aún mayores. Al alcanzar el nivel de *Rúaj*, uno siente el espíritu como algo fluido y no estático. En su nivel más elevado, ésta es la experiencia del *Rúaj HaKodesh* [Inspiración Divina]. Este es el estado profético en el cual la persona se siente completamente elevada y transformada por el espíritu de Dios.

En el nivel de *Neshamá*, uno experimenta el aliento Divino...

En este nivel, no sólo se es consciente de la espiritualidad, sino también de su Fuente. Esta es exactamente la diferencia que existe entre un soplo y el viento. Sentir una brisa en un día caluroso de verano es agradable, pero es muy diferente a tener alguien cercano que sopla en nuestro cuello; esto denota una cierta intimidad. El nivel de *Neshamá* es, por lo tanto, aquél en que la persona alcanza un estadio de intimidad muy cercana con Dios...

Si uno quiere ir más allá de *Neshamá*, ¿cuál sería el siguiente nivel más allá del aliento? Volviendo a la analogía del soplador de botellas, tenemos el aliento, el viento y finalmente el aire que se aquieta y forma el recipiente. ¿Qué habría antes del aliento? El aire que se encuentra en los pulmones del soplador. La fuerza de vida misma del soplador. Esto es lo que se llama *Jaiá* [Esencia Viva]. Este es el cuarto nivel, que aún no se ha separado del soplador. Esta es la experiencia de encontrarse dentro del ámbito de lo Divino.

Finalmente, ¿cuál sería el nivel más allá de éste? Es posible pensarlo como la decisión de soplar, entrando así a la misma psique del Soplador. En el más elevado de los cinco niveles, el nivel de *Iejidá* [Esencia Unica], estaría la idea única de crear.

Más allá, uno se encuentra en el ámbito de lo inimaginable.

* * *

4

El Cuerpo; Una Vestimenta de Doble Propósito

Preguntamos: ¿Debe siempre el cuerpo oscurecer la luz del alma? ¿Acaso el mundo (*olam*) ocultará (*elem*) siempre la luz del *Ein Sof* que lo permea y le da su existencia? ¿Es posible que podamos penetrar la dura cáscara externa de la materia y de la materialidad para sentir el espíritu viviente que penetra todos los aspectos de nuestras vidas? (ver arriba, Capítulo 2).

Hemos visto que los cinco *Olamot* (Universos) Supernos forman un sistema que reduce progresivamente la tremenda Luz de Dios cuando ésta desciende a los niveles más bajos de la materialidad. De manera similar, se dice que los *Olamot* actúan como "vestimentas" para la Luz de Dios (cf. Salmos 104:2). Una vestimenta tiene dos propósitos: ocultar y revelar. Respecto a Dios, los universos ocultan Su verdadera esencia, al mismo tiempo que la atenúan para que pueda ser revelada. Esta es la idea que subyace al cuerpo (correspondiente al sistema de los universos) que oculta la verdadera esencia del alma (correspondiente a Dios). Ni Dios, ni la Torá, ni el alma, pueden manifestarse en este "Mundo de la Separación" (correspondiente al Árbol del Conocimiento del Bien y del Mal) sin alguna clase de "vestimenta" que oculte el tremendo poder de su luz.

El propósito de Dios al crear el sistema de esta manera fue traer a la existencia una dimensión material en la cual el hombre pudiese funcionar como agente independiente y libre. El hombre podía entonces utilizar el sistema como una escala mediante la cual ascender de retorno hacia Dios. Igualmente podría penetrar el sistema y encontrar a Dios "envestido" en la trama misma de su vida. De una manera u otra, el propósito de la Creación mediante los *Olamot* es permitirle al hombre relacionarse con Dios. Aquí subyace el misterio de la relación entre el Santo Templo y el cuerpo humano. Cada uno de ellos es un microcosmos de todo el sistema, diseñado para ayudar a que el hombre haga descender hacia la oscuridad de este mundo revelaciones cada vez mayores de la Luz de Dios.

Reflexionando sobre la idea de que cada nivel superior se encuentra oculto dentro de los niveles inferiores y que cada nivel inferior se transforma en una "vestimenta" para los niveles superiores, podemos comprender mejor cómo es que el cuerpo se vuelve una "vestimenta" del alma. Así como los mundos inferiores son vestimentas para los mundos superiores (y una vestimenta está hecha para "encajar" en el cuerpo que cubre), de la misma manera el cuerpo asume la "forma" del alma.

Esto puede verse en el hecho de que el cuerpo es llamado *jómer* (materia), mientras que el alma es llamada *tzurá* (forma) (ver *Likutey Moharán* I, 170). *Jómer*, el cuerpo, es de hecho un "material en bruto" moldeable que asume la "forma del alma" al ser moldeado. Aquél que busca una vida de materialismo moldeará su cuerpo de acuerdo a los requerimientos exigidos por esa vida y el cuerpo ocultará su alma. Aquél que busca la Divinidad, moldeará y refinará su naturaleza física hasta llegar a ser sensible a las sutiles señales del alma, de modo que eventualmente será la innata espiritualidad de su propia alma la que irradiará desde su cuerpo. Finalmente, en los niveles más elevados, el cuerpo físico de estas personas se volverá un cuerpo espiritual, similar al de Moisés, cuyo rostro brilló al descender del Sinaí luego de haber recibido la Torá (Éxodo 34:29-30, 35, ver arriba, Capítulo 1); similar a Adán antes que comiese del Árbol del Conocimiento del Bien y del Mal, cuyo cuerpo entero brillaba más que el sol del mediodía (ver Capítulo 2); similar a Elías, quien ascendió al cielo en una "carroza de fuego" (ver 2 Reyes 2:11).

Los Cuatro Elementos

Más arriba (Capítulo 3) hemos visto que existen cuatro elementos básicos que conforman el mundo material: fuego, aire, agua y tierra. El Ari explica que estos cuatro elementos corresponden a las cuatro letras del Tetragrámaton (*Etz Jaim* 42:3).

Tetragrámaton	Elemento
Iud	Fuego
Hei	Aire
Vav	Agua
Hei	Tierra

Una antigua tradición habla también de cuatro niveles de la existencia física: *domem* (mineral), *tzomeaj* (vegetal), *jai* (animal), *medaber* (hablante, es decir el hombre); cuatro niveles principales del cuerpo: *or* (piel), *basar* (carne), *guidim* (tendones), *atzamot* (huesos); y cuatro tipos de fluidos del cuerpo, conocidos como los "cuatro humores". Estos se clasifican como: blanco, rojo, verde (amarillo verdoso) y negro (marrón rojizo). Ellos corresponden a los siguientes órganos:

Fluidos	Órgano
Blanco	conductos linfáticos
Rojo, sangre	hígado
Verde, bilis	vesícula biliar
Negro (fluidos fétidos)	bazo

Los cuatro niveles y los cuatro humores serán tratados más adelante en sus respectivos capítulos. En este punto, nos centraremos en los cuatro elementos y en su fuente oculta. La siguiente enseñanza se encuentra en el *Likutey Halajot* (*Joshen Mishpat, Matzranut* 4:1-3).

*

**Y un río fluye del Edén para regar el Jardín; de allí se divide
y se transforma en cuatro ríos principales.**

Génesis 2:10

Los cuatro elementos surgen de un único elemento. Esto
está aludido en el versículo, "Y un *río* fluye del Edén para regar el
Jardín; de allí se divide y se transforma en *cuatro* ríos principales".
Esto es, existe una única fuente que se divide en cuatro: los cuatro
elementos. Este único elemento es el Tzadik, la persona recta por
cuyo mérito se mantiene el mundo, como en (Proverbios 10:5) "El
Tzadik es el cimiento del mundo". Él se asemeja al "ápice de la
Iud," la fuente de las cuatro letras del Tetragrámaton (ver *Likutey
Moharán* II, 67). Este elemento es llamado el *iesod hapashut*, el
"elemento simple," pues, en su origen, todo está unido como uno
y sin diferenciación. Todo en el mundo está compuesto por cuatro
elementos básicos. Cada elemento contiene trazas de los otros
tres, aunque sea en una proporción microscópica. Así, *domem*
(mineral) tiene el elemento "tierra" como su principal componente,
pero es posible encontrar dentro de él trazas de "agua," "aire" y
"fuego". La existencia continua del mundo se basa en la apropiada
combinación e interacción de dichos elementos.

Cada elemento es radicalmente diferente en su estructura
respecto de los otros, pero Dios en Su infinita sabiduría los creó
de manera tal que puedan coexistir y mantener la vida en una
casi infinita gama de combinaciones - mientras aquello que ellos
sostienen se encuentre con vida. Cuando su "vida" termina, los
elementos se dispersan, creando una situación conceptualmente
similar al "Mundo de la Separación" (ver también *Rambam, Hiljot
Iesodey HaTorá* 4:3). Así, es la fuerza de vida la que une y mantiene
juntos estos elementos dispares permitiendo que el hombre pueda
existir. Esta fuerza de vida es el elemento único, el Tzadik, quien
ha ascendido por sobre la materialidad de este mundo. Él actúa
como un puente entre lo espiritual y lo físico y puede por tanto
trasmitir vida espiritual al mundo físico.

En su fuente (que es el elemento único, el Tzadik), los
cuatro elementos son en verdad uno - conceptualmente, el Mundo
de la Unidad - compartiendo una coexistencia e interacción
pacífica.

Y aunque dejen su fuente, mientras continúen recibiendo
la fuerza de vida del Tzadik, los cuatro elementos existirán en

perfecta armonía. Sólo cuando por alguna razón los elementos son separados de su fuerza de vida, su armonía se desintegra. En este punto, comienzan la degeneración y la disfunción, que llevan a la enfermedad y al sufrimiento...

Aunque cada persona está constituida por los cuatro elementos, hay cuatro raíces principales, correspondientes a las cuatro letras del Tetragrámaton. Cada individuo tiene su raíz en una letra particular más que en las otras. Y correspondiendo a esto, se encuentra enraizado también en el elemento específico y en el rasgo de carácter que deriva de esa letra. A esto se debe la tremenda diferencia que encontramos en el temperamento de la gente. Algunos temperamentos tienen su raíz en el fuego, otros en el aire, algunos en la tierra y otros en el agua. Lo más importante es armonizar sus diferencias, pues cuando se hace hincapié en la diferencia más que en la armonía, la lucha y el conflicto se vuelven la norma y las personas se oponen unas a las otras. Esta controversia reverbera en sus elementos básicos, causando así una desarmonía Arriba. Como resultado, el mundo sufre destrucción y enfermedad.

La fuerza principal para controlar y armonizar estas diferencias se encuentra en el elemento único, en el Tzadik. Él sabe cómo establecer el equilibrio apropiado entre los diferentes elementos de su dominio. Esto trae armonía y paz a cada individuo y a la humanidad en su totalidad. Este es el nivel del Pacto de Paz otorgado a Pinjas. Habiendo alcanzado este nivel, Pinjas nunca murió, sino que, en su encarnación como el profeta Elías, ascendió al cielo en una carroza de fuego (*Likutey Halajot, Matzranut* 4:1-3).

El Tzadik es aquél que ha trascendido el "Mundo de la Separación" (correspondiente al Árbol del Conocimiento del Bien y del Mal) y se ha conectado al "Mundo de la Unidad" (el Árbol de Vida). Habiendo armonizado sus elementos, se ha vuelto el elemento único que unifica a todos los demás.

Como vimos más arriba (Capítulo 1), el cuerpo humano refleja la Torá con sus 248 *mitzvot* (mandamientos) positivas y las 365 *mitzvot* negativas. El conocimiento sinergético ("el todo es más grande que la suma de las partes") de toda la Torá que tiene el Tzadik, lo une al mismo tiempo a todas las mitzvot. Conectado con la unidad, percibe todas las mitzvot como un sistema único y unificado. Él es capaz de ver cómo cada mitzvá individual contiene en una unidad todas las otras mitzvot. De la misma manera, une y armoniza su alma con los 248 miembros y los 365 conductos de su cuerpo. Él es entonces capaz de actuar como el elemento único para todos aquéllos que se encuentran por debajo de su nivel.

En todas las enseñanzas del Rebe Najmán es axiomático el que cada uno puede llegar a ser un Tzadik en el nivel que le corresponde. En la medida en que una persona se desarrolla espiritualmente y alcanza dominio sobre su cuerpo - sus cuatro elementos - puede merecer el título de Tzadik en ese nivel. Esto se aplica incluso a aquél que se encuentra en un nivel espiritual relativamente bajo. Todos, sean cuales fueren los niveles en los cuales se encuentren, tienen el poder de armonizar los cuatro elementos dentro de sí mismos. Pueden alcanzar un "Pacto de Paz" y una total armonía entre su cuerpo y su alma.

* * *

5

Rasgos Positivos y Negativos

En *Sha'arey Kedushá* escribe el Rabí Jaim Vital (1542-1620), el discípulo más importante del Ari:

> Así como un maestro artesano puede esculpir una figura humana en la piedra, así el Maestro Artesano diseñó el cuerpo en la forma exacta del alma. Dado que el alma en sí es un paralelo de la composición de la Torá, con sus mitzvot positivas y sus prohibiciones, de la misma manera los miembros del cuerpo, si bien formados por los cuatro elementos materiales, son paralelos a los "miembros" del alma y las correspondientes mitzvot.
>
> Adán debió vivir eternamente. Pero al comer del Árbol del Conocimiento del Bien y del Mal, degradó el alma y el cuerpo. Como resultado, la enfermedad, el sufrimiento y la muerte descendieron sobre la humanidad, tal como le fuera advertido a Adán (Génesis 2:17), "Pero del Árbol del Conocimiento del Bien y del Mal no habrás de comer, pues en el día que de él comieres, *mot tamut* [de seguro morirás]". La doble expresión *mot tamut* significa literalmente, "morir, morirás," indicando una doble muerte - tanto física como espiritual.
>
> Adán fue el paradigma del hombre espiritual. Sin embargo, habiendo comido del Árbol del Conocimiento del Bien y del Mal, descendió a un nivel material, arrastrando consigo a toda la creación. Más aún, al probar el bien y el mal, hizo que toda la creación se volviera una mezcla de bien y mal (*Sha'arey Kedushá* 1:1).

Adán fue puesto en el Jardín del Edén y se le dio la posibilidad de elegir. Él podía haber elegido vivir una vida espiritual, pero al probar del Árbol del Conocimiento del Bien y del Mal, hizo que el bien y el mal se mezclasen. Ahora todo es una mezcla de ambos. Desde entonces, la misión del hombre ha sido separar el bien del mal, para purificarse del mal que lo rodea y del mal que se encuentra dentro de él.

*

Los Cuatro Sirvientes

Los cuatro elementos contienen todos los recursos físicos necesarios para que el hombre avance en su crecimiento espiritual, pero también contienen las características que pueden inhibir e incluso revertir ese crecimiento. Es por esta razón que los cuatro elementos son llamados "sirvientes". Ellos deben servir fielmente al alma para que sea posible ascender en la espiritualidad (cf. *Likutey Moharán* I, 4:12).

Uno puede imbuir los cuatro elementos materiales con alma y espíritu, como en (Ezequiel 37:9), "Profetiza al *Rúaj* [espíritu, viento o aliento]; profetiza, hijo del hombre y dile al *Rúaj*: Esto es lo que el Señor Dios dice, - Ven de las cuatro direcciones, oh *Rúaj* y sopla sobre estos muertos para que vivan". Este versículo se encuentra en la profecía de Ezequiel a los huesos secos. Dios le dijo primero que profetizara a los huesos, para que se juntasen. Entonces le ordenó que profetizase una segunda vez para que el *Rúaj* entrase en los cuerpos aún muertos y los hiciese vivir.

Tal como explica el Rabí Natán, los cuerpos "muertos" corresponden a los cuatro elementos que están "muertos" sin su conexión con el quinto elemento, el Tzadik. Cuando se conectan, cobran vida y pueden encarnar todas las buenas cualidades identificadas con el concepto del Tzadik - amor y temor, bondad y restricción, humildad, responsabilidad y celo, etc. Si los cuatro elementos no están conectados, entonces, en la forma de sus características negativas, controlarán literalmente la vida de la persona. Ella se vuelve entonces su "siervo" y es así susceptible de las "cuatro fuentes primarias de daños," "las cuatro clases de lepra" (ver *Bava Kama* 1:1; *Negaim* 1:1; los "daños" y "lepras" se manifiestan en toda clase de sufrimientos de la humanidad: enfermedades, dificultades emocionales, guerras, exilio, etcétera). Los cuatro elementos se vuelven así la fuente de cada uno de los caracteres negativos básicos. Explica el Rabí Jaim Vital (*Sha'arey Kedushá* 1:2):

El *fuego* es, en su constitución, el más liviano de los cuatro, pues sus propiedades hacen que el calor se eleve. Es la fuente de la arrogancia, de aquél que se ve a sí mismo como "por sobre" los demás. El fuego es también la fuente de la ira. La ira y la arrogancia llevan también a la irritabilidad y al deseo de poder y de honor.

El *aire* es la fuente de la palabra vana - la tendencia a hablar acerca de temas sin valor. También se refiere al habla prohibida: la adulación, la mentira, la calumnia y la burla. El aire es también la fuente de la vanidad.

El *agua* trae placer - del agua proviene el impulso de todas las clases de deseos. También produce celos y envidia, llevando al comportamiento deshonesto y al robo.

La *tierra* es el más pesado de los elementos y denota pereza y depresión. Aquél dominado por los aspectos materiales de la tierra siempre se queja de su suerte y nunca está satisfecho con lo que tiene.

Los rasgos de carácter y las actitudes no se encuentran entre los mandamientos de la Torá. Un análisis de la lista completa de las 613 mitzvot lo confirma. Existe un cuerpo completo de mandamientos que gira alrededor de las relaciones humanas, por ejemplo, amar a nuestros semejantes, dar caridad al pobre, ayudar a nuestro enemigo a volver a cargar su burro, no guardar resentimiento, no vengarse, no odiar al prójimo en nuestro corazón, etcétera. Existen también numerosos mandamientos referidos a la relación del hombre con Dios. Sin embargo, en ningún lugar encontramos un mandamiento que nos ordene comportarnos de manera moral, humilde, buena, compasiva, caritativa, etcétera. Ni siquiera se nos ordena no enojarnos, no ser arrogantes, no ser celosos, no ser soberbios. Incluso un mandamiento tal como (Levítico 19:17) "No odies a tu hermano en tu corazón" puede comprenderse como una directiva *de comportamiento* y no una directiva de *actitud*. Si, como hemos visto, los rasgos de carácter y las actitudes son tan esenciales, ¿por qué no están siquiera mencionadas en el sistema de los mandamientos?

La respuesta es que los rasgos de carácter y las actitudes son el objetivo - y la base misma - de los mandamientos. De hecho, el refinamiento y la fortaleza de nuestras características morales son un prerrequisito para la verdadera observancia de los mandamientos. Pues la premisa básica de los mandamientos es que una vez que se "actúa" de acuerdo con la moralidad objetiva de la Torá, esta moralidad llega a ser parte de la estructura espiritual y emocional de la personalidad humana. Así, la Torá no nos ordena directamente "ser" sino "hacer". Esto es, sus mandamientos están claramente diseñados por Dios para impactar en nuestros rasgos básicos de carácter, pero a través de nuestras acciones. Actuar cariñosamente hacia alguien, pese al hecho de que podamos sentirnos disgustados con esa persona, nos fuerza a superar la actitud que hemos formado con respecto a ella y que nos impide verla como un congénere humano. Claramente, el objetivo de la acción es una transformación interna. Al considerar los mandamientos como meras directivas de comportamiento no se percibe este punto crucial.

Ahora podemos ver que el sistema de los mandamientos está diseñado para ayudar al hombre a expresar, a desarrollar o a refinar un rasgo de carácter innato. Vista de esta manera, se vuelve más clara la directiva de actitud, oculta detrás de cada mandamiento. La Torá asume que estas actitudes y rasgos de carácter son la base de la personalidad humana y que ellas están presentes desde la infancia, si bien de forma rudimentaria. Perfeccionar los rasgos positivos del carácter por un lado y trasmutar la energía de los rasgos negativos por otro, es el reto más serio que uno enfrenta a lo largo de su vida.

Enseña el Rebe Najmán:

> Lo más importante es anular cada uno de los rasgos de la personalidad. Debes tratar de hacerlo hasta que hayas borrado

tu ego por completo, hasta que quede como una absoluta nada delante del Santo, bendito sea. Comienza por un rasgo y elimínalo por completo. Luego trabaja sobre tus otros rasgos, uno por vez, hasta hacerlos desaparecer. Al lograr la anulación completa de la personalidad, la gloria del Santo, bendito sea, comenzará a brillar y a revelarse.

Está escrito (Ezequiel 43:2): "Y la tierra estaba iluminada por Su gloria". La gloria del Santo, bendito sea, es como Luz. Cuanto más grande sea un objeto, más grande será la sombra que arroje. Una varilla delgada proyecta una pequeña sombra, mientras que un objeto más voluminoso proyecta una sombra mayor. Un gran edificio tendrá una sombra mayor aún. Cuanta más luz se obstruye, más grande es la sombra proyectada. Y lo mismo ocurre con la gloria del Santo, bendito sea. Lo material obstruye lo espiritual y proyecta una sombra. Cuanto más denso sea el objeto, más profunda será su sombra.

Si te encuentras atado a una emoción o deseo, ello obstruye la gloria del Santo, bendito sea, y proyecta una sombra. Entonces, la luz se te oculta. Pero si anulas estas emociones y deseos, también quitas la sombra. Y al desaparecer la sombra, se revela la gloria del Santo, bendito sea. Cuando un hombre es digno de anular por completo la sombra y de reducirla a nada, entonces la gloria del Santo, bendito sea, se revela en toda la tierra. No hay sombra que obstruya y la luz puede brillar con toda su gloria. Entonces, "Toda la tierra [el propio materialismo] está llena de Su gloria [pues lo espiritual ya no está oculto]" (*Sabiduría y Enseñanzas del Rabí Najmán de Breslov* #136).

Como veremos (más adelante, Parte 3), los rasgos principales del carácter son paralelos a los diversos órganos del cuerpo. En la medida en que el hombre ejerza control sobre sus bajos instintos, podrá ascender la escala espiritual, dando a luz la belleza que se encuentra dentro de su alma.

Escribe el Rabí Jaim Vital, sintetizando lo que hemos dicho con respecto a la relación entre los mandamientos y los rasgos básicos del carácter (*Sha'arey Kedushá* 1:2):

Los rasgos básicos de carácter del hombre no se encuentran entre las mitzvot de la Torá... Sin embargo, ellos son fundamentales para poder cumplir con las mitzvot. Perfeccionar los propios rasgos de carácter aumenta la capacidad para desarrollar la espiritualidad, mientras que permitir que se arraiguen los rasgos negativos hace que la persona sea incapaz de cumplir apropiadamente con las mitzvot. Por ejemplo, dicen nuestros Sabios (*Sotá* 5a; ver también *Zohar* I, 27a), "La arrogancia y la ira son equivalentes a la idolatría". De manera inversa (*Avoda Zara* 20b), "La humildad puede llevar a la persona hasta el nivel de la profecía".

* * *

6

La Paradoja del Cuerpo y el Alma

Considerando la etérea composición del alma respecto de la densidad del cuerpo físico, es de hecho una maravilla que ambos puedan coexistir. El alma es atraída constantemente hacia su fuente sublime, Dios, mientras que el cuerpo busca siempre la gratificación material. El milagro de la concordancia entre el cuerpo y el alma se vuelve más patente y asombroso debido a sus naturalezas divergentes.

"Candela del Señor es el alma del hombre, la cual escudriña todo lo más recóndito del cuerpo" (Proverbios 20:27). Explican nuestros Sabios que Dios implantó dentro del alma un constante anhelo por la perfección. El alma es eternamente curiosa: busca y escudriña, anhelando siempre una nueva experiencia. Es posible encontrar satisfacción tanto en lo espiritual como en el nivel físico. La diferencia entre ambos es que la satisfacción espiritual es duradera, dado que el alma es eterna, y que la satisfacción física sólo puede ser momentánea y pronto es olvidada. Feliz de aquél cuya alma escudriña a través de todo lo más recóndito de su cuerpo y busca la espiritualidad de la vida (ver *Likutey Halajot, Birkat HaPeirot* 5:8).

El Rebe Najmán describe la diferencia entre el cuerpo y el alma en términos de un *coaj hamoshej* (fuerza de atracción) y de un *coaj hamajriaj* (fuerza de repulsión). La fuerza de atracción, que es Dios, actúa como la gravedad atrayendo constantemente al alma hacía Él, su fuente espiritual. La fuerza de repulsión es el materialismo, pues ella "fuerza" al alma reteniéndola en el mundo físico.

Enseña el Rebe Najmán:

> Todo se asienta sobre la tierra. La fuerza gravitatoria de la tierra atrae todo hacia ella. Sólo una fuerza opuesta permite que la gente y los objetos puedan moverse con libertad. Dependiendo del poder de la fuerza que contrarreste a la gravedad en un objeto dado, ese objeto se alejará de la tierra. Pero cuando esa fuerza se disipa o se elimina, el objeto retorna a la tierra.
>
> El Tzadik es el cimiento del mundo, tal como está dicho en Proverbios (10:25) y todo en el mundo está construido sobre él y descansa en él. Por ley, la gente debería ser atraída hacia el Tzadik, dado que él posee esta "fuerza de gravedad". Sin embargo, existe una fuerza opuesta que separa y aleja a la gente del Tzadik: están aquéllos que hacen y dicen cosas para mantenerse lejos del Tzadik y para alejar a los demás (*Likutey Moharán* I, 70).

Como hemos visto, el Tzadik es el elemento único, fuente de los cuatro elementos básicos (arriba, Capítulo 4). Él es, en virtud de su pureza, el símbolo de la espiritualidad para todos. Si no fuera por la fuerza de repulsión, el Tzadik atraería a todos hacia la fuente espiritual, mostrándoles los beneficios de esa forma de vida. Lo mismo ocurre con cada individuo. El alma contiene dentro de sí características de Divinidad y por sí misma buscaría elevarse hacia los cielos. Comenta el Rabí Natán con respecto a esto:

> Toda persona debería saber que los obstáculos y dificultades que enfrenta en la vida surgen de la fuerza de "repulsión," del materialismo. La fuerza de "atracción", el Tzadik, es más poderosa que la fuerza de repulsión, dado que el poder de gravedad acaba por prevalecer. Así, la fuerza de repulsión es sólo una fuerza temporal. Aquél que verdaderamente desea la espiritualidad siempre puede superar los obstáculos y encontrar la espiritualidad.
>
> De hecho, la misión más importante en la vida es superar las fuerzas de repulsión y buscar una vida de espiritualidad. La ironía de esto es que, en esta misión, la fuerza de repulsión se vuelve un factor mayor. Al unir las dos fuerzas opuestas es posible alcanzar el máximo de las habilidades y ascender a las

más grandes alturas.

Observa, por ejemplo, el caso de un reloj mecánico. Éste tiene un resorte tensado en contra de la dirección natural de su movimiento. Lo que éste busca es salir de su posición forzada. La presión del resorte fuerza a los engranajes a empujarse unos contra otros, de manera que uno mueva al otro. Es esta reacción de una fuerza contra otra fuerza opuesta lo que hace que el mecanismo funcione. Así, en la manufactura industrial, el mecanismo productivo es resultado de fuerzas opuestas que trabajan al unísono.

La naturaleza del alma hace que vaya hacia su Fuente, la Divinidad, la verdadera fuerza de "gravedad" (*Likutey Halajot, Iom Tov* 5:1).

El Rabí Natán concluye explicando que la interacción entre el cuerpo y el alma se produce *debido* a sus diferentes naturalezas. Pese a tal diversidad, el cuerpo y el alma juntos pueden producir asombrosas y hermosas maravillas, siendo receptáculos para la espiritualidad y para el desarrollo del ámbito material necesario para crecer.

*

Hagamos al Hombre...

Las diferencias entre el cuerpo y el alma son muy grandes. Pero aun así es su combinación lo que hace al "hombre". Ambos *pueden* trabajar juntos en perfecta armonía.

Enseña el Rebe Najmán:

La persona debe cuidar su cuerpo, de modo que brille con cada avance espiritual. Pues el alma percibe y comprende niveles extremadamente elevados, mientras que el cuerpo los ignora. La persona debe por tanto purificar su cuerpo y permitirle compartir las percepciones del alma. El alma también se beneficia de un cuerpo que se encuentra armonizado con lo espiritual, pues si el alma cae de su nivel espiritual, el cuerpo que ha experimentado la Divinidad, le permitirá recuperar su anterior nivel de santidad. Esto es posible debido a que el cuerpo ha alcanzado un correspondiente nivel de pureza.

Para alcanzar este nivel de armonía y cooperación entre el cuerpo y el alma, la persona deberá quebrar la arrogancia de las pasiones del cuerpo y sus deseos, contrarrestándolos con la "arrogancia de santidad," la obstinación que la llevará, pase lo que pase, hacia la espiritualidad. De este modo, permitirá que su alma se combine completamente con su cuerpo.

El cumplimiento de las mitzvot es el medio a través del cual el cuerpo se combina con el alma. Cuantas más buenas acciones realice una persona, más grande será el control del alma sobre el cuerpo, permitiendo que éste sienta verdaderamente los logros del alma (*Likutey Moharán* I, 22:5, 8).

El Rebe Najmán ofrece muchas sugerencias prácticas con respecto a cómo alcanzar la "arrogancia de santidad," (tales como cumplir con las mitzvot, orar con fervor, danzar, cantar, batir palmas, dar tzedaká, suspirar y anhelar la espiritualidad).

*

La siguiente enseñanza del Rebe Najmán aclara varias de las ideas tratadas previamente.

El alma corresponde al hombre, a la luz, a la vida, a la memoria y a la verdadera sabiduría - la sabiduría de la Torá. El cuerpo corresponde al animal, a la oscuridad, a la muerte, al olvido, a las filosofías y a la locura. La misión del hombre es elevarse por sobre el materialismo. Esto se encuentra implicado en la palabra hebrea *ADaM*, que significa "hombre", deletreada como *Alef-Dalet-Mem*. *Alef* significa aprender sabiduría; *Dalet* es igual al número cuatro, representando los cuatro elementos; y la *Mem* final es una letra cerrada, que simboliza aquello que no es visible, el Mundo que Viene. Para alcanzar el Mundo que Viene [*mem*], uno debe superar las malas características que surgen de la *dalet*, los cuatro elementos. Esto se logra adquiriendo verdadera sabiduría, sabiduría de Torá, la *Alef*. Ese es el significado del versículo (Génesis 1:26), "Hagamos al *ADaM*". Aquél que busca espiritualidad - la verdadera esencia de la vida - es llamado "Adam" (*Likutey Moharán* I, 37:2-3).

*

Un Buen Consejo

Escribe el Rabí Natán que la verdadera sabiduría de la Torá surge del concepto de que las 613 mitzvot de la Torá son conocidas como los "613 preceptos de consejo". Estos preceptos aconsejan a la persona y la guían en la elección respecto a cuáles acciones realizar y cuáles evitar (*Zohar* II, 82b). Explica el Rabí Natán que el consejo con respecto a cómo transgredir y pecar no es considerado un buen consejo, pues tal consejo expone a la persona al sufrimiento y a la humillación. De manera similar, si alguien viene con una "idea brillante" con respecto a cómo obtener una ganancia financiera, pero pasa por alto el hecho de que tal ganancia lo alejará de la espiritualidad, tampoco ése es un buen consejo, pues (Eclesiastés 5:2), "la riqueza a veces es dañina para su dueño". Si se persiguen los placeres temporales y se dejan de lado los eternos, la riqueza obtenida será entonces dañina. Por tanto, el consejo más importante para triunfar en este mundo es el que lleva hacia la vida eterna - el consejo de espiritualidad. Escribe el Rabí Natán:

> Si Adán hubiera comido del Árbol de la Vida, habría sabido qué consejo lo habría llevado a su destino más alto. Hubiera conocido el sendero de la espiritualidad, de la vida eterna. Pero Adán comió del Árbol del Conocimiento del Bien y del Mal. Como resultado, el hombre se enfrenta ahora a un consejo confuso y perturbador. Cada día requiere de nuevas decisiones, cada problema requiere un enfoque diferente. Peor aún, uno nunca sabe si la elección que ha tomado es la correcta. Algunas ideas parecen muy buenas en el momento, pero a la larga sus beneficios se diluyen. Otras elecciones pueden ser beneficiosas de haber tiempo disponible, pero el tiempo es sumamente escaso, haciendo que las ganancias de ese consejo sean muy improbables.
> Estas circunstancias tan difíciles surgieron porque Adán

comió del Árbol del Conocimiento. Adán fue entonces expulsado del Jardín del Edén y la Espada Giratoria fue ubicada a la entrada para permitir sólo el acceso de aquéllos que lo merecieran (ver arriba, Capítulo 2). La Espada Giratoria corresponde al cúmulo de consejos confusos que nos inundan. Esta "Espada," a la cual se conoce como los *Heijalei HaTemurot* - las Cámaras de los Intercambios - es lo que genera los pensamientos cambiantes y las constantes dudas en la mente, saboteando nuestros esfuerzos por concentrarnos en la vida eterna. Así vemos que incluso aquéllos que se dedican seriamente a sus vidas espirituales - aunque ya estén encaminados en la senda correcta - también experimentan una gran confusión, con una multitud de elecciones incluso dentro del ámbito del consejo de la Torá.

Por lo tanto, la única elección que tiene la persona es buscar constantemente la verdad. Todo aquello que sea absolutamente verdadero la asistirá en el descubrimiento del propio y correcto sendero. Esto sólo es posible cuando está acompañado de la búsqueda de los verdaderos Tzadikim, pues la Torá tiene dos partes - una Ley Escrita y una Ley Oral. La Ley Escrita prescribe las 613 mitzvot, pero la Ley Oral, transmitida a través de los verdaderos Tzadikim, explica cómo podemos cumplir de la mejor manera posible con estos preceptos de consejo (*Likutey Halajot, Suká* 7:2-3).

El Rabí Natán continúa explicando la importancia de la fe en los Tzadikim. Debido a que la naturaleza espiritual de los Tzadikim no está manchada por el Árbol del Conocimiento del Bien y del Mal (es decir, que trascienden los cuatro elementos y corresponden al elemento único), ellos son capaces de llevarnos por el sendero correcto del desarrollo espiritual y del beneficio eterno. Los Tzadikim que trascienden la materialidad son uno con la Torá, con el buen consejo. Recibir consejo de los Tzadikim - por ejemplo, aceptar las enseñanzas de Torá de los Tzadikim - es una rectificación para la transgresión de Adán al comer del Árbol del Conocimiento y nos permite acercarnos al Árbol de la Vida. Esta es la importancia de la fe en los Tzadikim. Continúa el Rabí Natán:

Al ser expulsado del Jardín del Edén, Adán fue también maldecido (Génesis 3:19), "Con el sudor de tu frente comerás pan". La necesidad de un esfuerzo excesivo para ganarse el sustento proviene del acto de comer del Árbol del Conocimiento. Los efectos de este esfuerzo *excesivo* pueden observarse en el hecho de que ésta es una de las principales causas de la confusión. Comer en exceso, dormir o trabajar excesivamente, generan confusión y dudas y producen las más grandes dificultades de la vida. Así, el camino de acción más razonable es buscar el consejo apropiado y ser capaz de embarcarse en una vida sin excesos.

El Árbol del Conocimiento es paralelo al consejo, por el hecho de que *EtZ* (palabra hebrea para "árbol") proviene de la misma raíz que *EtZá* ("consejo"). El consejo, que necesariamente se encuentra dañado en una persona común, debe buscarse ahora en los Tzadikim, cuyo nivel de espiritualidad los une al Árbol de la Vida. Los Tzadikim no están manchados por los efectos del Árbol del Conocimiento del Bien y del Mal y son capaces de discernir el consejo apropiado. El pecado de comer del Árbol es un paralelo también del daño en la fe. Buscar consejo de los Tzadikim rectifica nuestro comer del Árbol del Conocimiento y nos dirige hacia el sendero del buen consejo - tanto para el desarrollo material como espiritual.

Concluye el Rabí Natán:

> Debido al pecado de comer del Árbol del Conocimiento del Bien y del Mal, la muerte fue decretada sobre Adán y a través de él sobre toda la humanidad. El hombre ya no puede lograr la perfección, eligiendo el consejo correcto y encontrando el sendero por el cual alcanzar y entrar al Jardín del Edén [es decir, la espiritualidad total] durante su vida. Ahora debe morir en este mundo. Recién después podrá embarcarse en la senda hacia el Jardín del Edén, el Árbol de la Vida. Sin embargo cuanto más fortalezca la persona su fe en los Tzadikim, más refinado será el consejo que reciba de ellos y mejor podrá actuar durante su vida. De esta manera, merecerá un consejo sólido que la ayudará a rectificar su porción en el pecado de Adán y estará muy cerca

de encontrar su sendero hacia el Árbol de la Vida.

El cuerpo y el alma corresponden a la oscuridad y a la luz respectivamente. También corresponden al bien y al mal, pues el conocimiento del mal derivado del Árbol corrompió el cuerpo humano, empujándolo hacia el materialismo. Si Adán no hubiera pecado, el mal se habría mostrado automáticamente como inferior al bien y el hombre habría tenido una dirección muy clara con respecto a cómo alcanzar su destino - el Jardín del Edén. En nuestro estado actual, sin embargo, el cuerpo debe separarse del alma [con la muerte] antes que ésta pueda alcanzar su perfección final. El cuerpo debe retornar a la tierra - a los elementos de los cuales proviene.

Pero esta separación es de hecho un "proceso de purificación" (ver una explicación detallada en la Parte 3). Con la muerte, el cuerpo, nuestra parte más propensa a sucumbir al mal, queda anulada; con la muerte dejamos lo físico. Y aunque la persona sea verdaderamente un Tzadik, deberá igualmente abandonar su cuerpo, debido el decreto generado por el pecado de Adán y que afectó a toda la humanidad (ver *Shabat* 55b). El hombre no puede entrar al Jardín del Edén en vida. Sólo luego de la Resurrección, con la vuelta del cuerpo a la vida, podrá el alma unirse al cuerpo, en un estado de perfecta pureza (*Likutey Halajot, ibid.* 7:9).

Después de haber luchado por superar las pruebas del materialismo y haberse rectificado, estando aún en el mundo material, el alma está lista para su recompensa final al morir el cuerpo. Con la Resurrección, el cuerpo, antiguo opresor del alma, se vuelve su amado sirviente. Entonces, al reconocer la realeza del alma, el cuerpo voluntariamente se somete a esta "servidumbre". Pero, como en el cuento de "Los Niños Cambiados," el alma tiene más motivos aún para sentirse satisfecha. Es específicamente *debido* al sufrimiento y purificación que debió pasar, que ahora se encuentra con una recompensa mucho mayor que la que previamente imaginó.

* * *

Parte Tres

El Sistema Digestivo
Los Órganos Internos

7

Introducción

La mayor parte de los libros de anatomía comienzan con una descripción del nivel celular o con el sistema esquelético, ambos soportes básicos del cuerpo. Al saber cómo está construido el cuerpo humano y cómo se encuentran interconectadas sus partes, el lector puede obtener un cuadro general de dónde y cómo se encuentra ubicado cada órgano individual. Sin embargo, al explorar la anatomía espiritual, lo más apropiado es comenzar con una descripción de cómo se desarrollan las características básicas, pues éstas constituyen los elementos fundamentales a través de los cuales el hombre puede asumir su forma espiritual. Desarrollaremos nuestro "cuadro" de acuerdo con esta directiva.

Como hemos visto, Adán pecó al *comer* del Árbol del Conocimiento. Así, nuestra exploración de la anatomía espiritual comenzará con el "sistema digestivo". Los órganos del sistema digestivo sirven como base de las características más fundamentales del hombre. Sólo reconociendo el potencial oculto en estos órganos podremos avanzar en nuestro crecimiento espiritual.

Las tres pasiones primarias del hombre son el deseo de riquezas, el placer sexual y la comida. Enseña el Rebe Najmán que el deseo de riquezas es un abismo sin fondo del cual resulta extremadamente difícil retornar (*Likutey Moharán* I, 23). La pasión sexual también constituye una importante prueba que la persona debe enfrentar constantemente a lo largo de su vida (*Likutey Moharán* I, 36; *ibid.* 23). Pero es a la gula a la que el Rebe Najmán denomina "la pasión principal," pues es el alimento el que le da al hombre la fuerza para perseguir sus otros deseos y nunca puede abandonarse por completo (*Likutey Moharán* I, 62:5). Más aún, comer es lo primero que desea un ser humano al llegar al mundo. En cambio el amor, el temor, la paciencia y la humildad, el anhelo de éxito o de poder, los celos, la envidia, la arrogancia y todas las otras pasiones se manifiestan en diferentes etapas de la vida. Algunas características se desarrollan durante la infancia; otras, durante la pubertad y otras en la edad adulta. Pero la necesidad de comer, de digerir y de eliminar los desechos es algo que comienza al nacer.

Enseña el Rebe Najmán que los deseos son superfluos. Se los compara con la cáscara de una fruta que se pela y descarta. De la misma manera, uno puede descartar y vivir sin lo superfluo (*Likutey Moharán* I, 62:5), tal como se observa en el caso del infante quien "sabe" cuánto alimento necesita y no come en exceso. El cuerpo humano requiere para una supervivencia óptima de una simple y balanceada dieta de carbohidratos, proteínas, grasas, frutas y vegetales. Y, enseña el Rebe Najmán, todo alimento puede ser elevado y otorgar ese estado de completa nutrición del que disfrutaba Adán en el Jardín del Edén (*Likutey Moharán* II, 5:17).

Afirma el Talmud que el hombre debe probar de todo lo que está permitido, para así apreciar y agradecer a Dios por Sus maravillosas creaciones (*Ierushalmi, Kidushin* 4). Es obvio que se espera entonces que sintamos placer al comer. Pero existe una diferencia entre consumir aquello que es esencial y el deseo por los excesos. Aunque el hombre pueda vivir de pan y agua, usamos manteca, margarina, miel o jalea para mejorar el sabor del pan. Le damos sabor a nuestras bebidas para hacerlas más agradables al paladar. Estos son ejemplos simples de los agregados permitidos que pueden llevar a excesos si uno no se cuida.

El mantenimiento apropiado del sistema digestivo es de fundamental importancia para el crecimiento físico y el bienestar del hombre. Dado que el cuerpo es un paralelo del alma, el bienestar del cuerpo indica una medida igual de bienestar en las capacidades del alma. Sólo mediante el alimento es posible mantener una relación armoniosa entre cuerpo y alma, pues el cuerpo debe nutrirse para poder existir. El alma, por su parte, no requiere alimento. Sólo cuando ambos, el cuerpo y alma están unidos, se necesita de la nutrición (*Likutey Moharán* II, 5:3).

*

Aunque la medicina occidental considera a los órganos de la digestión, del procesado de los alimentos y de la excreción, como sistemas separados, nosotros, en aras de la conveniencia, los trataremos como una unidad. (Cabe destacar que la medicina china y otras formas de medicina holística enseñan que todas las partes del cuerpo son interdependientes). Así, en esta sección trataremos sobre el estómago, el hígado, la vesícula biliar, el bazo, los riñones y el sistema circulatorio, todos ellos órganos que de alguna manera se encuentran conectados con la digestión del alimento, con su procesado para la obtención de los nutrientes y con la excreción de la materia de desecho.

Al comer, el alimento desciende al estómago, donde las enzimas y los ácidos lo disuelven en partículas más pequeñas. El tracto digestivo continúa procesando este alimento, reduciéndolo a nutrientes que son transportados por el sistema sanguíneo. La sangre, enriquecida con los nutrientes, fluye hacia el corazón y los pulmones, donde es enriquecida con oxígeno y bombeada a través del sistema, llevando el alimento a todo el cuerpo. Todo lo extraño es rechazado y expelido. La capacidad del cuerpo para saber exactamente qué absorber y qué rechazar es una de las más notables maravillas de Dios.

En el próximo capítulo examinaremos el significado de la capacidad del cuerpo para absorber nutrientes y eliminar desechos y cómo esto se relaciona con los poderes espirituales que tenemos y que debemos emplear para avanzar en nuestro crecimiento espiritual. Sin embargo, la sangre, parte integral del sistema circulatorio, que lleva oxígeno y nutrientes a todo el cuerpo, juega un papel muy importante en el sistema digestivo. Continuaremos entonces nuestro estudio del proceso de purificación con una exploración del sistema sanguíneo. Luego, y dado que el primer contacto con la gratificación material comienza en nuestra conexión con la comida, trataremos nuestros hábitos de comer y el tracto digestivo. Más adelante examinaremos los otros órganos del proceso de purificación - el hígado, la vesícula biliar, el bazo, las glándulas sudoríparas y los riñones.

* * *

8

El Proceso de Purificación

Adán fue diseñado con la capacidad de ascender continuamente hacia niveles cada vez más elevados de espiritualidad. Esto debía lograrlo mediante el vehículo de su cuerpo, elevando la materia al nivel de lo espiritual. Y para cumplir con esta misión fue puesto en el Jardín del Edén. Pero esta simple operación fue trastocada cuando Adán sucumbió frente a los deseos físicos (ver más arriba, Capítulo 2).

La consecuencia de la caída de Adán puede compararse con un hermoso y refinado objeto de cristal que es dejado caer desde una gran altura estallando en miles de pedazos pequeños que se desparraman en una gran superficie. Adán contenía, dentro de sí, las almas de toda la humanidad en un estado de perfecta unidad. Su caída partió esa santa unidad en incontables "chispas de santidad" que se dispersaron por el mundo entero. Desde ese entonces la misión del hombre ha sido utilizar las inclinaciones espirituales incorporadas dentro de su sistema, para buscar, encontrar, purificar y elevar estas chispas y así hacerlas retornar a su fuente. Esto reparará e incluso mejorará el recipiente del cual se originaron - Adán.

Sea donde fuere que se encuentre una chispa santa, deberá pasar por un proceso continuo de *birur*, de "purificación," hasta alcanzar su rectificación. Estas chispas de santidad, dispersas por el mundo, se encuentran hoy en toda la creación: en los minerales y los vegetales, en nuestro alimento y bebida. Tanto en los animales que trabajan para el hombre como en aquéllos que sirven para su alimento. Están en la materia virgen usada para la manufactura y también en el dinero y otros bienes con los cuales se negocia en el mundo (ver también *Mashiaj, Qué, Quién, Por qué, Cuándo, Dónde y Cómo* Parte 4-5; publicado por el Breslov Research Institute). El Rabí Natán se refiere a esta idea en uno de sus discursos del *Likutey Halajot* (*Betziat HaPat* 5:3):

> Todo en este mundo debe pasar por un proceso de purificación para alcanzar su propia perfección. No hay actividad que evidencie más este proceso que la producción alimenticia. El granjero ara sus campos, siembra las semillas y espera entonces a que éstas se arraiguen y broten. Luego cuida su cultivo hasta que esté listo para ser cosechado, y entonces separa el trigo de la paja y la broza. Luego muele el trigo, separando la harina pura del salvado. A esta altura la harina no es aún comestible. Debe mezclar la harina con agua para hacer la masa, formar una hogaza y luego hornearla. Recién entonces las semillas que sembró alcanzan su estado de perfección, el objetivo anhelado.
>
> El cuerpo humano fue diseñado para procesar el alimento de una manera muy similar a como este alimento fue procesado para hacerlo comestible. Al comer, la persona mastica y muele el alimento con sus dientes. La comida desciende al estómago, donde los ácidos y enzimas continúan desmenuzándolo en partículas más pequeñas. El resto del tracto digestivo toma entonces este alimento, reduciéndolo y purificándolo más aún. El alimento purificado pasa hacia el sistema sanguíneo, llevando nutrientes a todo el cuerpo. La materia de desecho es rechazada por el cuerpo y expelida.

El proceso de purificación que tiene lugar dentro del cuerpo es un paralelo del proceso de purificación del alma. El cuerpo "sabe" qué debe aceptar y purificar y "sabe" qué debe eliminar. Así como el cuerpo limpia y purifica cada alimento que ingiere, de la misma manera el alma, en su búsqueda de la espiritualidad, limpia y purifica sus elementos nutrientes y por tanto a sí misma. Este proceso de purificación espiritual y de crecimiento es un fenómeno constante, tanto a nivel personal como en el plano universal.

Como parte de la búsqueda de la perfección del alma, todas

las chispas de santidad caídas y perdidas - quebradas y dispersas por el pecado de Adán - deben ser recuperadas para reconstruir la *tzurá* (forma) espiritual original del hombre. El hombre debe ahora tamizar el ambiente material en su búsqueda de lo espiritual.

El Rebe Najmán enseña que todo lo que existe, inclusive la propia riqueza, requiere de este proceso de purificación.

> Las mismas etapas requeridas para procesar el alimento deben emplearse para refinar el dinero. Estas etapas son: la aceptación, la retención, la digestión, la distribución y la expulsión. Al comer uno utiliza los poderes de aceptación y de retención, pues el cuerpo retiene el alimento durante un tiempo. La digestión permite entonces que el alimento sea absorbido por el cuerpo y el sistema digestivo dispensa los nutrientes requeridos a todo el cuerpo. El corazón y el cerebro reciben el alimento más puro, pues ellos proveen las funciones más vitales. El cuerpo excreta luego la materia de desecho.
>
> El mismo proceso de refinamiento debe aplicarse al dinero. Cuando recibes dinero debes retenerlo y no gastarlo inmediatamente - no como aquéllos que pasan sus vidas persiguiendo la riqueza y entonces, cuando la adquieren, la despilfarran inmediatamente. Debes "digerir" este dinero, retenerlo hasta que sea necesario y recién entonces distribuirlo. La porción más pura debe ir hacia la caridad y el resto ser utilizado para tus otras necesidades. También existe desecho en tus gastos (*Sabiduría y Enseñanzas del Rabí Najmán de Breslov* #193).

Estos son algunos ejemplos del proceso de purificación en el ámbito físico y, como hemos notado, este mismo proceso debe aplicarse también a la esfera espiritual. En todas las instancias, la paciencia es de vital importancia. Tal como lleva tiempo y concentración ordenar una pila de papeles o de ropa, también es necesaria una infinita paciencia para ordenar nuestras vidas y preocupaciones espirituales.

*

Paciencia

Una de las lecciones más importantes que debe aprenderse del proceso de purificación es la virtud de la paciencia. Una comida puede ser consumida en un lapso relativamente breve, incluso en cuestión de minutos. Sin embargo, para poder ser digerida de la manera apropiada, deberá ser procesada durante varias horas - para que los nutrientes sean separados de la materia de desecho y cada partícula sea enviada a su destino apropiado.

Cada uno de nosotros debe aprender a ser paciente. Hace ya varios milenios que la humanidad ha estado rectificando el pecado de Adán. Desde tiempos inmemoriales, los hombres justos han difundido la espiritualidad por el mundo entero, con la intención de despertar y unificar aquellas chispas dormidas que cayeron y se dispersaron a causa de ese pecado. Aunque ahora nos estamos acercando al final de nuestra espera de un mundo perfecto, el proceso ha sido largo y arduo. Para alcanzar este objetivo a nivel universal es necesaria una extrema paciencia. Lo mismo se aplica a la purificación espiritual de cada individuo. Aunque toma tiempo reconocer los beneficios de una vida orientada hacia lo espiritual, todos los esfuerzos puestos en ello forman parte del proceso de purificación.

El Rabí Natán cita un ejemplo claro de la importancia crucial de la paciencia. Cuando los judíos recibieron la Torá en el monte Sinaí alcanzaron un nivel espiritual muy elevado (ver *Shabat* 146a). Entonces se les indicó que esperasen durante un período de cuarenta días hasta que Moisés descendiera de la montaña. Hacia el final de su espera el pueblo se impacientó. Esto hizo que ellos se equivocaran con el cálculo del momento en el cual Moisés debía retornar. En lugar de esperar unas pocas horas más, como les rogó Aarón, se apresuraron y construyeron un becerro de oro. En su apuro, generaron su propio sufrimiento, así como el sufrimiento de todas las generaciones posteriores, sufrimiento que sólo terminará con la llegada del Mesías (*Likutey Halajot, Birkat HaShajar* 5:30).

El apuro y la impulsividad están asociados con las

propiedades del agua, tal como observó Iaacov con respecto al comportamiento de su hijo Rubén (Génesis 43:3-4), "Rubén, mi primogénito... Primero en rango y primero en poder. [Pero porque fuiste] *inestable como el agua*, no serás ya primero". Siendo un fluido, el agua es un factor primordial en casi todos los placeres del hombre. Nos bañamos con agua, la tomamos en variedad de bebidas y también se encuentra en la mayoría de los alimentos que ingerimos. La impulsividad puede afectar todos los aspectos de la vida y es el rasgo que hace que la persona sea indulgente en sus placeres sin considerar las consecuencias.

El agua no permanece quieta. La más pequeña brisa genera ondas por toda su superficie y los vientos más fuertes producen remolinos bajo la superficie, hasta en las más hondas profundidades. La impulsividad tiene el mismo efecto sobre la persona. Aun cuando las cosas parecen estar en calma, una pequeña e incontrolada pasión puede causar ondas a través de todo el sistema emocional, generando finalmente una turbulencia interna que no deja lugar a la paz interior.

Hace falta mucha paciencia para esperar con calma a que pasen las tormentas con que nos enfrentamos a lo largo de la vida. La mayoría de las pasiones se presentan en la forma de urgencias. Enseña el Rebe Najmán que "el viento tormentoso del malvado" - el deseo - es algo temporal. Arde con malos deseos, pero sólo por un breve lapso (*Likutey Moharán* I, 8:3). La paciencia nos permite capear el temporal y superar las fuerzas que buscan someternos.

Escribe el Rabí Natán:

> En nuestras plegarias diarias alabamos al Santo, bendito sea: "Con Su misericordia ilumina la tierra y sus habitantes y en Su bondad constantemente renueva a diario el acto de la creación". La luz más importante es la luz de la verdad, que es la luz del Santo, bendito sea. La principal purificación es aquélla que extrae la verdad de la mentira. Cada día que llega nos presenta una oportunidad para buscar la verdad. Aunque la verdad pueda estar oscurecida por la mentira, son las mentiras de cada día y de cada época las que terminan desapareciendo; pero la verdad

perdura - tal como será revelado y todos podrán apreciarlo. Así, cada generación tiene su propio mal particular, el que más tarde es rechazado e incluso repudiado por todos. Las mentiras que toman su lugar también se desintegran y son finalmente relegadas al desván de la historia. La paciencia para buscar la espiritualidad y la Divinidad es un rayo de luz y de verdad que finalmente perdurará (*Likutey Halajot, Heksher Keilim* 4:48).

De este modo la paciencia se establece en la rutina diaria del judío. A la mañana se levanta, y en lugar de comer y de atender sus negocios personales, aparta un momento para la plegaria diaria. Hay gente que se levanta más temprano para estudiar Torá antes de la oración o que, luego de la plegaria y antes de atender sus asuntos mundanos, se queda a estudiar o a cumplir con alguna buena acción. De manera similar, antes de comer, la persona debe ejercer la restricción lavándose primero las manos y recitando la bendición apropiada (ver *Likutey Halajot, Birkot HaShajar* 5:28).

*

La Carroza de Dios

El hombre es capaz de perfeccionarse a sí mismo mediante sus actos, hasta el punto en que se transforma en una "Carroza para Dios". El Profeta Ezequiel comienza su libro de profecías con una descripción de su visión de la "Carroza" de Dios llevada por "cuatro criaturas". La persona que se purifica completamente, deshaciéndose de sus características negativas y refinando sus buenas cualidades, se vuelve digna de reflejar las esencias de esas "criaturas" celestiales, capaces de "llevar y sostener" la Carroza de Dios - la espiritualidad.

Cada una de las cuatro "criaturas" de la Carroza tenía cuatro "rostros," de león, de buey, de águila y de hombre (Ezequiel 1:10). Cada uno de estos cuatro "animales" es considerado un "rey": el león es el rey de las bestias, el buey es rey de los animales domesticados y el águila es rey de las aves. El hombre fue creado para ser rey sobre todos estos reyes, el soberano cuidador de *todas* las formas de vida.

Explican nuestros Sabios (*Tikuney Zohar* #21, 63a) que el león, el buey y el águila corresponden a la mente, el corazón y los pulmones; a la vista, el oído y el olfato. El hombre, siendo el orden más elevado de todas las criaturas vivientes, es un paralelo del habla. Cuando se comporta de una manera elevada, todos estos órganos y sentidos actúan para llevarlo hacia niveles más elevados aún.

Sin embargo, nuestras Santas Escrituras enseñan que (Eclesiastés 7:14) "Dios hizo uno frente al otro". Esta es la "ley del paralelismo" - para cada objetivo espiritual existe un obstáculo material correspondiente. Esto se debe a que en cada nivel, en cada momento y situación de la vida, debemos tener libertad de elección para poder decidir qué camino tomar.

Por lo tanto, cuando el hombre vacila, es atacado por el perro, el asno y el halcón, las tres criaturas del crudo materialismo, representantes del potencial para el mal. En su degradación, el hombre cae bajo el dominio de los tres órganos principales: el hígado, la vesícula biliar y el bazo, cuyo resultado es la destrucción, la ira y la cólera. El hombre, *Adam*, la cuarta criatura, puede regresar al nivel de "*Adam Blial*," un hombre malvado. Esto se encuentra aludido en la palabra *Blial* que puede leerse como *Bli ol*, literalmente, "aquel que aparta de sí el yugo del cielo". Dado que se ha distanciado de Dios, se dice que su habla representa la mentira, la cháchara vana y las vulgaridades. (Más sobre estas ideas adelante, ver Parte 6).

El alimento que la persona ingiere es digerido, tomado por el sistema sanguíneo y distribuido por todo su cuerpo. El hígado, la vesícula biliar y el bazo se encuentran entre los principales órganos encargados del procesamiento de nutrientes, del filtrado de la sangre y de la disposición del exceso de fluidos y de la materia de desecho. Controlados por los órganos superiores, les dan fuerza a las facultades espirituales, pero si se los deja sin control, los efectos negativos de estos órganos sacarán a luz, de una manera degradante, las peores características de la persona - los celos, la lujuria y el deseo de honor y poder (*Likutey Halajot, Birkot HaPeirot* 5:23).

La Maravilla de las Maravillas

El proceso de purificación es tan asombroso que nuestros Sabios instituyeron la costumbre de recitar una bendición luego de cumplir con las necesidades corporales. La bendición dice:

> Bendito eres Tú, Señor nuestro Dios, Rey del universo, que con sabiduría ha formado al hombre y ha creado en él numerosos orificios y cavidades. Es manifiesto y sabido ante el Trono de Tu Gloria que si apenas uno solo de ellos fuera obstruido o uno solo de ellos fuera abierto, sería imposible existir siquiera durante un instante. Bendito eres Tú Señor, que cura toda carne y obra maravillas.

El Rabí Natán explica que el proceso de purificación es *el* objetivo de cada individuo. Explica que el cuerpo fue creado con poderes tan increíbles - realmente es una "maravilla de las maravillas" - para ser la "planta purificadora" por excelencia. De hecho, es esta única combinación de cuerpo *y* alma la que hace posible la rectificación final (*Likutey Halajot, Betziat HaPat* 5).

* * *

9

El Torrente Sanguíneo

El cuerpo humano tiene 248 miembros, correspondientes a los 248 mandamientos positivos de la Torá. También posee 365 tendones y canales conectivos (ligamentos, arterias, venas, etcétera), que corresponden a las 365 prohibiciones de la Torá (*Zohar* I, 170b; ver arriba, Capítulo 1). El cuerpo necesita miembros para poder *hacer* algo. Por tanto, los mandamientos positivos corresponden a los sistemas esquelético y muscular (tratados más adelante en la Parte 8). Por otro lado, las prohibiciones de la Torá son paralelas al tejido celular y al sistema circulatorio del cuerpo - pues la sangre lleva consigo todos los deseos y pasiones que deben ser superados para poder cultivar los aspectos espirituales de la existencia.

La sangre es la fuente de vida de la mayor parte de las formas de vida animal y es bombeada por el corazón a través de una red extremadamente compleja de arterias y venas. El fluir de la sangre tiene dos propósitos principales: llevar oxígeno y nutrientes hacia los músculos y tejidos del cuerpo y extraer el dióxido de carbono y otras sustancias de desecho para librar al cuerpo de los venenos que acumula.

El sistema circulatorio, una de las más increíbles redes existentes, es tan intrincado como asombroso y se vuelve más asombroso aún cuando uno piensa en sus implicaciones espirituales. Contiene literalmente cientos de millones de células que transportan el combustible del cuerpo en la forma de alimentos y minerales. Las células reciben el alimento procesado del tracto intestinal, lo transportan al hígado y luego al corazón. El corazón envía la sangre hacia los pulmones, donde reciben el oxígeno. La sangre retorna entonces al corazón y es bombeada a través de todo el cuerpo, distribuyendo oxígeno y nutrientes en su camino.

Además de distribuir estos elementos esenciales para la vida, el torrente sanguíneo se encarga también de retirar toda la impureza que pueda haber en el cuerpo. Es por esta razón que la sangría (flebotomía) fue el método primario de curación en la antigüedad. Su propósito era eliminar la sangre "usada y cansada", permitiendo la eliminación de productos de desecho y generando la producción de nueva sangre. Así afirma el Talmud (*Baba Batra* 58b), "Yo, la sangre, soy la causa principal de las enfermedades". Rashbam (Rabí Shmuel Ben Meir [c.1080-1174], nieto de Rashi) explica (*v.i. b'reish*), "Todas las enfermedades son llevadas por la sangre [a través del cuerpo]". Algunos han entendido esta enseñanza del Rashbam en el sentido de que si uno se hiciera una sangría regularmente, purgaría así las impurezas del torrente sanguíneo que abruman al sistema.

Enseñó el Rebe Najmán con respecto a las impurezas espirituales, "La sangría es beneficiosa para contrarrestar la mayor parte de los rasgos negativos (*El Libro del Alef-Bet, "Malos Pensamientos"* A:47). Donar sangre a un banco de sangre dos o tres veces al año puede duplicar los beneficios de la sangría, tanto en el aspecto del beneficio personal del donante, al cual apunta al Rebe Najmán, como del beneficio del receptor, quien necesita desesperadamente este regalo de vida de sangre sana.

*

El Golpe Rítmico

El corazón tiene cuatro cámaras principales, dos atrios y dos ventrículos. El atrio derecho recibe a través de las venas la sangre que proviene del hígado, bombeándola hacia el ventrículo derecho. Aunque la sangre ha sido purificada de toda sustancia de desecho, aún contiene dióxido de carbono. Ahora es enviada del ventrículo derecho hacia los pulmones para expeler ese dióxido de carbono y ser cargada con oxígeno. La sangre oxigenada se mueve entonces hacia el atrio izquierdo y desde allí hacia el ventrículo izquierdo, desde donde es bombeada hacia el resto del cuerpo.

Escribe el Rey Salomón (Eclesiastés 10:2), "El corazón del hombre sabio está a su derecha; el del tonto a su izquierda". En las Escrituras y el Talmud, el "lado derecho" representa el bien, mientras que el "lado izquierdo" representa la locura y el mal. El Rey Salomón está hablando aquí de los deseos. El hombre sabio utiliza su intelecto para buscar el sendero apropiado en la vida, mientras que el tonto se deja llevar por los impulsos de la inclinación de su corazón (Rashi, loc. cit.). Así, el lado derecho corresponde a la buena inclinación, mientras que el lado izquierdo corresponde a la mala inclinación.

De los dos lados del corazón, es el ventrículo izquierdo el que más necesita trabajar porque debe bombear la sangre a través de todo el cuerpo. La desventaja espiritual de este sistema es que se encuentra en el lado izquierdo, el lado del "tonto". Por lo tanto, toda sangre que es bombeada al sistema fluye junto con los malos deseos. Esto no quiere decir que la mala inclinación ganará automáticamente el control sobre todo el cuerpo. Ello implica, más bien, la necesidad de mantener el control por sobre los propios deseos. Cuanto más control ejerza la persona sobre sus propias inclinaciones - cuanto más "respire" espiritualidad - más puro será su "torrente sanguíneo". De manera inversa, cuanto más fuerte sea el deseo de la persona por lo material, más fuerte será la influencia de la mala inclinación sobre su "sangre".

Así enseña el Rebe Najmán:

> El pulso golpea rítmicamente. A veces el ritmo del pulso lleva a la persona a servir al Santo, bendito sea; otras veces la aleja. Todo depende del aire, o el espíritu, que entra en el cuerpo (*Likutey Moharán* I, 160).

Dado que la sangre toma el oxígeno de los pulmones y lo lleva por todo el cuerpo, el respirar aire impuro hace que el pulso golpee con un ritmo que lleva hacia el materialismo. Respirar aire limpio - es decir, buscar la espiritualidad - provee al torrente sanguíneo de aire puro con el cual servir a Dios. (Más sobre la respiración y sus efectos, en las Partes 5-6).

*

Sangre "Caliente"

El color rojo de la sangre simboliza el sufrimiento, la ira y el derramamiento de sangre. Si alguien se corta y sangra, siente dolor y sufrimiento. Cuando es humillado, su rostro puede "ponerse colorado". Si se enoja y le "sube la temperatura," se pone "rojo de ira". Estas reacciones representan el concepto de Guevurá (literalmente, "fuerza"; "juicio"). Si alguien es juzgado por sus malas acciones puede sentirse humillado, o si le ocurre alguna desgracia, puede irritarse por ello. En este sentido, cada persona tiene su propio sistema de justicia que genera el sufrimiento requerido. El Rebe Najmán explica cómo trabaja este sistema:

> La inclinación al mal de una persona recta es de naturaleza angélica. Pero para la mayoría de la gente la inclinación al mal es de hecho su propia sangre contaminada. Esta la hace actuar de manera necia y la lleva a pecar (Likutey Moharán I, 72).

Como hemos indicado, el sufrimiento implica una disfunción espiritual - es como si el propio torrente sanguíneo, contaminado por la mala inclinación, estuviese demandando justicia para poder purificarse. Así, cuando alguien ve que está sufriendo y que las cosas no suceden de la manera en que le gustaría, debe comprender que esto se debe a su mala inclinación, manifiesta a través de su propia sangre contaminada, pues la mala inclinación "cabalga" con la sangre. El Rebe Najmán enseña así que uno puede mitigar los juicios y los sufrimientos sobreponiéndose a las pasiones (*Likutey Moharán* I, 72:2, 4). De esta manera, uno supera la mala inclinación, "la disfunción del sistema sanguíneo" y lo purifica.

Más arriba (Capítulo 8) hemos tratado sobre la paciencia que se manifiesta en el cuerpo humano cuando debe separar el alimento en sus nutrientes constitutivos. Hicimos notar cuán importante es la paciencia para el propio desarrollo espiritual. Llevando esto un paso más adelante, podemos comprender cuán importante es la paciencia cuando uno está experimentando el juicio, tal como cuando la persona sufre o debe enfrentarse a situaciones desagradables. El ejercicio de la paciencia es en sí mismo un factor importante para mitigar los juicios y purificar el torrente sanguíneo.

Esto no quiere decir que si la persona purifica su torrente sanguíneo deberá cambiar el color de su sangre. El rojo siempre implica juicio y la sangre siempre será roja. Sin embargo, existen juicios que pueden ser beneficiosos - cuando son usados para ejercer la prudencia y la contención (por ejemplo, conducir vehículos de manera prudente o aquietar una situación explosiva). Hablando espiritualmente, Guevurá representa el atributo del temor y de la reverencia a Dios y por tanto tiene un lado muy positivo. (Estas ideas serán tratadas más adelante, en la Parte 5 y 8, donde trataremos sobre las diez *Sefirot* en términos de su influencia sobre la vida de la persona). Por el momento, sin embargo, basta con decir que la sangre es sinónimo de la mala inclinación que trae el juicio y el sufrimiento sobre la persona. Cuanto más control ejerza la persona sobre su mala inclinación, mayor será su control sobre el sufrimiento, la frustración y la humillación. Y estará mejor equipada para enfrentar el sufrimiento. Esto se debe a que, en este sentido, la persona ha establecido un nivel de "control" sobre los juicios mismos.

Considerando que el torrente sanguíneo sirve como sistema interno de justicia, podemos comprender cómo puede transformarse en el vehículo para la caída tanto física como espiritual de la persona. La gente se mete en problemas debido a su "sangre caliente" - su apuro, su impulsividad y su ira. Es a través de sus propias acciones que las personas hacen descender el juicio sobre ellas mismas y determinan el castigo que resultará de sus acciones.

Enseña el Rebe Najmán (*Likutey Moharán* I, 29-5, 9), "Un sistema sanguíneo contaminado por el pecado genera dificultades para ganarse el sustento. Aquél que roba crea en sí mismo una sangre pútrida; y lo mismo sucede con aquél que actúa de manera deshonesta en los negocios, pues la palabra hebrea *damim* puede traducirse como 'sangre' o 'dinero'". Ambos se encuentran relacionados: el sistema sanguíneo puro previene el robo, mientras que robar contamina la sangre, creando un ciclo negativo de deseo cada vez mayor por el robo, con el potencial inherente de más sangre contaminada, la que requiere de un poderoso esfuerzo para purificarse.

Más aún, como apunta el Rabí Natán, la palabra hebrea para ilusión es *meDaMé*, que comparte la misma raíz que *DaM*, "sangre" (*Likutey Halajot, Shlujin* 5:19). Las ideas ilusorias provienen de un sistema sanguíneo impuro - de la misma sangre que lleva los deseos y pasiones de la persona. También aprendemos que "el deseo por los placeres sensuales surge de la sangre contaminada de la persona" (*Likutey Moharán* I, 36:3). De modo que el hombre es su propia fuente de auto engaño y la causa primaria de sus propios errores.

*

Victoria o Verdad

Enseña el Rebe Najmán:

> Aquéllos que tienen la mala característica de querer ganarles siempre a los demás no pueden aceptar la verdad. Cuando la gente tiene la compulsión de tener siempre razón, aunque la verdad esté frente a sus ojos, siempre la va a distorsionar para mantener así su imaginaria superioridad. Esto se aplica a todas las áreas de la vida (*Likutey Moharán* I, 122).

Enseña el Rebe en otra parte que esta mala característica es afín a la lucha. Explica que la sangre es la fuente de los deseos de salir victoriosos y de controlar a los demás. El versículo dice (Isaías 63:3), "*V'eiez nitzjam* - su sangre fue salpicada". La raíz de la palabra hebrea *NiTzJam*, "su sangre," es *NiTzaJ*, que también se traduce como "victoria". El deseo de salir victoriosos es naturalmente inherente a la sangre. Sin embargo, aquél que sirve a Dios con todo su ser puede purificar su sangre de todos los malos deseos. De esta manera logrará quebrar dentro de sí el atributo de la lucha y el deseo de gobernar sobre los demás, trayendo paz (*Likutey Moharán* I, 75:1, 4).

*

Enseñó el Rebe Najmán:

> Nadie puede hablar con la absoluta verdad hasta que no haya limpiado su sistema sanguíneo de todas las impurezas indicadoras de falsedad. De manera inversa, no es posible mentir sin haber contaminado antes su sangre (*Likutey Moharán* I, 51:1).

El Rebe Najmán introduce en su lección varias ideas relacionadas entre sí, comenzando con "La mentira es dañina para la vista". Una mala visión presenta una falsa imagen; un objeto grande puede verse como pequeño o un objeto simple puede verse como doble. Estas son distorsiones - en efecto, mentiras.

Continúa el Rebe con la idea de que las lágrimas producen una visión borrosa. Las lágrimas son un exceso de fluidos corporales secretados a través de los conductos lagrimales (partes del sistema de purificación del cuerpo). Más aún: explica el Rebe que el habla, el alma y la sangre están conectados entre sí (esta conexión está basada en los versículos (Cantar de los Cantares 5:6), "*Nafshi* [mi *alma*] partió cuando él *habló*," y (Deuteronomio 12:23), "La *sangre* es el *nefesh* [alma]"). Al dañar el habla - por ejemplo, al decir mentiras - uno daña el sistema sanguíneo y por extensión, su alma misma. La verdad es una; la mentira es múltiple. Sólo puede haber *una* verdad, la mentira puede presentarse de muchas maneras - literalmente en miles de ideas, de dichos, etc. Pero no es verdad. La mentira es así sinónimo de exceso. Por lo tanto, la mentira produce un exceso de fluidos, generando lágrimas, que enturbian y distorsionan la visión (*Likutey Moharán* I, 51).

Enseña el Rebe Najmán que también ocurre lo opuesto - decir la verdad purifica la sangre. Es así que, para alcanzar el nivel de absoluta verdad, de modo que uno se encuentre libre de mentiras, sin engaños con respecto a la vida, es necesario purificar todo el sistema. Este es el nivel alcanzado por el Tzadik. Pero también todos, dependiendo de cuán intensamente busquen la verdad, pueden purificar su torrente sanguíneo. Más aún, el llorar y las lágrimas pueden servir de vehículos tanto para la purificación de la sangre como para su contaminación. Llorar por alcanzar cosas superfluas en la vida produce una sangre contaminada y genera lágrimas innecesarias - exceso y desecho. Pero llorar y orar para eliminar elementos externos y pasiones ayuda a purificar la sangre de esos excesos no deseados.

*

El Mejor Camino hacia el Arrepentimiento

Enseña el Rebe Najmán que existen varias maneras de purificar todo el torrente sanguíneo de una vez. El pecado es generado por la mala inclinación que se ha alojado en el corazón, haciendo que la sangre contaminada fluya a través del cuerpo. Una manera de purificar esta sangre es manteniéndose en silencio frente al insulto y soportar la vergüenza. Al mantenerse en silencio, la persona controla su deseo de devolver el insulto y se refrena de la ira, expresión de la mala inclinación. Esto puede observarse en la reacción que se tiene al ser insultado: cuando una persona es humillada, se ruboriza y su rostro se sonroja de vergüenza. Luego se vuelve pálida, como si le hubieran drenado toda la sangre. La sangre simboliza los pecados y la reacción al volverse "blanco" simboliza la limpieza de esos pecados que han colmado su torrente sanguíneo. Aunque la sangre continúa fluyendo en su cuerpo, el control que ahora ejerce sobre sí mismo negándose a responder es un verdadero arrepentimiento, pues constituye un poderoso acto de control sobre su mala inclinación (*Likutey Moharán* I, 6:2, 5).

Obviamente, este método de arrepentimiento tiene sus dificultades. Por un lado, la humillación es extremadamente difícil de soportar. Además, aunque la vergüenza pueda venir por sí misma, tal como cuando una persona comete un error en público, muchas veces la vergüenza es causada por otros - y sabemos que está prohibido humillar a alguien. El Talmud compara el humillar al otro con el derramamiento de sangre y dice (*Baba Metzía* 58b), "Aquél que avergüenza a otro en público desciende al Guehinom, ¡para nunca ascender!"

El Rabí Natán se refiere a este problema y explica que la vergüenza puede ser causada por otros, pues cada uno es libre de actuar como le parezca. Aunque uno no debe buscarlo, la persona que es humillada debe tener en mente los beneficios espirituales que logra mediante el sufrimiento que atraviesa.

Pero la humillación no tiene que provenir necesariamente de una fuente externa. Muchas veces la gente reconoce que ha actuado de una manera tonta y experimenta un sentimiento de vergüenza - aun estando sola. Sentir vergüenza por los errores y pecados propios es soportar la humillación delante de Dios. Aunque este tipo de vergüenza no requiere necesariamente que la persona controle su ira, el reconocimiento de que ha pecado también representa un control - la decisión de controlar sus deseos y de no volver a pecar, evitando así una vergüenza mayor. De este modo, aquél que verdaderamente desea arrepentirse sentirá vergüenza de sus pecados.

Luego de exponer esta lección sobre soportar la humillación como el mejor camino para el arrepentimiento, el Rebe Najmán le preguntó al Rabí Natán, "¿Te has sonrojado alguna vez de vergüenza delante del Santo, bendito sea?" (*Siaj Sarfei Kodesh*, #730).

Cierta vez, cuando el Rebe Najmán estaba hablando sobre su infancia, dijo, "Yo solía ser tímido delante del Santo, bendito sea. Sentía literalmente la vergüenza en mi rostro. Solía quedarme delante del Santo, bendito sea y sentir vergüenza, como si hubiera sido humillado delante de un amigo. Había veces en que llegaba a sonrojarme, tan grande era mi vergüenza" (*Sabiduría y Enseñanzas del Rabí Najmán de Breslov* #168).

Más aún, explica el Rabí Natán que cada persona debe soportar algún sufrimiento antes de alcanzar la espiritualidad. Puede que sea en su lucha personal en contra de la mala inclinación, o puede tomar la forma de oposición dentro de la familia, de dificultades financieras o de algún otro problema personal. Tal sufrimiento es también una forma de vergüenza y uno debe ser paciente y esperar hasta que las puertas de la espiritualidad se abran y encuentre el alivio. Así, todo sufrimiento, si es aceptado con paciencia, es parte de "mantenerse en silencio frente a la humillación" y puede traer un verdadero y completo arrepentimiento.

*

"Yo Seré"

El Rebe Najmán continua elaborando esta idea (*Likutey Moharán* I, 6). Como puede verse en la Torá, Dios es conocido con varios Nombres. Uno de éstos es *EHIéH*, que literalmente significa, "Yo Seré". Esto no implica que Dios deba "llegar a ser" o que Él cambie, Dios no lo permita. Dios es eterno e inmutable. El concepto detrás del Nombre *EHIéH* es más bien, "Yo seré revelado en niveles mucho más grandes aún".

Las cuatro letras del nombre *EHIéH*, *Alef* (1), *Hei* (5), *Iud* (10) y *Hei* (5) suman 21. Sin embargo, cuando se calculan de manera retrógrada (es decir, volviendo cada vez a la primera letra hasta completar la palabra entera (*Alef* + *Alef Hei* + *Alef Hei Iud* + *Alef Hei Iud Hei*; 1 + 6 + 16 + 21) - suman 44. Este es también el valor de *DaM*, "sangre" (ver Apéndice C, carta de *guematria*). (Explica el Ari que este método de cálculo se utiliza cuando existe un ocultamiento de la santidad. Como opuesto a *panim* [cara a cara], este método es llamado *ajoraim* [por detrás], indicando un ocultamiento de la santidad). Así, oculto dentro del torrente sanguíneo de la persona está Dios Mismo. ¿Por qué está *oculto* allí? Como hemos visto, el torrente sanguíneo se encuentra instilado por la mala inclinación. Aun así, incluso en ese ambiente tan material está también Dios Mismo, siempre paciente, esperando a que volvamos a Él. ¡En el mismo momento en que uno reconoce sus propios pecados, en ese mismo instante puede encontrar a Dios!

Al pecar la persona desciende al nivel de la "no-existencia". Nuestros Sabios aluden a este nivel cuando enseñan (*Eruvin* 13b), "Habría sido mejor para el hombre no haber sido creado". El arrepentimiento, por otro lado, es como volver a nacer. Ello une a la persona con Dios tal como Él está revelado en el santo Nombre de *EHIéH* (Yo seré). Al soportar las dificultades, el sufrimiento o la humillación, la persona atrae sobre sí la espiritualidad de *EHIéH*, oculta dentro de su torrente sanguíneo. Este proceso se repite una y otra vez en la medida en que uno busque niveles cada vez más elevados.

El Rebe Najmán indica que esta idea está aludida también en la vocal que se utiliza para pronunciar la palabra *DaM*. Las letras del alfabeto hebreo son consonantes, mientras que las vocales son una serie de puntos y de guiones (ver más adelante, Capítulo 24, "El Pulso"). La palabra *DaM* se vocaliza con una *kamatz* (con el sonido de "a"). La palabra *kamatz* significa "cerrado u oculto," pues oculta dentro del torrente sanguíneo se encuentran tanto la Santa Presencia (*EHIéH*) como la mala inclinación (las malas características). La palabra *DaM* implica que la persona debe soportar el sufrimiento en silencio - manteniendo bajo control la característica negativa de la ira, los celos, la impaciencia y demás - dominando así la mala inclinación y revelando la santidad. Esto se debe a que al mantenerse en silencio la persona cambia el *DaM* por el *DoM*, "silencio," reemplazando la *kamatz* por un *jolem* (con el sonido de "o"), un punto que se sitúa sobre las consonantes. La sangre que antes había sido utilizada para pecar ha sido ahora, en aras de Dios, transformada en silencio, liberando la Divinidad oculta, situación que lleva al verdadero arrepentimiento. Esto corresponde a la *Sefirá* de Keter (Corona). El *jolem* se ubica así sobre la letra *dalet*, como se ubica una corona sobre la cabeza.

Como se ha mencionado, Keter, por sí mismo y en sí mismo, se encuentra más allá de toda concepción (arriba, Parte 2 y más abajo, Parte 4). Sin embargo, es posible encontrar algún aspecto de cada una de las Diez *Sefirot* dentro del propio nivel espiritual. Así, cada persona tiene su propio "elevado nivel de Keter" al cual puede aspirar. Luego de alcanzarlo, podrá ascender al siguiente nivel de espiritualidad (ver también Apéndice B).

*

Un Circuito de Alegría

Inhala profundamente. Retén el aire. Ahora exhala. Al hacerlo estás limpiando tu sangre.

Enseñó el Rebe Najmán:

> La sangre junto con el oxígeno fluye a través del cuerpo, limpiándolo de toda sustancia de desecho. Pero la tristeza puede afectar este fluir. La tristeza se expresa en una respiración entrecortada, propia de la gente enfadada. Esta puede inducir un pulso inadecuado llevando a que uno se sienta cansado y perezoso. Un profundo suspiro de arrepentimiento, generado por un fuerte deseo de retornar al servicio del Santo, bendito sea, es la cura para los efectos de la tristeza. Respirar aire fresco, trayendo nuevo oxígeno, limpia las impurezas generadas por la tristeza (*Likutey Moharán* I, 56:9).

También enseñó el Rebe Najmán:

> La sangre debe fluir por las venas sin impedimentos. Si hay una infección en algún lugar de sistema, grandes cantidades de sangre fluyen hacia ese lugar, interrumpiendo el flujo normal de la sangre. [Los vasos sanguíneos se dilatan en la zona infectada, permitiendo un aumento en el flujo sanguíneo]. Los *Shalosh Regalim* [Las Tres Festividades] ayudan a recobrar el pulso normal. Es por esta razón que la Festividad es llamada *Jag*, cuya raíz puede traducirse también como "círculo," aludiendo al ciclo de la sangre que fluye a través del cuerpo (*Likutey Moharán* II, 4:12).

Explica el Rebe Najmán que la celebración de cada Festividad, en virtud del *motivo* de su celebración, revela una significativa porción de Divinidad en el mundo. *Pesaj* nos permite revivir el Éxodo junto con los milagros de las Diez Plagas y el Cruce del Mar Rojo. *Shavuot* recuerda el milagro de la Revelación, notable por el hecho de que Dios descendió sobre el Monte Sinaí y Se reveló a los judíos al darles la Torá. *Sukot* invoca el recuerdo de los milagros de las Nubes de Gloria que protegieron a los judíos durante su travesía por el desierto. Así, la celebración de cada Festividad proclama la presencia de Dios y nos permite experimentar las fuerzas de la espiritualidad que trascienden lo físico.

Está escrito con respecto a las Festividades (Deuteronomio 16:14), "Se regocijarán en su *Jag* [Festividad]". Así, la alegría es beneficiosa para el *Jag*, que representa el circuito de la sangre. Más aún, como las Festividades son llamadas *Reglaim* (literalmente, "pies"), estar alegres durante la Festividad es especialmente beneficioso para la circulación de la sangre de los pies (cf. *Likutey Moharán* II, 4:12). En este sentido, los pies también representan las extremidades inferiores, los lugares más distantes de Dios. La alegría es así una de las maneras esenciales para llevarles sangre cargada de vida y de energía a aquéllos que están lejos de Dios, llenándolos de fuerza y dándoles la vitalidad para acercarse más a Él.

*

Reciclado y Retorno

Dado que la sangre lleva vida a través del cuerpo, ella es, en un sentido, la vida misma. Más aún, debemos recordar que ninguna gota de sangre toma siempre la misma ruta al circular por el cuerpo. A veces va hacia la cabeza, otra veces hacia el brazo derecho, etc. El Rabí Natán desprende de esto una valiosa lección: Dado que la vida fluye interconectando cada uno de nuestros miembros, es posible comenzar el retorno "conectándonos" a cualquiera de los aspectos del Judaísmo, tal como un pensamiento de Torá o una buena acción o palabra, pues finalmente, esa renovada vitalidad llegará a cada uno de nuestros miembros, fortaleciendo nuestra relación con Dios (*Likutey Halajot, Mataná* 5, *Roshei Perakim* 19a).

Expandiendo esta idea, el Rabí Natán explica que la Torá menciona la palabra *admoní* (el rojo) en conexión con dos personas: el Rey David y Esaú (1 Samuel 16:12, Génesis 25:25). Ambos representan Guevurá (fuerza y juicio), uno del lado de la Santidad y el otro de *Sitra Ajara*. Una de las manifestaciones más importantes de Guevurá que puede ser utilizada tanto para el bien como para el mal, es la audacia y el descaro. Si una persona siente que está lejos de Dios y, debido a sus acciones pasadas que motivaron ese distanciamiento, siente vergüenza de acercarse a Él, debe ser suficientemente audaz y acercarse *continuamente* a Dios, hasta comenzar a experimentar un nivel de espiritualidad. Esto se alude en el *continuo* fluir de la sangre a través del cuerpo y representa el descaro santo, la cualidad del Rey David al librar las batallas con el fin de revelar el Reino de Dios.

De manera inversa, la principal fuente de la audacia impropia y del descaro se halla en la propia "sangre caliente," representando el aspecto de "Esaú" dentro de cada persona, y que se revela al correr detrás de los placeres materiales. Esta característica es muy importante y debe ser controlada y dirigida hacia la santidad mediante el ejercicio de la paciencia.

A esto se alude en las *kavanot* (meditaciones) de la Festividad de Jánuca (ver *Pri Etz Jaim, Shaar HaJánuca* 4, p. 465).

La opresión de los judíos en esa época de nuestra historia marcó una era tremendamente oscura. Los griegos no escatimaron medios ni oportunidades para intimidar a los judíos y someterlos a su cultura, haciendo necesaria la extrema audacia de los macabeos para entablar una guerra contra fuerzas tan superiores, en aras del honor de Dios. Escribe el Ari que la luz de Jánuca proviene del Santo Nombre *NaJal*, que es un acróstico de "*Nafsheinu Jikta La-Adonoy...* - Nuestras almas esperan a Dios; Él es nuestra ayuda y nuestro escudo" (Salmos 33:20). La palabra hebrea *NaJal* tiene un valor numérico equivalente a 88. Agregándole 1 a este número, que representa la palabra misma, se obtiene 89, el valor de Jánuca. Los judíos sufrieron una severa intimidación y opresión, pero aun así esperaron pacientemente la salvación, sin abandonar la esperanza de que Dios los ayudaría. Al presentarse la oportunidad la aprovecharon y vencieron a las fuerzas de la herejía.

Vemos además, que las palabras *Dam ADaM* ("la sangre del hombre") tienen la misma *guematria* (valor numérico) que Jánuca y *NaJal* (89), indicando nuevamente la necesidad de una extrema paciencia en nuestra búsqueda espiritual, sin abandonar nunca el deseo de servir a Dios. La sangre circula continuamente a través del cuerpo y resulta muy aconsejable aprovechar este sustento de vida, buscando, anhelando y esperando con paciencia el momento en que pueda comenzar su ascenso espiritual. Así como la sangre nunca sigue la misma ruta, sino que constantemente "busca nuevas direcciones" dentro del cuerpo, también nosotros podemos dedicarnos a buscar constantemente el momento apropiado para acrecentar nuestra relación con Dios (*Likutey Halajot, Mataná* 5:51, 61-63).

*

El Alcohol y el Árbol del Conocimiento

El Árbol del Conocimiento del cual comió Adán era una vid

Sanhedrín 70a

Escribe el Rabí Natán:

El vino tiene dos poderes potenciales, uno bueno y otro malo. El vino proviene de una fuente muy elevada, tal como se evidencia en la palabra hebrea para vino, *Iain*, que equivale numéricamente a 70. El vino corresponde así a los "Setenta Rostros" de la Torá y a los "Setenta Ancianos" ("Anciano" indica sabiduría; ver más abajo, Capítulo 34). Beber vino con pureza y con una alegría santa puede ayudar en el ascenso a niveles muy elevados. Esto es posible mediante el vino del *kidush* del Shabat y de las Festividades, en Purim o en la celebración de una mitzvá.

Pero el poder del mal inherente al vino y a las bebidas alcohólicas es también extremadamente poderoso. Puede despertar las pasiones de la persona, en especial el deseo de inmoralidad. Así afirma el versículo (Proverbios 23:31), "No mires el vino cuando está rojo". Comentan nuestros Sabios (*Sanhedrín* 70a), "Pues su final trae rojo [es decir, sangre, juicios y sufrimientos]". El abuso de alcohol, al entrar en la sangre, embota la mente. Es posible sentir alegría al estar borracho, pero ello sólo se debe a que el vino "calienta" la sangre, incitando a la inmoralidad, a la riña y a muchos otros males (*Likutey Halajot, Iain Nesej* 4:1-6).

De modo que aquél que bebe demasiado alcohol no sólo se hace susceptible a las enfermedades, sino que daña también la naturaleza espiritual de su sangre. Por el contrario, aquél que es cuidadoso en su consumo de vino merecerá beber un vino muy añejo que lo llevará hacia la verdadera alegría - "El vino preservado en sus uvas desde los Seis Días de la Creación" (es decir, del Árbol de Vida preparado para el Hombre en el Jardín del Edén) (*Berajot* 34b; *Likutey Halajot, Ha'osé Shliaj Ligvot Jov* 2:14).

*

Análisis de Sangre

Se requiere un gran esfuerzo, tanto físico como espiritual, para limpiar la sangre y mantener puro el torrente sanguíneo. El médico siempre ordena un análisis de sangre para detectar todo desequilibrio en el sistema físico de la persona. Cuánto más será necesario un "análisis de sangre" para nuestra salud espiritual. Considerando las complejidades del sistema circulatorio, una corta revisión de las ideas presentadas hasta ahora nos permitirá analizar el estado espiritual de nuestra sangre y rectificar cualquier impureza.

La sangre representa el juicio. Hace falta mucha paciencia para soportar el sufrimiento (en la forma de juicios, humillaciones, etcétera). La sangre representa también el arrepentimiento y la *Sefirá* de Keter, el nivel de *EHIéH*. Cuando nos mantenemos en silencio frente a la humillación y la controversia, purificamos nuestra sangre y alcanzamos nuestro potencial más elevado. El flujo normal de la sangre se facilita mediante una actitud de alegría que permite sentir un espíritu de renovación.

* * *

10

Comer: El Exilio en Egipto

Hemos visto cómo el torrente sanguíneo lleva nutrientes hacia todo el cuerpo; ahora veremos cómo estos nutrientes llegan a la sangre a través del acto de comer. Este capítulo trata de aquéllos órganos asociados al comer: la boca, el cuello y las diversas partes que lo componen, el estómago y sus órganos relacionados.

El cuello, donde se encuentra la garganta, es una de las zonas más estrechas del cuerpo. Así en hebreo, la garganta es llamada *MiTZaR hagarón*, lo que significa literalmente "la estrechez del cuello". A través de este angosto pasaje cruzan tres órganos vitales o canales: la tráquea, situada en el lado derecho de la garganta, que lleva el aire; el esófago, situado hacia la izquierda y algo detrás de la tráquea, cercano a la parte posterior del cuello, que lleva el alimento; y la vena yugular y la arteria carótida que llevan la sangre.

El Rebe Najmán enseña que las historias que se encuentran en la Biblia tienen un mensaje para los contemporáneos e ilustra esto mediante la tierra de Egipto, *MiTZRaim*, que corresponde a *MiTZaR hagarón*. La historia de los judíos como nación se inicia con su descenso al exilio en Egipto, como resultado de haber vendido a Iosef como esclavo.

PaRO (el Faraón), el gobernante egipcio, que representa las fuerzas del mal, tiene las mismas letras que la palabra *OReP* (pronunciado *Oref*), la nuca, o la parte de atrás del cuello, aludiendo al esófago, es decir al comer. Para atrapar a los judíos, el Faraón necesitó la ayuda de sus tres ministros: el jefe de los carniceros, el jefe de los panaderos y el jefe de los escanciadores de vino (Génesis 37:36, 40:2). Ellos representan los principales tipos de alimentos que introducimos en nuestro sistema: carne (animal), pan (vegetal) y vino (líquidos) (ver *Likutey Moharán* I, 62:5). Así, para ganar control sobre los judíos, el Faraón los manipuló a través de su necesidad más básica: su necesidad de comer.

Aunque vendido como esclavo en Egipto (el *mitzar hagarón*), Iosef, la persona dedicada a la espiritualidad, perseveró en su búsqueda de la Divinidad. En la narración Bíblica, vemos que Iosef enfrentó a los tres ministros del Faraón bajo condiciones adversas. Pero Iosef se mantuvo firme, mereciendo llegar a gobernar sobre sus opresores. Esto nos enseña que aquél que se mantiene firme en su trabajo espiritual puede elevarse por sobre las circunstancias de su medio ambiente y llegar a ser dueño de su propio destino.

Sin embargo, los descendientes de Iosef y de su familia - los judíos - sucumbieron al Faraón y a sus ministros: entablaron amistad con sus vecinos egipcios, comieron de su pan (es decir, quedaron atrapados en la estrechez del cuello - el *mitzar hagarón*) y llegaron eventualmente a ser sus esclavos. Obviamente, el camino hacia el mal - la esclavitud espiritual - nace de un comer inapropiado.

Aprendemos además que el cuello y la garganta, *garón*, corresponden al Santo Nombre *Elohim*. Esto se deriva de la siguiente manera: *Elohim*, con un valor de 86, puede expandirse de tres maneras (pues la letra *Hei* puede deletrearse con una *alef*, una *hei* o una *iud*; (ver Apéndice C). Tres veces el valor de *Elohim* equivale a 258. Agregando 1, para representar la palabra misma, obtenemos la suma de 259, el valor de *GaRON* (*Likutey Moharán* I, 46). Este Santo Nombre de Dios connota juicios y restricciones y, por extensión, también lo hace *garón*. Así, estar atrapados en o por el *garón* - el exilio egipcio o los malos hábitos del comer - indica un ocultamiento de la Divinidad y una esclavitud a una forma de vida material.

*

Comer es una necesidad humana básica, la acción primaria que une el cuerpo con el alma. Enseña el Rebe Najmán que si una persona desea ascender espiritualmente a través del comer, llegará hasta los niveles más elevados (*Likutey Moharán* II, 7:10). Por el contrario, una constante obsesión por la comida o la gula, pueden llevar a un estancamiento espiritual. Enseñó el Rebe Najmán con respecto a esto:

> "El estómago del malvado siempre parece vacío" (Proverbios 13:25). Esto se refiere a aquéllos que nunca están satisfechos y que siempre quieren más (*Likutey Moharán* I, 54:2).

Cuando el estómago recibe el alimento masticado, lo almacena y lo muele volviéndolo una pulpa. Esta pulpa pasa entonces a los intestinos, donde es deshecha aún más antes de pasar a los órganos digestivos. Este es el camino que toma el alimento al cumplir con su papel a través del sistema de purificación del cuerpo. Considerando que un estómago lleno necesita varias horas para vaciarse, es de hecho "el estómago del *malvado* [el que] siempre parece vacío," pues aquéllos que anhelan constantemente la comida nunca se sienten satisfechos y siempre esperan más, aunque todavía haya alimento en sus estómagos.

Enseñó también el Rebe Najmán:

> La paz y la prosperidad van juntas, mientras que el hambre genera controversia y lucha. De modo que el deseo por comida es señal de que uno tiene enemigos. Quebrando el deseo por la comida uno puede obtener la paz con sus enemigos (*Likutey Moharán* I, 54:2).

Aparte de los enemigos humanos - aquella gente envidiosa o que odia a los demás - los "enemigos" a los que hace referencia al Rebe Najmán son de hecho los propios órganos internos del hombre, capaces de atraparlo y esclavizarlo. Ellos aferran sus deseos, buscando siempre la gratificación material sin sentirse nunca satisfechos. Estos "enemigos" buscan constantemente esclavizar a la persona a sus pasiones.

La Boca, los Dientes y el Estómago

La boca es el punto de entrada de todos los alimentos. Con los dientes molemos el alimento, que luego es enviado hacia el estómago a través del esófago. El estómago actúa como un área de depósito, donde los ácidos gástricos y las enzimas disuelven la comida de modo que pueda ser digerida.

Dice el versículo (Éxodo 4:11), "*Mi sam pe l'adam* - ¿Quién le da boca al hombre?" También podemos traducirlo como: "¿Quién ubicó al hombre? ¡Su boca!" Esto es, ¿qué califica a una persona para llevar el título de hombre? Su boca. Si la persona come por gula, su boca lo define como un animal. Sin embargo, cuando una persona come con la intención de nutrir su cuerpo y poder desarrollarse tanto espiritual como físicamente, su boca puede llevarla hacia el elevado nivel espiritual de hombre, pues ese comer llena todo su cuerpo con el temor a Dios (*Likutey Moharán* II, 77). La boca es así el órgano crucial para determinar cómo es posible llegar a ser "humano" en el sentido más pleno de la palabra.

En muchas de sus enseñanzas, el Rebe Najmán expresa de diversas maneras la máxima de que se puede reconocer a un hombre honorable por la manera en que utiliza su boca. Aunque uno pueda mostrarles deferencia a los demás utilizando diversas partes del cuerpo, es la manera como uno *habla* con y sobre los demás lo que demuestra más notablemente ese respeto. Sin embargo, el honor no se limita únicamente a la manera como uno habla. Enseña el Rebe Najmán que "la gula lleva a la persona hacia la pérdida del honor y del favor" (*Likutey Moharán* I, 67:2). Vemos así que son ambos roles de la boca, como hablante *y* como consumidor, los que establecen el nivel del hombre.

Cierta vez el Baal Shem Tov estaba en una taberna con sus seguidores. Cuando el parroquiano de una mesa vecina se puso a comer, el Baal Shem Tov les indicó a sus discípulos que lo observasen con atención. Vieron que el rostro del hombre tenía una cierta cualidad bovina. El Baal Shem Tov les dijo que esto se debía a que su actitud al comer era la de un buey.

Esta idea se refuerza cuando consideramos los dientes. Los adultos poseen treinta y dos dientes que ayudan tanto para moler el alimento como para pronunciar las palabras. Correspondiendo a los treinta y dos dientes se encuentra la palabra hebrea para honor, *KaVOD*, que tiene el valor numérico de 32 (ver *Zohar* III, 33a). Así vemos en los dientes otra indicación de que es la boca la que establece el honor - tanto para los otros como para uno mismo. (La boca en relación al habla será tratada con más detalle más abajo en la Parte 6).

Enseñó el Rebe Najmán:

Hay dos maneras en que uno puede comer como un animal. Algunos comen alimento humano pero con un apetito animal. Otros comen como humanos, pero su comida no es apta para el consumo humano. Pues hay chispas de santidad dentro de la comida que ingerimos (ver Capítulo 8) y si estas chispas no son rectificadas apropiadamente, a través de la observancia de las mitzvot relacionadas con el alimento y mediante un comer con todas las actitudes apropiadas, ese alimento es sólo para las bestias y no para los humanos. Comer "como un animal" de cualquiera de estas dos maneras puede traer enfermedades.

El versículo dice (Salmos 66:12), "Tú has hecho que hombres cabalgasen sobre nuestras cabezas; hemos atravesado el fuego y el agua...". Si uno come como un animal, desciende entonces al nivel del animal. En ese punto, "hombres cabalgan *sobre* nuestras cabezas," dado que uno ha descendido a los niveles más bajos. Entonces, "hemos atravesado el fuego y el agua," refiriéndose a la fiebre y a los escalofríos (es decir, la enfermedad). Esto ocurre tanto en el plano físico como en el plano espiritual.

El agua y el fuego corresponden al amor y al temor. Aquél que tiene verdadero conocimiento también posee amor y temor al Santo, bendito sea. Sin embargo, la persona que desciende a un nivel animal pierde su conocimiento; se ve entonces subyugada a un amor y temor inapropiados: dominada por fuerzas materialistas, sus emociones se centralizan en lo mundano y no en la esencia espiritual (*Sabiduría y Enseñanzas del Rabí Najmán de Breslov* #143; ver también *The Wings of the Sun* p. 428).

"El Estómago Duerme"

Enseñan nuestros Sabios que "el estómago duerme" (*Berajot* 61b). Los comentarios señalan que los esfuerzos requeridos por el estómago para la digestión del alimento "cansan" a la persona y le producen sueño (*Jidushei HaGueonim, loc. cit.*). El Rebe Najmán ofrece un pensamiento similar y se expande sobre ello a largo de varios textos.

> La vitalidad esencial de la persona yace en su intelecto. Aquél que no utiliza su intelecto en todo su potencial es como si estuviera dormido. Mucha gente que parece estar viva de hecho está malgastando su vida en un sueño; no utilizan el intelecto en toda su capacidad. Este "sueño" puede ser producto de un comer inapropiado o de alimentos nocivos (*Likutey Moharán* I, 60:6).
>
> Comer puede traer confusión. Inmediatamente después de comer, uno suele sentirse confundido porque las fuerzas de las *klipot* [el Otro Lado] también reciben su alimento de esta comida que uno ha ingerido (*Likutey Moharán* I, 17:3).
>
> La mente se desarrolla a través del alimento que recibe. Cuando uno come de modo innecesario, el alimento superfluo embota el sentido del juicio. Si el cuerpo se libera de excesos, uno es capaz de experimentar una clara comprensión de cómo encarar su vida (*Likutey Moharán* I, 61:1).

El funcionamiento de la mente depende de lo que comemos: los nutrientes que digerimos son tomados por la sangre y llevados a los pulmones a través del ventrículo derecho del corazón (circulación pulmonar). La sangre oxigenada retorna de los pulmones hacia el ventrículo izquierdo del corazón. Desde allí es bombeada hacia la aorta, viajando a través del arco de la aorta, de las arterias carótidas y de otras ramas arteriales, hasta que finalmente entrega al cerebro la sangre enriquecida de oxígeno. Es así que la mente se ve poderosamente afectada por el alimento que se ingiere.

El Rebe Najmán enseña que también los rasgos de la personalidad dependen de la dieta (*Sefer HaMidot, Daat* A:4). Esto se debe a que el alimento afecta a la mente a través de la nutrición que recibe, tanto física como espiritual. Mientras que las comidas sanas ayudan al desarrollo de la mente, los alimentos nocivos tienen un efecto adverso. Esto se aplica no sólo a los alimentos kosher en contraposición a los no-kosher, sino a los nutritivos en contraposición a la comida "rápida" y a los alimentos ingeridos con una actitud impropia.

*

Enseña el Rebe Najmán:

> Comer demasiado puede traer enfermedades. Dado que todo requiere de alguna fuente de alimento, hasta la comida misma que uno consume debe tomar su alimento de algún lugar. El acto de comer activa el tracto digestivo, que procesa el alimento en sus nutrientes. Para ser digeribles, los nutrientes mismos deben tener ahora una fuente de vida, que es el cuerpo. Cuando uno come cantidades razonables para suministrar los requerimientos del cuerpo, la comida encuentra su "vida" dentro del cuerpo. Sin embargo, cuando uno come en exceso, más de lo necesario, el alimento no encuentra entonces un soporte de vida, pues ya no sirve para ningún propósito positivo del cuerpo. Pero, dado que persiste en buscar su alimento para vivir, extrae entonces su sustento del cuerpo mismo y puede ser motivo de numerosas enfermedades (*Likutey Moharán* I, 257).
>
> La pasión del individuo por la comida testifica sobre su distanciamiento de la verdad [es decir, de la Divinidad] y debido a esta pasión por la comida, el Santo, bendito sea, le oculta Su rostro, si así pudiera decirse, como en (Deuteronomio 31:17), "Yo ocultaré Mi rostro y él será devorado...". Es decir, su "devorar" hace que Yo oculte Mi rostro. Por eso es costumbre ayunar cuando los problemas acosan al pueblo judío. El ayuno indica el quebrantamiento de los propios deseos por la comida, invirtiendo así el proceso y trayendo la revelación de la Divinidad (*Likutey Moharán* I, 47).

*

Dulces Sueños

Además de enseñarnos los efectos que el alimento y el comer tienen sobre la mente consciente, el Rebe Najmán se refiere a sus efectos sobre la mente inconsciente. El alimento transformado en nutrientes juega un papel muy importante en el funcionamiento del inconsciente, tal como en los sueños. Gracias a una apropiada nutrición y buenos hábitos del comer, cuanto más clara sea la mente de la persona, más claro será su inconsciente y más cerca estará de tener lo que el Talmud llama "un sueño angélico" (*Berajot* 55b). Esto se ilustra en el hecho de que la palabra hebrea para comida, *MaAJaL*, tiene las mismas letras que *MaLAJ*, "ángel".

Sin embargo, si el comer no es apropiado, tanto la mente como el inconsciente estarán sujetos a distorsiones. Los sueños serán "demoníacos" y podrán tomar la forma de emisiones nocturnas, pesadillas y demás (*Likutey Moharán* II, 5:9, 10). Así, aunque la mente consciente desee encontrar a Dios, un comer impropio hace que el inconsciente lleve a la persona hacia la búsqueda de lo material.

De hecho, en varias lecciones, el Rebe Najmán enseña que este comportamiento negativo en el comer produce un descenso de la conciencia que impide crecer espiritualmente. El Rebe trae la analogía de alguien que duerme y sueña. En su sueño esta persona vive setenta años. Al despertar, se da cuenta de que esos setenta años que soñó sólo le ocuparon un cuarto de hora. En comparación, si la mente no es utilizada correctamente, la vida entera puede reducirse a unos pocos minutos valiosos, mientras que si se la utiliza en toda su capacidad, se podrá *vivir* toda la vida (*Likutey Moharán* II, 61). Al comer apropiadamente la persona puede reconocer su potencial y vivir una vida plena - en lugar de pasar su vida "soñando".

*

Comer como una Mitzvá

Comenzamos a ver ahora los debilitantes efectos de la gula. En lugar de llenar el estómago, comer demasiado produce vacío; es posible que la persona se sienta llena, pero no está satisfecha. La gula crea "enemigos" y produce enfermedades. Bajo sus garras, uno nunca podrá llegar a vivir una vida plena y vibrante. La gula puede afectar a la mente y traer deshonra. También nos distancia de la verdad, de la espiritualidad, de Dios. Los problemas - médicos, financieros, espirituales y emocionales - causados por la gula, la "principal pasión," son innumerables y no acaban nunca.

De lo anterior podemos concluir que sería mejor ser un asceta, viviendo tan sólo de pan seco y agua. Pero no es así. En principio, el Rebe Najmán se opone al ayuno excesivo, pues necesitamos fuerzas para servir a Dios. Es mejor dedicar todas nuestras energías al estudio de la Torá y de la plegaria y, nos dice el Rebe Najmán, ayunar sólo cuando es requerido por la *Halajá* (la Ley judía) (ver *Likutey Moharán* I, 50).

Más aún, el Rebe Najmán enfatizó la importancia y las virtudes de comer en Shabat y en las Festividades (*Likutey Moharán* I, 57-8; ibid. 277; ver *Likutey Halajot, Birkat HaMazón* 4:7). Durante estos días especiales no basta con una comida simple. Se debe hacer lo posible para preparar y disfrutar de una comida suntuosa (ver *Likutey Moharán* I, 125).

Está claro, entonces, que comer, *per se*, no es dañino. Sólo son dañinos los motivos negativos que pueden acompañarlo. Más aún, si se come por una mitzvá o para tener fuerzas en el servicio a Dios, eso puede llevar a grandes alturas espirituales.

Reb Iudel, uno de más cercanos seguidores del Rebe Najmán, se casó con una joven perteneciente a la pobre y santa familia de Reb Leib Trastinetz. Todos los días le servían para comer sólo una porción de *borsht*. Luego de varios días, Reb Iudel mostró su incomodidad ante esta magra y poco sabrosa porción. Su suegro, Reb Leib, lo notó y le ofreció probar de su porción. Reb Iudel tomó una cucharada y se maravilló del increíble sabor, como si fuera alguna clase de alimento celestial. Reb Leib le dijo, "¡Ves hijo! No es la comida. ¡Es quien la come!" (*tradición oral*).

Pensamiento por Alimento

Enseñó el Rebe Najmán:

> Comer con la intención de obtener espiritualidad es la única manera de alcanzar ciertos niveles de temor al Santo, bendito sea. Mediante un comer apropiado es posible ascender a un nivel más allá del intelecto, más allá de toda concepción [de Divinidad] que uno haya podido alcanzar previamente (*Likutey Moharán* II, 7:10).

Para comprender mejor esta enseñanza, imaginemos un rey que tiene el poder de utilizar la riqueza de su nación para bienestar de su reino. Cada ser humano es considerado un "rey" y su cuerpo un "reino". Cuando uno come, automáticamente distribuye la "riqueza" que consume para el bienestar de su "reino".

En términos Kabalistas, la riqueza de Dios desciende a través de las *Sefirot* superiores hasta llegar a Maljut (Reinado/Reino, la *Sefirá* más baja), y desde Maljut es distribuida a los niveles inferiores de la creación. Es así que Maljut toma de las *Sefirot* que están "sobre" ella, y éstas a su vez, toman de niveles más elevados aún. Alimentar nuestro cuerpo sabiendo que esta riqueza proviene de una Fuente Superior nos permite alcanzar un alto grado de percepción. Con una mayor claridad de percepción, es posible lograr un mayor reconocimiento de la existencia de Dios, resultando en un tremendo nivel de temor a Dios (ver *Likutey Moharán* II, 7:10). De hecho, al comer de la manera apropiada uno puede llegar a ser digno de ascender a un nivel de absoluta humildad y *sentir* la presencia de Dios (*Likutey Moharán* II, 72).

El Rabí Natán hace notar que la dificultad de esta tarea se ve aludida en la expresión "partir el pan". El pan es la "base de la vida" y, como tal, incluye a todos los demás alimentos. Esto se evidencia en el hecho de que la bendición recitada sobre el pan exceptúa a la persona de todas las bendiciones requeridas para los demás alimentos que constituyen el plato principal de la comida. La palabra hebrea para pan, *LeJeM*, está etimológicamente relacionada con la palabra hebrea para guerra, *LoJeM*. Comer pan y por extensión todo acto de comer, es de hecho una batalla.

Para alcanzar la santidad a través del comer, uno debe luchar para "partir" las propias actitudes hacia el "pan" *(Likutey Halajot, Netilat Iadaim le 'Seudá* 6:54). Es decir, uno debe tener en mente que come para beneficio espiritual y no para una mera gratificación física.

Durante el Shabat y las Festividades esta batalla es menos intensa y es más fácil alcanzar el objetivo. Durante los días de semana la gente está ocupada y hasta absorbida por su trabajo. Esta situación puede desequilibrar la propia brújula religioso-espiritual. Pero en el Shabat, la persona descansa y disfruta del tiempo y tiene la paz mental necesaria para contemplar su vida y considerar sus acciones. Con esa tranquilidad, uno es capaz de comer más pacíficamente y con la actitud correcta (ver *Likutey Moharán* I, 57:5,6).

Enseña el Talmud que todo lo que Shamai comía era en aras del Shabat. Si el domingo o el lunes encontraba un trozo de carne especial, lo compraba y lo guardaba para el Shabat. Si luego encontraba un trozo mejor, comía el primero y guardaba el segundo para el Shabat (*Beitzá* 16a).

Shamai atraía la espiritualidad del Shabat hacia las comidas de los días de semana, manteniendo toda la semana la mente enfocada en el Shabat. Esto es algo que todos podemos hacer. Traer la santidad y la espiritualidad del Shabat hacia los días de la semana tomando el hábito de tener en cuenta el propio progreso espiritual, le permite a uno comer durante la semana no por gula, sino por un genuino deseo de crecimiento espiritual.

*

Alimento Espiritual

"El Sofisticado y el Simple" es uno de los cuentos más conocidos del Rebe Najmán (*Los Cuentos del Rabí Najmán* #9). En un comienzo, y pese a sus grandes esfuerzos para aprender su oficio, el Simple no llegaba a ser más que un mal zapatero que casi no podía ganarse la vida. Aun así, era extremadamente feliz. Y es precisamente debido a su simpleza y alegría que el

Simple llegó a ser gobernador de su distrito y alcanzar finalmente
el puesto de primer ministro.

El Simple había aprendido el oficio de zapatero. Dado que
era simple, tuvo que estudiar mucho para llegar a dominar ese
oficio e incluso así, no era muy experto en esa artesanía. Se casó
y se ganaba la vida con su trabajo. Sin embargo, era simple y
nada experto en su oficio, de manera que su subsistencia era muy
precaria y limitada.

Dado que tenía una destreza limitada, debía trabajar
constantemente y apenas si le quedaba tiempo para comer.
Mientras comía el primer bocado de pan hacía un agujero con
su lezna. Pasaban entonces un grueso hilo de coser usado por
los zapateros, por dentro y por fuera y luego mordía otro trozo
de pan. Pese a todo esto, siempre estaba muy alegre. Siempre
estaba lleno de alegría pues tenía toda clase de comida, bebida y
vestimenta.

Le decía a su esposa, "Esposa mía, dame algo para comer".
Ella le alcanzaba un trozo de pan y él se lo comía.

Entonces él le decía, "Dame sopa con *kashe*" y ella le
cortaba otro trozo de pan. El se lo comía y hablaba con mucho
encomio de ello, diciendo, "¡Qué buena y deliciosa es esta
sopa!".

Le pedía a ella entonces algo de carne y otras comidas
sabrosas y cada vez ella le daba un trozo de pan. Él lo disfrutaba
mucho y alababa la comida, diciendo lo bien preparada y lo
deliciosa que era. Era como si de hecho hubiese estado comiendo
la comida que pedía. De hecho, al comer pan sentía en ello el
gusto de la comida que deseaba comer (*Los Cuentos del Rabí
Najmán* p. 74-75).

Al contar esta historia el Rebe Najmán comentó que el
Simple *realmente sentía* en el pan el gusto de la comida que
había pedido (similar al maná del desierto, que incluía todos los
sabores). Esto se debía a su simpleza y su alegría. La historia
continúa describiendo cómo él sentía en el agua toda clase de
bebidas y cómo se sentía vestido apropiadamente para cualquier
ocasión siempre que se cubría con un abrigo de piel de cabra.
Debido a su falta de pretensiones, hallaba alegría y solaz en todo

lo que comía, bebía o vestía. Aunque en un comienzo fue el hazmerreír de todos los que lo conocían, finalmente llegó a ser el primer ministro de su país.

La batalla del comer - así sea por placer físico, para mantener juntos el cuerpo y el alma o para utilizarlo como camino de acceso a una mayor espiritualidad - es una batalla larga y difícil. El Simple dominó sus pasiones a través de la comprensión de que existe un alimento espiritual dentro de cada bocado y de cada trago. Así obtuvo la energía espiritual que lo llevó hacia alturas cada vez mayores, llegando finalmente a ser líder de los hombres.

*

Hemos explicado que el "río que surge del Edén y riega el Jardín," corresponde al elemento único y a los cuatro elementos básicos que conforman al hombre (arriba, Capítulo 4). Escribe el Rabí Natán que al incluir espiritualidad en el comer, la persona puede experimentar, mediante su alimento, los maravillosos placeres del Edén.

> Existe alimento para el cuerpo [comida] y alimento para el alma [el sentido del olfato, la plegaria, el temor a Dios]. Cuando el cuerpo se alimenta se debilita el alma. ¿Cómo es posible entonces que se nos permita comer? Podemos nutrir el alma al concentrarnos en lo espiritual. Cuanto más espiritual sea nuestra motivación al comer, más espiritualmente nutritivo será el alimento. El momento más indicado para comer en aras de lo espiritual es durante el Shabat, cuando tenemos acceso al *ONeG*, el placer especial del Shabat. *ONeG* es un acróstico de las palabras *Edén* ("Paraíso"), *Nahar* ("Río") y *Gan* ("Jardín"). Así, el alimento que disfrutamos en Shabat puede llevarnos a los elevados niveles representados por *ONeG* (*Likutey Halajot, Ma'ajalei Akum* 2:1).

*

La gula degrada a la persona. Sin embargo, incluso aquél que ha caído en la gula aún tiene esperanzas. Enseña el Rebe Najmán que aquel que come en demasía debe regurgitar lo tragado.

Usualmente, la persona vomita más de lo que ha comido. En otras palabras, debe regurgitar incluso aquello que ingirió previamente. Del mismo modo, cuando el Malo toma más de lo que es capaz de ingerir, se ve forzado a devolver cada pizca de bien, cada alma preciosa que alguna vez haya tragado y más aún. Deberá "vomitar" incluso su propia fuerza de vida (*Likutey Moharán* II, 8:3). En este punto, la persona debe comprender que las cosas han ido demasiado lejos. La gula en la que se ha abandonado puede ahora ser el motivo para cambiar su vida. Al comprender que ha "ido demasiado lejos," aprenderá a rechazar sus antiguos hábitos y retornará a una forma de vida volcada hacia lo espiritual.

La persona que come en demasía debe ponerse a dieta para recuperar el control sobre sus hábitos alimenticios. De la misma manera, aquél que ha perdido el control sobre su mala inclinación puede mejorar su salud física y emocional. Es posible reparar todo el daño producido por el comer simplemente *decidiendo* qué comidas ingerir y en qué cantidad, comiendo de acuerdo con los dictados de la Torá, esto es, refrenándose de comer ciertos alimentos y haciendo una pausa para bendecir los alimentos permitidos. Al comprender la poderosa influencia que el acto de comer tiene sobre nosotros, podremos utilizarlo para alcanzar los más elevados niveles espirituales.

* * *

11

El Hígado, la Vesícula Biliar y el Bazo

En este capítulo trataremos sobre los órganos que filtran las impurezas del cuerpo: el hígado, la vesícula biliar y el bazo. El hígado y la vesícula biliar forman parte integral del sistema digestivo y el bazo juega un papel importante en los sistemas circulatorio y linfático. Antes de explicar sus aspectos espirituales, es importante comprender su función dentro del cuerpo.

Introducción

El hígado está ubicado mayormente en el lado derecho de la cavidad abdominal. Es el órgano más grande del cuerpo y posee dos funciones importantes: producir y regular los elementos químicos necesarios para el cuerpo y neutralizar los venenos y los productos de desecho. El alimento, luego de ser parcialmente digerido, pasa al tracto intestinal. De allí, los nutrientes son transferidos a través de las paredes del intestino hacia el torrente sanguíneo. La sangre, que ha absorbido los nutrientes, pasa a través del hígado y de su sistema de filtrado para luego retornar al corazón y los pulmones. Es interesante notar que el hígado purifica la sangre antes de que ésta sea enviada al corazón. En ese sentido, el hígado actúa como un sirviente del corazón.

A fin de producir los nuevos elementos químicos, el hígado toma los nutrientes en bruto y los "purifica" para hacerlos compatibles con el cuerpo. El hígado manufactura proteínas y procesa carbohidratos (azúcar y almidón) convirtiéndolos en glucosa que provee de energía al cuerpo. También acumula algo de azúcar para ser utilizada más tarde. El hígado procesa también grasas y productos de desecho de la sangre. Así, todos los nutrientes absorbidos por el hígado son refinados y luego devueltos al cuerpo, a la sangre, a los tejidos o en forma de energía. Las enzimas del hígado limpian también la sangre de bacterias y neutralizan los venenos que han entrado al cuerpo. Dado que el hígado interactúa principalmente con el sistema sanguíneo, el color de su fluido está representado por el color rojo.

La vesícula biliar es un pequeño saco, en forma de pera, adyacente al hígado. Su función es guardar la bilis, que es un fluido espeso, amargo y de color amarillo-verdoso, producido por el hígado. La bilis, necesaria para la digestión de las grasas, es descargada hacia el intestino delgado cuando se detecta la presencia de alimentos. La bilis neutraliza la acidez y quiebra las grasas. Una vez que la vesícula biliar ha cumplido con su tarea, la mayoría de los minerales que hay en la bilis retornan al hígado a través del sistema sanguíneo y son vueltos a utilizar por el cuerpo. Esto se encuentra aludido en la frase de nuestros Sabios (*Berajot* 61b), "El hígado se enoja; la vesícula biliar emite fluidos para pacificar esa ira". Es decir, el hígado se enoja cuando comemos, pues está forzado a trabajar duramente para purificar el sistema. La vesícula biliar emite entonces sus fluidos para pacificar esa ira - pues cuando la bilis retorna al hígado, éste ya ha completado básicamente su tarea. La vesícula biliar también transfiere hacia el sistema linfático las células sanguíneas gastadas para ser eliminadas del cuerpo.

El bazo es considerado por algunas opiniones médicas como parte del sistema linfático, mientras que otros lo ven como un órgano de los sistemas circulatorio e inmunológico, pues ofrece protección contra la materia extraña e inútil y contra la infección. Se encuentra ubicado a la izquierda del estómago, entre el estómago y el diafragma.

Los recipientes linfáticos colectan el exceso de fluidos (llamados "linfa") proveniente de los tejidos del cuerpo. Los nódulos linfáticos filtran y destruyen las bacterias y demás partículas extrañas. Los linfocitos, que producen anticuerpos para combatir sustancias dañinas en el cuerpo, son de un color blanco lechoso. Otros órganos que también filtran las bacterias, tales como el bazo y las amígdalas, contienen tejido linfoideo similar al tejido que se encuentra en el sistema linfático.

La función más importante del bazo es filtrar el sistema sanguíneo. Separa las células rojas y blancas viejas, gastadas y anormales, al igual que las partículas irregulares y las bacterias. Los linfocitos contenidos en el bazo producen también anticuerpos para debilitar o eliminar las bacterias, los virus y demás sustancias generadoras de infección. Enseña el Talmud que la sangre que se ha impurificado tiene un color "negro" (*Nidá* 19a); por eso se dice que el bazo está asociado a los fluidos negros del cuerpo.

*

Estos tres órganos son partícipes activos en el proceso de purificación del cuerpo y son confiables en el cumplimiento de una excelente tarea. Pero también se encuentran bajo un continuo "ataque" por parte de las impurezas que requieren ser filtradas. En este sentido, estos órganos son la conexión más importante del hombre con su ser físico, pues interactúan exclusivamente con los elementos materiales (alimentos) introducidos al cuerpo y con su purificación.

La medicina oriental le adscribe características individuales a cada órgano, el cual ejerce influencia en el cuerpo. Un ejemplo es el hígado, *kaved* en hebreo. La naturaleza del hígado es invadir el dominio de los otros órganos (el trabajo del hígado es sentido en todo el cuerpo, debido a sus multi-facéticas capacidades de procesamiento). Si se le permite, el hígado puede causar serios problemas. Si el hígado *sirve* a los demás órganos, tales como el corazón y los riñones, entonces todo funciona correctamente. Esto se ve reflejado en el versículo (Exodo 8:28), "*VeiaKaVeD Paró et libó* - Y endureció el Faraón su corazón". La palabra hebrea para "endureció" es *KaVeD* (similar a hígado). Esto es: "El Faraón 'higadó' su corazón," permitiendo que su hígado, su materialismo, lo dominase (*Dr. Noaj Bittleman*). Su servilismo ante la "personalidad del hígado" fue la causa de su definitiva caída, pues deberían haberle gobernado su corazón y sus riñones. Si hubiese escuchado a su corazón y al buen consejo (los "riñones"; ver más abajo), no habría traído la destrucción sobre sí mismo y sobre su pueblo.

Examinemos ahora el impacto que tienen estos órganos sobre el hombre en términos de su carácter y de su estabilidad emocional.

*

La Esclavitud en Egipto

El final del Libro del Génesis y el comienzo del Libro del Éxodo describen el descenso de la familia de Iaacov - los hijos de Israel - hacia la tierra de Egipto. Finalmente y tal como Dios le dijera a Abraham, acabaron siendo esclavos del "Faraón y sus ministros". Decimos en la Hagadá de Peisaj:

> Bendito es Aquél que mantiene Su promesa a Israel. Bendito es Él. El Santo, bendito sea, consideró el final [del exilio en Egipto] para cumplir con la promesa que le hiciera a Abraham en el *Brit Bein HaBetarim* [el Pacto entre las Mitades]. Así está escrito (Génesis 15:13-14), "Debes saber que tus descendientes serán extranjeros en una tierra que no será de ellos. Durante 400 años, [la gente de esa tierra] los esclavizará y los tratará con crueldad. Pero entonces Yo juzgaré a esa nación a quien ellos han servido y luego saldrán con gran riqueza".

La primera parte de esta profecía se hizo realidad cuando (Éxodo 1:14) "Ellos les amargaron sus vidas con duras labores, con arcilla y ladrillos; y con toda faena de campo; todo el trabajo con que se servían de ellos, era con rigor".

Al hablar de los exilios, el *Tikuney Zohar* (#69, p.107b) afirma que el sufrimiento debilita al hombre tanto física como espiritualmente. Luego aplica el versículo citado más arriba a la misma lucha de hombre.

Amargaron sus vidas - Esto alude a la vesícula biliar, que guarda fluidos amargos [amarillo-verdosos] y amenaza al cuerpo con fiebre y enfermedad. [En hebreo, la vesícula biliar es llamada *MaRa*, de *MaR*, que significa amargo].

Con un duro trabajo de *jomer* [arcilla] y *levenim* [ladrillos] - *LeVeNim*, de *LeVaNá* [blanco], corresponde a los fluidos blancos [linfocitos] que han sido afligidos por un comer excesivo.

De campo - Alude al hígado [fluidos rojos], tal como Esaú, también conocido como Edom [Rojo], quien era hombre de *campo* (Génesis 25:27).

Todo el trabajo..., era con rigor - Alude al bazo [fluidos negros].

Del Zohar se desprende con claridad que la persona puede llegar a enfermarse y sufrir como resultado de un "duro trabajo" por parte de su sistema digestivo. El Rambam (Maimónides, 1135-1204), famoso por sus conocimientos médicos, enseña también (*Hiljot Deot* 4:15), que "la mayoría de las enfermedades se deben a excesos en el comer". Comer en demasía genera una gran actividad de los fluidos del cuerpo que pueden entonces abrumar a los demás órganos y traer así graves enfermedades. Cuando exploremos los aspectos espirituales de estos órganos, veremos cómo estos principios se encuentran reflejados en el plano espiritual.

*

El Hígado

Enseña el Rebe Najmán:

> El hígado es llamado *kaved*, que también puede traducirse como "pesado" o "cargado". Esto se debe a que el hígado purifica la sangre "cargada" de sustancias innecesarias (*Likutey Moharán* I, 29:9).

La tarea del hígado, así como la de los otros sistemas de

filtrado del cuerpo, es de hecho una tarea pesada. Si se tiene una nutrición apropiada, el hígado funciona como el filtro primario del cuerpo en la purificación del sistema. De lo contrario, procesa y devuelve las impurezas a la sangre. Estos productos no esenciales comienzan a acumularse en el cuerpo y terminan actuando en contra de su bienestar. Este sistema repercute en el ámbito espiritual; pues el alimento que el cuerpo digiere puede nutrir y purificar el sistema o bien puede dañar el funcionamiento del cuerpo, dependiendo de la manera en que es ingerido y de la naturaleza del alimento. Así, por un lado, puede darle fuerzas a la persona y ayudarla en su búsqueda espiritual o bien puede debilitarla e inhibir su capacidad para elevarse espiritualmente.

A lo largo de este estudio sobre el hígado, será necesario recordar que *Nefesh*, la parte del alma que hace de interfase con el cuerpo, reside en la sangre (arriba, Capítulo 3) y que se encuentra por tanto conectada fundamentalmente con el hígado, órgano cuya función principal está relacionada con la sangre. La palabra *NeFeSH* esta asociada con el deseo, como en el versículo (Génesis 23:8), *"Im iesh et NaFSHejem* - Si es vuestro deseo"*. Así la sangre lleva nuestros deseos básicos y pasiones. El grado en que "filtremos nuestra sangre" - es decir, la forma en que desarrollemos nuestra espiritualidad y dominemos nuestros bajos instintos - determinará el camino de nuestro ascenso por la escala espiritual.

*

Enseña el Talmud (*Julín* 109b, Rashi *v.i. hakaved*), "El hígado está lleno de sangre". Como hemos visto, el hígado es lugar de paso de toda la sangre que, a su vez, es la vida del hombre fluyendo a través del cuerpo (ver arriba, Capítulo 9). Así, siendo el órgano que purifica nuestras vidas, resulta prácticamente imposible estimar su importancia con relación al cuerpo.

Situado en el "cruce de caminos" del sistema sanguíneo, el hígado puede servir como un efectivo purificador de la sangre envenenada que circula a través de nuestros sistemas o bien puede envenenarla más aún. Como hemos indicado (Capítulo 9), el torrente sanguíneo es un elemento muy importante de nuestra estructura espiritual. Si alguien desea (es decir, *nefesh*) una vida dedicada a lo material, su sangre reflejará esta elección. El hígado absorberá los "nutrientes de pasión" y devolverá deseos al sistema. Si la persona desea espiritualidad, su hígado procesará "nutrientes espirituales" y le devolverá una sangre pura.

La sangre, que es roja, simboliza el calor, la ira y el derramamiento de sangre. Esto corresponde a Esaú, quien era "rojo" (Génesis 25:25). Esaú representa entonces a las fuerzas del mal y al hígado, punto focal de la actividad de la sangre dentro del cuerpo. Su poder se basa en la ira y en las acusaciones, de modo que aquél que cae víctima de estos atributos se coloca a sí mismo bajo la influencia y control de Esaú (*Likutey Moharán* I, 57:6).

Pero la sangre y el color rojo no deben ser vistos sólo como entidades enemigas de la existencia espiritual. En la Kabalá, el rojo representa las *Guevurot*, juicios o fuerzas, y está asociado al atributo del Temor. Cuando la persona anhela lo Divino, su sangre (es decir, su fuerza) se canaliza hacia un grado correspondiente del Temor a Dios, para servirlo apropiadamente. Tal persona se coloca bajo el solo dominio de Dios y se encuentra libre de las influencias de Esaú.

*

Enseñó el Rebe Najmán:

> Cada alma judía tiene su raíz en una de las setenta almas de los Hijos de Israel que descendieron a Egipto (Génesis 46:27). Estas setenta almas se encuentran enraizadas en las setenta facetas de la Torá. Cuando alguien cumple con la Torá, atrae hacia sí la espiritualidad, al Santo, bendito sea. Sin embargo, si la persona se aleja de la Torá, es como si se hubiera dedicado a la idolatría. Atrae entonces hacia sí, las fuerzas del Otro Lado - las que se manifiestan a través de las setenta naciones (ver *Tikuney Zohar* #32, p.76b). Estas "fuerzas" se actualizan entonces como los setenta aspectos del carácter de la persona (*Likutey Moharán* I, 36:1).

Los Hijos de Israel están enraizados en la Torá, la cual posee "setenta rostros" - pensamientos y enseñanzas que guían a la persona en la senda espiritual y transmutan sus malas características. Estas malas características son llamadas "los setenta aspectos del carácter" y se refieren a aquellas características encarnadas en las costumbres de las setenta naciones. (El término "setenta naciones" proviene de la totalidad de naciones, tal cual están enumeradas en Génesis 10). La persona que se distancia de la luz espiritual de la Torá permite que las características negativas de las naciones se aferren a ella y se manifiesten en un comportamiento malvado o inmoral.

Más aún, así como las setenta almas de Israel están enraizadas en Iaacov, las setenta naciones están enraizadas en Esaú y en Ismael. El hígado, que representa el crudo materialismo, tiene setenta vasos sanguíneos importantes, que corresponden a las influencias negativas de las "setenta naciones". El hígado mismo corresponde a Esaú, mientras que sus lóbulos corresponden a Ismael (*Tikuney Zohar* #21, p.52a). Así, la persona puede elegir la Torá y conectarse a la fuente de Iaacov, o bien puede buscar lo material y conectarse a las fuentes negativas de Esaú y de Ismael.

*

Ira y Orgullo: El Elemento Fuego

En nuestras Santas Escrituras no hay órgano más despreciado que el hígado. El Zohar compara al hígado con "Esaú, el Rojo" (Génesis 30; *Tikuney Zohar* #21, p.52a) quien, mientras no se purifique y retorne a Dios, encarna el poder mismo del mal. El hígado corresponde también a la idolatría, que es sinónimo de orgullo y de arrogancia (*ibid.* p.49a; ver también *Sotá* 4b) y corresponde al fuego del Guehinom (*Tikuney Zohar, ibid.* p.69b), a la ira y la furia.

De los cuatro elementos, el fuego es caliente y seco, y es el más liviano en su constitución física [las propiedades del calor hacen que se eleve]. El elemento fuego en la personalidad es la fuente del orgullo, de aquél que piensa que se encuentra "por sobre" los demás. La ira es un subproducto del fuego del orgullo. Es debido al orgullo que la persona se enciende con ira cuando sus deseos no son satisfechos tal cual lo desea. La persona humilde puede ejercer el control de manera más eficaz. Por tanto, el orgullo y la ira se presentan como dos de las peores características del hombre, que lo arrastran hacia la irritabilidad y al deseo de poder y de honor. Así, la arrogancia y la ira hacen que uno odie a aquéllos que se encuentran en una situación más elevada que la suya (*Shaarey Kedushá* 1:2).

La ira, el orgullo, la irritabilidad y el odio no necesitan comentarios. Todo el mundo sabe lo despreciables que son estos rasgos. Sin embargo, ellos prevalecen de un modo desproporcionado en toda la sociedad. Por eso es apropiado citar a esta altura algunas de las enseñanzas del Rebe Najmán acerca de la gravedad de estas características y cómo controlar e influenciar de manera positiva al hígado y a la vesícula biliar, para superar así sus efectos negativos.

*

Orgullo y Humildad

- El orgullo trae pobreza (*Consejo*, p.64 #3).

- Comer y beber generan orgullo (*El Libro del Alef Bet, Orgullo* A:16).

- El orgullo equivale a la idolatría. Mediante una cercana asociación con el Tzadik, uno puede superar el orgullo (*Likutey Moharán* I, 10:5).

- Muchos individuos dan el aspecto de ser gente humilde, pues son conscientes que la arrogancia es un rasgo despreciable. Por eso, se comportan como si fueran modestos y no quisieran ninguna clase de honor, aunque de hecho anhelan el respeto de los demás y corren detrás del honor. Esta falsa humildad, que es de hecho arrogancia, es una forma de idolatría. Es debido a esta búsqueda de honor que el exilio aún no ha terminado (*Likutey Moharán* I, 11:8).

• La arrogancia y la inmoralidad sexual están asociadas entre sí (*Consejo*, p.65 #10).

• La arrogancia lleva a la homosexualidad y a la ira (*El Libro del Alef Bet, Orgullo* A:2).

• La inteligencia, el poder y los bienes materiales son los tres factores más importantes para generar orgullo (*Consejo*, p.66 #13).

• El hombre arrogante es una persona deforme (*El Libro del Alef Bet*, Orgullo A:23).

• La arrogancia engendra problemas (*Consejo*, p.67 #25). Si las cosas parecen ir en contra de nuestra voluntad, ello es señal de arrogancia (*Likutey Moharán* II, 82).

• La Torá (es decir, la espiritualidad) sólo puede encontrar un lugar dentro de la persona humilde (*Likutey Moharán* I, 14:5).

• La fe genera humildad (*El Libro del Alef Bet, Humildad* A:3).

• La humildad lleva al arrepentimiento (*Consejo*, p.64 #4).

• Vivir el Shabat y celebrar las Festividades con alegría cultiva la humildad (*Consejo*, p.67 #18, 22).

• La verdadera humildad no significa andar desaliñado o actuar como si uno no valiera nada. Uno debe ser consciente del propio valor y aun así actuar de manera humilde (*Likutey Moharán* II, 72).

• La humildad elimina la disputa y el sufrimiento y da vida (*El Libro del Alef Bet, Humildad* A:7, 12).

• La indescriptible delicia de la vida eterna del Mundo que Viene sólo puede experimentarse en la medida en que uno haya adquirido humildad en este mundo (*Likutey Moharán* II, 72).

*

Ira e Irritabilidad

• La ira tiene su raíz en el hígado, el cual está lleno de sangre. Esto corresponde a Esaú, quien nació con un aspecto rubicundo. Dado que Esaú representa la ira, su poder se extiende sobre todos aquéllos que se dejan enfurecer (*Likutey Moharán* I, 57:6).

• Cuando una persona se abandona a la ira, provoca con esto al gran acusador, a Esaú (es decir, el Malo). Las "acusaciones" de Esaú son los obstáculos, las dificultades y los enemigos que enfrentan a la persona durante su vida. Ellos literalmente se hacen cargo del hombre furioso. Su furia expulsa su sabiduría y la imagen del Santo, bendito sea, desaparece de su rostro (*Likutey Moharán* I, 57:6).

• ¡La ira desgarra el alma! (*Likutey Moharán* I, 68).

• La ira hace que uno tenga hijos tontos y le acorta la vida (*El Libro del Alef Bet, Ira* A:24, 25).

• La ira trae vergüenza; la persona irascible se humilla a sí misma (*El Libro del Alef Bet, Ira* A:3, 16).

• La ira [en hebreo, JaMá] hace que la persona pierda su dinero. La riqueza es llamada una pared protectora, *JoMá* en hebreo. Cuando la persona monta en cólera, transforma el *jomá* en *jamá*, y así pierde su riqueza (*Likutey Moharán* I, 68).

• La ira lleva a la depresión (*El Libro del Alef Bet, Ira* A:34).

• La ira hace que la persona pierda su sabiduría y previsión (*El Libro del Alef Bet, Ira* A:5).

• Tener paciencia y refrenar la ira trae riqueza (*Likutey Moharán* I, 68).

• Quiebra la fuerza de la ira con amor, refrenándote y actuando con bondad. Entonces podrás comprender el verdadero objetivo al cual debes aspirar (*Likutey Moharán* I, 18:2).

• La ira y la falta de bondad surgen cuando la comprensión es limitada. Cuanto más profunda es la comprensión, más desaparece la ira y más se difunden la bondad, el amor y la paz. El estudio de la Torá le da a uno la capacidad de alcanzar una profunda comprensión (*Consejo* p.136).

• La santidad de la Tierra de Israel ayuda a que la persona quiebre su ira (*Likutey Moharán* I, 155).

• Al quebrar y superar la ira, traes el espíritu del Mesías al mundo. También te haces digno de bendiciones y del respeto y la admiración de la gente. Si superas la ira podrás alcanzar tus objetivos (*Likutey Moharán* I, 66:3).

*

Amor y Odio

- El odio infundado hace que la persona ingiera alimentos que no son kosher (*El Libro del Alef Bet, Amor* B:4). [Esto "alimenta" el hígado, fuente de la ira y del odio, generando mayor odio aún].

- La confusión es señal de odio (*Likutey Moharán* I, 17:5).

- El diálogo viene con la paz. La lucha hace que las relaciones se vean truncadas (*Likutey Moharán* I, 239).

- La pasión por la comida hace que la persona favorezca a uno de sus hijos más que a los otros (*El Libro del Alef Bet, Amor* B:5).

- Comer en Shabat trae amor y paz (*El Libro del Alef Bet, Amor* A:6).

- El amor y la bondad son sinónimos (*Likutey Moharán* I, 31:6).

- El amor genera entusiasmo (*El Libro del Alef Bet, Amor* B:6).

- El amor trae alegría (*Likutey Moharán* I, 61:8).

*

Enseña el Rebe Najmán:

Al comer, el hígado es el primero en ser alimentado. Luego éste transfiere los nutrientes al cuerpo, los que finalmente llegan al cerebro. Cuando la persona ayuna, el hígado es dejado de lado, pues el cerebro debe tomar los nutrientes que ya se encuentran en el cuerpo y el hígado se queda sin nutrientes frescos. Así, mediante el ayuno, el hígado se subordina al cerebro.

Existen dos clases de paz. Una es el cese de fuego y la

otra es el diálogo pacífico. Ayunar representa el cese de fuego [un dominio temporal sobre los enemigos, sobre los poderes de "Esaú" que están en el hígado; ésta no es una paz permanente]. Por otro lado, el Shabat, durante el cual se requiere que comamos, representa una paz más permanente - un diálogo pacífico entre fuerzas que están en conflicto, cuando uno *puede* comer sin estar sujeto a la influencia de Esaú. Durante el Shabat la mente reina suprema (*Likutey Moharán* I, 57:7-8).

Como hemos visto (arriba, Capítulo 11), comer en el "espíritu del Shabat" eleva las perspectivas espirituales de la persona. Mediante el mismo acto físico de comer, uno puede ascender por sobre la materialidad de aquello que está ingiriendo. Esto se debe a que *ShaBaT* es como *SheVeT*, que significa "sentarse en calma y en paz". Es un comer que puede generar calma, tal como las comidas del Shabat en familia, que son capaces de vencer a los enemigos y traer la paz.

*

La Vesícula Biliar

La mayor parte de la gente reconoce (o debería reconocer) que su sufrimiento es producto de sus propias acciones. Si la persona no cuida su salud, acabará por enfermar. Si actúa de modo irresponsable con su dinero, traerá la ruina financiera sobre sí misma. Las peleas familiares son usualmente el resultado de una palabra "intrascendente". Y la lista es interminable.

Cierta vez dijo el Rebe Najmán, "¡Si no están dispuestos a sufrir un poco, deberán sufrir mucho!" (tradición oral). De hecho es doloroso reconocer los propios errores, pero éste es el primer paso hacia su rectificación. Al ignorar las propias fallas, no sólo no se evita el dolor, sino que inexorablemente se volverá sobre lo mismo, generando un sufrimiento aún mayor.

Un Poco de Amargura...

Enseña el Rebe Najmán:

> El alma busca siempre cumplir con la voluntad de su Creador. Sin embargo, cuando el alma ve que el cuerpo en el cual habita no sirve al Santo, bendito sea, desea abandonarlo y retornar a su Hacedor, generando así la enfermedad del cuerpo. Los remedios pueden hacer que la persona recupere su salud. La enfermedad se presenta debido a que la persona ha tomado la costumbre de dejarse llevar por sus pasiones. Al enfermar, la persona pierde en general su apetito y para mejorar se ve forzada a tragar toda clase de medicamentos y de amargas pociones. De esta manera [no intencional], la persona demuestra que es perfectamente capaz de controlar sus deseos en aras de un propósito que comprende. Como resultado, su alma retorna a ella con la esperanza de que ahora también aceptará la necesaria "amargura" del retorno al sendero espiritual (*Likutey Moharán* I, 268).

La bilis acumulada en la vesícula biliar es extremadamente amarga, pero esta misma amargura es precisamente uno de los más significativos "edulcorantes" que puedan encontrarse en el cuerpo. Producida en el hígado, las bilis neutraliza la acidez y quiebra las grasas. Luego de cumplir con su tarea, parte de su fluido retorna a su fuente, "pacificando y enfriando" el hígado luego del intenso trabajo de limpieza de la sangre. Esto se encuentra aludido en la afirmación de nuestros Sabios citada más arriba (*Berajot* 61b): "El hígado se enoja; la vesícula biliar emite fluidos para pacificar esa ira". Así, de la misma materia con la que se produce nuestra ira, también se crea un pacificador para aplacarla. De la misma manera, es desde nuestro sufrimiento que el reconocimiento de nuestro error ocasiona su rectificación.

Y Paz...

Enseña el Rebe Najmán:

> La paz es el remedio universal, tal cual está escrito

(Isaías 57:19), "'Paz para aquél que está lejos y paz para aquél que está cerca', dice Dios, ' y Yo lo curaré'". Si una persona enferma, eso se debe en general a que los sistemas del cuerpo no están funcionando de manera armoniosa - sus cuatro humores o elementos se encuentran en conflicto. La persona requiere entonces medicinas que le devuelvan el equilibrio y permitan la curación. Es interesante notar que los remedios son en general muy amargos. Aun así la gente está deseosa de soportar un poco de amargura con tal de ser curada - para alcanzar la paz interior.

Lo mismo ocurre con respecto a la curación espiritual. Es posible que la persona deba soportar una cierta cantidad de sufrimiento - que puede de hecho ser muy amargo - pero luego comprenderá que este sufrimiento proviene de su propia insuficiencia espiritual; y que ella misma es la fuente de su propia amargura. Al reconocer sus faltas, la persona es llevada a mejorar. La misma amargura se vuelve entonces un poder curador que la lleva más cerca aún de la paz espiritual (*Likutey Moharán* I, 27:7).

*

El Bazo

Las funciones del bazo consisten en mantener el volumen del fluido sanguíneo, producir cierto tipo de células de la sangre y recuperar la materia de las células sanguíneas gastadas (filtrando impurezas de la sangre). Como tal, su energía se focaliza sobre las impurezas que se hallan en el cuerpo y entabla una batalla constante por eliminar los excesos del sistema. Cuanto más excesos hay en el cuerpo, más difícil es el trabajo del bazo.

Tradicionalmente se ha asociado al bazo con la melancolía. La conexión es clara: el bazo representa la "bilis negra" y la depresión melancólica es atribuida a un exceso de "bilis negra". Así es como el bazo, trabajando constantemente con materia superflua, tiene de hecho una tarea realmente "depresiva".

*

El Asiento de la Depresión

Enseña el Rebe Najmán:

> La melancolía está asociada con el bazo. El bazo puede filtrar sólo una limitada cantidad de sangre en un tiempo determinado y esta actividad es muy beneficiosa para la salud. Sin embargo, si dentro del sistema hay una cantidad extra de excesos, el bazo no puede filtrarla como es debido. Estos excesos inducen a la tristeza y a la depresión [que en sí mismas envenenan más aún la sangre, generando la enfermedad] (*Likutey Moharán* II, 6).

El bazo, llamado *t'jol* en hebreo, es considerado "frío y seco," como el elemento tierra (*jol* en hebreo significa arena), el más bajo y denso de los cuatro elementos. Siendo el más bajo y denso de los cuatro elementos, la tierra corresponde a la depresión. Cuanto más triste se encuentra la persona, más dominada está por la inercia interna enraizada en el elemento tierra. Esto lleva a la pereza y a la indiferencia, las que a su vez generan mayor depresión y letargo. La sangre envenenada que debe ser purificada por el bazo es también densa por naturaleza (ver *Tikuney Zohar* #70, p.134). Más aún, enseña el Rebe Najmán que la más importante "mordida de la Serpiente" es la tristeza y la dejadez. Esto se debe a que la Serpiente fue maldecida con (Isaías 65:25), "El polvo será el alimento de la Serpiente". El elemento polvo representa la dejadez y la tristeza, las cuales surgen del elemento tierra (*Likutey Moharán* I, 189).

Es por esta misma razón que el Rebe Najmán previno respecto a los excesos espirituales (es decir, al rigor y a la severidad) en el camino de la búsqueda espiritual. El versículo afirma (Levítico 18:5), "Vivirán por ellos". "*Vivirán* - y no morirán - por ellos" (ver *Ioma* 85b). La gente que siempre busca mayor rigor debido a que nunca cree en sus logros en el campo de la devoción espiritual, vive generalmente en un estado de constante depresión. El exceso de rigor en la devoción y de hecho en todos los aspectos de la vida, conduce a la depresión (*Sabiduría y Enseñanzas del Rabí Najmán de Breslov* #235). Esto puede apreciarse en la palabra *JuMRoT* (rigores) similar a *JoMeR* (materia, como opuesto a la espiritualidad). Por lo tanto estos rigores tendrán el efecto contrario al esperado, pues la depresión es un obstáculo en el logro de la grandeza espiritual.

*

La Avaricia: Obsesión y Envidia

En ningún otro ámbito se manifiesta la depresión con tanta fuerza como en la búsqueda de riquezas. En una de sus principales lecciones, el Rebe Najmán se refiere a la conexión entre la avaricia y la depresión.

Enseña el Rebe Najmán:

> El rostro de la santidad es un rostro brillante que representa la vida y la alegría. El rostro de lo no santo es un rostro oscuro que representa la melancolía y la idolatría.
>
> Están aquéllos que son arrastrados por un deseo de riquezas pero se niegan a creer que el Santo, bendito sea, puede darles lo que necesiten con un mínimo de esfuerzo de su parte. Esta gente invierte todos sus esfuerzos corriendo tras la fortuna, pero aunque haya acumulado una vasta riqueza, esto no les genera placer alguno, como en (Génesis 3:17), "Con tristeza comerás". Esta gente se encuentra atormentada por las fuerzas del mal, de la idolatría y de la muerte (*Likutey Moharán* I, 23:1).

Por otro lado, escribe el Rabí Natán que la fe corresponde a la tierra, como en el versículo (Salmos 37:3), "Radícate en la tierra y cultiva la fe". Esto puede comprenderse a la luz del hecho de que tal como un hombre se apoya sobre la tierra y depende de ella, de la misma manera su espiritualidad depende de su fe. Por eso, así como la búsqueda de riquezas corresponde a una falta de fe en la capacidad de Dios de proveer lo necesario, tener fe en que Dios sí *puede* proveernos, nos elevará desde "la tierra material" hasta el plano espiritual (ver *Likutey Tefilot* I, #128).

*

El Bazo Ríe

El Rebe Najmán dedica gran parte de la lección citada más arriba a ofrecer pruebas adicionales sobre esta enseñanza, indicando varias acciones que pueden arrastrar a la persona a la avaricia, tal como la impurificación del Pacto, decir mentiras y demás. Luego, introduce al bazo jugando un papel importante en esta pasión por la riqueza.

> El bazo representa a Lilit, la "esposa" de Satán, el Angel de la Muerte. Ella es la "madre" de la multitud mezclada (cf. Éxodo 12:38), la veleidad del tonto. Ella atrapa a la gente con la riqueza y luego la mata (*Tikuney Zohar*, 140a).

Cuando Adán comió del Árbol del Conocimiento del Bien y del Mal, fue maldecido, "Con tristeza comerás". También la Serpiente fue maldecida (Génesis 3:14): "Polvo comerás todos los días de tu vida". "Polvo" corresponde al dinero, como en (Job 28:6), "Su polvo es oro". Explica el Rebe Najmán: cuando alguien se obsesiona con la riqueza y desperdicia "todos los días de su vida" corriendo tras ella, su maldición es idéntica a la de la Serpiente; es decir, este perseguir la riqueza le "come" los días de su vida. Malgasta así su vida buscando riquezas (es decir, polvo). Tal persona realmente come con tristeza y melancolía (ver *Likutey Moharán* I, 23:6).

Como hemos apuntado, el bazo corresponde a la melancolía. La melancolía es un estado anormal atribuido a un exceso de "bilis negra". Se caracteriza por la depresión, el malhumor y la desilusión - quizás los enemigos más grandes del hombre. La gente que hace de la búsqueda de riquezas su único objetivo en la vida tiene en general aspiraciones de grandeza. Al no estar nunca conforme con lo que posee, siente constantemente depresión y tristeza y tiende a ser irascible.

El Rebe Najmán continúa explicando qué es lo que quiere decir el Zohar al representar al bazo como "Lilit, la 'madre' de la multitud mezclada, veleidad del tonto, quien atrapa a la gente con la riqueza y luego la mata". La multitud mezclada no buscaba la espiritualidad, sino que estaba impresionada por la nueva grandeza de los judíos. Pero aún se hallaba demasiado hundida en el materialismo como para apreciar el significado de esa grandeza. Ellos salieron de Egipto junto con los Hijos de Israel pero, mientras estaban en el desierto, eligieron adorar (el dinero y) el Becerro de Oro. Esto era idolatría, "la veleidad del tonto," pues "ella los atrapa," ofreciéndoles riquezas a cambio de la verdadera espiritualidad. Esto es lo que quiere decir, "Ella atrapa a la gente con la riqueza y luego la mata". El bazo, que corresponde a la avaricia y a la depresión, representa a "Lilit". Ella atrapa a la gente toda su vida, pues constantemente ellos creen que "ahora" sí van a aprovechar y que "ahora" sí van a ganar dinero, pero de hecho "comen polvo todos los días de sus vidas". Su avaricia los deja vacíos, en un estado caracterizado por la melancolía.

Es de notar que ella es llamada *"LILiT"* porque en hebreo la palabra para lamento es *IeLaLah* (*Likutey Moharán* I, 205). Las personas que están abrumadas por el rasgo de la avaricia se lamentan y se quejan constantemente de lo duro de su trabajo y de todo aquello que aún les falta.

La envidia es una consecuencia natural de la avaricia - desear las posesiones de los otros. "La verdad es," dice el Rebe Najmán, "que a veces un hombre recibe una gran riqueza. Todos lo envidian y pasan sus vidas persiguiendo la riqueza debido precisamente a esta envidia. Todo esto es obra del Malo; él trabaja duro para hacer que un hombre se enriquezca de modo que muchos otros malgasten sus vidas envidiándolo. Que el Santo, bendito sea, nos salve de esta idea equivocada" (*Sabiduría y Enseñanzas del Rabí Najmán de Breslov* #284).

Más aún, "la veleidad está asociada con el bazo" (*Likutey Moharán* II, 83:6). Este es el significado de, "Ella es la veleidad del tonto". La avaricia se burla de la gente que espera hacerse rica. En lugar de obtener riquezas, malgastan su vida corriendo detrás de ella y terminan en general con muy poco dinero y a veces con muchas deudas. ¿Dónde está entonces la riqueza que ellos buscaron "todos los días de sus vidas"? (*Likutey Moharán* I, 23:5). Esto es lo que nuestros Sabios quieren significar cuando dicen, "El bazo ríe" (*Berajot* 61b).

La riqueza utilizada correctamente es un poderoso medio para alcanzar la espiritualidad. Enseña el Rebe Najmán que existen ciertos senderos de la Torá que sólo son accesibles mediante una gran riqueza, motivo por el cual Moisés fue extremadamente rico, al igual que muchos profetas y Tzadikim después de él. Esa riqueza fue necesaria para alcanzar las grandes revelaciones espirituales que experimentaron y poder más tarde comunicarlas a los demás (ver *Likutey Moharán* I, 60:1).

Pero el Rebe Najmán también dice que el *deseo* de amasar fortuna y de ganar poder es la pasión más grande de nuestros tiempos. Hasta los pequeños administradores de bajo nivel se enorgullecen de su autoridad (*Tzadik* #470). Todo esto es obra de Lilit, del bazo. "Ella atrapa a la gente con la riqueza [es decir, el poder]," pero entonces, habiendo desarrollado en ellos la obsesión por la riqueza y el poder, "ella los mata". Es posible pasar toda una vida corriendo detrás de la riqueza sin llegar a alcanzarla jamás. Pero lejos de ser una experiencia agradable, esta búsqueda puede hacer que toda la vida se vea dominada por sentimientos de tristeza y de profunda depresión. Sin embargo, el Rebe también enseña que la alegría genera vitalidad en la vida, de modo que aquél que cae en la depresión puede contrarrestar sus efectos negativos obligándose a vivir con alegría (*Likutey Moharán* I, 56:9).

* * *

12

Purificando el Cuerpo y el Alma

Uno de los pasos esenciales en el proceso de purificación es la expulsión de la materia de desecho. Existen cinco sistemas básicos para esta tarea: la transpiración, que sale a través de la piel; los pulmones, que filtran el dióxido de carbono; el hígado, la vesícula biliar y el bazo, que procesan los nutrientes y filtran la sangre; los riñones, que filtran y excretan fluidos; y el intestino grueso que excreta la materia sólida de desecho.

Obviamente, así como los productos de desecho físico deben ser expulsados del cuerpo, también deben ser expelidos los excesos espirituales. Mientras que el desecho físico es eliminado automáticamente a través de las funciones del cuerpo, hace falta un gran esfuerzo para eliminar el desecho espiritual. Así como nuestros cuerpos fueron dotados de los medios para purificarse, de la misma manera Dios nos proveyó todos los instrumentos necesarios para limpiarnos espiritualmente. La diferencia es que el deseo de utilizar estas herramientas debe estar presente para que nuestros esfuerzos tengan un resultado positivo.

Sangre, Sudor...

Enseña el Rebe Najmán:

> Transpirar es extremadamente beneficioso, pues elimina del cuerpo los fluidos envenenados. Estos venenos son resultado de la incapacidad del bazo para filtrar todos los fluidos que pasan por él. Los fluidos envenenados en el cuerpo producen depresión;

por tanto sudar - es decir, extraer el veneno que lleva hacia la depresión - causa alegría (*Likutey Moharán* II, 6).

El Rebe Najmán pertenecía a la escuela de pensamiento que ensalzaba el trabajo duro. Repetidamente les decía a sus seguidores que nada valioso podía lograrse si no era a través de los esfuerzos puestos en sus devociones (ver *Sabiduría y Enseñanzas del Rabí Najmán de Breslov* #165-170).

La persona puede transpirar cuando realiza un trabajo duro; o puede transpirar "por pura alegría". Los esfuerzos que uno haga pueden generar una purificación física eliminando los excesos del cuerpo. Los esfuerzos espirituales dedicados a despertar la alegría pueden ser beneficiosos también para el cuerpo. Así el Rebe Najmán termina la lección citada más arriba: "Una buena transpiración, resultado del esfuerzo en la búsqueda de la espiritualidad [a través del cumplimiento de las mitzvot, por ejemplo] genera alegría. Un día en el cual uno transpira por buenas razones es un día de regocijo; es como una Festividad. La palabra hebrea para sudar es *ZEAH*, que es un acróstico de (Salmos 118:24), "*Ze Haiom Asá IHVH...* - Este es el día que Dios ha hecho [es decir, una Festividad]; alegrémonos y regocijémonos en él" (*Likutey Moharán* II, 6).

¡Transpirar en aras de la espiritualidad garantiza una festividad!

Para ilustrar los beneficios del trabajo duro y de la transpiración como medio para purificar el cuerpo, el Dr. Rafael (Robert) Rosen, quien fuera director del *Midwest Dialysis Center* en Duncan, Oklahoma, relató la siguiente historia: Un paciente, un vaquero, informó al Centro que se iba a ausentar durante diez días en búsqueda de caballos salvajes. Se le aconsejó que no hiciese ese viaje, pues requería de diálisis tres veces a la semana, dado que sus riñones no funcionaban en absoluto. El hombre decidió partir igualmente. Al retornar, tenía buen aspecto, se sentía bien, no había aumentado de peso producto del fluido, y las pruebas de sangre fueron solamente un poco peores que lo usual. En palabras del Dr. Rosen, "Vimos entonces los beneficios del trabajo duro y

de la transpiración - ¡al punto que ello reemplazó su tratamiento
de diálisis!"

(No estamos sugiriendo que toda persona que requiera de una diálisis
pueda optar por este método para eliminar la materia de desecho del cuerpo.
Meramente indicamos los beneficios del trabajo duro y de la transpiración para
la salud de la persona).

Enseña también el Rebe Najmán que el baño diario y la
inmersión en la *mikve* (baño ritual) son beneficiosos para abrir los
poros (*Likutey Moharán* II, 123). Abrir los poros permite limpiar el
cuerpo del exceso de fluidos y de los venenos.

*

Y Lágrimas

Enseña el Rebe Najmán:

Las lágrimas proceden de la melancolía, la cual proviene de los
propios excesos (*Likutey Moharán* I, 51:1).

Es parte de la naturaleza humana llorar cuando uno se
encuentra deprimido y sufre. Como hemos visto (en el capítulo
previo), la depresión está asociada a los excesos en el cuerpo. Las
lágrimas, entonces, son también "excesos" y sirven como filtros
para eliminar del cuerpo los fluidos superfluos y los venenos.

Enseña el Rebe Najmán:

El bazo corresponde a la depresión, que es una de las
mayores causas de inmoralidad. Lilit es "la madre de la multitud
mezclada". Ella corresponde a la prostituta, aquella que es
promiscua y da nacimiento a los "niños mezclados". También es
comparada a la "sierva" que debería estar bajo las órdenes de su
señora. De la misma manera, las fuerzas del materialismo deberían
mantenerse bajo el dominio del Reino del Cielo, la fuerza de la
espiritualidad. Es por esta razón que recitar el *Shemá* - aceptando

el yugo del Reino - ayuda a que la persona tome el control de sus tendencias materialistas y pueda superar sus deseos y pasiones.

Sin embargo, si uno se encuentra atacado por muchos pensamientos lujuriosos, el solo hecho de *recitar* el *Shemá* es insuficiente. Uno también deberá derramar lágrimas al aceptar el yugo del Reino, pues las lágrimas son un exceso de fluidos en el cuerpo. Al derramar lágrimas, uno elimina de hecho las sustancias de desecho que exudan del bazo - de la melancolía. Así, derramar lágrimas en aras de la espiritualidad contrarresta el efecto de la depresión (*Likutey Moharán* I, 36:3-4).

*

Esaú y Lea

A un nivel espiritual, existen dos clases de lágrimas. Una es como las lágrimas de Esaú, quien lloró amargamente en su deseo por experimentar todas las pasiones de este mundo (Génesis 27:38). La segunda clase es como las lágrimas de Lea, quien lloró rogando no caer en manos de Esaú y ser forzada a casarse con él (Génesis 29:17; Rashi, *loc. cit; Likutey Halajot, Shlujin* 3, 201b).

Escribe el Rabí Natán:

La persona debe eliminar sus pasiones, los excesos de su sistema. De otro modo, estos excesos permanecen en su cuerpo, envenenándolo. Los fluidos superfluos, que representan la depresión y dan lugar a los rasgos negativos del carácter, corresponden a Esaú y a Ismael, las fuerzas del mal (ver el capítulo previo, "El Hígado"). Si estas impurezas no son filtradas, pueden seguir navegando por el cuerpo y llegar a afectar la mente, convenciendo a la persona de la "necesidad" de las pasiones, el Cielo no lo permita.

Esaú e Ismael representan las filosofías ajenas que alejan a la persona de la senda de la rectitud. Esto puede compararse con el Árbol del Conocimiento del Bien y del Mal. Adán y Eva recibieron el mandamiento de no comer de ese Árbol. La Serpiente, sabiendo esto, comenzó a razonar con ellos: "Si comen de él serán como Dios," etc. Finalmente, ellos sucumbieron al razonamiento de la Serpiente y comieron del Árbol. Fue por lo tanto el excesivo pensar y razonar lo que hizo que Adán pecara. Razonamientos similares producen profundos daños en la capacidad para distinguir entre lo que es apropiado y aquello que no lo es.

Llorar y derramar lágrimas por lo espiritual elimina los excesos del cuerpo. Llorar, rogar y pedir al Santo, bendito sea, para que nos ayude a crecer espiritualmente, ayuda a filtrar los excesos impuros, el "Esaú e Ismael," de nuestro sistema (*Likutey Halajot, Iom Kipur* 2:4).

*

Los Riñones

Los riñones contienen miles de pequeñas unidades filtrantes que procesan los fluidos y las sustancias de desecho enviándolos hacia sus respectivos destinos, así sea reciclándolos nuevamente hacia el cuerpo o excretándolos para ser eliminados. Los riñones controlan también el nivel de sal y demás minerales esenciales del cuerpo. Es significativo el hecho de que cada persona tiene un riñón derecho y otro izquierdo. La ciencia médica no se explica para qué la necesidad de tener un par de riñones, dado que la persona puede vivir con uno solo. Pero espiritualmente hablando, esto tiene un sentido muy profundo.

Enseña el Talmud (*Berajot* 61a), "Los riñones aconsejan". Rashi explica que esta idea proviene del versículo (Salmos 16:7), "Bendeciré a Dios Quien me aconseja; incluso por la noche mis riñones me amonestan". Comenta el Maharsha que el par de riñones indica la libertad de elección del hombre, su capacidad para elegir entre lo correcto y lo incorrecto. Se ha hecho notar también (*Jidushei HaGueonim, loc. cit.*) que la principal actividad física de los riñones, el procesar y purificar los venenos y materias de desecho del cuerpo, se lleva a cabo durante la noche, cuando la persona descansa. (Cuando la persona yace de espaldas con sus piernas levantadas, se produce un aumento en el fluir de la sangre que va hacia los riñones, aumentando así su purificación). Esto se encuentra aludido en las palabras "incluso por la *noche* mis riñones me amonestan". El versículo indica también que la actividad espiritual de los riñones sigue el patrón de lo físico.

Tanto el bien como el mal pueden presentarse como la elección adecuada. Conceptualmente, los riñones nos muestran que existe un lado derecho y un lado izquierdo, representando lo correcto y lo incorrecto; y ellos nos amonestan "por la noche" (cuando está oscuro y nos vemos llevados hacia la transgresión), para que en los momentos más cruciales podamos elegir lo correcto. Así como los riñones reciclan lo útil y excretan el desecho, de la misma manera nosotros elegimos y utilizamos lo que es bueno, rechazando el mal. Así (*Berajot* 61a), "Los riñones aconsejan y el corazón comprende". Un ejemplo clásico de esto lo constituye la enseñanza de nuestros Sabios (*Bereshit Rabah* 61:1): "Abraham no tuvo maestro. ¿Cómo podía entonces estudiar Torá? Dios hacía que sus riñones actuasen como dos fuentes de sabiduría y ellos le enseñaban Torá y sabiduría". Ellos actuaban como *dos* fuentes: una para enseñarle a Abraham los mandamientos positivos y cómo cumplirlos y la otra para alejarlo de la transgresión de los mandamientos prohibitivos. Así enseñan nuestros Sabios (*Kidushin* 82a), "Abraham cumplía con toda la Torá incluso antes que ella fuera dada".

*

El Árbol del Conocimiento

Hemos visto (Capítulo 6) que el Árbol del Conocimiento del Bien y del Mal corresponde al consejo. Al estudiar los riñones, vemos que el cuerpo humano contiene su propio "Árbol del Conocimiento del Bien y del Mal," con la capacidad de distinguir entre el bien y el mal, entre lo correcto y lo incorrecto. La claridad de la elección depende del alimento que uno les dé a esos filtros. ¿Dejaremos que la Serpiente nos alimente con los frutos del Árbol del Conocimiento del Bien y del Mal, o buscaremos el sendero de la espiritualidad y obtendremos nuestro alimento del verdadero Tzadik?

Enseña el Rebe Najmán:

> Los riñones aconsejan. Los riñones participan también del sistema reproductor. Recibir consejo de alguien es como recibir "simiente" de esa persona. Este consejo puede entonces "dar nacimiento" a decisiones y acciones. De modo que es crucial recibir sólo un consejo bueno y válido de aquéllos capaces de aconsejar - de los verdaderos Tzadikim. La mente del Tzadik es pura, de modo que su consejo es correcto (*Likutey Moharán* I, 7:3).

Los órganos reproductores (es decir, el "consejo" de los riñones) pueden ser vistos como "parte del cuerpo que da nacimiento a nuevas ideas". Es importante comprender que si la mente de la persona se encuentra empañada, será incapaz de determinar si el consejo que recibe o elige es apropiado y válido. El Rebe Najmán sugiere por lo tanto que uno busque sólo el consejo de un Tzadik. De esta manera no tendrá que basarse sólo en su propio "sistema de filtrado," que puede o no estar funcionando adecuadamente.

La asociación presentada por el Rebe entre el sistema reproductor y el dar consejo tiene mayores implicancias aún. Un niño no nace como un diamante pulido. Hacen falta muchos años de intenso esfuerzo para criarlo y educarlo. Recién una vez que alcance la madurez comenzaremos a ver los verdaderos frutos de nuestra tarea. Incluso entonces, sólo podemos esperar y orar para que continúe desarrollándose por el sendero correcto. Dar o recibir consejo funciona de la misma manera. Si uno busca consejo, no sabe cuál será el resultado de seguirlo. Uno sólo puede esperar que haya tenido un buen consejero, que es aquél cuyo consejo trae satisfacción y estabilidad en el futuro.

Mucha gente se considera capaz de aconsejar a los demás - incluso a sí mismos - ¿pero pueden realmente ver "más allá del horizonte"? Así como el árbol requiere de muchos años de nutrición para llegar a dar frutos, de la misma manera seguir el consejo de los Tzadikim respecto de cómo alcanzar una vida espiritual requiere años de esfuerzo antes de que uno pueda llegar a contemplar verdaderamente resultados satisfactorios. Así como dar a luz a un niño no produce un individuo maduro, de la misma manera el consejo de los Tzadikim debe ser absorbido, contemplado y llevado a la acción de manera ponderada a lo largo del tiempo, de acuerdo a la capacidad de cada uno. Esto requiere mucha paciencia y un filtrado constante, hasta que uno se haya purificado. Recién entonces se podrá comenzar a experimentar verdaderamente una vida espiritual.

*

El Resultado "Final"

> **"Éste es su *kesel* - su necio camino; ellos hablan elogiosamente sobre su fin".**
>
> Salmos 49:14

Este capítulo de los Salmos habla de la gente que no reconoce que la muerte es algo que les sucederá a ellos mismos. Ellos piensan que son inmortales, aunque reconocen que ningún hombre vive para siempre. En lugar de prepararse con las provisiones espirituales necesarias para el largo viaje, esta gente se ocupa solamente de sus anhelos materiales. Con respecto a esto escribe el Rabí Natán:

> Aunque la Vaca Roja estaba destinada a purificar a los impuros, esta no era una devoción que se realizara dentro de los confines del Santo Templo. De hecho, todo lo relacionado con la Vaca Roja sólo debía ser realizado fuera de las paredes del Templo (ver Números 19).
>
> Uno podría pensar exactamente lo contrario: si el servicio cumplido con la Vaca Roja logra la purificación de la más impura de las personas, ¿no requeriría entonces que cada paso de su preparación fuera realizado en un lugar santo? Es precisamente por esto que debe ser hecho *fuera* de los confines santos: conceptualmente, la Vaca Roja representa un consejo extremadamente profundo - cómo llegar a aquéllos que parecen estar absolutamente alejados de la espiritualidad y extenderles una mano de ayuda. Incluso en aquéllos lugares más alejados de

la santidad, uno puede aún reconocer la vana vacuidad de la vida materialista y comenzar a buscar la espiritualidad.

La verdad es que este mundo materialista es todo vanidad - una sombra que pasa - y la vida es tan efímera... Pues el materialismo parece tan atractivo que la gente tiende a no considerar sus implicancias más peligrosas. Es posible que pierdan de vista el buen consejo y que en cambio persigan lo material. "¿Qué más podemos hacer?" dicen, "pues ya estamos tan hundidos en lo material".

Este es el significado del versículo, "Este es su *kesel* - su necio camino; ellos hablan elogiosamente sobre su fin". Rashi explica (loc. cit.), "Puedes pensar que ellos se han olvidado respecto de su mortalidad. Pero el versículo dice, 'ellos hablan elogiosamente sobre su *fin*'. Pero es su *kesel*, su necedad, la que hace que no tomen en cuenta su final".

La palabra hebrea para *kesel* se traduce como "necedad" o como "flanco" (la grasa que cubre los riñones). Si los individuos extraviados pudieran reconocer el consejo de sus riñones con respecto a cómo purificar sus sistemas, de seguro crecerían espiritualmente. Pero existen "grasas" que cubren y ocultan los riñones. Estas son las atracciones del mundo material que ocultan el verdadero objetivo del hombre.

Así, el propósito del servicio realizado con la Vaca Roja es demostrar que incluso "afuera" - en los lugares más remotos y más alejados de la espiritualidad - Moisés, encarnado dentro del verdadero Tzadik, está dispuesto a aconsejar y a ayudar a aquéllos que desean superar su ámbito material. Incluso allí, él ilumina los lugares más oscuros con un consejo verdadero, permitiendo que la persona se acerque al Santo, bendito sea (*Likutey Halajot, Shejitá* 5:19).

*

Confianza

Tú deseas verdad en mis riñones [*betujot*] y me enseñas sabiduría en mi corazón.

Salmos 51:8

Para que yo obtenga la verdad de modo que mis riñones me aconsejen adecuadamente, Tú debes colocar sabiduría dentro de mí.

Metzudat David, ad. loc.

Bitajón en hebreo significa confianza. Tener *bitajón* en Dios, confiar que Él le da al hombre todo aquello que necesita, es de hecho un nivel muy elevado. Los riñones son llamados en hebreo *BeTuJot*, que es similar a *BiTaJón*, "confianza".

Enseña el Rebe Najmán:

> La abundancia llega cuando uno confía en el Santo, bendito sea. Escuchar historias y enseñanzas de los verdaderos Tzadikim despierta a la persona de su sueño espiritual. Esa persona puede entonces expresarse fervientemente delante del Santo, bendito sea. Sus palabras la ayudan a reforzar su fe y confianza en el Santo, bendito sea, lo que trae aún mayor abundancia al mundo. Pero existe una confianza falsa y equivocada, de la cual uno debe cuidarse. Desarrollar la confianza en el Santo, bendito sea, ayuda a eliminar la falsa confianza, trayendo prosperidad (*Likutey Moharán* I, 60:8).

Cuando una persona trabaja diligentemente para alcanzar una forma de vida espiritual, sus riñones, es decir, el consejo que elige, la llevarán a aumentar cada vez más su confianza en Dios. Dios, a su vez, depositará Su sabiduría dentro de esa persona, de modo que ella se verá aún más encaminada hacia la espiritualidad. Dado que volver a Dios es la razón principal por la cual fue creado el hombre, cuando éste vuelve a Dios, Él le da abundancia de modo que el hombre pueda continuar así su ascenso espiritual.

* * *

13

En Resumen

En esta sección hemos visto la influencia negativa que ejercen los bajos instintos del hombre sobre su alma, y aprendimos también diferentes maneras para contrarrestarlos. Hemos examinado también los cuatro humores, tres de los cuatro elementos básicos - fuego, agua y tierra - y algunos de sus efectos sobre las emociones. (El elemento aire será explorado más adelante en nuestra discusión respecto al habla, en la Parte 6).

El sistema interno del ser humano parece estar diseñado para alimentar sus características negativas. El sistema digestivo *parece* estar diseñado para llevar a la persona al materialismo. Las mismas venas, a través de las cuales fluye la sangre impura y los deseos, generan los impulsos inmorales del hombre y su inestabilidad emocional. Esto explica por qué la atracción física y emocional del hombre hacia el materialismo comienza muy temprano en su vida, de hecho desde su nacimiento. Tal como enseñan nuestros Sabios (*Sanedrín* 91b), "La inclinación al mal comienza su trabajo apenas el niño nace".

Pero esto no implica que el hombre carezca de recursos, ni que no pueda presentar batalla a estas malas características. Pues (Eclesiastés 7:14), "Dios hizo uno frente al otro". Así, la "ley del paralelismo" dicta que el hombre deba tener libertad de elección para elegir el sendero que desee seguir (tal como lo muestran los riñones). De modo que, si Dios diseñó al hombre para tener malas inclinaciones, Él le dio también las herramientas con las cuales superar ese mal, pues tal como hemos visto, son los mismos sistemas internos que tienden a alejarnos de la espiritualidad, los que contienen los elementos necesarios para guiarnos hacia una existencia espiritual.

En la próxima sección, comenzaremos a examinar el vasto conjunto de las poderosas fuerzas que Dios le da al hombre para ayudarlo a oponerse a sus deseos negativos y elevarse por sobre ellos.

* * *

Parte Cuatro

EL SISTEMA NERVIOSO
CENTRAL
La Cabeza y el Cerebro

14

Introducción

El cerebro es en todo sentido el órgano más complejo del cuerpo humano. Junto con la médula espinal, el grueso cordón de tejido nervioso que se extiende desde el cerebro, integra lo que se denomina el sistema nervioso central. El cerebro está compuesto por una masa de suave tejido, denominado coloquialmente "materia gris" (aunque contiene de hecho tanto materia gris como blanca). Como director del sistema nervioso, es el órgano donde se realizan el pensamiento y la coordinación neural. Con sus billones de células, el cerebro recibe y emite millones de mensajes por segundo provenientes de todo el cuerpo y del ámbito que lo rodea; controla el corazón y el ritmo de la respiración y mantiene el equilibrio químico del cuerpo, a la vez que responde a los diferentes estímulos que nos rodean. (El sistema nervioso periférico, que comprende los órganos de la vista, del sonido, del olfato, del gusto y del tacto, será tratado más adelante en la Parte 7).

El cerebro funciona de manera muy similar a la unidad central de procesamiento de una súper computadora. Constantemente recibe información y coordina la actividad entre los diversos órganos receptores a la vez que acumula esta información en su banco de memoria. El cerebro también actúa como centro de comando, asegurando el funcionamiento en conjunto de todo el organismo. En resumen, todo lo que sucede en el cuerpo ha sido en algún momento procesado a través de esta materia gris llamada "cerebro". Enseña así el Rebe Najmán, "La mente es el comandante en jefe del cuerpo" (*Likutey Moharán* I, 29:7).

El cerebro se compone de tres secciones - el cerebro, el cerebelo y el bulbo raquídeo (*medulla oblongata*). Cada una de estas tres secciones posee funciones diferentes pero totalmente coordinadas. El cerebro es el asiento del intelecto, el cerebelo coordina los movimientos del cuerpo y el bulbo raquídeo (conformado por la médula, el cerebro central y el hipotálamo) transmite los impulsos a través de todo el sistema nervioso. Estas tres áreas fundamentales del cerebro actúan como vehículos de sus correspondientes *mojin*, los poderes espirituales del intelecto: el cerebro es el asiento de Jojmá (Sabiduría); el cerebelo es el asiento de Biná (Comprensión); y el bulbo raquídeo es el asiento de Daat (Conocimiento). El cráneo, que alberga los *mojin*, corresponde a Keter (Corona).

*

El Sistema Nervioso Central

El cerebro es la parte más grande del sistema, ocupando la mayor parte del área dentro del cráneo que lo alberga y rodea. El cerebro actúa como el centro del intelecto, de la memoria, del lenguaje y de la conciencia. Recibe e interpreta la información transmitida desde los sentidos y controla las funciones motoras del cuerpo. El cerebro se divide en dos partes, conocidas como hemisferios derecho e izquierdo. El hemisferio derecho está asociado con las capacidades del cerebro relacionadas con lo no verbal, lo no temporal, las relaciones, la intuición y lo holístico. El hemisferio izquierdo está asociado con las capacidades cerebrales de lo verbal, temporal, analítico, racional, lógico y lineal.

El cerebelo es la siguiente sección más grande del cerebro. Se encuentra justamente debajo del cerebro hacia la parte posterior del cráneo, adyacente al bulbo raquídeo. El cerebelo es el responsable de la postura, de la coordinación, del tono muscular y del equilibrio.

El bulbo raquídeo se encuentra cerca del centro del cerebro y se extiende hacia abajo hacia la *medulla oblongata* donde se conecta con la médula espinal. Consiste principalmente de los conductos nerviosos que pasan desde la médula espinal hacia el cerebro, siendo así el conducto para la transmisión de mensajes entre el cerebro y el cuerpo a través del sistema nervioso. También controla y regula muchas funciones automáticas e involuntarias del cuerpo.

La médula espinal está compuesta por tejido nervioso que pasa a través de la columna vertebral. Son treinta y un pares de nervios que unen el cerebro con la médula espinal y a ésta con los músculos, con el sistema sensorial y con otras partes del cuerpo. Ellos, juntamente con doce pares de nervios craneales (llamados así pues unen directamente con el cerebro), controlan los movimientos voluntarios y las sensaciones del cuerpo. También se originan aquí los nervios del sistema nervioso autónomo que controla y regula las funciones motoras involuntarias, tales como las del corazón, los pulmones, los intestinos y los vasos sanguíneos.

*

Los *Mojín*: Una Perspectiva Kabalista

Tanto en la Biblia como en los escritos Talmúdicos y Kabalistas encontramos referencias a Jojmá (Sabiduría), a Biná (o *Tevuná*, Comprensión y Lógica) y a Daat (Conocimiento). Estos tres forman la "Cabeza" del "Árbol *Sefirótico* de la Vida" y son llamados en general los *mojin* (poderes intelectuales). Las siete *Sefirot* inferiores corresponden al "Cuerpo" y son llamadas *midot* (atributos del carácter) a través de los cuales se manifiestan los *mojin*. (Un diagrama en el Apéndice C ayudará a visualizar la estructura del Árbol *Sefirótico* de la Vida).

Al meditar sobre las *Sefirot* es aconsejable alternar entre visualizarlas como un sistema único y unificado, y considerarlas a la vez como poderes individuales o grupos de poderes. Como sistema unificado, las *Sefirot* representan etapas de desarrollo a partir de un impulso inicial o voluntad (Keter) hacia un acto final de realización de esa voluntad (Maljut). Keter puede ser visto como Causa y Maljut como el Efecto. Todas las otras *Sefirot* -

todo lo que sucede en el camino - son etapas en el proceso de llevar el primer impulso hacia su realización final.

El "Árbol *Sefirótico* de la Vida" se representa tradicionalmente en tres columnas: derecha, izquierda y centro (como se mencionó más arriba, Capítulo 3). A la derecha, correspondientes al cerebro derecho, el brazo derecho y la pierna derecha respectivamente, se encuentran Jojmá, Jesed y Netzaj. A la izquierda, correspondientes al cerebro izquierdo, el brazo izquierdo y la pierna izquierda, están Biná, Guevurá y Hod. En el centro, correspondientes al bulbo raquídeo, la espina dorsal y los órganos sexuales están Keter, Tiferet, Iesod y Maljut. (Como veremos la cuasi-*Sefirá* de Daat se incluye entre las *Sefirot* cuando Keter no está presente y viceversa).

En la Kabalá, la "Derecha" representa el concepto de la irrestricta e incondicional Misericordia, Amor e Iluminación. La "Izquierda" representa el concepto de restricción y de un dar condicionado (dependiendo del recipiente y de su capacidad para recibir). El "Centro" representa el equilibrio sinergético óptimo de las dos polaridades. Como hemos visto más arriba (Capítulo 3), el concepto de derecha, izquierda y centro está aludido en la Introducción al *Tikuney Zohar* (p.17a), llamado *Petijat Eliahú* (El Discurso de Elías), que aparece en muchos Sidurim:

> Estas Diez *Sefirot* se ordenan de acuerdo a tres columnas. La columna de la derecha es "larga" [porque representa el amor y la bondad]. La columna de la izquierda es "corta" [porque representa el juicio y el poder de restricción]. La columna del centro o cuerpo se dice que es "intermedia" [porque representa la misericordia, la armonía perfecta entre el amor y la restricción]. [De esta manera las Diez *Sefirot* sirven como conductos a través de los cuales Dios regula Su interacción con los seres humanos de acuerdo con sus acciones]. Por sobre todo, sólo está Él Quien las dirige, pero a Él ningún poder lo dirige - ni por encima ni por debajo, ni de ningún lado.

Otra manera de visualizar las *Sefirot* es en grupo de tríadas. Keter, Jojmá, y Biná forman la tríada superior; Jesed, Guevurá y

Tiferet forman la segunda tríada, la del medio; Netzjaj, Hod y Iesod forman la tercera tríada, la inferior (ver Apéndice C). Cada tríada comprende un equilibrio completo entre la derecha, la izquierda y el centro, y cada una expresa una acción completa. La tríada superior representa la entrega más grande de Misericordia, con independencia de cuánto uno se la merezca. La tríada del centro y la tríada inferior reflejan, progresivamente, consideraciones con respecto a nuestro mérito, al punto en el cual Dios puede retener Su Misericordia si no somos dignos de ella.

Por supuesto que retener es también una expresión de amor. Este principio puede compararse a la relación entre padres e hijos. Un padre cariñoso no va a ceder ante todos los caprichos de su hijo. El verdadero amor implica determinar límites que le enseñen al niño que aquello que hace tiene consecuencias. Sin límites precisos, el niño no puede ser responsable por sus acciones; sin responsabilidad, nunca llegará a madurar completamente.

Dios es el Padre. Todo lo que Él desea es entregarnos Su bondad. Pero Él se restringe para nuestro bien, hasta que "hayamos crecido". Es a esto y a mucho más que aluden las diferentes combinaciones y configuraciones inherentes al "Árbol *Sefirótico* de la Vida ".

*

(El siguiente material sobre los *mojin* se basa en el libro *Innerspace* [Capítulos 4-6] del Rabí Arie Kaplan. Con permiso de Moznaim Publishers, hemos adaptado las ideas que allí se encuentran para relacionarlas a los propósitos de este libro).

Keter: La Corona

La palabra *Keter* significa "corona". Así como la corona descansa encima de la cabeza, Keter se encuentra por sobre todas las otras *Sefirot*. Es así que Keter es llamado en el Zohar "*gulgota*" (cráneo). También corresponde a la luz espiritual o aura, que rodea nuestros cuerpos y nos conecta con la raíz de nuestras almas en la dimensión espiritual.

Keter es la palabra para designar la Voluntad de Dios, la razón última y causa por la cual Él creó todo lo que existe, y es también el propósito final y objetivo hacia el cual tiende toda la creación. El único propósito de este mundo es que el hombre persiga una vida espiritual, que busque la Divinidad. Al ascender por la escala espiritual, nos acercamos cada vez más a la Voluntad última de Dios (*Likutey Moharán* I, 24).

Es por esto precisamente que Keter está asociado con el nivel más básico y poderoso de nuestra libertad de elección. En el nivel de Keter, no estamos compelidos por nada, ni por una predisposición interna ni por circunstancias externas; nuestras decisiones son completamente independientes de cualquier otra consideración. Esto se debe a que nuestro "poder de voluntad" emana de nuestra esencia, de esa parte en nosotros que se asemeja a Dios. Cuando nos conectamos con este profundo nivel de voluntad interna, podemos mover montañas y tener la capacidad de avanzar hacia los niveles espirituales más altos. Así enseña el Rebe Najmán:

> ¿Quién puede decir, "Yo sirvo verdaderamente al Santo, bendito sea"? Él es tan grande y tan tremendo que ni siquiera los ángeles pueden comprenderlo. Si es así, ¿de qué valen nuestras devociones? La respuesta es que uno debe *desear* servir al Santo, bendito sea. Este deseo, esta voluntad, es tan poderoso que define el propósito mismo de la creación: que el ser humano deba *querer* servir al Santo, bendito sea (*Sabiduría y Enseñanzas del Rabí Najmán de Breslov* #51).

Agrega el Rabí Natán: "Aunque uno no pueda cumplir con una mitzvá, aunque se le retire la capacidad para cumplir con esa buena acción, nadie puede controlar su mente; nadie puede quitarle su voluntad. Aquél que se sirve de la energía de su propia voluntad llega a incluirse en la 'Voluntad de las Voluntades', el nivel más elevado, Keter" (*Likutey Halajot, Birkot HaShajar* 5:28).

*

Jojmá (Sabiduría) y Biná (Comprensión)

Así como Keter corresponde al cráneo, Jojmá y Biná corresponden a los dos hemisferios del cerebro. Juntos, Jojmá y Biná son llamados "las cosas ocultas," pues así como los pensamientos de la persona sólo se manifiestan a través de sus acciones, de la misma manera, los efectos de Jojmá y Biná son visibles sólo cuando se actualizan en las *Sefirot* inferiores.

Una de las fuentes Bíblicas para Jojmá y Biná es el versículo en Proverbios (3:19), "Dios fundó la tierra con *Jojmá*; Él estableció los cielos con *Biná*". La Biblia afirma aquí que Jojmá y Biná son las fuerzas básicas empleadas por Dios para crear el mundo. En un sentido Divino, Jojmá constituye los axiomas que definen el mundo, mientras que Biná comprende el sistema lógico que conecta estos axiomas. Todas las leyes de la naturaleza son esencialmente axiomas y el más simple de los axiomas contiene varios niveles. Por ejemplo, el axioma de que la distancia más corta entre dos puntos es una línea recta implica la existencia de un punto, de líneas rectas, del espacio y demás. Estas categorías existen en Jojmá. En Biná, ellas juegan lógicamente y emergen como un sistema coherente de leyes.

A nivel humano, Jojmá se manifiesta como la sabiduría Divina comunicada a través de la revelación profética, que denota la capacidad de penetrar las capas superficiales de la realidad y percibir la esencia de las cosas. Esto puede verse en la construcción misma de la palabra "Jojmá". Si separamos [e invertimos en hebreo] las dos primeras letras, obtenemos *KoaJ MaH* (en hebreo la "j" puede leerse también como "k") - que literalmente significa, "el potencial de *¿qué?* " o el poder de preguntar. En este sentido, Jojmá, *KoaJ MaH*, se refiere a la pregunta con respecto a lo que algo realmente es, a su esencia.

Jojmá es llamada "comienzo," como en (Salmos 111:10), "*Reshit Jojmá* - El comienzo de la sabiduría". Siendo un paralelo del hemisferio derecho del cerebro, de lo no verbal, Jojmá corresponde a los axiomas fundamentales del conocimiento que yacen detrás de todo nuestro proceso de pensamiento. Estos axiomas se encuentran en la estructura misma de la mente al nacer y llegan a integrarse a ella mediante nuestras experiencias de vida. Ellas forman la base de nuestra capacidad de estructurar y categorizar la información, y por tanto de obtener sabiduría.

Biná es la capacidad de deducir información adicional a partir de la información que ya ha sido recibida. El Talmud (*Sanedrín* 93b) define *BiNa* como "la capacidad de comprender o distinguir una cosa de la otra". Está relacionada a la palabra hebrea *BeiN*, que significa "entre medio". En este sentido, Biná implica la capacidad de reconocer las relaciones subyacentes. Así, mientras que Jojmá nos permite llegar a la esencia de algo, Biná nos permite percibir esa cosa en relación con otras. En el nivel de Jojmá, todo lo que existe se encuentra en un estado de potencial indiferenciado, de esencia. Es a través de Biná que la mente diferencia las cosas.

Jojmá representa así un conocimiento indiferenciado, mientras que Biná es la fuente de la capacidad para analizar este conocimiento y separarlo en sus partes componentes. Podemos hacer una analogía con el agua (Jojmá) fluyendo a través de un sistema de tuberías (Biná). El agua misma es un fluido "indiferenciado" sin una estructura macroscópica esencial. La estructura se le impone cuando fluye a través del sistema de tuberías.

Debemos hacer notar que, en general, la gente tiende a oscilar en sus aplicaciones de Jojmá y Biná. Y esto se hace de manera inconsciente. El sistema de pensamiento de la Kabalá enfatiza sin embargo el hecho de ser conscientes de este movimiento pendular de la conciencia y de integrarlo para que pueda funcionar en conjunto. Este es el significado de la directiva para la meditación que se encuentra en el *Sefer Ietzirá* ("Libro de la Formación" 1:4), "Comprende con sabiduría y sé sabio con comprensión".

La relación entre Jojmá y Biná también se encuentra expresada en la Kabalá en términos de masculino y femenino. Para la formación de un ser humano, el hombre aporta el esperma mientras que la mujer lo retiene en el útero durante nueve meses hasta que emerge un niño completamente desarrollado. De la misma manera, Jojmá toma la forma de una serie de hechos que pueden ser colocados dentro del "útero" de Biná para ser desarrollados y transformados en una estructura lógica completa. Vemos así que la fuerza creadora de lo masculino puede llegar a fructificar sólo cuando es recibida, canalizada y procesada dentro del "útero" femenino. (Esto es consistente con la relación que hemos definido entre una *Sefirá* y un *Partzuf* [arriba, Capítulo 3]. Hemos hecho notar que la *Sefirá* de Jojmá corresponde al *Partzuf* de *Aba* [Padre], mientras que Biná corresponde a *Ima* [Madre]).

En otro sentido, Jojmá alude al pasado, mientras que Biná se refiere al futuro. Esto puede verse en las palabras hebreas para "masculino" y "femenino". La palabra hebrea para "masculino" es *ZaJoR*, que está compuesta por las mismas consonantes que *ZoJeR* (recordar). "Femenino" en hebreo es *NeKeVá*, que contiene las mismas consonantes que *NiKeV* (agujerear; penetrar). De modo que lo masculino "recuerda" el pasado, mientras que lo femenino "penetra" en el futuro. Tanto Jojmá como el pasado pueden ser explicados en términos de "la información que tenemos". El futuro, por otro lado, existe sólo en nuestras proyecciones imaginarias, que son producto de Biná. Debemos por tanto emplear nuestra Biná para poder "ver" allí.

*

Daat (Conocimiento)

Como hemos visto, Jojmá "impregna" a Biná, el "útero," que "almacena" el pasado y "da nacimiento" al futuro. Pero, aunque podemos recordar el pasado y quizás anticipar el futuro es sólo el presente lo que *conocemos*. Daat (Conocimiento) es producto de la confluencia de Jojmá y Biná. El momento presente, ubicado en la transición entre el pasado y el futuro, corresponde a Daat.

Daat representa así la idea de la unión perfecta entre los opuestos. Es por esta razón que la Torá utiliza este término en referencia a las relaciones conyugales, como en el versículo (Génesis 4:1), "Y Adán *conoció* a Eva". No existe relación más íntima que aquélla en que el esposo y la esposa - dos opuestos - se *conocen* uno al otro. Mediante las relaciones maritales, el esposo y la esposa se vuelven "una sola carne" (*ibid.* 2:24) y pueden concebir un hijo que será la unificación tangible de sus propias características. Así la unión del marido con la esposa y el hijo nacido de esa unión, encarnan el concepto de Daat.

Daat es también una manifestación especial de Keter. Esto puede verse en el hecho de que casi nunca encontramos juntos a Keter y Daat en una misma representación del orden *Sefirótico*. Siempre que Keter es contado entre las Diez *Sefirot*, Daat es excluido y viceversa.

El Ari trata en numerosos lugares con respecto a la relación mutuamente excluyente de Keter y Daat. Keter y Daat son respectivamente manifestaciones internas y externas del mismo concepto. Keter, como hemos visto, es equivalente a nuestra voluntad más básica y a nuestro impulso interno más inviolable. Daat, por otro lado, es el nivel del intelecto que empleamos para conectarnos con el mundo.

Con relación a Jojmá y Biná, Daat representa una manifestación externa. Jojmá y Biná son procesos completamente internos, llamados las "cosas ocultas," mientras que Daat es la capacidad de expresar a los demás esa actividad interna. Así, Jojmá y Biná y, en un grado mayor Keter, son las fuerzas que yacen detrás de los procesos internos del pensamiento, mientras que Daat está detrás de la capacidad de comunicar eficientemente nuestros pensamientos.

Expresado en términos de la conciencia humana, Jojmá representa aquello que podemos llamar pensamiento puro e indiferenciado, el cual aún no ha sido separado en ideas o conceptos diversos. En el nivel de Jojmá encontramos los axiomas más básicos de la existencia en una suerte de unidad prístina. Biná es el nivel que sigue inmediatamente a Jojmá. Representa el poder de diferenciación, la capacidad de escrutar y realizar distinciones lógicas. En este sentido, Biná es el sistema de lógica mediante el cual los axiomas básicos de Jojmá son delineados y definidos. Daat puede llamarse "lógica aplicada," la manifestación de esa mente interna.

Así, Daat es la capacidad de comunicar aquello que conocemos. Esto puede verse en la definición Talmúdica de una persona sordomuda. El Talmud (*Jaguigá* 2b) afirma que "el sordomudo no posee Daat". Es posible que tenga los poderes del intelecto, pero mientras le falte la capacidad de comunicar su conocimiento al mundo, es considerado como si no tuviese Daat. Por otro lado, en el momento en que puede comunicarse, así sea a través de la escritura o por señas, ya no es más considerado un "mudo" de acuerdo con la ley judía. Vemos así que la capacidad básica para comunicar y desarrollar una relación inteligente con el mundo externo es función de Daat (*Likutey Moharán* I, 25:1).

Juntos, Jojmá, Biná y Daat constituyen los procesos mentales básicos que subyacen toda expresión creativa. Pero, aunque ellos puedan representar los niveles más abstractos de la mente, de hecho derivan del impulso primario de Voluntad (Keter), que es mucho más sutil y abstracto y que trasciende los axiomas y la lógica de la creación. Keter contiene a Jojmá, Biná y Daat dentro de sí en una unidad trascendente. Esto se expresa en una muy poderosa *guematria* (equivalente numérico): el total del valor numérico de *Jojmá* (73) más *Biná* (67) más *v'Daat* (480) es 620, que es el valor exacto de *Keter*.

*

La Creación: El Centro Nervioso

Dios fundó la tierra con Jojmá; Él estableció los cielos con Biná; y con Daat dividió las profundidades.

Proverbios 3:19-20

En la historia de la Creación (Génesis 1) encontramos el Nombre Divino *Elohim* mencionado treinta y dos veces. Esto es paralelo a los Treinta y Dos Senderos de Sabiduría con los cuales Dios creó el mundo (*Sefer Ietzirá* 1:1). Si buscásemos un paralelo en el cuerpo humano, estos Treinta y Dos Senderos de Sabiduría corresponderían al sistema nervioso. Hay treinta y un pares de nervios espinales que unen la médula espinal con los músculos, con el sistema sensorial y con otras partes del cuerpo. El sendero número treinta y dos corresponde a todo el complejo de nervios craneales, el nivel más elevado de los treinta y dos senderos.

> **[Y Esaú dijo:] "¿No se lo nombró con su nombre Iaacov?, pues me ha 'engañado' estas dos veces. Primero tomó mi primogenitura y ahora me ha quitado mi bendición".**
>
> Génesis 27:36

Basado en este versículo, enseña el Rebe Najmán que el Patriarca Iaacov (*IaAKoV*) es un paralelo del intelecto. Esto se verifica en el *Targúm* arameo (traducción aramea) de nuestro versículo, en el cual "pues me ha 'engañado'" - "*vaIaAKVeini*" está traducido como "*vaJaJMein*" (derivado de *JoJMa*). Como es sabido, Iaacov tuvo doce hijos. Iaacov y sus hijos corresponden al sendero más elevado de sabiduría: Iaacov corresponde al cerebro y sus doce hijos corresponde a los doce nervios craneales que conectan a cuatro de los cinco sentidos: la vista, el oído, el olfato y el gusto.

Los treinta y un pares de nervios espinales que se extienden a través del cuerpo desde la médula espinal, corresponden a los restantes treinta y un senderos de sabiduría. Estos nervios reciben la mayor parte del quinto sentido restante, el del tacto, que conecta el cerebro con el resto del cuerpo. Los treinta y un nervios espinales corresponden así a Daat, que reside en el bulbo raquídeo y se expande a través de la médula espinal y del sistema nervioso para conectar todo el cuerpo con la mente. Esta explicación se encuentra en armonía con el principio general de que todo aquello que es formulado en Jojmá y Biná es canalizado a las *Sefirot* inferiores a través de Daat. Por medio de Daat integramos los niveles superiores de conciencia, Jojmá y Biná, con todas nuestras acciones.

Podemos explicar así el versículo citado más arriba en términos de nuestra comprensión de las *Sefirot* superiores: "Dios fundó la tierra [el hombre] con Jojmá; Él estableció los cielos con Biná [la integración de Jojmá]; y con Daat dividió las profundidades [creando un sistema mediante el cual el hombre puede lograr acceso a las profundidades de toda la creación e integrarla con todas sus acciones]". Al desarrollar nuestro intelecto centralizándolo en la espiritualidad, invocamos los poderes mismos de la Creación.

* * *

15

El Intelecto Fiel

Se dice que Jojmá y Biná corresponden al intelecto, aquello que conocemos y comprendemos. Keter, por otro lado, corresponde a la fe - no a una fe "sin mente", sino a una fe que incluye y a la vez trasciende el intelecto.

El Intelecto de Dios es Infinito; el nuestro no. No importa cuán alto podamos ascender en la escala espiritual, siempre quedarán niveles superiores que aún no hemos ni siquiera comenzado a entrever. El intelecto humano puede compararse a la mente de un niño que aprende constantemente - a través de sus maestros, de libros o de las experiencias de la vida. Al crecer, comprenderá más; y al mismo tiempo tomará fuerzas del conocimiento que ha obtenido y ello lo llevará a aprender más aún. Cada nuevo descubrimiento le abrirá nuevos y vastos horizontes. Comprenderá cuánto más hay aún por conocer, mucho más de lo que pensó en un comienzo. Siempre quedarán campos enteros de conocimiento totalmente desconocidos para él; siempre existirán niveles superiores de sabiduría que aún no ha alcanzado. Esto es una lección de humildad.

Nosotros somos este niño. Antes de abalanzarnos como el proverbial "elefante en la tienda de porcelana," primero debemos alcanzar la humildad de reconocer nuestras limitaciones. Si bien es verdad que nuestro deseo es obtener los más altos niveles de comprensión espiritual, no podemos basarnos solamente en nuestros propios e incipientes intelectos para llegar allí. Debemos desarrollar un saludable respeto por nuestros maestros, poniendo nuestra fe en aquéllos que son más sabios que nosotros. Por sobre todo, debemos tener fe en el hecho de que *existe* un Dios Cuyo Intelecto trasciende infinitamente el nuestro. Esta fe nos llevará por sí misma hacia los niveles más elevados del intelecto. Y también generará en nosotros la humildad necesaria para no avanzar demasiado rápido en nuestra búsqueda, a no ir demasiado lejos.

Enseña el Rebe Najmán:

> El judío debe siempre concentrarse en la sabiduría más elevada y en el intelecto inmanente que se halla en todas las cosas. Debe unirse a ese intelecto de modo que éste pueda iluminar su propio intelecto. De esta manera, será capaz de acercarse al Santo, bendito sea, a través de cualquier objeto. Pues el intelecto inmanente es una gran luz que brilla constantemente para la persona. Así está escrito (Eclesiastés 8:1), "La sabiduría hace brillar el rostro de la persona" (*Likutey Moharán* I, 1:2).

La cita anterior proviene de la primera lección del *Likutey Moharán*, el *magnum opus* del Rabí Najmán. Esta lección trata sobre la importancia de desarrollar el intelecto en toda su capacidad. Buscando la sabiduría, uno puede ascender al nivel del alma denominado *Jaiá*, el más alto y profundo nivel de Jojmá (ver arriba, Capítulo 3: Apéndice C), haciendo descender la Esencia de Vida hacia la propia vida de la persona.

El Rebe Najmán explica este fenómeno comparando la mente con la luz del sol, la brillante fuente lumínica que nos permite ver con claridad aquello que se encuentra delante nuestro y así saber cuál sendero debemos tomar en la vida. Pero, señala el Rebe, la luz del sol es extremadamente brillante, tan intensa que no podemos mirarla directamente, pues puede cegarnos. Sólo podemos mirar al sol a través de un filtro o pantalla, o mirar su luz reflejada por la luna. De la misma manera, el intelecto del hombre es una brillante luz que puede "enceguecer" a la persona que lo utiliza sin "filtros," esto es, a aquél que trata de ser "demasiado inteligente" y piensa que ya sabe y conoce todo aquello que se puede conocer. Para protegernos de esta actitud, requerimos del filtro de la fe. Así como la luna refleja la luz del sol, la fe refleja la luz del intelecto. Este filtro de la fe consiste de hecho en saber que existe un intelecto superior. Sabiendo esto, nadie será tan arrogante como para pensar que conoce todo lo que pueda conocerse. Entonces, dado que uno no puede comprender este intelecto, tal como uno no puede mirar el sol, se apoyará entonces en la misma fe que le dará la confianza para continuar ganando más conocimiento.

Todos, no importa cuán seguros puedan parecer, se enfrentan siempre a las dudas. La gente se encuentra asediada por todo tipo de preguntas y de pensamientos confusos. El intelecto no siempre puede "ver" más allá del torbellino de la vida. Por el contrario, hay muchas instancias en las que el "sol," es decir la capacidad de tomar una decisión, está oculto y prevalece la oscuridad. Uno simplemente no puede "ver" cómo salir del problema. Es "la luz reflejada," nuestra fe en la existencia de una solución, lo que nos permite salir. Esto se halla aludido en el versículo (Isaías 30:26), "La luz de la luna será como la luz del sol". Cuando la fe de la persona llegue a ser fuerte, la "luz de la luna" aumentará y llegará a brillar tanto como la del sol. La fe guiará a la persona a través de los momentos difíciles hasta que alcance una genuina claridad - el verdadero intelecto.

Pero no todo lo que se presenta como intelecto es *verdadero* intelecto. Existen filosofías e ideas que parecen muy impresionantes, pero que pueden alejar a la persona de Dios. Tal intelecto es llamado también "luz del sol," pero la luz que refleja es la luz de la falsa creencia. Y así puede verse con frecuencia cómo la vida de la gente se arruina a causa de una falsa creencia. Con respecto a esta clase de intelecto está escrito (Isaías 24:23), "La luna se turbará y el sol tendrá vergüenza...".

Iaacov y Esaú

La Biblia relata que Iaacov era un "hombre simple" que estudiaba Torá y buscaba la espiritualidad, mientras que Esaú era un "experto cazador y un hombre del campo". Uno de los episodios clave en la historia de Iaacov y Esaú es su batalla sobre los derechos de primogenitura. Un día, Esaú volvió del campo cansado y hambriento luego de haber cometido asesinato, adulterio e idolatría. Esaú le ordenó a Iaacov que le diese de comer, cosa que éste hizo con alegría - con la condición de que Esaú renunciase a su derecho de primogenitura. Esaú así lo hizo cambiándola por una porción de lentejas (Génesis 25; *Rashi* sobre Génesis 25:29; *Baba Batra* 16b).

El Rebe Najmán interpreta esta lucha de la siguiente manera: Iaacov buscaba la espiritualidad. Esaú, por otro lado, sólo estaba interesado en la existencia material. Hemos visto más arriba (Capítulo 14) que Jojmá esta asociada al concepto del "comienzo," de ser "primero," como el versículo (Salmos 111:10), "El comienzo es sabiduría". Iaacov, quien buscaba la verdadera sabiduría, comprendió la importancia del derecho de la primogenitura (es decir, Jojmá, que es llamada *reshit*, el "comienzo"). Así, aquél que busca espiritualidad se asocia conceptualmente con el Patriarca Iaacov, quien es un paralelo del intelecto. En virtud de su búsqueda de espiritualidad, Iaacov ganó la oportunidad de recibir la primogenitura, prominencia y bendición.

Esaú, por otro lado, eligió ir detrás de sus deseos físicos, buscando sólo una vida material. Estaba deseoso de abandonar el verdadero intelecto ante los placeres temporales y materiales. Aquellos que eligen el sendero de Esaú pasan toda su vida obstruyendo la luz del verdadero intelecto. Se distancian de Dios y pueden llegar a cometer las peores transgresiones como el adulterio, la idolatría y el asesinato (muchas veces manifiesto en sus hábitos de avergonzar y ridiculizar a los demás, cosa que nuestros Sabios igualan al asesinato y que el mundo reconoce como "destrucción de la imagen de la persona").

El Rabí Natán explica que esta búsqueda de la vida material es equivalente al castigo del *karet*, ser cercenado espiritualmente. Cuando la persona busca verdadera Jojmá, se acerca más aún a Keter, el nivel más alto de comunión con Dios. Sin embargo, aquél que rompe su conexión con *KeTeR*, Dios no lo permita, experimenta *KaReT*, una separación de su Fuente. Su misma búsqueda de la vida material se transforma así en el castigo, pues tal búsqueda nunca puede traerle una genuina satisfacción (*Likutey Halajot, Hejsher Keilim* 4:7). Este aspecto se encuentra representado en Esaú, quien desechó lo espiritual, y que se manifiesta en el sentimiento de extrañamiento que la persona siente con respecto a Dios, a su familia e incluso respecto de sí misma.

*

Verdadero Intelecto

Escribe el Rabí Natán:

> No importa cuán inteligente pueda ser una persona, si sus palabras no son palabras de verdad, carecen entonces de valor y pueden llegar a ser dañinas. Por ejemplo, el médico puede prescribir un cierto tratamiento. Podrá explicar cuidadosamente y sobre la base de su conocimiento, cómo es que esto será para beneficio del paciente y aportará pruebas para validar su punto de vista. Si el paciente empeora como resultado de este tratamiento, ¿de qué vale toda la sabiduría del médico? Este principio se aplica a todo. Si uno no alcanza la *verdad* de algo, entonces no ha alcanzado en absoluto la sabiduría. El único y genuino intelecto es la verdad.
>
> El verdadero intelecto sólo puede obtenerse mediante la fe. Y aunque a primera vista, la fe parece aplicarse sólo allí donde el intelecto es incapaz de aferrar algo, en su fuente, la fe y el intelecto (la verdad) son uno. Esto se debe a que por medio de la fe uno es capaz de discernir y aceptar de los otros [de los verdaderos Tzadikim] aquello que uno "sabe" que es verdad (*Likutey Halajot, Guilúaj* 4:12).

En suma, "El conocimiento es llamado conocimiento sólo cuando lleva a reconocer al Santo, bendito sea" (*Likutey Moharán* II, 7:4).

*

Intelecto Trascendente e Inmanente

Hemos visto (Capítulo 3) que el alma está compuesta por cinco niveles interconectados (*Néfesh, Rúaj, Neshamá, Jaiá* y *Iejidá*). Los tres primeros, *Néfesh, Rúaj* y *Neshamá* son llamados los "niveles inmanentes del alma". Ellos corresponden respectivamente a nuestras pulsiones inconscientes, a la identidad consciente (el yo) y a la conciencia superior. Los últimos dos niveles *Jaiá* y *Iejidá*, corresponden a Jojmá y Keter respectivamente. Ellos se encuentran más allá de nuestra capacidad de comprender e internalizar. Como tal son llamados *makifim* (niveles circundantes de conciencia), pues ellos "planean" por sobre nuestro nivel actual de Biná (comprensión).

¿Cómo podemos alcanzar estos elevados niveles? La respuesta es que debemos volver a revivir todas las etapas de nuestro desarrollo físico (embrión, infancia, niñez, adolescencia y madurez adulta). En la Kabalá, se dice que este desarrollo se despliega en tres etapas principales: *ibur* (gestación), *ieniká* (lactancia) y *mojin* (intelecto maduro). En esencia representan el desarrollo humano desde un estado de conciencia embrionaria y potencial hacia uno de internalización y actualización de los niveles más elevados de nuestras almas. Ellos son fases de crecimiento espiritual y de transformación, más que desarrollos mentales y emocionales. Es decir, más que marcar el nacimiento de nuevos niveles de intelecto, representan las etapas principales del "dar a luz" a uno mismo.

Se necesita un gran esfuerzo para alcanzar estos elevados niveles. La lucha y las dificultades que ello implica corresponden a los estadios de gestación y de lactancia. Pero esta lucha culmina con la gratificación de ver crecer al "niño" hasta que éste llega a su madurez plena, a través de la internalización de una conciencia expandida de Dios en todas las facetas de la vida.

El Rebe Najmán ilustra este concepto con la analogía de una mujer en el trabajo de parto. Cada nacimiento es acompañado por algún grado de dolor. Al acercarse el momento de dar a luz, el dolor puede llegar a ser insoportable y muchas mujeres gritan como si fueran a morir. Entonces una nueva vida llega a la existencia. De la misma manera, para "dar nacimiento" a un nivel de conciencia superior, debemos pasar a través de los "dolores de parto," y clamar a Dios por ayuda (ver *Likutey Moharán* I, 21:7).

El Rebe Najmán explica también que siempre que internalizamos un nivel del intelecto trascendente que estuvo más allá de nuestras posibilidades, haciéndolo inmanente, se nos vuelve accesible el próximo nivel superior que estaba más allá del primero - el intelecto trascendente que nos era imposible alcanzar. Es como avanzar hacia un punto en el horizonte distante, más allá del cual aún no podemos ver. Cuando llegamos a ese punto, un nuevo horizonte se abre ante nuestra vista. Exactamente de la misma manera, nuestro crecimiento espiritual e intelectual y el proceso de maduración están destinados a continuar eternamente, literalmente *ad infinitum*. Incluso luego de la muerte física, el alma eterna continúa buscando el Infinito. Este es el regalo de Dios a Sus criaturas: la capacidad de alcanzar vida eterna, de lograr niveles cada vez mayores de Divinidad, de acercarse cada vez más a Él, ascendiendo continuamente por la escala cósmica, internalizando un nivel tras otro, por siempre.

*

"Na'asé veNishmá"

Todo lo que Dios diga *Na'asé veNishmá* [haremos y escucharemos].

Éxodo 24:7

Cuando Israel recibió la Torá en el Sinaí y declaró, *"Na'asé veNishmá"*, los ángeles descendieron y colocaron dos coronas sobre la cabeza de cada judío. Una corona era por *"Nasé"* y la otra por *"Nishmá"*. Estas coronas fueron retiradas más tarde después de que Israel adorara el Becerro de Oro, pero les serán devueltas en el Futuro. Así está escrito (Isaías 35:10), "Los redimidos por Dios volverán y entrarán a Sión con canciones de alegría y eterno regocijo sobre sus cabezas".

Shabat 88a; Rashi, loc. cit.

Todos los comentaristas se hacen la siguiente pregunta obvia: ¿Cómo es que *Nasé* precede a *Nishmá*? ¿Cómo puede una persona *hacer* algo antes de *escuchar* qué es lo que debe hacer? ¿Cómo pudo Israel apurarse a aceptar la Torá antes incluso de saber qué es lo que estaba aceptando?

El consenso general es que *hacer* se refiere al cumplimiento de las mitzvot, mientras que *escuchar* se refiere a *comprender* qué es lo que ellas significan. Esto puede compararse a un adulto que sabe qué es lo mejor para un niño y le ordena que cumpla con sus obligaciones, esperando que, al madurar, se hagan claras para el niño la importancia y la necesidad de esas obligaciones. Pero la Biblia y las enseñanzas de nuestros Sabios son mucho más profundas de lo que se presenta a primera vista, y el Rebe Najmán explica esta aparente paradoja del *Na'asé veNishmá* con un enfoque singular.

Enseña el Rebe Najmán:

> Las palabras *"Na'asé veNishmá"* corresponden a los aspectos ocultos y revelados de la Torá. *"Nasé* - Haremos" es sinónimo de la Torá revelada, incluyendo los preceptos que cada persona debe cumplir de acuerdo a su nivel. *"Nishmá* - Escucharemos" es sinónimo de la Torá oculta, aquello que se encuentra más allá del nivel de comprensión actual de una persona.
>
> Esta misma relación existe entre la Torá y la plegaria. "Haremos" es sinónimo de la Torá - aquello que nos es revelado, aquello que sabemos cómo cumplir. "Escucharemos" es sinónimo de aquello que está oculto, correspondiente a aquello por lo cual debemos orar (*Likutey Moharán* I, 22:9).

La Torá es el aspecto revelado del conocimiento. La plegaria es paralela al aspecto de la Torá oculta - aquello que está más allá de nuestra capacidad de comprender e internalizar. Esto corresponde al *makif* (la luz que rodea), y que oramos para poder alcanzarla y hacerla propia.

Al definir esta relación dinámica, el Rebe Najmán nos está enseñando que el objetivo debe ser comprender aquello que está oculto en este momento y transformarlo en algo revelado. Esto se logra estudiando Torá con la intención de cumplir con sus preceptos, y luego orando a Dios para tener el mérito de comprender la profundidad de aquello que hemos estudiado. Esta era la intención del Rey David cuando oró (Salmos 119:18), "Abre mis ojos de modo que pueda percibir las maravillas ocultas de Tu Torá". Esto es lo que todos nuestros grandes profetas y sabios hicieron y esto es lo que hizo el Rey David en los Cinco Libros de los Salmos que, significativamente, corresponden a los Cinco Libros de la Torá. Mediante los Salmos, el Rey David transformó efectivamente la Torá en plegaria.

Nosotros también podemos hacer lo mismo. La Torá es la Voluntad de Dios y luego de haberla estudiado, podemos transformar esa misma Torá en una plegaria. Al "devolver a Dios Su Torá en forma de plegaria" (es decir, pidiendo cumplir con nuestros estudios y merecer comprender las profundidades de la Torá), Le estamos diciendo a Dios que queremos lo que Él quiere. Así completamos el circuito, transformando nuestra voluntad en la Suya. Al hacerlo, merecemos que nuestras plegarias se transformen en una Torá más profunda - aquello que estaba oculto se transforma en revelado; aquello que había estado más allá de nuestra percepción se vuelve interno en todos los aspectos de nuestras vidas. Podemos entonces merecer las dos coronas del *"Na'asé veNishmá"* que adornaban al pueblo judío en el Sinaí.

El Rebe Najmán concluye que estas coronas son la esencia de la gran alegría que experimentaremos en el Mundo que Viene - ellas son "el Keter" que anhelamos alcanzar, el nivel más elevado de comunión con Dios. Por esto el versículo dice (Isaías 35:10), "Los redimidos por Dios volverán y entrarán a Sión con canciones de alegría y eterno regocijo sobre sus cabezas". "Eterno regocijo" es la alegría del Mundo que Viene, que ahora se encuentra más allá de nuestra capacidad de comprensión. Cuando "oramos la Torá de Dios," que unifica nuestra voluntad con Su deseo de llevarnos al nivel de merecer la vida eterna, podemos alcanzar la alegría y la satisfacción del Mundo que Viene incluso ahora, en este mundo.

* * *

16

Keter: El Cráneo

El intelecto es la "coronación" en la vida de un hombre. Sin embargo, como hemos visto en el capítulo anterior, el intelecto debe ser controlado, filtrado. Este filtro es la fe. Por un lado, la fe corresponde a la *Sefirá* de Keter. Por otro lado, corresponde a la *Sefirá* de Maljut. Esto nos presenta una paradoja.

Consideremos lo siguiente: Keter, la *Sefirá* más elevada, corresponde al cráneo. Generalmente se considera que el cráneo alcanza su tamaño máximo cerca de los treinta años. Como resultado, la expansión física del cerebro y su crecimiento, cosa que ha venido sucediendo hasta ese momento, alcanza su límite extremo. Su expansión física se detiene. Esta es la relación de la fe (Keter; el cráneo) con el intelecto (Jojmá y Biná; los hemisferios derecho e izquierdo del cerebro). La fe impide que el intelecto avance más allá de cierto límite.

Al mismo tiempo, sin embargo, la fe corresponde a Maljut, la *Sefirá* más baja. Como tal, Maljut sirve como puerta hacia las *Sefirot* superiores. Su misma esencia habla del deseo de crecer más allá de las limitaciones presentes.

¿Cómo puede la fe ser al mismo tiempo Keter y Maljut? ¿Cómo puede simultáneamente limitar la expansión y favorecerla?

La Escala Espiritual

Para explicar esta paradoja, debemos comprender otra de las enseñanzas del Ari. Recordemos que, sobre la base del Nombre

Inefable de Dios, *IHVH*, la Kabalá habla de un mega-sistema de Cinco Universos Superiores. Cada uno de estos Universos Superiores es un microcosmos de la totalidad, una réplica en miniatura de los innumerables niveles dentro de niveles que a su vez son réplicas en miniatura de los Universos (y de todo el entero mega-sistema de los Universos) del cual forman parte (ver arriba, Capítulo 3).

Podemos ver una analogía de este sistema, en las células del organismo vivo. Codificada dentro de cada célula se encuentra la información básica necesaria para recrear todo el organismo (denominada su ADN). De la misma manera, dentro de cada Universo y dentro de cada nivel o *Sefirá* de cada Universo, existen innumerables miríadas de niveles, cada uno réplica en miniatura de todo el sistema.

De manera similar, tal como hemos visto, el alma humana puede compararse a una escalera que posee cinco peldaños (*Néfesh, Rúaj, Neshamá, Jaiá* y *Iejidá*) que llega a los niveles más elevados de la dimensión espiritual. Cada uno de estos peldaños está compuesto a su vez por cinco sub-peldaños. Por ejemplo, está *Néfesh, Rúaj, Neshamá, Jaiá* y *Iejidá* de *Néfesh*; *Néfesh, Rúaj, Neshamá, Jaiá* y *Iejidá* de *Rúaj*; *Néfesh, Rúaj, Neshamá, Jaiá* y *Iejidá* de *Neshamá* y así en más, sumando en total veinticinco sub-peldaños. Aunque el sistema es mucho más complejo, con muchas más subdivisiones, aquí haremos un alto para considerar el significado de esta profusión de niveles dentro de niveles. Esto lleva a la pregunta: ¿Para qué tantos niveles?

Pensemos un momento. Incluso el *Néfesh* del *Néfesh* posee cinco sub-peldaños; esto es, incluso el más bajo de los niveles del *Néfesh* contiene luz proveniente del más elevado de los niveles de Iejidá. ¿De dónde proviene esta "*Iejidá* del *Néfesh* del *Néfesh*"? La respuesta es que tiene su sustento en el "*Néfesh* del *Néfesh* de la *Iejidá*". Esto quiere decir que una luz de *Iejidá* ilumina hacia abajo, hacia el nivel más bajo de nuestro *Néfesh*. Las implicaciones de esto son asombrosas.

Esto quiere decir que todo el sistema está interconectado. En términos de *Iejidá* del *Néfesh*, por ejemplo, el más alto nivel de

Néfesh nunca está desconectado de su fuente en *Iejidá*. *Iejidá* del *Néfesh* es literalmente una extensión del *Néfesh* de la *Iejidá*. Esto quiere decir que el nivel espiritual más alto que podemos alcanzar (*Iejidá*) está presente en nuestras vidas en este mismo momento (*Néfesh*). Podemos alcanzar la eternidad aquí y ahora y traer su luz vital a nuestras experiencias más mundanas. Es nuestra tarea actualizar la *Iejidá* de nuestro *Néfesh*, para traerla desde un estado potencial y darle un lugar dominante en nuestras vidas.

Uno de los beneficios que obtenemos del fenómeno de los múltiples sub-niveles es el de la proximidad. De esta manera se ve reducida "la distancia" que separa cada peldaño de nuestra escala espiritual. Así, el nivel más alto del alma del *Néfesh* (*Iejidá* del *Néfesh* del *Néfesh*) se encuentra mucho más cerca de la extremidad inferior del *Rúaj* (*Néfesh* del *Néfesh* de *Rúaj*), el cual esta inmediatamente por encima de él.

Esto es análogo a la experiencia de subir y bajar una escalera. Es imposible pasar de un peldaño al otro si éstos están demasiado separados. Lo mismo ocurre con respecto al ascenso de la escala espiritual de nuestras almas. Dado que cada sub-nivel se encuentra mucho más cercano del sub-nivel inmediatamente superior a él, no hay necesidad de trepar esta escalera mediante saltos. Podemos avanzar en el crecimiento espiritual poco a poco, dando un paso por vez, manteniendo la consistencia de nuestras devociones y ascendiendo cada día un poco más, sin desanimarnos por lo que aún queda por delante. De la misma manera, estos pequeños pasos son una ventaja en el caso de que se produzca un descenso espiritual. Si, Dios no lo quiera, se debilita nuestro nivel de devoción, no perderemos todo de una vez. Constantemente recibimos un gran apoyo y amplias oportunidades de recuperarnos, de retornar a nuestro nivel anterior y de llegar más alto todavía en nuestro ascenso.

Enseña el Ari que el nivel más elevado del *Néfesh* (*Iejidá* del *Néfesh*) es un templo para la extremidad inferior del *Rúaj* (*Néfesh* del *Rúaj*) y de hecho, aquí los niveles se superponen y se vuelven uno solo. Así, al crecer, internalizamos e integramos el nivel que previamente se encontraba quizás, más allá de nuestro alcance. Por ejemplo, si hasta ahora nos había sido imposible ir más allá de *Iejidá* del *Néfesh*, ahora alcanzamos *Néfesh* del *Rúaj*. Además, la luz de *Rúaj* permea ahora nuestro *Néfesh*, al punto que el mismo *Rúaj* eleva al *Néfesh* hacia sí. Este principio se cumple en cada nivel del ascenso. El nivel más elevado siempre eleva y transforma el nivel que se encuentra por debajo de él.

Esto explica nuestra paradoja original: cada Universo posee Diez *Sefirot* y Diez *Sefirot* dentro de las Diez *Sefirot*. Dentro de cada universo, Maljut (correspondiente al *Néfesh*) es la *Sefirá* más baja, mientras que Keter (correspondiente a *Iejidá*) es la más elevada. A medida que uno asciende la escala espiritual, el Keter del Universo inferior *se transforma* en Maljut de un Universo superior.

El cráneo humano, que rodea y limita el intelecto, corresponde a Keter y refleja nuestra fe en un intelecto superior que trasciende aquello que podemos comprender hasta este momento. Esta misma limitación es una puerta a niveles cada vez más elevados de intelecto y fe. Nuestro Keter actual es en realidad el Maljut de nuestro próximo y más elevado nivel.

Así enseña el Talmud (*Berajot* 17a), "En el futuro los justos se sentarán con sus coronas *en* sus cabezas, deleitándose en la luz de la *Shejiná* [Presencia Divina]". Pregunta el Rebe Najmán, "¿No debiera decir 'coronas *sobre* sus cabezas'? Es decir, ¿no debiera el intelecto trascendente que corresponde a Keter descansar *sobre* sus cabezas?" La respuesta es que "*en*" alude al intelecto trascendente (Keter), que en el presente rodea las cabezas de los justos, pero que en el futuro será interno e inmanente. Cuando tenga lugar esta internalización se abrirá un intelecto mayor y trascendente, que será el Maljut del nivel superior siguiente (*Likutey Moharán* I, 21:4).

*

Keter y Paciencia

De una manera u otra, todas las enseñanzas del Rebe Najmán nos dan una profunda percepción de la dinámica del verdadero ascenso espiritual. En una de sus enseñanzas más importantes (que trataremos más adelante) explica el Rebe que, hasta cierto punto, todo crecimiento y avance tiene lugar dentro de las limitaciones del nivel actual de la persona. Por ejemplo, cuando una persona se encuentra al nivel del *Néfesh*, todos sus esfuerzos espirituales hasta ese momento han tenido como objetivo rectificar los cinco niveles de su alma dentro del nivel del *Néfesh*. Recién luego de haber completado esta rectificación la persona esta lista para avanzar al siguiente nivel del *Rúaj*.

En este punto, sin embargo, se presenta un problema. ¿Cómo es que la persona sabe que ha llegado al cenit del nivel inferior y que ahora está lista para avanzar al nivel siguiente? ¿Cómo puede saber qué implica el acto de elevarse al nivel siguiente?

Además es necesaria la restricción para frenar a la mente, de modo que ésta no se vea expuesta a los niveles demasiado poderosos que están más allá de las capacidades que ha desarrollado hasta el momento. ¿Cómo puede elevarse con seguridad por sobre su nivel actual sin pasar más allá de los límites de su mente racional?

Esa es la función de Keter. La palabra *KeTeR* quiere decir *corona*, pero también connota *espera*, como en (Job 36:2), "Espera [*KaTaR*] un poco". La "corona" indica que existe "algo arriba," algo que compele a la persona a ascender a un nivel superior. Pero, aun así, uno debe comprender que es imposible alcanzar ese nivel de manera directa. Existe una "barrera" que rodea a la persona y que la retiene, evitando que avance *más allá* de su posibilidad. Esta barrera, Keter, se manifiesta en el atributo de la paciencia, que impone un período de espera entre la absorción del conocimiento del nivel ya alcanzado y el avance hacia el nivel superior. Aquél que "usa la cabeza" sabe cuál es la diferencia. Con el intelecto bajo control, será capaz de reconocer sus límites y fallas. Al mismo tiempo buscará alcanzar niveles más elevados y estará listo para aprovechar toda oportunidad de crecimiento.

Así, Keter actúa como una barrera automática que impide que la persona vaya "demasiado lejos, demasiado rápido". Para ascender continuamente por esta escala espiritual, cada persona deberá trabajar cultivando la virtud de la paciencia, absolutamente necesaria para alcanzar Keter - el intelecto superior.

Veamos cómo traduce el Rebe Najmán estas enseñanzas en un consejo práctico para todo aquél que busque un camino espiritual.

*

Las Nueve Cámaras

> Desde dentro de esta cortina, debido al ir detrás del pensamiento [superior] que llega pero no llega, se crean Nueve Cámaras. Ellas no son [del nivel de] luces, ni espíritus, ni almas superiores. Nadie puede comprenderlas... No se hacen accesibles ni conocidas.
>
> *Zohar* I, 65a

El cerebro nunca descansa. Incluso al dormir, la mente se mantiene activa, si bien en un nivel subconsciente. En la dimensión espiritual, el nivel más elevado del cerebro es Keter, donde se busca alcanzar un intelecto de naturaleza trascendente. Pero, ¿cómo puede uno elevarse intelectualmente? ¿Cuán lejos puede, de hecho, llegar la mente? Considerando que en el mundo más bajo de *Asiá* existen tantos niveles, y más aún en los Universos superiores, ¿es posible que el hombre "alcance el cielo"? ¿Es posible que el hombre pueda llegar a alcanzar un Conocimiento absoluto de Dios? Explica el Rebe Najmán en una de sus lecciones más profundas:

> ¡Debes saber! Existe una luz que es mucho más elevada que *Néfesh, Rúaj* y *Neshamá*. Es la Luz del Infinito. Y aunque el intelecto no pueda comprender esta Luz, la mente corre constantemente tras ella. En virtud de este "correr," es posible que el intelecto aprehenda la Luz en el sentido de "alcanzar y no alcanzar". Pues la verdad es que no es posible aprehenderla en absoluto, pues esta Luz se encuentra en un nivel por sobre *Néfesh, Rúaj* y *Neshamá*. Y debes saber que es imposible aferrar esta Luz incluso en el sentido de "alcanzar y no alcanzar" excepto con el cumplimiento de las mitzvot realizadas con *alegría* (*Likutey Moharán* I, 24:1,2).

El Rebe Najmán continúa explicando que al cumplir con las mitzvot con alegría, uno redime y eleva a la *Shejiná* del exilio (la Presencia Divina de Dios, correspondiente a la *Sefirá* de Maljut). El concepto de la *Shejiná* en el exilio puede comprenderse en un nivel simple como el ocultamiento de Dios - el hombre es incapaz de reconocer a Dios en todo momento pues Su Divina Presencia no es fácilmente percibida. Es también por esto que la *Shejiná* corresponde a Maljut: Maljut se traduce como Reinado y es la *Sefirá* donde tiene lugar la interacción entre Dios y el hombre. Al aceptar absolutamente a Dios como Rey, el hombre demuestra su conciencia y aceptación de Su Divina Presencia. Así el término "*Shejiná* en el exilio" implica que el hombre aún no ha llegado a reconocer completamente el Maljut de Dios y que no *siente* Su Presencia. Para llegar a ser completamente consciente de la *Shejiná*, uno debe cumplir las mitzvot con alegría.

Enseña el Zohar (III, 278b) que todas las mitzvot de la Torá corresponden al nivel del *Néfesh* y, por extensión, también corresponden al nivel de Maljut. Podemos ver esto en el versículo (Levítico 4:2), "Si un alma [*Néfesh*] comete un pecado inadvertidamente violando una mitzvá prohibitiva...". El uso que hacen las Escrituras de la palabra "mitzvá" en conexión con "*Néfesh*" indica que las mitzvot de la Torá corresponden al nivel de *Néfesh*. El pecado daña el *Néfesh* y sus correspondientes niveles - Maljut y la *Shejiná*. De manera inversa, cumplir con las mitzvot rectifica a Maljut y cumplirlas con alegría eleva a Maljut. Esto de hecho puede sentirse, pues cuando la persona está contenta, se siente elevada y alborozada.

En el orden antropomórfico de las *Sefirot*, Maljut corresponde a los pies. La alegría es un medio de elevar "los pies" y de comenzar el ascenso hacia niveles superiores. Comenzando el ascenso desde el nivel más bajo de la escala espiritual, uno pasa de Maljut (los "pies") a través de las próximas seis *Sefirot* hacia arriba, hasta alcanzar el nivel de los *mojín*: Jojmá, Biná y Daat. Este esquema puede compararse a un niño que primero aprende a construir con un conjunto simples de pequeños ladrillos. Una vez que domina el uso de estos ladrillos básicos está listo para avanzar aun grupo diferente de ladrillos que al unirse entre sí logran alcanzar un nivel más complejo de diseño y construcción. El niño puede entonces pasar hacia un conjunto de elementos que requieran de herramientas adicionales, etc.

Como hemos visto más arriba, hasta cierto punto, en el ascenso espiritual el crecimiento y el avance tienen lugar dentro de las limitaciones del nivel de la persona. *KeTeR*, que, como se mencionó más arriba, se relaciona a la palabra *KaTaR* (esperar), actúa para retener la mente y evitar que avance hacia el próximo nivel *más allá* de sus posibilidades antes de estar capacitada para ello. Esto explica por qué Keter se manifiesta en el rasgo de la paciencia. La persona *reconoce* (es decir, es consciente de) sus fallas, pero al mismo tiempo continúa buscando niveles superiores.

Así, el Rebe Najmán llama a Keter el *mesader u'meiashev* de los *mojín*. *Mesader* significa "aquello que pone en orden," mientras que *meiashev* significa "aquello que asienta". Keter "pone orden" cuando la mente corre de manera insensata, más allá de sus capacidades. "Asienta" a la persona en su lugar, permitiendo el equilibrio apropiado para el crecimiento espiritual. En esencia, otorga los rudimentos de la paciencia y al mismo tiempo enseña una paciencia más centrada.

Este aspecto de Keter se vuelve más crítico aún en el nivel espiritual más elevado que un hombre sea capaz de alcanzar. En éste nivel, los tres *mojín* interactúan uno con el otro, triplicando así su fuerza espiritual (esto es, Jojmá, Biná y Daat de Jojmá interactúan con Jojmá, Biná y Daat de Biná y de Daat). Así, elevándose por la escala espiritual mediante la alegría, se crea un poder espiritual de una fuerza de "nueve" (tres *mojín* por tres). De modo que si en los niveles más bajos y donde uno trata con una sola fuerza, Keter es una necesidad, cuánto más lo será cuando la persona se enfrenta con estas tres fuerzas triplicadas. El intelecto podría "estallar" creciendo potencialmente más allá de toda proporción. Es necesaria entonces la fuerza restrictiva de Keter para retener a la mente.

Explica el Rebe Najmán que éste es el misterio de las

Nueve Cámaras mencionadas en el Zohar. Los tres *mojín* de Jojmá, Biná y Daat interactúan uno con el otro. Esta interacción transforma los tres *mojín* y los expande formando Nueve Cámaras de energía espiritual y conocimiento. El Zohar enseña que estas Cámaras se encuentran más allá de toda descripción: ellas aluden al más elevado de los niveles, al nivel que "alcanza y no alcanza" el contacto directo con el Infinito. Esto es, aunque este nivel se encuentra más allá de la concepción humana, aun así la mente corre hacia él. Toda alma busca su fuente y toda mente busca el Conocimiento Ultimo, el conocimiento de Dios. Aquél que aprende cómo refrenarse, utilizando tanto el intelecto como la fe y combinándolos de modo que actúen al unísono, podrá alcanzar el Keter de su nivel actual. Podrá entonces - mediante la alegría - avanzar y progresar hacia arriba, hasta entrar en niveles espirituales asombrosos. Podrá entonces continuar ascendiendo a niveles cada vez más elevados - acercándose hacia las Nueve Cámaras.

*

Ratzón (Voluntad)

Cuando tratemos el sistema respiratorio, expandiremos el concepto del deseo. La voluntad y el deseo están íntimamente relacionados, pero también pueden ser opuestos: la voluntad suele basarse en una elección racional, mientras que el deseo suele surgir de una emoción profunda. Distinguimos entre Keter, la voluntad primera [o instinto] y Daat, el desarrollo de ese instinto que se manifiesta como deseo. Keter, la primera *Sefirá* o emanación, es vista como "la voluntad primera" pues en el momento en que Keter fue formado no existía otra cosa excepto la Luz del Infinito. Keter es por tanto una "Voluntad Original," mientras que Daat, que viene luego de Jojmá y Biná, es una manifestación desarrollada de esa Voluntad y se encuentra así más cercanamente asociada con el deseo. Este aspecto de Daat será explicado con más detalle más adelante, en el Capítulo 19).

Keter es la fuente de la libertad de elección del hombre - su capacidad para elegir cómo actuar y reaccionar frente a las situaciones de la vida. Cuando está dirigida hacia el bien, esta voluntad puede llevar a la persona al nivel de Keter. Pero también puede transformarse en una fuerza negativa en la vida.

Cuando un seguidor le pidió al Rabí Najmán que definiera la
libertad de elección, el Rebe contestó: "Es realmente muy simple:
Si lo deseas, lo haces. Si no lo deseas, no lo haces".

El Rabí Natán comenta que esta afirmación aparentemente
simple es de hecho una enseñanza muy importante. La gente actúa
en general como si estuviese atrapada por sus propios deseos o
impulsos. A veces la gente justifica una mala reacción diciendo
que así son, y que no pueden cambiar. El Rebe enseña que cada
persona, en cualquier momento de su vida, *puede* cambiar,
simplemente eligiendo de manera diferente (*Likutey Moharán* II,
110).

El Rabí Natán le atribuye a esta enseñanza amplias
ramificaciones. Desde el momento en que Dios creó al hombre,
explica el Rabí Natán, Él puso este poder de la libertad de elección
en sus manos. Si una persona decide buscar la espiritualidad,
esa decisión "obliga" a Dios, si así pudiera decirse, a activar los
poderes que se encuentran en la creación y sostener este deseo.
De manera inversa, si la persona elige seguir los bajos deseos de
su corazón - incluso el mal - esa decisión en efecto "obliga" a
Dios a sostener y asistir a la persona en la senda que elige (*Likutey
Halajot, Birkot HaShajar* 5:76-79).

Si aplica la voluntad, la persona puede liberarse de su
pasado, ascendiendo al Keter de su presente nivel y desde allí más
arriba aún. O puede separarse de todo el bien que pudiera haber
alcanzado y descender a niveles muy inferiores a aquéllos en los
que se encuentra. La voluntad controla tanto los movimientos del
comportamiento como los movimientos espirituales. Siendo el
instinto básico del hombre, la voluntad es el primer peldaño en la
búsqueda de la espiritualidad.

*

La "Voluntad de las Voluntades"

En uno de sus discursos clásicos sobre este tema, el Rabí

Natán define de esta manera a la voluntad: la voluntad es la fuerza más importante en la vida. El hombre debe acostumbrarse en cada momento de su vida a esperar, a desear y a anhelar la Divinidad - estudiar Su Torá, cumplir con Sus mitzvot y servirLo como corresponde (*Likutey Halajot, Arev* 3).

> El Rebe Najmán enseñó que la *voluntad* es el principal servicio al Santo, bendito sea. Ni siquiera los ángeles pueden decir que sirven verdaderamente al Santo, bendito sea, tal como corresponde en virtud de Su grandeza y elevación, más allá de toda descripción. Si es así, ¿cómo puede el hombre servir alguna vez al Santo, bendito sea? A través del *deseo* de servir al Santo, bendito sea. En este área todas las personas son iguales. Aunque todos somos diferentes y no hay dos personas que tengan los mismos deseos, la voluntad y el deseo de cada persona actúan como sus poderes más grandes en esta búsqueda por alcanzar los niveles más elevados (ver *Sabiduría y Enseñanzas del Rabí Najmán de Breslov* #51).

Aquél que dirige su voluntad hacia Dios podrá elevarse a un nivel de verdadera espiritualidad. Incluso si es detenido por fuerzas externas y se ve impedido de cumplir su deseo en el servicio a Dios, esto no es usado en su contra. Mientras no pierda la esperanza de *desear* hacer el bien y de servir a Dios, podrá recibir su recompensa, pues su deseo estaba dirigido en la dirección correcta.

La principal recompensa que le aguarda al alma es alcanzar la Voluntad Absoluta que, en el lenguaje del Zohar es llamada *Ra'ava d'Ra'avin* (literalmente, "La Voluntad de las Voluntades"). El alma fue hecha descender desde los ámbitos más elevados para habitar aquí abajo, en este universo material. Mientras el alma se encuentra encapsulada en un cuerpo terrenal, la persona debe aprender a dirigir su voluntad hacia la Voluntad de su Creador. Podemos comparar esto con el sentimiento de dos personas muy apegadas entre sí. Cuanto más grande sea la distancia que las separe, más grande será su deseo y voluntad de volver a estar cerca. De manera similar, el alma ha viajado desde los niveles más elevados - Keter - hacia este mundo inferior. Aquí debe aprender a dirigir su voluntad para retornar a su Fuente y merecer la cercanía con Dios en el Mundo que Viene. Por otro lado, la voluntad negativa aleja a la persona de Dios; así como los buenos deseos llevarán en última instancia a la persona hacia las buenas acciones, los malos deseos harán descender a la persona, distanciándola de Dios.

El Rabí Natán continúa explicando que dado que Keter es la primera manifestación de la Voluntad de Dios para crear el mundo, todo en la creación refleja un aspecto de la Voluntad de Dios (ver también *Likutey Moharán* I, 17:1). Es por esto que el hombre puede encontrar a Dios en todas partes, pues Su Voluntad está presente en todas las cosas. Así, no existe la desesperanza para aquél que busca la espiritualidad, pues no importa dónde se encuentre ni en qué nivel esté, siempre podrá encontrar a Dios. Esta es la principal tarea del hombre en la vida, anhelar y buscar la Divinidad (*Likutey Halajot, Arev* 3:1-5).

Explica también el Rabí Natán que la recompensa para el que busca la espiritualidad es la capacidad de avanzar espiritualmente con un constante aumento de la conciencia y el conocimiento de Dios, para alinear su voluntad con la Voluntad de Dios y ser incluido en Su Unidad. Al dirigir la voluntad para servir a Dios con lo mejor de nuestras capacidades, nos conectamos con Keter, la Voluntad Absoluta. Como hemos visto, dado que Keter se define como el Propósito Final de la creación y la recompensa del Mundo que Viene, la persona puede de hecho experimentar y vivenciar su recompensa eterna incluso en este mundo (*Likutey Halajot, Netilat Iadaim LiSeudá* 6:57).

Es interesante notar que el Rebe Najmán enseña que mediante el acto de comer es posible alcanzar la elevada conciencia de esta voluntad (*Likutey Moharán* II, 7:10). Esto es sorprendente a la luz del hecho de que la voluntad representa a Keter, el nivel espiritual más elevado, mientras que comer parece ser una función vulgarmente mundana. Sin embargo, explica el Rabí Natán, el acto de comer facilita el logro del objetivo espiritual del hombre en este mundo: sostiene la vida, manteniendo el alma conectada al cuerpo. Esto ocurre especialmente al comer con intención de obtener las fuerzas necesarias para el logro de la espiritualidad, pues este tipo de comer eleva las chispas de santidad que se encuentran en la comida. Comer con esta actitud puede llevar a la persona a un intenso deseo y voluntad por lo espiritual (al punto en que pueda unirse prácticamente con Keter) (*Likutey Halajot, Netilat Iadaim LiSeudá* 6:45).

* * *

17

Pensamiento e Imaginación

Keter, la voluntad primera, es llamado *Ein* (la Nada), pues trasciende el nivel del pensamiento que comienza en Jojmá. Jojmá, por otro lado, es *reshit*, el comienzo, la capacidad de crear. Como tal, es la interfase entre la nada y la creación. Así enseña el Rebe Najmán (*Likutey Moharán* II, 53), "El pensamiento es extremadamente valioso. Uno puede de hecho *crear* cosas con la mente".

> Vigila cuidadosamente tus pensamientos, pues el pensamiento puede crear, literalmente, algo vivo. Cuanto más elevada sea una facultad, más lejos puede llegar. Es posible arrojar algo lejos pateándolo, pero llegará más alto si utilizas tu mano. Más lejos aún llegarás con tu voz, llamando a alguien que está muy lejos. El oído llega más lejos aún, pues puedes escuchar sonidos como el de un disparo desde una distancia muy grande. Tu vista llega más lejos aún, percibiendo lo que hay en el cielo. Lo más elevado de todo es la mente, que es capaz de penetrar las alturas más excelsas. Debes por lo tanto cuidar tu mente por sobre toda las cosas (*Sabiduría y Enseñanzas del Rabí Najmán de Breslov* #46).

*

El Amalek Interior

> Los pensamientos del hombre son *rak ra kol haiom* [malos todo el día].
>
> Génesis 6:5

Sabiendo que el pensamiento puede alcanzar las alturas más elevadas, debemos comprender que los pensamientos nunca son meros pensamientos. Nunca debemos permitirnos abrigar la noción de que no importa qué es lo que pensemos. Los buenos pensamientos son extremadamente beneficiosos tanto para aquél que los piensa como para el mundo en general, mientras que los malos pensamientos son muy destructivos.

Enseña el Rebe Najmán:

> En los antiguos anfiteatros, los monarcas solían disponer de luchas entre animales salvajes y sus presas. El mismo tipo de batalla se libra hoy en día en la mente de la persona: batallas entre los buenos pensamientos y los malos pensamientos. Cuando los buenos pensamientos emergen victoriosos de esta batalla, ello produce un gran placer Arriba (*Likutey Moharán* I, 233).

El Rebe Najmán explica también un pasaje relacionado tomado del Zohar (III, 123a): "Todos los días tienen un bien oculto. Pero acompañando a cada día hay un ángel que impide que la gente [que no es digna de ello] comparta ese bien. Este ángel puede tomar muchas formas - oscuridad, espinas, serpientes, escorpiones - los cuales actúan como guardianes para proteger el bien de ese día e impedir que alguien indigno se beneficie de ello. De hecho, si no fuese por estos guardianes, los malvados podrían entrar libremente a los misterios de la Torá [y compartir el bien oculto de ese día]. Es por esta razón que cuando alguien que no es digno intenta entrar a los misterios de la Torá, es rodeado inmediatamente por tropas de ángeles destructores, que se manifiestan como oscuridad, ocultamiento, confusión, etcétera, impidiéndole pasar. Sin embargo, cuando el que es digno desea entrar, estos guardias lo ayudan... Ellos lo llevan hacia el bien oculto y hablan a su favor ante al Señor del Universo...".

Las "serpientes y escorpiones" son los pensamientos que confunden a la persona cuando desea aprender los misterios de la Torá. Pero si persiste en su deseo de encontrar a Dios, estos mismos pensamientos la ayudarán; y entonces hallará un enorme bien cada día... Pues la persona tiene la capacidad de inclinar sus pensamientos hacia la dirección que desee. Incluso cuando sus pensamientos se desvían, aun así tiene el poder de refrenarlos y hacerlos volver hacia el sendero correcto (*Likutey Moharán* I, 84:1; *ibid.* II, 50).

Enseña el Rebe Najmán que los pensamientos dañinos que acosan a la gente sirven para recordar la constante batalla con Amalek, el archienemigo de la nación judía. Este es el significado del versículo citado más arriba, "Los pensamientos del hombre son *raK rA koL haioM* [malos todo el día]". En hebreo, las letras finales de estas palabras forman la palabra AMaLeK. Los pensamientos malos y lascivos representan al Amalek interior (Likutey Halajot, Minja 7:19).

Amalek alude también a las dudas y a la confusión. Esto puede verse en el valor de la palabra *Safek* (duda), que es 240, el mismo valor de la palabra Amalek. Igual que Amalek, las dudas atacan a la persona de manera furtiva. Incluso antes que podamos darnos cuenta que estamos bajo asedio, nos vemos dominados por emociones y pensamientos conflictivos. Es por lo tanto un mandamiento Bíblico el recordar a Amalek, es decir, ser conscientes de él y de su comportamiento furtivo y presentarle una constante batalla (ver *Ester: Un comentario de Breslov sobre la Meguilá* Apéndice A).

*

El Poder del Pensamiento

Enseña el Rebe Najmán:

- La persona está allí donde está su pensamiento (*Likutey Moharán* I, 21:12).

- El pensamiento tiene un poder increíble. La clave reside en concentrar toda la energía en el logro de algo. Esto se aplica incluso cuando uno se concentra en algo mundano.

La única condición es que la concentración sea absoluta, al punto de estar preparado a dar la vida en aras del objetivo (*Likutey Moharán* I, 192).

• La melancolía y la depresión impiden la concentración del pensamiento. Con alegría, podrás dirigir tu mente de la manera adecuada (*Likutey Moharán* II, 10:2).

• Robar hace que la persona tenga pensamientos ilícitos. Incluso envidiar los bienes del prójimo es una falta grave. Dado que el poder de la mente es tan fuerte, incluso pensar con envidia en los bienes de otro es considerado una forma de robo (*Likutey Moharán* I, 69:6).

• El Pensamiento se encuentra en un nivel muy elevado, que trasciende el de la palabra. Si deseas ascender al nivel del Pensamiento, deberás mantenerte en silencio: pues incluso una palabra buena y valiosa puede hacer que pierdas el nivel del Pensamiento (*Likutey Moharán* I, 234:2).

• Los pensamientos se encuentran verdaderamente entre las maravillas del Santo, bendito sea. Los pensamientos existen en la mente agrupados como paquetes [de información], uno encima del otro. Cuando la persona necesita una información, la recuerda "extrayéndola" de su lugar en la mente. Esto es en sí mismo una gran maravilla, pues ¿dónde estaba este pensamiento hasta ese momento? Existen muchas asociaciones y símbolos, todos ubicados dentro de estos paquetes en la mente. Uno recuerda algo porque encuentra alguna idea que estimula las asociaciones y los símbolos identificados con un pensamiento en particular. Este pensamiento es extraído entonces de los "paquetes" agrupados en la mente. Cuando se extrae un pensamiento en particular, todos los otros pensamientos se reagrupan en un esquema diferente [como sucede con los paquetes físicos, donde el

quitar uno de la pila hace que todo el orden se modifique]
(*Sabiduría y Enseñanzas del Rabí Najmán de Breslov* #25).

• Los pensamientos malos son comparados con el *jametz*
[el pan leudado, que se expande al fermentar]. Uno debe
tener cuidado de que estos pensamientos no "expandan"
su influencia sobre la mente. Cuando estos pensamientos
se "expanden," "llenan" toda la mente, sin dejar lugar
para que entre el temor al Cielo. Aquél que tiene la mente
dañada con pensamientos extraños será atraído siempre
hacia la controversia [que ocupa su mente y lo aleja así
de la espiritualidad] (*Likutey Moharán* I, 5:4).

• El estudio de la Torá de noche es bueno para proteger los
pensamientos (*Likutey Moharán* I, 3:1).

• Uno debe cuidarse constantemente de todo pensamiento
inmoral. Tales pensamientos pueden arrastrar a la persona
lejos del Santo, bendito sea, Fuente de toda vida (*Likutey
Moharán* II, 114).

• Los malos pensamientos a veces parecen abrumar a la
persona. Es posible que trate de superarlos luchando contra
ellos de modo directo sacudiendo la cabeza, enfrentando
el tema, etcétera. Sin embargo, esto realmente no ayuda,
pues los pensamientos parecen crecer y fortalecerse en
proporción directa a la fuerza con que uno los enfrenta.
Es mucho mejor dirigir la mente hacia otro lado.
Concentrarse en otro tema ayuda a superar los malos
pensamientos (*Likutey Moharán* I, 72:4).

*

Un Pensamiento de Humildad

La mejor manera de alcanzar la sabiduría es adquirir el rasgo
de la humildad. Dice el versículo (Job 28:12), "Jojmá proviene de

Ein [la nada]". Como hemos visto, *Ein* corresponde a Keter, y Jojmá proviene de Keter. Dado que *Ein* hace referencia a la nada, aquél que adquiere el atributo de la humildad (es decir, la negación de sí mismo) puede alcanzar verdadera Jojmá.

Sin embargo, la persona que separa su sabiduría de la humildad, se separa de Keter, la fuente de la verdadera sabiduría. Su sabiduría se vuelve suya propia, pero es una sabiduría fallida, tanto en el pensamiento como en la capacidad creadora que sigue al pensamiento. Esta persona ya no acepta sus propias fallas y, como enseña el Rebe Najmán (*Likutey Moharán* II, 12:1), "Aquél que se apoya sólo en su propia mente puede equivocarse seriamente y llegar a un terrible mal". Así dice el Rebe (*Likutey Moharán* I, 10:4), "El intelecto le advierte constantemente al individuo que no sea orgulloso". Más bien uno debe comprender que "el principal servicio al Santo, bendito sea, es la total simpleza, sin ninguna clase de sofisticación" (*Likutey Moharán* II, 19:1). Dejando de lado la sofisticación y el orgullo, uno puede llegar a ser "completo" y servir a Dios con total simpleza.

Hoy en día, en una era en que los cultos, y en especial los cultos "religiosos", se encuentran muy difundidos, puede haber algunos que pongan en duda la afirmación del Rebe Najmán, "Aquél que sólo se apoya en su propia mente puede equivocarse seriamente y llegar a un terrible mal". A los miembros de estos cultos se les enseña que el pensamiento independiente es algo peligroso y son llevados a dejar de pensar. Sin embargo, la diferencia entre esa vacía falta de pensar y el proceso de pensamiento guiado por Jojmá es que Jojmá es una expresión de *Koaj Ma*, "el poder de '¿qué?'" - lo que indica el poder de maravillarse y preguntar. Una y otra vez, en sus conversaciones y lecciones, el Rebe Najmán animaba a sus discípulos a que preguntasen y exhortaba a sus seguidores a que utilizasen sus facultades mentales en todo su potencial. La advertencia del Rebe sobre los peligros de basarse en el propio intelecto se refiere a un intelecto carente de Torá. Ello estaba dirigido a los líderes del Iluminismo de esos días. Éstos eran hombres instruidos que habían dejado de lado la observancia de la Torá, siguiendo los dictados de sus mentes y no los de nuestros Sabios. El resultado fue *KaReT* (separación) de KeTeR, una completa alienación del Judaísmo y asimilación con su entorno material. Puede decirse que al emplear su *propia* Jojmá, se desconectaron de Keter, perdiendo así la salvaguarda que los hubiera protegido y mantenido dentro del ámbito de la espiritualidad.

*

Imaginación o Ilusión

Como veremos, Daat corresponde al Santuario y al Santo Templo (Capítulo 19). Construir el santuario interior de la mente no es cosa fácil. Para construir una estructura física se necesita primero diseñar los planos y aprobarlos; se debe contratar obreros para la tarea y acopiar los materiales de construcción. Incluso cuando todo parece estar listo, es posible que surjan muchos obstáculos, generando toda clase de retrasos. De la misma manera, al dedicarse a la construcción espiritual de la mente, se necesitan planos, trabajadores y materiales, y se debe tratar con los obstáculos que inevitablemente han de surgir.

Al darnos la Torá, Dios, en Su bondad nos dio todos los planos necesarios para desarrollarnos espiritualmente. La Torá contiene un conjunto general de reglas que tienen la capacidad de abrir el corazón y la mente hacia ámbitos que se encuentran mucho más allá del mundo material. Hasta la persona más simple puede experimentar la espiritualidad, la alegría del Shabat y de las Festividades, las profundas y sentidas plegarias que liberan las emociones, la duradera satisfacción de la caridad, de la ayuda a los demás, etcétera. Esto es posible porque la estructura de la Torá es un paralelo de la forma humana. En este mundo el hombre, no importa cuál sea su situación, siempre puede conectarse con la Torá - y por tanto con Dios (ver Capítulos 1-2).

Los "obreros y materiales" corresponden a los sentidos, a los miembros y a los órganos del cuerpo. Los obstáculos y las barreras también son partes del sistema. Pero la mayor oposición que encontramos al tratar de construir nuestro propio santuario interior se encuentra en la mente misma. Como enseña el Rebe

Najmán (*Likutey Moharán* II, 46:2), "los más grandes obstáculos que uno debe enfrentar son los de la mente". Esto se refiere a los poderes de la imaginación y de la ilusión.

*

Dios formó a Adán a partir del polvo de la *adamá* [tierra]". ADaM fue llamado así debido a que fue formado a partir de la *AdaMá*.

Génesis 2:7; *Bereshit Rabah*17:4

Enseña el Rebe Najmán:

La persona debe elevarse por sobre su imaginación para alcanzar el intelecto. Nadie puede entrar por las puertas de la santidad mientras no haya aprendido a dominar sus ilusiones (*Likutey Moharán* I, 25:1, 4).

La imaginación: un increíble "combustible" para el pensamiento. La imaginación estimula la mente hacia la búsqueda de lo desconocido, para ir detrás de nuevas ideas, de nuevas invenciones y de nuevas percepciones. Esta permite que el intelecto sobrepase sus límites actuales. Pero también facilita que la mente se extravíe en áreas prohibidas.

Hemos visto que el hombre es único en su intelecto y que además recibió las herramientas necesarias para usarlo sabiamente. Hemos visto también que el hombre recibió la libertad para elegir entre usar o abusar de su intelecto. Como nos enseña la narrativa bíblica, Adán fue formado de la *adamá* (tierra). La palabra hebrea *aDaMá* es similar a la palabra *meDaMé*, que significa "imaginación". El hombre no sólo fue formado de la *adamá* sino también de su poder de *medamé* (imaginación). Si el hombre elige abusar de su intelecto, su imaginación lo ayudará en esta senda, obstaculizando el verdadero intelecto. Sin embargo, si verdaderamente desea cumplir con la Voluntad de Dios, la imaginación le será necesaria, pues es sólo mediante la imaginación que podrá comenzar a percibir la espiritualidad.

Esto puede apreciarse en el uso que hace la Escritura del vocablo *meDaMé*, como en el versículo (Isaías 14:14), *"EdaMé L'Elion* - me asemejaré a lo Superior".

Esta era la intención del Rebe Najmán tras su afirmación de que es necesario someter la imaginación al poder del intelecto. La imaginación es una fuerza poderosa. Es la fuente de la capacidad creadora del hombre y si se utiliza de la manera apropiada puede elevarlo hacia las alturas más nobles, pero si no es guiada por el verdadero intelecto puede también llevarlo por la senda equivocada.

*

Imaginación: El Puente entre lo Físico y lo Espiritual

Escribe el Rabí Natán:

> La imaginación actúa como un intermediario. Ella sirve como puente entre lo físico y lo espiritual, entre el cuerpo y el alma. La capacidad para visualizar algo en la mente proviene del poder de la imaginación. Aquello que visualizamos puede de hecho ser un objeto físico, pero la visualización de ese objeto en la mente es de hecho una experiencia "espiritual". La imaginación puede así ser pensada como el punto más elevado del ámbito físico y el punto más bajo del ámbito espiritual. Ella es el puente entre lo material y lo etéreo.
>
> El poder del intelecto se extiende mucho más allá de las limitaciones de lo físico. Aquél que posee un intelecto puro está muy lejos del pecado e incluso del error. Sin embargo, desde el pecado de Adán, el cuerpo físico se ha vuelto tan opaco que difícilmente podemos "imaginar" estar completamente libres de la imperfección. Lo que necesitamos es alguna clase de puente para ubicar la interacción del intelecto con lo material, de modo que sea posible dominar los deseos físicos. Aquí yace el poder de la imaginación: une las fuerzas del cuerpo y del alma. Si la persona utiliza su imaginación de modo sabio, podrá verdaderamente elevarse desde el nivel físico al nivel de lo espiritual.
>
> Es por esta razón que el hombre fue llamado *AdaM*, pues

está formado de *AdaMáh*, del polvo, de lo físico. Pero mediante el uso de su imaginación el hombre puede ascender por sobre el mundo material y alcanzar un nivel de profecía. La palabra hebrea para decir "yo imaginaré" es *AdaMéh*. En este sentido, podemos comprender el significado del versículo (Osea 12:11), "*AdaMéh* [yo seré imaginado] a través de los profetas" (*Likutey Halajot, Birkat HaReaj* 4:14; 16).

Aquél que se encuentra hundido en lo material sólo puede relacionarse con lo espiritual mediante la conjetura; todo ello es abstracto para él. Sin embargo, si utiliza su imaginación para buscar la espiritualidad, podrá ascender hacia niveles muy altos de Divinidad.

*

Angélico o Demoníaco

Enseña el Rebe Najmán (*Likutey Moharán* II, 8:7), "La fe sólo existe en nuestra imaginación. Allí donde la mente es capaz de comprender no actúa la fe". Dado que la fe es requerida allí donde falta la comprensión, la fe fortalece al hombre, estimulándolo a buscar aquello que se encuentra por el momento más allá de su comprensión y manteniéndolo centrado en lo espiritual. Así, la imaginación puede ser el catalizador para alcanzar la espiritualidad.

Por otro lado, enseña el Talmud (*Sotá* 2a), "El hombre no transgrede a no ser que lo posea un espíritu de locura". Si la persona baja la guardia, pensando que el pecado no la dañará, comete un gran error. Con esa actitud caerá desde el intelecto hacia la locura, dañando su mente en el camino. Su imaginación, allí donde se enraiza su fe, también será dañada, manifestándose en pensamientos ilusorios. Por eso enseña el Rebe Najmán (*Likutey Moharán* I, 54:7), "Dañar el intelecto aumenta el poder de la ilusión". Al sucumbir al poder negativo de la ilusión, la persona pierde algo de su Divinidad y desciende desde el nivel humano al nivel animal; aunque los animales poseen algo de intelecto, les falta un conocimiento claro y distinto. Aquél cuyos pensamientos han degenerado hacia este nivel, necesariamente desciende de la espiritualidad (ver *Likutey Moharán* I, 54:5).

El Rebe Najmán compara este tipo de intelecto ilusorio y dañado con los demonios. Enseñan nuestros Sabios que "los demonios fueron creados en la tarde del primer viernes, justo antes de la puesta del sol. Al ponerse el sol, sólo sus espíritus fueron creados, pues no había tiempo para hacerles cuerpos. Debido a esto, los demonios tienen espíritu pero no poseen un cuerpo físico" (*Zohar* I, 47b). Por ende, los demonios buscan constantemente el cuerpo de alguien para poder habitar.

La imaginación puede compararse a un espíritu sin cuerpo - a un espíritu o pensamiento "desencarnado". Así, cuando la persona actúa con demasiada prisa sobre la base de sus pensamientos u objetivos imaginados sin ejercer restricción (Keter), esto es similar a entregarle un cuerpo - el suyo propio - a un demonio, cayendo fácilmente en un comportamiento "demoníaco". En este estado, uno es vulnerable a las fuerzas del mal y nunca puede estar seguro de dónde acabará. Por eso enseña el Rebe Najmán que nadie puede entrar por las puertas de la santidad hasta no haber subyugado los poderes ilusorios. El Rebe enfatizó además que el aspecto negativo de la imaginación - el "demonio" en cada persona - es mucho más poderoso en la persona orientada hacia la espiritualidad. El "demonio" de la ilusión que busca un cuerpo en el cual habitar buscará con preferencia uno que estudie la Torá y más específicamente uno bien versado en la *Halajá* (los Códigos de la Ley judía).

Esto se debe a la necesidad de mantener el equilibrio del bien y del mal en el mundo. El estudio y la adhesión meticulosa a la *Halajá* ayudan a definir claramente el sendero espiritual de la persona, dándole forma y estructura a su vida. De esta manera el conocimiento es un conocimiento claro - la persona sabe lo que está permitido y lo que está prohibido. Sin ninguna fuerza que contrarreste este conocimiento le sería muy fácil elegir el sendero correcto; pues es muy claro el camino que debe seguir. Por ello y, para mantener la libertad de elección, el poder de la ilusión busca anular este conocimiento claro y decisivo (*Likutey Moharán* I, 54:6).

Esto se ve en la enseñanza del Rebe Najmán donde muestra cómo, cuando uno comienza a alcanzar un intelecto claro, estos "demonios" que surgen de la propia imaginación se vuelven más fuertes aún. Siempre existen niveles superiores de intelecto que pueden alcanzarse y nunca debemos pensar que dado que hemos pasado a través de ciertas puertas de santidad ya hemos anulado finalmente nuestras ilusiones. En esta vida, el equilibrio entre el bien y el mal se mantiene en todos los niveles, asegurando así la libertad de elección en cada *etapa* del camino. Así, en cada nivel se encuentran obstáculos e ilusiones. Es necesario confrontar constantemente estos obstáculos y superarlos (*Likutey Moharán* I, 25:3).

El Rebe Najmán enseñó también que originar ideas de Torá sirve de rectificación para los pensamientos impropios. Esto se debe a que la persona debe trabajar desarrollando su imaginación hasta ser capaz de formar un "cuerpo" para estas nuevas ideas. Virtualmente todos los pensamientos humanos son productos de la imaginación, y originar conceptos de Torá requiere ciertamente de imaginación. Pero aun así uno debe siempre examinar la relación entre el conocimiento que uno ya posee y las ideas nuevas que está originando, para cerciorarse de que estas nuevas ideas se encuentran en línea con un aspecto válido de la Torá. Esto sirve para rectificar los pensamientos impropios y la imaginación dañada (*Likutey Moharán* I, 105:1,3). Sin embargo y como veremos, basar las enseñanzas originales en ideas distantes de la Torá sólo aumenta el poder de la ilusión.

*

Las Cámaras de Intercambios

> **La mujer vio que el árbol era bueno para comer y deseable a los ojos... Ella tomó de su fruto y comió de él. Ella también le dio a su esposo y él comió.**
>
> Génesis 3:6

Cuando la Serpiente se acercó a Eva para incitarla a comer del Árbol del Conocimiento, le dijo, "Ustedes serán como Dios, conociendo el bien y el mal," e inmediatamente, "ella vio que el árbol era bueno para comer y deseable a los ojos... Ella tomó de su fruto y comió de él. Ella también le dio a su esposo y él comió".

El Rabí Natán escribe que su error fue tratar de llegar más allá de los límites de su Keter, de su barrera superior. Ellos pensaron que de esta manera podrían llegar a ser como Dios. En lugar de ello, descendieron hacia las Cámaras de Intercambios, donde el bien se vuelve mal y el mal, bien.

Estas Cámaras de Intercambios son, de hecho, la imaginación dañada, donde uno *piensa* que conoce o comprende, pero de hecho no es así. El versículo dice (Isaías 5:20), "¡Ay de aquéllos que llaman al mal bien y al bien mal! Ellos cambian la oscuridad por la luz y la luz por la oscuridad; ellos cambian lo amargo por lo dulce y lo dulce por lo amargo". Toda la amargura de la vida, incluyendo el odio y la ira, la tristeza y los celos, la lucha, la conquista, la búsqueda de honor, todo proviene de la imaginación (*Likutey Halajot, Hoda'a* 6:46-50).

*

Cierta vez dijo el Rebe Najmán:

> El Talmud afirma que la Inclinación al Mal tiene siete nombres: el malo, el incircunciso, el impuro, el enemigo, el obstáculo donde se tropieza, la piedra y el solapado (*Suká* 52a). En nuestros días, el malo debería tener un nombre adicional: el poder de la ilusión (*Likutey Moharán* I, 25:8).

* * *

18

Jojmá y Biná

Enseña el Ari que Jojmá y Biná son inseparables. Estos atributos son llamados "dos amigos que nunca se separan" (*Zohar* III, 4a) y son paralelos al cerebro, dividido en los hemisferios derecho e izquierdo. Aunque cada uno posee su propia identidad, ellos nunca se separan. Como hemos visto, Jojmá representa una sabiduría indiferenciada, el hemisferio derecho "no verbal," mientras que Biná es la manifestación de esa sabiduría, el hemisferio izquierdo "verbal". El *Sefer Ietzirá* (1:4) dice, "Comprende con Sabiduría y sé Sabio con Comprensión," significando que para alcanzar los niveles más altos de percepción de Dios, Jojmá y Biná deben ser utilizadas en conjunto.

Jojmá y Biná corresponden respectivamente al cerebro, que controla el proceso de pensamiento y al cerebelo que es responsable de la coordinación muscular y del equilibrio del cuerpo. En este sentido, Jojmá representa el intelecto general del hombre, la capacidad de dominar un tema y de integrar sus principios fundamentales dentro de su proceso mental. Biná indica la capacidad de dirigir el cuerpo basándose en las órdenes de la mente. Esto se logra a través de la capacidad de la mente para derivar información adicional de los datos ya recibidos. Para poder buscar la espiritualidad, la persona necesita de ambos.

Para ilustrar esto, en el nivel de Jojmá, cada ser humano sabe que existe un Dios. Incluso aquéllos que no buscan a Dios poseen un reconocimiento latente de Él. Incluso el autodenominado ateo posee un profundo sentido de Dios, si bien oculto. Biná dirige la lucha para comprender y desarrollar este conocimiento latente. Sin Biná, Jojmá no cumple ningún propósito.

Así enseñó el Rebe Najmán:

> ¡Debes saber! Están esos malvados que malgastan sus vidas tratando de alejarse del Santo, bendito sea y de su Torá. Sin embargo, siempre queda una pequeña chispa de espiritualidad que busca volver a encender la llama espiritual en ellos. Pero debido a que se han hundido tan profundamente en su maldad, ellos redoblan sus esfuerzos para desarraigarse por completo, de modo que eventualmente eliminan hasta la mínima conexión con el Santo, bendito sea. Desafortunadamente, en la mayoría de los casos, cuando la gente alcanza este nivel de ateísmo, muere. Entonces ven la verdad de aquello que habían tratado de negar con tanta fuerza, pero ahora es demasiado tarde. ¡El Cielo nos libre! (*Likutey Moharán* I, 274).

*

La Metrópolis de Roma

> **Cuando el Rey Salomón se casó con la hija del Faraón, [el ángel] Gabriel descendió y clavó una *KaNé* [caña] en el mar. Un banco de arena se formó [alrededor de la caña], sobre el cual se construyó más tarde la ciudad de Roma.**
>
> *Shabat* 56b

Enseñó el Rebe Najmán:

> Existen dos tipos de *KaNé*. Uno es *K'Né* [adquirir], como en (Proverbios 4:5), "*K'Né Jojmá, K'Né Biná* - Adquiere sabiduría, adquiere comprensión". La otra es aquella que está asociada con (Salmos 68:31), "Increpa a la bestia salvaje del *KaNé* [cañaveral]". Jojmá representa la sabiduría pura, que es el conocimiento de Dios, mientras que la falsa creencia y las formas de vida no deseables son comparadas con bestias salvajes. Implantar falsas creencias en la mente permite que se arraigue la "bestia", reemplazando a la verdadera sabiduría (*Likutey Moharán* I, 35:1).

La verdadera sabiduría es espiritualidad. La persona comienza su vida con una mente abierta, dispuesta a recibir todo tipo de conocimiento e información. Con el paso del tiempo, la información acumulada es guardada en la mente, arraigándose y expandiéndose. Si entonces dirige su mente hacia la búsqueda espiritual, podrá expandirse más aún, pues lo espiritual está más allá del tiempo y del espacio y por tanto nunca acaba. Sin embargo, si opta por la búsqueda material, con el acompañamiento de las falsas creencias y de las formas de vida malsanas, su mente se envenena de pasiones antinaturales. Primero se implanta una pequeña cantidad de mal, luego un poco más y finalmente los malos deseos dominan a la mente por completo. El cerebro, habiendo absorbido y acumulado vastas cantidades de materialismo, no tiene ya espacio para algo más que pueda entrar y desarrollarse. Lo espiritual es anulado.

En esta lección, el Rebe Najmán explica el significado del pasaje Talmúdico citado más arriba. "El Rey Salomón representa la sabiduría espiritual. La hija del Faraón representa las falsas creencias y un estilo de vida malsano. *GaVRiel* corresponde a *GueVuRot*, o juicios. El mar representa el 'mar de sabiduría', que se encuentra en la mente de las personas. Roma representa el ateísmo" (*Likutey Moharán* I, 35:1).

El casamiento del Rey Salomón con la hija del Faraón es un paralelo de la persona que usa su mente para acumular falsas creencias. El ángel Gabriel representa los juicios, las restricciones y constricciones que ahora enfrenta en la vida, como resultado de su búsqueda material. Los deseos materiales son asemejados a una caña plantada en el mar. La mente, originalmente abierta a la espiritualidad sin límites, ahora tiene un pequeño objeto material plantado dentro de ella, ocupando un espacio. Como explica Rashi (*Shabat, loc. cit.*), un mar sin obstrucciones fluye libremente, mientras que una sola caña atrae hacia sí toda la resaca flotante. Al acumularse esta resaca, la caña se transforma en un banco de arena y eventualmente se vuelve una gran extensión de tierra. De esta manera, las falsas creencias, que pueden haber comenzado como algo muy pequeño, se transforman en un polo de atracción al que son arrastradas todas las otras ideas negativas. Estas infracciones "aparentemente pequeñas" se acumulan con el tiempo y adquieren el tamaño y la fuerza de la "ciudad de Roma," la capital del imperio que destruyó el Templo y atormentó y asesinó a millones de personas: el arquetipo del ateo.

*

¿Una Mente Amplia o Una Mente Estrecha?

A la luz de las enseñanzas del Rebe Najmán podemos ver que la gente que se define como científica, liberal, secular y de mente abierta es de hecho muy estrecha en su visión. En lugar de percibir la Inteligencia Infinita manifiesta en la química de la vida y en el milagro de la conciencia humana que esa química sostiene, prefieren percibir el azar y los procesos aleatorios. Habiendo cerrado sus mentes a la Divinidad, simplemente les resulta imposible entender qué es lo que significa una persona espiritual y religiosa. Más aún, debido a que sólo piensan en términos materiales, se cierran y no perciben lo que se encuentra más allá de la materia.

Que el escéptico sobre la existencia de Dios observe una partícula de madera a través de un microscopio electrónico. Que observe cómo está compuesta de fibras, construidas de celulosa, estructurada en moléculas, formadas por átomos, constituidos por partículas sub-atómicas tales como protones, electrones y neutrones, los que a su vez están formados por partículas sub-sub-atómicas llamadas quarks y leptones. Que comprenda que éstas no son entidades físicas sino más bien paquetes de energía vibrante; y que estas energías vibrantes son frecuencias de una única y básica fuerza de energía vibrante que continuamente y a cada momento crea y recrea todos los átomos y moléculas del universo. Que comprenda que lo que una vez fue un conocimiento profético o Kabalista del "interior" de la materia es ahora aceptado como teoría científica. Aquél que no vea la maravilla de todo esto tiene verdaderamente una mente muy estrecha, embotada por sus propios y limitados preconceptos.

Examinemos la actitud de una mente abierta frente a una mente estrecha en el contexto de los eventos experimentados por los judíos en el Mar Rojo. Frente a ellos se encontraba el mar, hacia un lado, un desierto lleno de bestias salvajes, por el otro, barrancas insuperables y por detrás los egipcios persiguiéndolos. Tal como ellos lo veían, tenían muy pocas y dolorosas opciones: saltar al mar, retornar a la esclavitud egipcia, luchar contra los egipcios o huir al desierto (*Shmot Rabah* 21:5). Pero los poderes de Dios no se limitan a los confines del tiempo y el espacio. Su elección fue "¡Abrir el Mar Rojo!"

Por supuesto que no nos enfrentamos con estas situaciones todos los días. Ni realmente se supone que veamos un milagro revelado en nuestra época... ¿O sí?

De hecho, en el ámbito espiritual, todo puede suceder. Cuando una persona que vive una existencia exclusivamente materialista se ve confrontada por dificultades, actuará sólo en base a la forma en que ve las cosas. Podrá optar por la solución "natural," basada en la manera en la cual comprende sus problemas. Esa persona tiene una mente estrecha; al buscar solamente aquellas soluciones que puedan ser concebidas por su mente finita, elimina automáticamente un conjunto entero de posibles soluciones que no se conforman a sus ideas. Sin embargo, aquél que busca la espiritualidad sabe que siempre puede confiar en Dios. Dado que Dios es Infinito, Él puede traer toda clase de soluciones. Esta persona ciertamente buscará las soluciones que pueda imaginar por sí misma, pero también estará alerta a otras posibilidades que puedan surgir, pues sabe que Dios en Su Sabiduría Infinita puede ayudarla de innumerables maneras. Muchas veces puede parecer que no hubiera ninguna solución viable, o que las opciones no fueran accesibles. Pero de alguna manera se llega a una solución inesperada.

No existe límite a lo que Dios puede hacer. Así, el ámbito espiritual está definido como un ámbito que va más allá de las limitaciones del espacio o del tiempo. Lo espiritual no se conforma a ninguna figura que la mente finita del hombre pueda imaginar. Por esta razón, creer en Dios y buscar una vida espiritual es una clara indicación de la verdadera amplitud mental. Dado que Dios está más allá del tiempo y del espacio, para aquél que se relaciona con Dios, todo puede suceder. Y por el contrario, la estrechez mental de aquél que sólo busca el materialismo limita su potencial sólo a aquello que el mundo material puede ofrecerle. Nunca podrá apreciar realmente las maravillas inherentes a la creación.

*

La Memoria: Recordando el Futuro...

¿Quién es sabio? Aquél que percibe el *nolad* [futuro]...

Tamid 32a

Rabí Moshé Sofer (*Jatam Sofer*, 1763-1839) comenta que la palabra *nolad* (literalmente, "nacido") indica una profunda conexión entre aquello que ya ha "nacido" en el pasado y aquello que aún está por "nacer" en el futuro. Ello nos enseña que el futuro puede ser visto y comprendido sólo estudiando el pasado (*Rabí Eliahú Jaim Rosen*).

Como hemos visto más arriba, Jojmá y Biná representan "recuerdo" del pasado y "penetración" en el futuro (Capítulo 14). Hemos visto cómo la imaginación puede cerrar la brecha entre lo espiritual y lo material. La memoria puede comprenderse igualmente como un puente entre el pasado y el futuro.

Así enseña el Rebe Najmán:

Uno debe mantener siempre en la mente la imagen de su objetivo (*Likutey Moharán* I, 18:1).

Explica el Rebe que si uno quiere construir una casa, primero debe imaginar cómo le gustaría que fuese. Con esta imagen en mente, puede ahora diseñar todos sus detalles, dibujar los planos necesarios, adquirir los materiales y ponerse a trabajar para completar la estructura. La imagen mental no sólo guía los pasos en el camino, sino que también actúa como un poderoso estímulo para impulsarnos a llevar todo el plan a buen término. El mayor incentivo proviene de mantener en la mente la estructura final esperada.

Esta actitud es crucial para el éxito en la vida. El objetivo último de la vida, el cual siempre debemos mantener en mente, es el Mundo que Viene. El Rebe Najmán habla de "*recordar* constantemente el Mundo que Viene y mantener este objetivo como lo más importante en la mente" (*ibid.*). ¿Cómo podemos recordar algo que está en el futuro?

Una respuesta es que el Mundo que Viene representa una dimensión que se encuentra fuera de nuestro ámbito corriente, una dimensión en la cual el tiempo aún no está segmentado, y el pasado, presente y futuro son uno solo. Desde el punto de vista de nuestro actual estado de conciencia, el Mundo que Viene se encuentra en el futuro; pero desde el punto de vista de nuestras almas trascendentes, esta dimensión es *ahora* (porque el alma trascendente también trasciende a la dimensión del tiempo). Más aún, dado que nuestras almas se originan en esa dimensión y vuelven a ella cada noche mientras dormimos, su memoria está de hecho embebida profundamente en nuestra psique. Por tanto, podemos "recordar" el futuro.

En el cuento del Rebe Najmán titulado "Los Niños Cambiados," el verdadero príncipe, aunque criado como siervo, aún se sentía atraído por los modales de la realeza. Aquello que estaba naturalmente embebido en su psique nunca se borró por completo. Al final, el verdadero príncipe se vuelve amo del rey anterior (quien en realidad era su siervo) y finalmente terminó gobernando como "Rey Sabio" del "País Tonto". Como explica el Rabí Natán, la lucha entre el verdadero príncipe y el siervo simboliza la constante batalla entre el cuerpo (siervo) y el alma (príncipe). Aunque se encuentra en este mundo material, el alma nunca olvida por completo su origen y finalmente terminará por buscarlo. En el Mundo que Viene, el alma del hombre trascenderá esta vida material para entrar a una dimensión donde el alma reina suprema.

Enseñó el Rebe Najmán:

> La Torá es vasta. ¿Cómo se puede esperar estudiar toda la Torá y retenerla en su mente? Consideremos un barril lleno de agua: si alguien desea agregarle agua, aunque sea una pequeña cantidad, algo del contenido existente en el barril deberá derramarse para dejar lugar al agua fresca. Sin embargo, a diferencia del barril y de su contenido, la naturaleza espiritual de la Torá trasciende el concepto de espacio. Así, aquél que busca la espiritualidad de la Torá siempre puede aumentar su conocimiento de Torá sin perder nada de la sabiduría adquirida previamente (*Likutey Moharán* I, 110).

Cuanta más espiritualidad uno haya cultivado en su intelecto, más grande será la capacidad para guardar mucha más información en la mente. Aun así, es muy fácil olvidar el verdadero objetivo. Considerando la cantidad de necesidades físicas del hombre, el esfuerzo por ganarse la vida y por mantener a la familia pueden hacer que uno olvide su naturaleza espiritual y su potencial. Como enseña el Rebe Najmán (*Likutey Moharán* I, 54:1), "La persona debe cuidar su memoria, para no caer en el olvido. El olvido es paralelo al concepto de un 'corazón moribundo' [el corazón es un aspecto de Biná, que se refiere al futuro] y que prevalece entre aquéllos que consideran este mundo corpóreo como el único mundo que existe. El principal esfuerzo de la memoria debe ser *recordar la memoria* del futuro".

El Rebe Najmán enseña que la plegaria, la canción y la alegría ayudan a la memoria y combaten el olvido. Mediante la plegaria uno puede cuidar la memoria y mantenerse constantemente consciente del Mundo que Viene (*Likutey Moharán* I, 7:7; *ibid.* I, 54:12).

*

...Y Olvidando el Pasado

El Rebe Najmán enseña también que la tendencia humana hacia el olvido es, en cierta manera, sumamente beneficiosa:

Si no olvidaras, te sería absolutamente imposible servir al Santo, bendito sea. Recordarías todo lo pasado y los recuerdos [desagradables] te hundirían y no te dejarían elevar. Todo aquello que intentaras sería constantemente opacado por los recuerdos de tu pasado.

Pero el Santo, bendito sea, te ha dado el poder de olvidar y de dejar de lado el pasado. El pasado se ha ido para siempre y no es necesario traerlo otra vez a la mente. Debido a que puedes olvidar, no tienes que ser dominado por el pasado.

Esto es algo muy importante de comprender al servir al Santo, bendito sea. La mayor parte de la gente se siente mal por sus acciones pasadas, especialmente durante la plegaria. Cuando una persona recita sus plegarias, sus devociones se ven confundidas generalmente por los recuerdos. Es posible que piense en sus negocios o en los problemas que tiene en su casa, preocupándose por algo que hizo mal o algo importante que no hizo. Aunque intente servir al Santo, bendito sea, mediante la plegaria o el estudio, puede estar preocupado pensando en sus muchos pecados y faltas. Este es un problema universal y cada persona reconoce sus propias dificultades.

El mejor consejo para esto es simplemente olvidar. Tan pronto como un evento [doloroso] queda detrás de ti, olvídalo por completo y nunca vuelvas a pensar en él. Comprende bien esto, pues es un concepto fundamental (*Sabiduría y Enseñanzas del Rabí Najmán de Breslov* #26).

Continúa el Rabí Najmán:

En nuestra literatura sagrada, encontramos que el Santo, bendito sea, nos dio el poder de olvidar, de modo que siempre podamos apreciar la Torá como si fuese la primera vez que la estudiamos. Debido a que olvidas, puedes volver a estudiar una lección o revisarla, que es como volver a aprenderla; podrás apreciarla tanto como la primera vez que la estudiaste.

El Midrash asemeja esto con unos trabajadores que han sido contratados para volcar agua dentro de barriles que tienen su fondo perforado. Cuanta más agua vierten dentro de los barriles, más se filtra hacia afuera. Los tontos se quejan, "¿Para qué trabajar en vano? ¿Para qué echar agua en barriles que pierden constantemente?" Pero los sabios responden, "¿Y cuál es la diferencia? ¿Acaso no nos pagan por día para hacer este trabajo? Si el barril pierde, nuestro salario no se ve reducido" (*Vaikrá Rabah* 19:2).

La misma actitud debe aplicarse a tus estudios sagrados. Es posible que olvides, pero tu recompensa no se ve reducida. En el futuro, el Santo, bendito sea, hará que cada uno recuerde todo lo aprendido, aunque lo hubiera olvidado durante su vida (*Sabiduría y Enseñanzas del Rabí Najmán de Breslov* #26).

*

El Sueño del Faraón

> **Dijo entonces el Faraón a Iosef: "En mi sueño, heme allí en pie, a la orilla del río, y he aquí que del río subían siete vacas gruesas de carnes y hermosas de forma... Más he aquí otras siete vacas que subían después de ellas, delgadas y muy feas de traza y enjutas de carne... Y las vacas enjutas y feas devoraron a las siete primeras vacas gordas. Y entraban en sus entrañas y no se conocía que hubieran entrado en sus entrañas; pues su aspecto era feo como de primero".**

> Génesis 41:17-21

Al hablar respecto del olvido, el Rabí Natán advierte que uno debe cuidarse del "sueño del Faraón". La Biblia relata que el Faraón soñó con siete vacas gordas y siete vacas flacas. Luego de tragar a las vacas gordas, las vacas flacas no mostraban señales de haber consumido una "vaca gorda". El sueño alude a la tendencia de la gente para "tragar todo el bien" que existe en sus vidas - es decir, olvidar el bien tan absolutamente que ni siquiera una traza de su memoria permanece. Es verdad que uno debe olvidar las malas acciones y los errores pasados que podrían inhibir el crecimiento espiritual, y que debe recordar las equivocaciones pasadas para trabajar sobre ellas y corregirlas. Aun así, uno *debe* recordar el bien que ha hecho. Mantener lo positivo en la mente permite que uno pueda recurrir a su fuerza interior para crecer continuamente. Esto puede llevar a la persona hacia la alegría, la cual a su vez cuida su memoria (*Likutey Halajot, Netilat Iadaim Shajarit* 4:7).

El Rabí Natán explica en otra parte, que PaRó (Faraón

en hebreo), está relacionado con *HaFRa'a*, "interferencia," implicando los pensamientos discordantes y los engaños que infiltran nuestra mente. Uno siempre debe luchar contra el sueño del Faraón mediante la ayuda de la fuerza del Tzadik. Fue Iosef quien le dio al Faraón la solución para salvarse y salvar del hambre a su tierra (y de hecho, a todas las tierras afectadas), indicando que el consejo de los Tzadikim puede contrarrestar los efectos dañinos de los malos sueños y de los engaños.

Hemos visto (Capítulo 6) que el pecado de Adán fue comer del Árbol del Conocimiento del Bien y del Mal, acción que lo separó del consejo apropiado. Este consejo puede ser redescubierto en las enseñanzas de los Tzadikim. Aquél que verdaderamente desea superar su mala inclinación - con sus engaños, malos pensamientos y mala memoria - se beneficiará tremendamente al estudiar el consejo ofrecido por los verdaderos Tzadikim (*Likutey Halajot, Rosh Jodesh* 7:54).

*

La Creación Ex Nihilo

En Su bondad Él renueva cada día, constantemente la obra de la creación. ¡Cuán innumerables son Tus actos, Oh Dios; todo lo Has hecho con Jojmá!

Plegaria de la Mañana

Enseña el Rebe Najmán:

Uno sólo debe tener pensamientos buenos y productivos, renovando y vigorizando día a día el propio intelecto. Esto es similar a la Creación, cuando (Salmos 104:4) "Todo lo Has hecho con Jojmá". El Santo, bendito sea, repite el acto de la creación del mundo cada día, nuevamente, ex nihilo [de la nada]. De la misma manera, uno debe renovar su mente y su intelecto todos los días (*Likutey Moharán* I, 35:2).

El primer paso es comenzar cada día sin preconceptos. Tal como la creación tuvo lugar *ex nihilo*, de la misma manera debemos enfrentar cada nuevo día con una actitud *ex nihilo*. Es necesario decir, "Hoy no es como ayer. ¡Hoy es un día absolutamente nuevo!" Mantente abierto a las nuevas ideas sin encerrarte en la rutina. Enfrenta incluso la rutina diaria con una actitud nueva y fresca (*Likutey Halajot, Basar veJalav* 4:12).

La mayor parte de los inventos fueron realizados por gente que rechazó las nociones e ideas preconcebidas, y que estaba deseosa de probar un nuevo acercamiento hacia sus objetivos. Lo mismo puede decirse de la búsqueda de la espiritualidad. Acercarse de manera nueva cada día abre nuevas perspectivas espirituales.

Agrega el Rabí Natán que Dios infunde este poder de renovación en cada día. "Imagina a un artista," escribe, "que crea las obras más hermosas. ¿Es posible imaginar que esta persona creativa haría todos los días lo mismo? El Santo, bendito sea, el Maestro Artesano por excelencia, recrea el mundo entero cada día. ¿Es posible pensar por un momento que el Santo, bendito sea - Quien creó un mundo tan increíble con todo lo que contiene - estaría haciendo lo mismo día tras día durante tantos milenios sin crear nada nuevo cada día? ¡Absolutamente no! Cada día es una creación totalmente nueva. Y así como el Santo, bendito sea, renueva el mundo, trayendo algo nuevo diariamente, también tú puedes tomar diariamente de esta novedad. El secreto está en vivir cada nuevo día como una creación absolutamente nueva, una creación *ex nihilo*" (*Likutey Halajot, Birkot HaShajar* 5:28).

*

Veinticuatro Horas de Noticias

¡Daat [el Intelecto] es la vida misma!

Likutey Moharán I, 1:2

¿Quién no se ha levantado a la mañana y ha recibido de los diarios y de la radio información sobre "los acontecimientos importantes del día"? ¿Quién puede sentarse a cenar sin antes llenarse con el noticiero de las 8:00? ¿Cómo puede uno dormir toda la noche "como la gente" sin informarse primero con respecto a lo que está sucediendo en el mundo? De acuerdo con el consejo de los medios, no podemos vivir sin las noticias. La cuestión es, ¿cuáles noticias? ¿Por qué, de hecho, el mundo está tan obsesionado por las noticias?

Hemos visto que Dios infunde el poder de renovación en cada día. Así, cada día posee sus propias "novedades del día," en las cuales uno puede encontrar el sabor de la frescura de la Creación de Dios. Más aún, hemos visto que la recompensa del Mundo que Viene es un constante aumento del nivel del conocimiento de la Divinidad. Así, nuestro apetito por las noticias es de hecho un deseo instintivo de Daat, esto es, de la Divinidad, la fuente de la vida. Dado que el concepto de Creación - las innumerables novedades que Dios trae a la existencia cada día - corresponde a Jojmá y Biná, la mente posee una tendencia innata a buscar siempre aquello que es nuevo. Qué novedad uno busque es elección de cada uno. Uno puede ser alimentado por la elección hecha por el periodista de turno, o puede buscar la verdadera novedad y la refrescante renovación que se encuentra en cada día, que puede vigorizarnos con un nuevo impulso a la vida.

* * *

19

Daat: El Santo Templo

Moisés recibió la orden de construir el Santuario en donde se revelaría sobre la tierra la Presencia Divina de Dios. "¡Mira!" le dijo Dios: "Yo he llamado a Betzalel... Yo lo he dotado con un espíritu Divino, con Jojmá (Sabiduría), Tevuná (Comprensión) y con Daat (Conocimiento)..." (Éxodo 31:2-3). Rashi define a Daat como *Rúaj HaKodesh*, inspiración divina. Cuando los poderes de Jojmá y de Biná se combinan, se obtiene Daat (Conocimiento) y se construye un Santuario. Esto también puede lograrse a nivel individual. Toda persona es capaz de construirse a sí misma como un Santo Templo en el cual puede manifestarse el *Rúaj HaKodesh*.

Así enseñó el Rebe Najmán (*Likutey Moharán* I, 13:1), "Adquirir Daat es comparable a la construcción del Santo Templo, mientras que la ausencia de Daat corresponde a su destrucción". Por ende, el objetivo del hombre debe ser buscar Daat y construir su propio y personal santuario de espiritualidad, en donde pueda revelarse la Divinidad.

Como hemos visto (Capítulo 14), Daat es la manifestación externa de Keter. Es una cuasi-*Sefirá* que debe ser formada mediante la confluencia de Jojmá y Biná. De hecho, la principal rectificación de todo lo dañado en este mundo proviene de la construcción del intelecto de Daat. El Rabí Natán explica que la razón principal de esto radica en el pecado de Adán al comer del *Etz HaDaat*, el Árbol del Conocimiento del Bien y del Mal. Dado que el daño que él generó con ese pecado se produjo en el ámbito de Daat, también su rectificación debe provenir de Daat (*Likutey Halajot, Kriat HaTorá* 6:11).

Daat: El Bulbo Raquídeo y la Médula Espinal

Enseña el Rebe Najmán:

> Jojmá es el intelecto potencial; Biná es el intelecto lógico; Daat es la sabiduría adquirida (*Likutey Moharán* I, 25:1).

Jojmá es la primera revelación del intelecto. Es el intelecto potencial, pues aún se encuentra indiferenciado. Biná es el proceso de pensamiento lógico a través del cual se manifiesta Jojmá. Finalmente, cuando aquello que ha sido absorbido y comprendido puede ser aplicado en un nivel *práctico*, uno ha alcanzado Daat.

Esto puede comprenderse mejor recordando que Daat es un paralelo del bulbo raquídeo y de la médula espinal. Todo lo procesado por el cerebro se manifiesta en la respuesta del cuerpo frente a la dirección del cerebro. La médula espinal, siendo una extensión del bulbo raquídeo, refleja la capacidad de Daat de recibir de Jojmá y Biná. Como hemos visto, Jojmá representa el pasado mientras que Biná representa el futuro. Daat es la fuerza del presente, el aquí y ahora, donde interactuamos con las fuerzas que nos rodean. Como tal es sólo a través de Daat que podemos verdaderamente llegar a ser conscientes de la Divinidad que nos rodea y nos conforma.

Para aprender cómo llegar a ser conscientes de la espiritualidad a través de Daat, recordemos que en la estructura de las *Sefirot*, Jojmá se encuentra del lado derecho y Biná del lado izquierdo (ver Apéndice C). Los lados derecho e izquierdo corresponden respectivamente a *Jasadim* (Bondad) y *Guevurot* (Juicios). Anteriormente explicamos (Capítulo 14) que Jojmá, que es el aspecto masculino, se une con Biná, el aspecto femenino, para crear Daat. La combinación de Jojmá y Biná es crucial para el funcionamiento del Daat.

A nivel práctico, si intentamos estructurar nuestras vidas sólo con la bondad, nos sentiremos abrumados e incapacitados para funcionar. Si tratáramos de vivir una vida regida puramente por el juicio no podríamos existir, pues toda mínima desviación de las responsabilidades demandaría un grave castigo. Así, el equilibrio entre la bondad y el juicio es algo crucial para una existencia sana.

De la misma manera, alcanzar la mezcla perfecta de amor y de respeto a Dios (Jesed y Guevurá) es equivalente a alcanzar Su conocimiento. El amor nos permite entregarnos de manera irrrestricta, mientras que el respeto nos ayuda a mantener la distancia apropiada necesaria para servir a Uno tan exaltado como Dios.

Daat crea también un equilibrio saludable en las relaciones humanas. Daat representa la compasión, estado en el cual la bondad y la restricción son ejercidas de manera simultánea. Un ejemplo de esta combinación puede verse claramente en la manera sabia de disciplinar a un niño. Un padre puede castigar duramente a su hijo para descargar su propia ira, o puede evitar castigarlo, por temor a generar un mayor antagonismo. Cualquiera de estos comportamientos va en detrimento del niño. La disciplina administrada en forma ordenada puede ser empleada de manera tal que el niño comprenda cuál es el comportamiento inaceptable y cómo debe comportarse en el futuro. La restricción es utilizada en su forma de castigo pero combinada con el amor al niño. Esta es la verdadera compasión, la compasión creada mediante Daat.

*

¿Aié? y Meló: Esperanza, Sin Desesperar

El conocimiento de que la mezcla entre las fuerzas opuestas (Jesed y Guevurá) es algo necesario para mantener la creación puede ayudarnos a comprender cómo la Divinidad está presente en este denso planeta material. El principio básico de la existencia es que Dios permea toda la Creación, desde los niveles más elevados hasta los más bajos. Por un lado, cuanto más elevado sea el nivel al que la persona ascienda, más grande será la revelación de Divinidad que experimente y más será atraída hacia lo espiritual. Por otro lado, en los niveles inferiores de existencia, la presencia de Dios se hace cada vez más oculta, hasta que en el más bajo de los niveles da la sensación de que Él no existe, Dios no lo permita. La cuestión que nos enfrenta entonces es: considerando el denso mundo material en el cual vivimos, ¿cómo podemos, siendo meros seres humanos, tener la esperanza de experimentar a Dios?

Enseña el Rebe Najmán:

> Existe un nivel en el cual la revelación de la grandeza del Santo, bendito sea, es tan elevada que no podemos ni siquiera comenzar a comprenderla. Este es el nivel de "*¿Aié makom Kevodó?* - ¿Dónde está el Lugar de Su Gloria?" Ni siquiera los Tzadikim pueden comprender *makom Kevodó* (el Lugar de Su Gloria) pues cuanto más alto ascienden, más perciben la grandeza del Santo, bendito sea, en contraste a su propia insignificancia. Lo único que les queda es la pregunta "*¿Aié?*".
>
> En el lado opuesto de la escala se encuentran los peores pecadores, aquéllos que están tan distantes de la espiritualidad que parece como si no tuvieran conexión alguna con el Santo, bendito sea. ¿Cómo pueden ellos comenzar alguna vez a buscarLo? Para poder progresar, deben comprender que la tremenda y gran misericordia del Santo, bendito sea, se extiende desde los niveles más elevados hasta este mundo material. De esta manera el Santo, bendito sea, sostiene el mundo y *"Meló kol ha aretz Kevodó -* El mundo entero está lleno de Su Gloria"* (Isaías 6:3). Se sigue entonces que, pese a la tremenda grandeza del Santo, bendito sea, siempre podemos encontrarLo, pues Él está en todas partes.
>
> En cada generación existe un Tzadik tan grande que puede comprender ambos conceptos, el de *¿Aié?* y el de *Meló.* Él puede mostrarle a la persona que busca la espiritualidad que, no importa cuánto haya logrado, aún no ha comenzado a comprender siquiera la esencia del Santo, bendito sea. Al mismo tiempo, puede mostrarle a la persona más alejada de la espiritualidad que el Santo, bendito sea, se encuentra justo a su lado, accesible en todo momento (*Likutey Moharán* I, 7:7).

Vemos que los conceptos de *¿Aié?* y de *Meló* representan dos extremos opuestos del espectro. Uno indica un constante estado de anhelo y cuestionamiento: "¿Cuándo llegaré al objetivo?" El otro está tipificado por el sentimiento de incapacidad para encontrar a

Dios y de no ser digno de acercarse a la santidad, por lo que se le debe "mostrar" que "el mundo está lleno de Su Gloria". Parecería que lógicamente ambos no pueden coexistir. Ostensiblemente, aquél está inclinado hacia lo espiritual se encuentra lejos de lo material; y aquél hundido en lo material nunca busca lo espiritual. Aun así es interesante notar que todos experimentamos estos extremos en la vida diaria. Comúnmente fluctuamos entre la esperanza y la desesperación; también somos conscientes de las consecuencias de pensar que hemos "llegado," o de perder las esperanzas de ser capaces de volver a comenzar.

Daat es el "puente" entre estos dos extremos. Con Daat *siempre* podemos encontrar a Dios - allí donde estemos. Incluso en el más bajo de los abismos podemos encontrar solaz en la conciencia de Su cercanía, al tiempo de ser conscientes de la distancia que nos separa de Él. Un Tzadik es alguien que ha perfeccionado su Daat, siendo entonces capaz de comprender ambos conceptos y de entrelazarlos, comprendiéndolos como uno solo. Su movimiento entre los mundos superiores e inferiores es tan natural como pasar de una habitación a otra. Debido a que ha unido dos aparentes opuestos dentro de sí mismo es capaz de iluminar el Daat de los demás, de modo que todo aquél que acepte su guía será capaz de percibir a Dios a su propio nivel.

*

Las Tres Divisiones

Una persona no peca a no ser que haya sido poseída por un espíritu de locura.

Sotá 2a

Enseña el Rebe Najmán:

Daat indica un lazo y una unión, tal como está escrito (Génesis 4:1), "Adán *conoció* [iadá] a su esposa Eva". La unión puede tomar dos formas. Una unión Sagrada es unirse a los Tzadikim, a la Torá y al Santo, bendito sea. Tal unión proviene de un Daat de

Santidad. Las uniones pecaminosas, por otro lado, provienen de un Daat dañado (*Likutey Moharán* I, 43).

Hemos visto que el cerebro se divide en tres secciones principales: el cerebro, el cerebelo y el bulbo raquídeo. Esta división corresponde a la capacidad de la mente de compartimentar la información y analizarla antes de llegar a conclusiones lógicas. De acuerdo con el Rebe Najmán, este proceso en tres etapas (compartimentado, análisis y toma de decisión final) demuestra la capacidad de la mente para "determinar divisiones" y proteger a la persona contra el pecado, en especial contra los pecados de inmoralidad.

Las divisiones del cerebro corresponden a Jojmá, Biná y Daat, tal cual hemos explicado. Si uno enfoca su mente hacia el logro de una mayor espiritualidad, se dirige entonces hacia la santidad. La Unión interior, la mezcla de sabiduría y comprensión, crea entonces un Daat de santidad, un santuario donde puede revelarse la Divinidad. Pero, si la persona se aleja de la santidad mediante falsas creencias, o dilapidando la energía mental en pensamientos inmorales o pecaminosos, daña su capacidad para alcanzar un Daat de santidad. Las divisiones en la mente se fragmentan; la sabiduría (Jojmá) se disipa y la lógica (Biná) abandona a la persona. De hecho, enseña el Ari que sólo las fuerzas de santidad poseen Daat, mientras que las fuerzas del mal existen sin Daat. Enseña el Zohar (II, 95 a), "Aquéllas [las fuerzas del mal] comienzan como una unidad pero concluyen separadas". La unidad no puede durar dentro del ámbito del mal, pues no hay posibilidad de unión entre el amor y el temor, la bondad y la restricción. No es posible alcanzar Daat, esa mezcla beneficiosa que da como resultado la compasión.

> Al dañarse Daat disminuye la compasión, y la bondad es reemplazada por la crueldad. La gente en este estado se vuelve insensible a los sentimientos de los demás y negligente hacia la propiedad. El daño y el abuso se vuelven cosa de todos los días. Peor aún, la compasión se encuentra totalmente desubicada, de modo que la piedad se malgasta aplicándola sobre los indignos (*Likutey Moharán* II, 8:2).

Cuando reina la inmoralidad, Daat se daña. El sentido de la compasión se oscurece: ahora se muestra compasión hacia los criminales - terroristas, asesinos, violadores y demás - mientras que los ciudadanos respetuosos de la ley temen por sus vidas e individuos que no lo merecen sufren restricciones injustificadas. Algunos muestran una excesiva preocupación por la vida silvestre, mientras que la humanidad languidece en la pobreza. Es por esta razón que Dios creó al hombre con un "triunvirato" plantado firmemente dentro de su mente: Jojmá, Biná y Daat. Al buscar unificar la bondad de Jojmá con la restricción de Biná, la persona puede desarrollar un Daat bien formado y saber cómo construir y crear con moderación, para su propio beneficio y para beneficio de la humanidad como un todo.

Dios le dio al hombre la oportunidad de construir "divisiones" sólidas en su mente, cultivando así su Daat. Al crecer este Daat, estas divisiones actúan como barreras contra los malos pensamientos, de modo que la persona puede eliminar todo pensamiento o acción inmoral antes de que tenga la posibilidad de establecerse dentro de su mente. Si llega a caer presa de un pensamiento inmoral, puede recuperar fuerzas con la ayuda de estas divisiones, y luchar contra la inmoralidad incluso antes de que se transforme en una palabra hablada o en una acción. La persona tiene la posibilidad de analizar y categorizar el pensamiento y decidir entonces qué hacer con él: eliminarlo o dejar que se manifieste como acción o palabra. Al superar así los pensamientos inmorales, la persona rectifica su Daat y alcanza un Daat todavía mayor. Aquél que ha alcanzado este estado puede irradiar amor y bondad de la manera apropiada, para beneficio de la humanidad.

El Rebe Najmán sugiere el estudio de la Torá como ayuda para superar las tendencias inmorales. "La Torá es llamada Daat. Con Daat uno puede anular todas las malas características y en especial la inmoralidad" (*Likutey Moharán* I, 36:2).

*

El Árbol del Conocimiento: El Bien y El Mal

Hemos visto la importancia del intelecto, en especial en su aspecto de Daat tal cual se relaciona con nuestra capacidad para funcionar como un pueblo santo en este mundo. Consideremos ahora la influencia que ejerce, tanto positiva como negativa.

Enseña el Rebe Najmán:

* Daat es llamado así cuando, mediante él, uno llega a reconocer al Santo, bendito sea (*Likutey Moharán* II, 7:4).

* Daat corresponde a la paz, mientras que la controversia indica una forma restringida de Daat (*Likutey Moharán* I, 56:8).

* Se requiere del estudio de la Torá para alcanzar el status de "hombre" (Números 19:14; cf. *Berajot* 43b). Esto se debe a que la Torá se adquiere en tres etapas: estudiar Torá, que corresponde a Jojmá; comprender el estudio, que corresponde a Biná; y manejar el tema, que es equivalente a Daat. Los aspectos principales del intelecto, Jojmá y Biná (pues Daat resulta de su confluencia), corresponden a las dos primeras letras del Tetragrámaton, *Iud* y *Hei*. Ambas, *Iud* y *Hei*, suman juntas el valor de 15 y [dado que *Iud* y *Hei* pueden expandirse de tres maneras diferentes; ver Apéndice C] tres veces 15 es igual a 45, que es el valor equivalente de *AdaM*, hombre (*Likutey Moharán* I, 101).

* Daat incluye la verdadera alegría del Mundo que Viene. Puedes experimentar el gusto de Daat aun en este mundo, mediante el estudio de la *Halajá*, de los Códigos. Cada ley aprendida de los Códigos te da un *nuevo* elemento de Daat (*Likutey Moharán* II, 2:2).

* Cuando tu Daat está completo, tu alma puede desarrollarse. De manera inversa, si tu Daat está dañado, se dice que eres

"estéril," incapaz de desarrollar y producir descendencia. Estéril en hebreo es *LiMLeJá*, relacionado a la palabra *MeLaJ* [sal, es decir, amargura]. Así como la sal hace que una persona sienta sed, también el alma siente sed de espiritualidad y esta sed corresponde al sufrimiento. Puedes aliviar esta sed con ideas originales de Torá (*Likutey Moharán* I, 65:5).

• Lograr Daat para uno solo no es suficiente. La persona debe transmitirles Daat a los demás, de modo que incluso luego de la muerte pueda "vivir" a través del Daat que dejó tras de sí en este mundo. Esto puede lograrse a través de los propios hijos, quienes son creados de la simiente que se originó en los *mojín* (ver arriba, Parte 9). También puede lograrse enseñándoles la Torá a los demás (*Likutey Moharán* II, 7:4).

• Daat es comparado a la luz del día. Alguien que alcanza una fe completa en el Santo, bendito sea, alcanza Daat. Entonces incluso sus "noches" brillan como el día (*Likutey Halajot, Birkot HaShajar* 5:28).

• El hombre se distingue por su Daat, por su capacidad de discernir entre el bien y el mal (*Likutey Moharán* II, 7:2).

• Aquél que estudia Torá sin Daat [sin aplicar este conocimiento] es comparado con Labán, quien sólo recurría al engaño. Tal persona utiliza su Daat para engañar a los demás y crear controversias (*Likutey Moharán* I, 12:1).

• Aquél que carece de Daat debe trabajar muy duro para ganarse el sustento. Cuanto más Daat le falte, más deberá trabajar. El maná, que fue el alimento de los Israelitas en el desierto, alude a un gran Daat. De modo que si uno posee Daat su sustento será más fácil (*Likutey Moharán* I, 56:6).

- La vida se experimenta a través del intelecto. Si una persona no hace un uso apropiado de su intelecto es considerada como si estuviese dormida en vida. Este "sueño" proviene de un comer inapropiado (*Likutey Moharán* I, 60:6).

- La verdadera pobreza es la de la mente (*Likutey Moharán* II, 7:3).

- Cuando el Daat de la persona excede su capacidad de dominar ese Daat, entonces ese intelecto crea herejías. La capacidad de la persona para controlar su intelecto está en relación directa con sus buenas acciones (*Likutey Moharán* I, 55:6).

- Todo dolor, sufrimiento e incluso exilio son resultados de una falta de Daat (*Likutey Moharán* I, 21:12).

*

El Rebe Najmán ofrece también sugerencias para ayudar a rectificar y desarrollar nuestro Daat.

- El intelecto es imperfecto sin un correspondiente apego a los Tzadikim. Para que el intelecto alcance un grado de plenitud, debe ser puro. Los Tzadikim, que son puros, ayudan a alcanzar pureza de mente (*Likutey Moharán* I, 211).

- La Tierra Santa tiene el poder de purificar la mente (*Likutey Moharán* I, 44).

- La alegría eleva la mente (*Likutey Moharán* I, 89).

- El conducirse con honestidad en los negocios permite orar con una mente pura (*Likutey Moharán* I, 93:2).

• Los tres *mojín* corresponden a las tres Festividades. Observar las tres Festividades puede rectificar los *mojín* (*Likutey Moharán* II, 1:5).

*

Enfermedad Mental...

Los psiquiatras y los psicólogos se ven presionados para mantenerse al día con los nuevos desarrollos en el campo de la salud mental. Nuevos tipos de neurosis parecen estar apareciendo a un ritmo alarmante y constantemente se descubren nuevos desórdenes mentales. La profesión médica es incapaz de explicar este fenómeno. Aún no se han presentado soluciones concretas y en el interín se distribuyen libremente todo tipo de drogas para compensar nuestra falta de comprensión de la raíz del problema. Un círculo vicioso puede iniciarse, por ejemplo, cuando un pequeño desorden requiere medicación. El *Physician's Drug Reference Manual* ("Vademécum Médico de Drogas y Remedios") muestra claramente cómo cada tipo de medicamento presenta sus propios efectos secundarios, lo que lleva a otros problemas, sobre los cuales es necesaria la aplicación de diferentes drogas. Desafortunadamente, una gran porción de la humanidad sufre desórdenes mentales y emocionales, algunos de los cuales son considerados hereditarios, mientras que otros son vistos como resultado de las circunstancias de la vida; pueda Dios enviarles a todos una cura completa.

Así como la fisiología del hombre es un paralelo de su estructura espiritual, de la misma manera la salud mental es un espejo de la salud espiritual. Hemos visto que Keter indica esperar y paciencia (Capítulo 16). La mente debe tener un monitor que le diga, "Ahora no es el momento. Espera, sé paciente. No puedes tener todo lo que quieres ahora mismo; podrás cumplimentar tus deseos en algún momento en el futuro, pero no ahora. Debes aprender a ser paciente; ahora debes trabajar duro y tratar de mejorar. Vive tu vida con plenitud en el *presente*. A medida que tu vida se desarrolle serás capaz de alcanzar tus objetivos".

Aquí yace la clave para virtualmente todos los desórdenes mentales. Cuando se daña el Keter de una persona, también se daña su capacidad de crear un marco dentro del cual su estado mental y emocional pueda crecer y prosperar. Y como resultado abundan las anormalidades. Vemos por tanto que muchos desórdenes se encuentran asociados con tendencias compulsivas tales como desórdenes bipolares (maníaco-depresivos) u obsesivo-compulsivos. Más aún, todas las pasiones - obsesión con pensamientos inmorales, obsesión con el trabajo, comer compulsivamente, etc. - aunque reconocidos comúnmente como desórdenes, están de hecho asociados con impulsos no controlados. Como enseña el Talmud (*Pesajim* 66b), "La ira produce una pérdida del intelecto"; la ira denota una falta de paciencia. El motivo de esta pérdida de intelecto es que la falta de paciencia refleja un daño al nivel de Keter y cuando Keter está dañado, la mente sufre. Además, hemos visto que un daño en Keter lleva al *karet* (separación) y es responsable de los "desórdenes de alienación," tales como las diferentes psicosis.

Hemos visto (Capítulo 16) que Keter (Voluntad) se relaciona con el poder de libertad de elección del hombre. El hombre tiene la capacidad de elegir y de actuar sin la mínima compulsión. Sus decisiones pueden ser tomadas completamente independientes de toda consideración externa. El hombre puede ser transformado en un ser verdaderamente responsable, empleando la paciencia y la sabiduría para saber lo que debe y lo que no debe hacer, como la clave para vivir una vida normal.

Pero el hombre moderno está sujeto a presiones, tanto internas como externas; presiones tales como nunca se presentaron en las décadas pasadas. En lugar de aceptar y encarar la prueba moral moderna y enfrentar la dura realidad, muchos han perdido la paciencia y han elegido el camino fácil: abandonar la responsabilidad espiritual. En vez de esperar el momento apropiado, la gente se siente en general "compelida" a actuar de cierta manera, a "impulsar" una idea en particular o a "forzar" un tema dado. "Aquél que vacila pierde," dice el refrán, por lo que uno generalmente siente que "debe" hacer algo: comprar... correr... jugar... adquirir... tener, etcétera. Compulsión - no paciencia - es el imperativo del día.

Más aún, en lugar de admitir simplemente haberse equivocado, la gente se enreda en la justificación de sus acciones. Con este comportamiento evaden la responsabilidad de sí mismos, de sus acciones y del medio. No hace mucho, era estilo de los analistas tratar de hacer que la gente se sintiera bien consigo misma - una idea noble, ¡una idea que el Rebe Najmán enseñó hace doscientos años! Sin embargo, este consejo era dado a expensas del sentimiento básico de responsabilidad. La frase prevaleciente era, "Mientras yo me sienta bien, no importa lo que haga o lo que suceda a mi alrededor". Gracias a Dios, esta escuela de pensamiento está declinando, pues en términos generales no ha conducido a la salud mental sino más bien a una grave forma de enfermedad mental, mientras que aquéllos cercanos al que buscó tal equivocada autosatisfacción fueron los que más sufrieron.

*

...Y Remedios Sugeridos

La responsabilidad es la clave para una vida madura. Esto implica responsabilidad no sólo con respecto a las propias acciones sino también a los propios pensamientos. Así como las acciones de una persona tienen un efecto visible sobre su ambiente, de la misma manera sus pensamientos tienen un efecto sobre sí misma y su carácter - aunque no necesariamente evidente de inmediato. El individuo responsable es aquél cuyo sentido de la responsabilidad se encuentra fuertemente arraigado en su carácter. Como enseña el Talmud (*Sanedrín* 37a), "Cada persona debe decir, 'El mundo fue creado para mí'". El Rebe Najmán explica que esto significa (*Likutey Moharán* I, 1:5), "Yo soy responsable de hacer que el mundo sea un lugar mejor".

Enseña el Talmud (*Sotá* 2a), "Una persona no peca a no ser que haya sido poseída por un espíritu de locura". Este "espíritu de locura" es una compulsión interna que nos empuja hacia el desequilibrio y nos hace hacer cosas que no habríamos hecho si nuestras mentes hubieran estado centradas como es debido. Para superar esta compulsión debemos observar nuestras acciones con calma y en forma objetiva. Si nos damos cuenta de que hicimos algo malo, nuestra primera respuesta debe ser superar el instinto natural de negar y justificar esa acción. En este sentido, la salud mental puede definirse como la capacidad de distinguir entre "yo mismo" y "mis acciones".

Sólo cuando esquivamos nuestras responsabilidades, dejando que nuestras acciones pasen inadvertidas, el espíritu de locura comienza a tomar residencia dentro de nosotros. Cuanto más bajo nos dejemos caer, más nos acostumbraremos a hacerlo. Por supuesto, Dios creó en nosotros las capacidades y las oportunidades para elegir la vida y por tanto librarnos de todas las compulsiones internas. Pero, hasta que podamos comprender cuán valiosas son estas oportunidades, cada pecado que cometamos permitirá que entre y resida mucha más locura. Esto ocurre especialmente con de los pecados relacionados con la inmoralidad. Dado que la simiente del hombre se origina en su intelecto, todo acto que involucre la pérdida de la simiente es de hecho una pérdida del propio intelecto.

Escribe el Rabí Natán que la mayor parte de la gente se permite excentricidades que son obviamente locuras. Esto se debe a no se han hecho responsables y no se han arrepentido de sus transgresiones del pasado, tal como puede comprenderse del pasaje Talmúdico citado más arriba. Con el tiempo la persona puede llegar a un estado de absoluta locura con sólo un mínimo de intelecto. El Rabí Natán apunta que, siendo así, ¡la mayor parte de la gente puede ser clasificada de lunática! Sin embargo, debemos comprender que el intelecto es tan poderoso que hasta una mínima porción es suficiente para contrarrestar toda la necedad que uno puede haber generado en sí mismo. Incluso aquellas personas a quienes sólo les queda un mínimo vestigio de intelecto aún poseen la libertad de elección y pueden inmediatamente, en cualquier momento, alterar su forma de vida y vivir una vida normal, libre de transgresiones y culpas (*Likutey Halajot, Netilat Iadaim LiSeudá* 6:37).

*

Escribe el Rebe Najmán:

> Cuando despierta el sentido del bien inherente a la persona, esto
> la ayuda a salir de la locura en la cual se encuentra aprisionada,
> permitiéndole rectificar su mente (*Likutey Moharán* I, 17:8).

Enseña el Rebe Najmán que "la caridad es juicio" (*Likutey Moharán* I, 2:4). Aquél a quien se acerca alguien pidiendo caridad se enfrenta con la necesidad de tomar decisiones. Debe decidir: ¿Esta causa es digna? ¿Qué y cuánto debo dar? Y demás. Así, dar caridad se asemeja a emitir un juicio. De esta manera, dar caridad ayuda a la persona a obtener Daat y a rectificar su mente.

Enseña el Talmud (*Berajot* 33a), "Está prohibido mostrar piedad a uno que carece de Daat". Pero en otro lado afirma (*Shabat* 151b), "Todo aquél que muestre compasión por los demás recibirá compasión del Cielo" - si uno carece de Daat, ¿cómo puede el Cielo tenerle piedad [si esto está prohibido]? La respuesta es que alguien que ha dado caridad ha mostrado compasión a los demás. De esta manera, se ha vuelto digno de obtener Daat y merece la compasión del Cielo. Al obtener Daat, está protegido del pecado, dado que "una persona no peca a no ser que haya sido poseída por un espíritu de locura" (*Sotá* 2a; *Likutey Moharán* I, 116). Así, la caridad protege el propio Daat y con el Daat intacto, uno está protegido del pecado.

*

Depresión y Alegría

Enseña el Rebe Najmán:

> La única razón por la cual la gente está distante del Santo, bendito
> sea, y no está interesada en la espiritualidad es que no tienen *ishuv
> haDaat* [calma mental; serenidad de la mente]. Cuando la persona
> está deprimida, no puede controlar su mente lo suficiente como
> para alcanzar esa serenidad; por tanto, se debe siempre buscar la
> alegría (*Likutey Moharán* II, 10).

Cuando una persona tiene *ishuv haDaat*, su mente puede permanecer centrada en lo espiritual. Es capaz de dejar de lado los montones de información a los cuales se ve expuesta y centrarse en el conocimiento que la ayudará a alcanzar su objetivo. Hemos visto que Keter es el *mesader u'meiashev* del intelecto. *Mesader* significa "aquello que pone en orden," mientras que *meiashev* significa "aquello que establece" (Capítulo 16). En este sentido *ishuv haDaat* significa "establecer el propio Daat". Motivarse a establecer la propia mente permite conectar Daat con Keter, es decir, con lo espiritual.

En la lección citada más arriba, el Rebe Najmán enseña que la rutina diaria de la vida aleja automáticamente a las personas de la espiritualidad. Las necesidades materiales, incluso las más mínimas, tienden a distraernos impidiendo que nos concentremos en nuestros objetivos - especialmente cuando estos son espirituales. Si examináramos a diario nuestro progreso espiritual y reflexionáramos sobre la viabilidad de nuestros objetivos, estaríamos más seguros de su valía y podríamos buscar Daat con mayor efectividad.

El problema es que, en general, la capacidad de la gente para concentrarse en los temas importantes de la vida es intermitente en el mejor de los casos. La gente se ve abrumada por lo que percibe como la inmensidad de sus dificultades. En lugar de sentir una serena satisfacción y contento, son propensos a la depresión. La depresión es uno de los medios más efectivos que tiene la mala inclinación para impedir que nos concentremos en nuestros objetivos y así el ciclo se refuerza a sí mismo.

El Rebe Najmán asocia este estado mental con el exilio. Está escrito con respecto a la redención (Isaías 55:12), "Dejarán [el exilio] con alegría". La alegría indica libertad. La calma mental nos lleva hacia la alegría, la que libera a su vez nuestra mente. La alegría restaura nuestra capacidad para dirigir nuestras vidas hacia el objetivo más elevado, el objetivo de la Redención. La depresión, por otro lado, está asociada con el exilio y la esclavitud.

Afirma la Mishná (*Avot* 4:1), "¿Quién es rico? Aquél que se alegra con su porción". El sendero hacia la verdadera plenitud en la vida es alegrarse con la propia porción. Esta "porción" no está necesariamente conformada por los objetos tangibles que poseemos en algún momento en particular. Tiene más que ver con lo que nos es realmente importante, lo que verdaderamente importa, comenzando con una apreciación del hecho de estar vivos. Es el descubrimiento de quiénes somos y la alegría de saber por qué nacimos; es la capacidad de descubrir y desarrollar nuestro potencial - lo que el Rebe Najmán llama "los puntos buenos" dentro de nosotros. ¿Quién es rico? Aquél que sabe ver y apreciar el bien; aquél que sabe mantener un punto de vista positivo en la vida. Por supuesto, esto es más fácil de decir que de hacer, pero si uno se esfuerza, alcanzará entonces la alegría y una vida de felicidad y de contento. (Ver *El Tesoro de Dones Inmerecidos* publicado por el Breslov Research Institute, que trata del sendero del Rebe Najmán hacia la alegría y el contento en la vida).

*

Abriendo el Mar

> Durante el Éxodo, Moisés utilizó su *vara* para abrir el mar. Durante la Redención final, la *pluma* abrirá el "Mar de Sabiduría".
>
> *Tikuney Zohar* #21, p.43a

Como hemos visto, Adán fue creado para alcanzar un estado de perfección. Pero perdió esta posibilidad al comer del *Etz HaDaat* (el Árbol del Conocimiento) y descender así al ámbito del mal. Este descenso tuvo como objetivo el ascenso final. Al descender primero es posible no sólo recuperar aquello que fue perdido sino alcanzar un nivel superior. En este sentido, no es por casualidad que el descenso fue causado por un daño en el Daat y que como resultado "el Daat mismo salió al exilio" (es decir, el verdadero Daat es ahora muy difícil de alcanzar). Recién cuando llegue Mashíaj, Daat será redimido, pues entonces (Isaías 11:9) "la tierra estará llena del Daat [Conocimiento] de Dios, así como las aguas cubren el mar".

Como parte de su papel cósmico en la rectificación del pecado de Adán, la misión del pueblo judío consiste en redimir a

Daat de su exilio, reparando el daño. El paradigma de esta misión es la redención de los judíos del exilio en Egipto. Este exilio fue un descenso necesario que tuvo como propósito preparar a Israel para ascender al Sinaí y entrar finalmente a la Tierra Santa y construir el Templo (todos aspectos de un Daat santo y rectificado). Sólo mediante la fuerza y el mérito de Moisés pudieron los judíos dejar el exilio en Egipto, pues, tal como escribe el Ari, Moisés corresponde a Daat (*Etz Jaim* 32:1; ver Apéndice C). Como tal, su misión fue llevar a Israel hacia la Tierra Santa para efectuar la rectificación final del Daat.

Desafortunadamente, aunque Moisés logró una gran rectificación, no fue capaz de completar su misión. El motivo constituye uno de los más profundos misterios de la Torá. Ostensiblemente, los pecados de Israel descalificaron a sus integrantes para entrar a la Tierra Santa con Moisés. Esto ciertamente es verdadero, pero las razones más profundas no están escritas como para que todos puedan apreciarlas. Baste con decir que durante esos cruciales cuarenta años en el desierto, Moisés y los Hijos de Israel plantaron las semillas de la Redención futura. Allí fueron elevados a los niveles más altos de la visión profética; allí presenciaron milagros y llegaron a comprender el plan que Dios tiene para Israel y para toda la humanidad. Si bien trataron con todo su ser traer la Redención final, comprendieron que aún no había llegado el momento. Su tarea era preparar la tierra y plantar las semillas para que las generaciones posteriores realizaran la cosecha. En su mérito, Dios planeó milagros y maravillas más grandes aún que aquéllos experimentados por el pueblo judío al cruzar el Mar Rojo.

Cuando Israel partió de Egipto, el Mar Rojo se plantó en su camino y les impidió entrar directamente a la Tierra Prometida. También en nuestros días hay un "mar" que obstruye nuestra capacidad para retornar a la espiritualidad de la Tierra Santa. Este "mar" es el mar de la sabiduría ajena y de las falsas creencias (un Daat impuro y dañado) que nos bombardea a diario y nos impide ver la Divinidad que se encuentra en todas partes. Para ayudarnos a superar este obstáculo, Dios está en proceso de abrir el "Mar de

Sabiduría" develando los misterios de la Torá que se encuentran en la Kabalá, de modo que Su Presencia pueda revelarse en el mundo. El Zohar, los escritos del Ari y las enseñanzas de los verdaderos Tzadikim, que representan a Moisés, contienen los más profundos misterios de la Torá. Estas enseñanzas son parte de los aspectos ocultos de la Torá que serán revelados en los días de Mashíaj. Su raíz está en el nivel de Keter, el nivel más exaltado del conocimiento de Dios que pueda ser alcanzado en el mundo (*Zohar* III, 152a).

El Rabí Natán explica que todo esto se encuentra aludido en el concepto de la pluma (mencionada más arriba en la cita del *Tikuney Zohar*). La pluma representa la escritura y el registro de las enseñanzas de Torá que revelan la Divinidad. Así como la vara de Moisés fue utilizada para abrir el Mar Rojo, esta pluma es utilizada para abrir el "Mar de Sabiduría". Los Tzadikim que revelan estas enseñanzas de Torá están constantemente dedicados a "separar el Mar de Sabiduría" para revelar la Presencia de Dios en este mundo. A medida que se difunden estas enseñanzas, más gente se vuelve hacia la espiritualidad y, el mar de la falsa creencia se "abre" cada vez más. Cada vez más gente lo cruza y eventualmente, el verdadero Daat y la buena voluntad alcanzarán un triunfo absoluto. Mashíaj llegará y revelará la inmensa dimensión espiritual que existe más allá de lo aparente y de lo cual toda la humanidad podrá beneficiarse (cf. *Likutey Halajot, Pikadon* 5:41).

Así enseña el Rebe Najmán:

> El principal sufrimiento del presente exilio es consecuencia de que Israel ha caído del Daat superior [de la fe en la providencia milagrosa de Dios] y ha llegado subsecuentemente a la equivocada creencia de que todo depende de la naturaleza, del azar o del destino. De hecho, esta creencia es la causa misma del sufrimiento de la gente. Vivir entre las naciones gentiles y aprender de sus formas de vida ha llevado a pensar que todo depende de [las leyes de la] naturaleza y del destino. Cuando vuelvan a obtener Daat [Conocimiento] de la Divina Providencia, dejarán de sufrir;

pues la verdad es que Israel se encuentra por encima de las leyes naturales. Sólo cuando pecan, el Cielo no lo permita, caen bajo el dominio de la naturaleza. Es entonces que sufren el exilio y la humillación (*Likutey Moharán* I, 250:2).

*

Daat: el Santo Templo

> Todo aquél que tiene *Daat* - es como si el Santo Templo fuera construido en sus días.
>
> *Berajot* 33a

Cuando Dios así lo considere, enviará el Mashíaj, cuya responsabilidad será construir el Santo Templo que será utilizado para la plegaria y los sacrificios. Pero ciertamente podemos preguntar, la construcción del Tercer Templo, que anhelamos con todos nuestros corazones, ¿acaso tiene solamente por objetivo ofrecer ciertos sacrificios? Es obvio que esto es mucho más profundo de lo que parece. ¿Qué *es* el Templo y qué representan los sacrificios?

La era Mesiánica anunciará el amanecer de una época de gran Daat, del Conocimiento Dios. Los recientes avances tecnológicos son grandes revelaciones de conocimiento, pero les falta la constancia de Daat. El hecho de que la ciencia y la tecnología no puedan crear nada eterno indica que debe haber algo más allá; que *hay* un conocimiento más grande que todos los avances de los investigadores y científicos. Y lo hay: ese conocimiento mayor es la espiritualidad - la Divinidad.

Hemos visto (más arriba, Capítulo 14) que el mundo fue establecido mediante un sistema de "tres columnas". Estas se manifiestan en los tres atributos de Jojmá, Biná y Daat. Jojmá es un paralelo de la sabiduría que uno posee, aquello que la persona ha estudiado y conoce. Biná corresponde a la incorporación de esa sabiduría en la construcción de la propia vida. Daat es la aplicación final de lo aprendido - la formación de una estructura completa que sea funcional. Daat es la "columna del centro" - la combinación de la sabiduría que uno ha adquirido y la capacidad de utilizarla en forma lógica, para arribar a conclusiones responsables y reconfortantes.

Un análisis más profundo de la afirmación de nuestros Sabios respecto de que Daat es sinónimo del Santo Templo, nos permite comprender mejor qué significa el Santo Templo a diferentes niveles. Como estructura física, el Templo deberá contener un altar sobre el cual se ofrecerán diversos sacrificios. Pero este Santo Templo también representa la construcción de la propia *mente* - la obtención de un nivel de Daat y pureza. Este es el nivel en el cual uno es capaz de recibir la espiritualidad - de convertirse en un templo para el alma Divina. Esto, entonces, lleva a desarrollar una conciencia de Dios. Desarrollar esta conciencia no es tarea fácil. Es necesario realizar sacrificios.

Pues ese día... Una fuente brotará desde la Casa de Dios...

Ioel 4:18

¿Qué significa ofrecer un sacrificio en el Santo Templo y de qué manera se relaciona con nosotros? La palabra hebrea para designar un sacrificio es *korbán*. Su propósito es traer una ofrenda a Dios - así sea de agradecimiento, de pecado o una ofrenda quemada. Explica el Ari que el ser humano es la forma más elevada de vida, pero que cuando peca pierde su ventaja humana y desciende al nivel del animal. Cuando se arrepiente, el hombre trae un animal como sacrificio, indicando que desea "sacrificar" sus bajas tendencias animales y volver a su anterior nivel de ser humano. Así el pecador viene a la Casa de Dios y ofrece su animal sobre el altar, tomando una forma de vida inferior y ofreciéndola a Dios, elevándose a sí mismo de los niveles inferiores en los cuales ha caído y retornando a los niveles superiores.

Al mismo tiempo, a través de su sacrificio, el hombre atrae a Dios, si así pudiera decirse, desde Su exaltada morada y revela Su presencia hasta en los niveles más bajos. El sacrificio atrae la presencia de Dios sobre persona en este bajo mundo. Es así que el "sacrificio" une todos los mundos - el mundo inferior material con los Universos espirituales - trayendo una revelación de la Divinidad nunca antes percibida (ver *Pri Etz Jaim, Shaar HaTefilá* 5).

Podemos llevar esta idea más lejos aún. La palabra *KoRBán* proviene de la palabra *KaReV*, "acercar". Así, cuando la persona trae un sacrificio en aras de Dios, literalmente se acerca a Dios. Al ofrecer un sacrificio, tanto el *cohen* (sacerdote) que realiza el rito sacrificial como el animal, no pueden tener ninguna falla ni estar dañados (Levítico 21:18; 22:20). En un sentido más amplio, el acto de traer un sacrificio indica que, al servir a Dios, la persona debe buscar *temimut* (plenitud; integridad). La Torá habla de la ofrenda de gracias llamándola de *zevaj haShLaMim* (ofrenda pacífica) (Levítico 7:11). La raíz *ShaLeM* significa completo, pleno o perfecto, y también paz. Así, traer la ofrenda de gracias es similar a acercarse a Dios mediante la obtención de la plenitud, pues el *korbán* lleva todos los mundos hacia su estado de perfección y plenitud. Esto a su vez trae la paz, la paz que reinará en los días del Mashíaj (*Likutey Moharán* I, 14:8).

El Templo es el único lugar donde se permite la ofrenda de los sacrificios que acercan la persona a Dios, pues corresponde a Daat, al Conocimiento de Dios. Este conocimiento, que les será revelado a todos en el futuro, es una "fuente de sabiduría" que brota continuamente del Santo Templo, símbolo del intelecto expandido. El profeta Joel (4:18) previó una era en la cual este conocimiento será accesible a todos, en que la gente se habrá elevado por encima de sus instintos animales que hoy le cierran el camino a la comprensión de lo Divino.

La verdad es que la mente de la persona es el Santo Templo; o al menos, debería serlo. Con Daat, el hombre puede dominar y refinar sus bajos instintos, elevando su naturaleza animal, para acercarse a Dios. Aquél que logra esto con alegría merece, incluso en esta época, una revelación de la Divinidad, una revelación similar a la revelación global que será experimentada con la llegada del Mashíaj.

*

Al final, Daat será ciertamente revelado. El logro del verdadero Daat anunciará el final de todo sufrimiento. Esto llevará al retorno de los exiliados, la llegada del Mashíaj y la reconstrucción del Santo Templo, en un sentido espiritual y también físico. Tal es el poder de Daat.

Pronto y en nuestros días. Amén.

* * *

Parte Cinco

EL SISTEMA CIRCULATORIO

20

La Cavidad Torácica

El oxígeno es esencial para la vida - una absoluta necesidad para la sangre, los tejidos, y para cada célula de nuestro cuerpo. Llevamos el oxígeno a nuestros pulmones, los que utilizan esta sustancia vital para purificar la sangre. La sangre vitalizada y "oxigenada" fluye entonces hacia el corazón, el cual la bombea al resto del cuerpo.

Si bien el corazón y los pulmones cumplen las funciones críticas de la vida a un nivel físico, su tarea es igualmente crucial a nivel espiritual. Y tal como están estructurados físicamente para trabajar en conjunto, también son interdependientes espiritualmente, tal como veremos. Nuestro estudio del sistema circulatorio comenzará con una breve descripción de cómo se conforman y cómo funcionan estos órganos. (La corriente sanguínea, parte integral del sistema circulatorio, ya fue tratada más arriba, en el Capítulo 9).

*

Los pulmones son dos órganos diferenciados compuestos de masas de tejido esponjoso, albergados en el tórax o cavidad del pecho. El pulmón izquierdo es más pequeño que el derecho (dejando lugar al corazón, que yace hacia la izquierda, entre los dos pulmones). Cada pulmón está dividido en lóbulos (secciones); el pulmón derecho tiene tres lóbulos y el izquierdo tiene dos. Los pulmones ingresan el aire fresco para darle oxígeno a todo el sistema, eliminando a la vez el dióxido de carbono, un producto de desecho. Los canales de aire están conectados a la faringe, que se extiende hacia la tráquea, ramificándose en los bronquios. A través de éstos, el oxígeno pasa hacia los pulmones. Allí la sangre toma el oxígeno y lo lleva hacia el corazón, donde es bombeado al resto del cuerpo.

Situado ligeramente al costado del tórax, la mayor porción del corazón se halla del lado izquierdo del cuerpo. Del tamaño aproximado del puño de una persona, el corazón es un músculo conformado por un sistema de canales y válvulas que se coordinan para bombear la sangre a través del cuerpo. Las cuatro cámaras del corazón consisten de dos aurículas y dos ventrículos. Las aurículas actúan como sacos de acumulación de la sangre antes de que se le permita a ésta fluir hacia los ventrículos, donde es bombeada por el corazón. La aurícula izquierda recibe, a través de las venas pulmonares, la sangre que ha sido enriquecida con oxígeno en los pulmones. La sangre oxigenada es enviada así desde la aurícula izquierda hacia el ventrículo izquierdo, que la bombea entonces a través de todo el cuerpo. Luego de completar su tarea de transportar el oxígeno hacia todo el cuerpo, la sangre, ahora cargada de dióxido de carbono, retorna a través de las venas hacia la aurícula derecha, que la pasa hacia el ventrículo derecho. El ventrículo derecho bombea la sangre hacia la arteria pulmonar, la que la transporta a través de los pulmones para eliminar las sustancias de desecho. La sangre enriquecida con oxígeno en los pulmones retorna entonces al corazón (a través de la aurícula izquierda) y el ciclo vuelve a repetirse.

Es interesante notar, en un sentido general, la interacción entre el corazón y los pulmones. El Zohar describe al corazón como "caliente" - un músculo en constante movimiento que recibe "calor" y sangre usada, devolviéndola purificada y renovada hacia todo el cuerpo. Los pulmones ingresan aire fresco y nuevo que "enfría el calor" del corazón, esto mediante el "aleteo" de los lóbulos de los pulmones, que actúan como "abanicos," "enfriando" el corazón. A lo largo de nuestro estudio, veremos presentarse un patrón espiritual similar.

*

La Carroza de Dios

El Zohar habla de los cuatro rostros de las criaturas en la visión de Ezequiel de la Santa Carroza: un león, un toro, un águila y un hombre (ver más arriba, Capítulo 8). Estos rostros corresponden respectivamente a la mente, el corazón, los pulmones y el poder del pensamiento. La mente, el corazón y los pulmones corresponden también a Jojmá, Biná y Daat, las tres *Sefirot* superiores en la estructura de las Diez *Sefirot*, y representan las mentalidades (*mojín*).

La siguiente tabla muestra la relación que existe entre los rostros de la Carroza, los órganos y sus correspondientes *Sefirot*.

Rostro de la Carroza	Función	Sefirá/ Posición
León	Mente	Jojmá/derecha
Toro	Corazón	Biná/ izquierda
Águila	Pulmones	Daat/ centro
Hombre	Pensamiento	

El león/mente corresponde a Jojmá, que se encuentra del lado derecho de la estructura. El toro/corazón corresponde a Biná, del lado izquierdo de la estructura, como encontramos en el versículo (Ezequiel 1:10), "El rostro del toro a la izquierda"; cabe destacar que el corazón se encuentra del centro hacia el costado izquierdo del cuerpo. El águila representa a los pulmones, que corresponden a Daat, la unión de Jojmá y Biná; comparables con las alas del águila, los lóbulos de los pulmones "aletean" (ver *Tikuney Zohar* #21, p.63a). Daat es el "sendero del centro" que une las fuerzas opuestas de Jojmá y Biná - derecha e izquierda (ver arriba, Parte 4); de la misma manera, los pulmones están situados sobre los lados derecho e izquierdo del cuerpo.

Cuando una persona se dedica a vivir una vida espiritual, todas estas fuerzas diversas se unen para transformarla en una "Carroza de Divinidad". Como hemos visto a lo largo de nuestro estudio, hay un nivel de la espiritualidad que se corresponde con cada aspecto de lo físico. En cada momento de la vida, toda persona tiene la libertad de elegir el sendero por el cual desea andar (o al menos, la manera en que andará por un sendero dado). Dinámicas como son, las facultades vitales inherentes al corazón y a los pulmones tienen también un potencial para el pecado. La misión del hombre es hacerse cargo de su propia dirección y destino - transformarse en una Carroza de Divinidad - acercándose cada vez más a Dios.

* * *

21

Tzimtzum: El Espacio Vacío

Aunque Dios creó al hombre y al mundo en el cual el hombre vive, éste es responsable de lo que pase en el mundo. El hombre recibió la tarea de perfeccionar el mundo y debe cumplir con su trabajo, con o sin la intervención abierta de Dios. La tarea de perfección o de rectificación tiene lugar en dos planos simultáneamente: en el pensamiento y en la acción. La "acción" corresponde a las siete *Sefirot* inferiores y el "pensamiento" corresponde a las tres *Sefirot* superiores, los *mojín*. Casi literalmente, es el pensamiento detrás de cada acción lo que determina el poder de la acción para efectuar una rectificación.

La expresión hebrea *jirjurei lev*, literalmente, "pensamientos del corazón" se refiere específicamente a la clase de pensamientos que implican un conflicto o una vacilación entre dos maneras opuestas de procesar la realidad. Tal conflicto está asociado con el corazón pues se dice que sus ventrículos derecho e izquierdo son "asientos" de la buena y la mala inclinación, respectivamente. Esto se refiere a las emociones conflictivas a las cuales se enfrenta la gente continuamente.

La "sabiduría del corazón" - la inclusión de Jojmá dentro de Biná del corazón - consiste en reconocer y elegir el consejo del ventrículo derecho, asociado con la buena inclinación, por sobre el consejo del izquierdo, asociado con la mala inclinación. Esta sabiduría debe ser lo suficientemente creativa como para contrarrestar todo ataque directo o indirecto de la mala inclinación. En este sentido, el corazón es verdaderamente una maravilla, pues su acción creativa es un espejo del acto original de la Creación.

Para comprender este pensamiento consideraremos una de las más famosas enseñanzas del Rebe Najmán - la Torá del Espacio Vacío. Aunque los conceptos que estamos por tratar son muy difíciles y el esfuerzo que se requiere para comprenderlos es muy grande, las recompensas están en directa proporción con el esfuerzo.

*

La Paradoja de la Creación

Más arriba (Capítulo 3) hemos tratado la enseñanza del Ari con respecto al Espacio Vacío, conocido en hebreo como el *Jalal HaPanui*. Anterior a la Creación, sólo estaba Dios. Dios es conocido como el *Ein Sof*, el Eterno, el Infinito - Él no tiene comienzo, no tiene medio y no tiene final. Nada Lo limita, ni el tiempo ni el espacio; Él es omnipresente. Dado que Dios está en todos lados, no existe "espacio" para que la Creación llegue a la existencia, ningún *lugar* que pueda recibir Su Luz Infinita. De modo que Dios contrajo Su Luz retirándola "hacia los lados" a partir de un "punto central," si así pudiera decirse, creando el Espacio Vacío. En este espacio se crearían todos los Universos superiores y también el mundo material - las galaxias, nuestro sistema solar, el planeta tierra y el hombre.

En un comienzo, la Luz de Dios rodeaba este Espacio Vacío desde afuera. Él introdujo entonces Su Luz, en la forma de un *kav* (Rayo), dentro del Espacio Vacío, de una manera altamente restringida y medida, para prevenir que el Espacio Vacío se llenara demasiado rápidamente con demasiada Luz, lo que causaría su colapso y retorno hacia el *Ein Sof*. De esta manera, Dios procedió a crear los Universos superiores dentro del Espacio Vacío, comenzando con las Diez *Sefirot* del Universo de *Adam Kadmón* (Hombre Primordial) y continuando con las *Sefirot* de los Universos de *Atzilut* (Cercanía o Emanación), *Briá* (Creación), *Ietzirá* (Formación) y finalmente el Universo de *Asiá* (Acción o Terminación), en el cual se manifestó nuestro mundo físico.

Por supuesto que la imagen de Dios retirando Su Luz y

volviendo a introducirla no debe ser tomada literalmente. Dios existe por igual en todas partes, en todo momento. "Retirar Su Luz" del "Espacio Vacío" a fin de "hacer lugar" para la Creación no implica de ninguna manera que Él ya no está más allí. Dios está "allí" igualmente, antes y después de que Él creara el Espacio Vacío y antes y después de que Él introdujera el *Kav*. La diferencia entre "antes" y "después" sólo existe desde nuestro punto de vista - porque el mundo entero fue creado sólo para la humanidad. Tal como explica el Ari, Dios retrajo Su Luz y creó el Espacio Vacío para que el hombre pudiese tener una existencia independiente y libertad de elección. Dios existe dentro de toda la Creación, pues sin Divinidad nada puede existir. Pero si la existencia de Dios fuera clara y obvia en este mundo, el hombre no tendría libertad de elección. Por esta razón Dios retrajo Su Luz, si así pudiera decirse, ocultándose del hombre, haciendo *parecer* a la limitada visión del hombre, como si existiese un vacío, un lugar carente de Divinidad.

Este es el misterio del *Tzimtzum* (Auto Retracción). Por un lado, el Espacio Vacío debe ser pensado como carente de Divinidad - si así no fuese, no sería un espacio "vacío". Por otro lado, Dios debe por necesidad estar presente en el Espacio Vacío - pues nada, ni siquiera el así llamado "espacio vacío," puede existir sin la presencia de la Divinidad.

Con respecto a la esta paradoja del Espacio Vacío, enseñó el Rebe Najmán:

> El Santo Nombre creó el mundo en Su profunda compasión. Él deseó revelar Su compasión, pero sin un mundo, ¿a quién podría revelársela? De modo que trajo a la existencia toda la Creación, desde la más elevada emanación hasta el más bajo punto dentro del centro del mundo físico, todo para demostrar Su compasión.
>
> Cuando el Santo Nombre decidió crear los mundos, no había lugar en el cual hacerlo. Esto se debía al hecho de que todo lo existente era Su Esencia Infinita [que impide la existencia de algo finito]. De modo que Él retrajo Su Luz. En virtud de este *Tzimtzum* se formó un Espacio Vacío y dentro de este Espacio

Vacío se crearon todas las Personas Divinas [*Partzufim*] y Atributos [*Sefirot*].

El Espacio Vacío era absolutamente necesario para la Creación. Sin él, no habría habido lugar donde crear el universo. Este *Tzimtzum*, que dio como resultado el Espacio Vacío, nos es por el momento absolutamente incomprensible. Solamente en el Mundo que Viene seremos capaces de comprender su concepto. Esto se debe a que sólo podemos atribuirle [al Espacio Vacío] dos estados mutuamente excluyentes, es decir, existencia y no-existencia.

El Espacio Vacío llegó a la existencia como resultado del *Tzimtzum*, del cual el Santo, bendito sea, retrajo [retiró] Su Esencia. Por tanto, la Esencia de Dios no existe [en este Espacio]. Si Su Esencia estuviese allí, este Espacio no sería vacío y no habría nada más que la Esencia Infinita. De ser así, no habría lugar alguno para la creación del universo.

La verdad, sin embargo, es que la Esencia de Dios debe estar en este Espacio, pues no hay duda de que nada puede existir sin Su Fuerza Vital. [Por tanto, si la Esencia de Dios no existiera en el Espacio Vacío, no podría existir allí nada más]. Es imposible que un ser humano entienda el concepto del Espacio Vacío; y sólo en el Mundo que Viene podrá ser comprendido (*Likutey Moharán* I, 64).

Apliquemos ahora esta explicación de la Creación a cada individuo, a cada día, a cada hora e incluso a cada momento.

*

Enseña el Rebe Najmán:

Antes de la Creación, la Luz del Santo, bendito sea, era *Ein Sof* [Infinita]. El Santo, bendito sea, quiso revelar [el Atributo de] Su *Maljut* [Reinado]. Sin embargo, dado que no hay rey sin una nación, Él "necesitó," si así pudiera decirse, crear a los seres humanos, quienes aceptarían el yugo de Su Reinado.

Es imposible percibir Su *Maljut* si no es a través de Sus Atributos [es decir, *Sefirot*], pues es a través de los Atributos que percibimos Su Divinidad y podemos entonces saber que existe un Rey, un Gobernante y una Autoridad Soberana. Por ende Él retrajo la Luz del *Ein Sof* hacia los bordes, dejando un *Jalal HaPanui* [Espacio Vacío] y dentro de este *Jalal HaPanui* creó los Universos que son en sí mismos los Atributos (*Likutey Moharán* I, 49:1).

Podemos comprender mejor la necesidad de la Creación y del Espacio Vacío a través del versículo (Salmos 104:24), "Cuán variadas son Tus obras, Dios; a todas las has hecho con Jojmá [Sabiduría]". Como hemos visto, Jojmá representa una sabiduría indiferenciada, mientras que Biná es la manifestación de esa sabiduría. Al nivel de Jojmá, todo lo que existe es un potencial indiferenciado o esencia, mientras que Biná es la fuente de la capacidad de analizar este conocimiento y separarlo en sus partes componentes (ver arriba, Capítulos 14 y 18). Aplicando esto al Acto de la Creación y al Espacio Vacío, la Creación representa a Jojmá mientras que el Espacio Vacío representa a Biná. Sólo con Jojmá, no habría existido diversificación dentro de la Creación. Es a través del Espacio Vacío, correspondiente a Biná, que llegó a existir el diseño de todos los Universos.

Continúa el Rebe Najmán:

> El corazón [que representa a Biná] es el *tzaiar* [diseñador] de los Atributos. Así está escrito (Éxodo 31:6), "En los corazones de los sabios, Yo he puesto sabiduría". El pensamiento de la Creación se originó en Jojmá, tal cual está escrito (Salmos 104:24), "Cuán variadas son Tus obras, Dios; a todas las has hecho con Jojmá"; y toma forma en el corazón. El corazón, sin embargo, es el *TZaiaR* [aquél que da forma a su pensamiento] como está escrito (*ibid.* 73:26), "*TzuR* [roca] de mi corazón".
>
> Pero existe una *IeTZiRá* [formación] para bien y una *IeTZiRá* para mal. Enseñaron nuestros Sabios con respecto al versículo (Génesis 2:7), "*ValéTZeR IHVH Elokim* - Y el Señor Dios formó [el hombre del polvo de la tierra]," que la palabra "*ValéTZeR* tiene dos *Iud* [cuando una habría sido suficiente]. ¿Por qué? Porque representan las dos *IeTZaRin* [inclinaciones], la buena inclinación y la mala inclinación". Los buenos pensamientos son

[una expresión de] la buena inclinación; los malos pensamientos son [una expresión de] la mala inclinación...

[Así, cuando una persona tiene buenos pensamientos, purifica el Espacio de la Creación]. Pero cuando una persona tiene malos pensamientos, embota el Espacio de la Creación, es decir, el espacio donde se revelan los Atributos. Pues el corazón es el "*TzuR* de los mundos" (cf. Isaías 26:4), significando, *TZaiaR*, aquél que da forma a los Atributos.

A nivel individual, cuando el corazón del judío se inflama de ardiente pasión, se hace imposible la revelación de los Atributos [finitos]. Esto se debe a que la pasión del corazón es realmente un deseo infinito por el *Ein Sof*, y el corazón debe por tanto retraer su ardiente deseo y crear un "espacio vacío," tal como escribe el Rey David (Salmos 109:22), "Mi corazón está *jalal* [espacio vacío] dentro de mí". Sólo retrayendo el deseo del corazón puede uno experimentar una revelación de las *MiDot* [Atributos finitos], es decir, la capacidad de servir al Santo Nombre por etapas, con la *MiDá* [medida] apropiada...

Vemos entonces que, cuando una persona tiene buenos pensamientos en su corazón con respecto a cómo servir al Santo Nombre, su corazón se vuelve un aspecto de "*Tzur* [es decir, *tzaiar*] de mi corazón," y "Mi corazón es un *jalal* [espacio vacío] dentro de mí". Dentro del *jalal* de su corazón pueden revelarse sus acciones y a través de sus buenas acciones y atributos se revela el hecho de que acepta totalmente el yugo del Reinado del Cielo (*Likutey Moharán* I, 49:1).

Como se ha explicado, si fuera obvio que la sabiduría Divina se encuentra en todos los niveles de la Creación, el hombre no tendría otra opción más que servir a Dios. Literalmente vería la grandeza de Dios y sería consumido por un deseo irresistible por unirse a Su Luz Infinita. Para prevenir esto, el corazón debe hacer un espacio vacío dentro de sí mismo donde la Divinidad pueda revelarse en etapas. El versículo afirma (Salmos 109:22), "Mi corazón está vacío dentro de mí". Así el corazón (Biná) corresponde al vacío de la Creación, el Espacio Vacío. Es pues dentro del Espacio Vacío donde se ubica la Divinidad, pero gradualmente, en etapas. Este es el significado de (Éxodo 31:6), "En los corazones de los sabios, Yo he puesto sabiduría". Pues la Jojmá Divina se oculta dentro de Biná, que corresponde al corazón. Así, incluso en el Espacio Vacío la Divinidad existe de manera oculta. De modo que Biná es, conceptualmente, el Espacio Vacío dentro del cual tiene lugar la formación de todos los Universos.

A fin de encontrar la Divinidad oculta, debemos tener pensamientos buenos y positivos. Estos pensamientos nos llevan a realizar buenas acciones, pues nuestros pensamientos dan como resultado una "buena creación". Pero si tenemos malos pensamientos, nuestra "creación" es mala [obstruye la Divinidad]. Nuestro vacío, nuestro "espacio vacío," se transforma en la fuente de las malas características y los malos atributos, de modo que, en un sentido, estamos destruyendo la Creación, llenando el Espacio Vacío de mal, Dios no lo permita.

Aquí yace el secreto del Espacio Vacío. La Luz de Dios estaba en todas partes, pero Él separó un "Espacio Vacío" para hacerle "un lugar" a la Creación. De la misma manera, nosotros debemos "hacer un lugar" para una "buena creación" en nuestro corazón, dentro del cual la Divinidad pueda entrar y habitar. Esto lo logramos mediante los buenos pensamientos, trayendo así una buena creación - un nivel superior y mejor de conciencia. Entonces podemos merecer una revelación mayor aún de la Divinidad. Y de hecho, cuando hacemos que nuestros corazones sean un Espacio Vacío para recibir a la Divinidad, entonces, simplemente teniendo pensamientos buenos, hemos formado una nueva creación. Podemos entonces elevarnos al nivel de hacer milagros - emulando el milagro original de la Creación (ver *Likutey Moharán* I, 49:4, 13).

Si el misterio del Espacio Vacío ha sido difícil de comprender, podemos consolarnos con otra enseñanza del Rebe Najmán: "Cuando una persona tiene verdaderamente un 'corazón', no importa entonces cuál sea su lugar [o su espacio]. El Santo, bendito sea, es llamado *HaMakom* [El Lugar] del Universo y cuando alguien *siente* al Santo, bendito sea, en su corazón, ¡ése es el único *lugar* que importa!" (*Likutey Moharán* II, 56).

*

Paro Cardíaco

Los ataques al corazón pueden tener varias causas. Pueden ser resultado de una insuficiencia de sangre en el corazón, motivada por una obstrucción de las arterias que lo alimentan. El fallo cardíaco puede también producirse cuando el corazón no puede bombear la sangre de manera adecuada debido a una debilidad del corazón mismo. Estos mismos factores de riesgo están presentes en la dimensión espiritual.

El corazón posee un profundo anhelo de servir a Dios, pero a veces los canales a través de los cuales debe ser bombeada la "sangre" de este anhelo se obstruyen o se desgastan. Mientras una persona no se haya liberado de la excesiva "grasa y colesterol" - los deseos materiales - dentro de su sistema espiritual, sus canales no pueden soportar la presión de la actividad bombeadora del corazón. Su "flujo sanguíneo" se envenena con las impurezas de sus malos pensamientos. Cuando, y como resultado de sus pensamientos buenos, sus actos son buenos, el corazón se mantiene saludable. Pero los pensamientos impuros, por el contrario, obstruyen su sistema con malas acciones, produciendo un "ataque cardíaco" espiritual.

El "paro cardíaco" puede ocurrir cuando el corazón disminuye su determinación de servir a Dios; esto es el resultado de pensamientos impropios. Estos pensamientos obstruyen el corazón, impidiéndole realizar su tarea de la manera apropiada. Esto lleva invariablemente a un debilitamiento - y a veces incluso a una detención - de la decisión de buscar lo espiritual.

¿Cómo se puede prevenir el paro cardíaco espiritual? Al comprender la naturaleza de la "enfermedad", podremos encontrar la "cura".

Como hemos visto, la Creación tiene dos aspectos opuestos: el bien y el mal. El corazón les da forma y cuerpo a los pensamientos, permitiendo que puedan manifestarse las ideas. En este sentido, los pensamientos del hombre son un paralelo del Acto de la Creación. Cada vez que pensamos, debemos comprender que estamos dedicados a un acto de creación. En vista de esto, el

Rebe Najmán nos advierte que no debemos permitir que las cosas salgan de nuestro control. Basado en el principio de que todo en la creación tiende a buscar su fuente, enseña el Rebe que el corazón (Biná), también busca instintivamente su fuente (Jojmá), de modo que el corazón tiende naturalmente a arder con un deseo abrasador de servir a Dios. El peligro inherente es que uno puede tratar de ascender la escala espiritual más rápido de lo que es capaz. Esto da lugar al agotamiento espiritual o a "incinerarse" - cuando alguien que es incapaz de absorber los niveles espirituales que anhela debido a fallas en sus devociones; o cuando su nivel de la observancia de las mitzvot es inadecuado para la conciencia espiritual que está buscando. En este último caso, su corazón anhelante no recibe el suficiente alimento práctico para mantenerlo bombeando de la manera adecuada.

La cura para este individuo puede encontrarse en el Acto de la Creación. Dios formó los Universos dentro del Espacio Vacío. Para cumplir con el propósito de la Creación fue necesario formar los mundos inferiores, cada uno con su propio nivel, como un marco dentro del cual el alma pudiera descender para servir a Dios, incluso cuando Él está oculto. El hombre, en su propio ámbito, también funciona a diferentes niveles. Su corazón "piensa" y de acuerdo con ello, los niveles inferiores de su cuerpo traducen esos pensamientos en actos físicos. Si los pensamientos provenientes del corazón son buenos, los actos físicos serán buenos; mientras que los malos pensamientos generan actos malos. Una vez que los actos buenos se manifiestan, ellos hacen que el corazón continúe funcionando, "abasteciendo" al corazón con un sentimiento de logro, reforzando su deseo de realizar más actos buenos.

Podemos ver entonces cómo es que debemos guardar cuidadosamente nuestros pensamientos, pues cada pensamiento posee un tremendo potencial. Los buenos pensamientos mantienen al corazón espiritualmente sano para que pueda continuar "bombeando" de una manera controlada, anhelando la espiritualidad, al tiempo que lo frenan evitando que se "queme" al tratar de ir más allá de su capacidad (*Likutey Moharán* I, 49).

*

Medicina para el Corazón: Fe

Es muy difícil prevenir un "paro cardíaco". Si el ataque físico al corazón es difícil de prevenir, ¡cuánto más lo será el espiritual!

Tal como hemos visto, el Rebe Najmán enseñó que el corazón corresponde al Espacio Vacío. En este Espacio Vacío hay muchas preguntas que exigen respuestas; sin embargo, las respuestas no siempre están a mano. Esto se debe a la paradoja del Espacio Vacío: "Dios está allí...". "Él no está...". "Él debe estar...". Reina la confusión, lo cual puede "oprimir el corazón", dado que todas las preguntas que surgen de la paradoja del Espacio Vacío deben por necesidad anular las respuestas. Es extremadamente difícil encontrar a Dios en estas preguntas; en este tema uno debe basarse en la fe para "aliviar" el peso del corazón, pues Dios existe incluso (y especialmente) allí donde hay preguntas sin respuesta. Incluso la persona que sufre de "opresión al corazón" puede encontrar a Dios, si toma fuerzas de la fe (*Likutey Moharán* I, 64:6).

Los problemas de fe, junto con otras cargas, tales como los problemas financieros y las dificultades en el hogar, oprimen pesadamente sobre el "corazón que comprende". Muchas veces, tales presiones constantes pueden contribuir a generar una condición inestable del corazón. A veces un "cambio de dieta," tal como un cambio de los materiales de lectura, eligiendo aquéllos que sean más conducentes a la fe que a la herejía, puede ser suficiente para aliviar la presión. Otros remedios pueden ser una "medicación" - una dosis diaria de plegaria, por ejemplo. Desdichadamente, hay veces en que se requiere de un "bypass" o de una operación "a corazón abierto," haciendo necesario que la persona cambie radicalmente de estilo de vida para alcanzar la espiritualidad.

En el próximo capítulo veremos cómo las preguntas pueden ocasionar un corazón dividido. El Rebe Najmán enseñó que debemos reforzar nuestra fe para alcanzar un nivel de paz interior. Esta paz interior es la respuesta a todas las preguntas heréticas que puedan presentarse en nuestros corazones (*Likutey Moharán* I, 62:2).

Es costumbre levantar las manos luego de lavarse las manos para comer pan y antes de secarlas. Al hacerlo, uno atrae santidad.

Oraj Jaim 162:1; *Sha'ar HaMitzvot, Ekev*

El versículo dice (Salmos 134:2), "Levanta tus manos en santidad y bendice a Dios". Esto indica que cuando levantamos las manos a la altura de los ojos o de la frente (es decir, de la mente), indicando Jojmá, somos capaces de atraer bendiciones hacia el corazón (Biná) (ver *Sha'ar HaMitzvot, Ekev* p.91).

El Rebe Najmán enseña que la principal fuente de fe está en el corazón, pero la fe se vuelve una *verdadera* convicción cuando se expande a través de todo el cuerpo (*Likutey Moharán* I, 91). Explica el Rebe que somos capaces de atraer santidad hacia nosotros al levantar las manos y *creer* que levantar las manos es el acto que lo logra. Esto es lo que quiere decir el versículo (Salmos 119:86), "Todas Tus Mitzvot son fe" - debemos tener fe en que al observar las Mitzvot, atraemos hacia nosotros divinidad desde el Cielo. En este sentido, extendemos nuestra fe hacia afuera del corazón, hacia las manos (que son los "vehículos" a través de los cuales atraemos la influencia desde Arriba). Así una persona puede extender su fe de modo que todo su cuerpo pueda experimentarla y transformar su fe en *verdadera fe*. Aquél que alcanza verdadera fe eleva efectivamente su intelecto a un nivel superior, y puede verdaderamente *comprender* lo que antes sólo conocía a través de la fe. Esto es lo que significa ser capaz de atraer santidad (Jojmá) hacia el corazón (Biná).

La fe es fundamental para el fortalecimiento de la capacidad de mantenerse firme frente a las tribulaciones de la vida, pero es necesario que uno tenga la voluntad de trabajar para alcanzar tal nivel. Trabajar sobre la fe no es tarea fácil. Es un trabajo que involucra todo el cuerpo.

*

Plegaria e Hitbodedut: Meditaciones del Corazón

Servid a Dios con todo vuestro corazón.

Deuteronomio 11:13

¿Cuál es devoción que se cumple con el corazón? ¡La plegaria!

Taanit 2a

En la estructura de las Diez *Sefirot*, Jesed (Bondad) hacia la derecha y Guevurá (Juicios) hacia la izquierda, vienen inmediatamente después de Biná (ver Apéndice C). Biná, directamente por sobre Guevurá, es de hecho la fuente de todos los juicios, como en (Proverbios 8:14), "Yo soy Biná; la fuerza [Guevurá] es mía". Más aún, sabemos que Biná está enraizada en el corazón, que se sitúa levemente hacia la izquierda del cuerpo (*Zohar* I, 10b; *Likutey Moharán* I, 41). A partir de esto podemos comprender que Biná, como fuente de Guevurá (fuerza), indica que el corazón tiene un tremendo *poder* que, apropiadamente canalizado, es capaz de dirigir a la persona hacia Dios. El Rebe Najmán enseña así que cuando alguien despierta su corazón para servir a Dios, tanto la fuerza como los juicios (que se encuentran en el corazón) lo inspiran con cálidas palabras.

Conceptualmente, los juicios que uno enfrenta son los sufrimientos que uno debe soportar (por ejemplo, los problemas familiares, la confusión, las dudas, la adversidad; ver también más arriba, Capítulo 9, "El Torrente Sanguíneo"). Estos juicios inspiran a la persona para que examine sus pensamientos y sus acciones, para ver si están enraizados en el bien o, Dios no lo permita, en el mal. Una vez que el sujeto ha contemplado la verdad de sus acciones, y se ha visto estimulado a cambiar su comportamiento, o bien sus buenas acciones lo han inspirado a realizar más actos buenos, puede entonces llorar ante Dios, con cálidas palabras de plegaria y con absoluta verdad (*Likutey Moharán* I, 38:5; ver también *ibid.* 15:2). Este despertar del corazón en la plegaria mitiga los juicios, pues servir a Dios con verdad en el corazón revela la elección (es decir, el buen juicio y sinceridad) de los deseos de la persona. Sus palabras de verdad actúan de guía para llevarla por el sendero que finalmente aliviará sus sufrimientos. Así el acto de orar nos confiere el poder de traer al mundo abundante bondad y bienestar, lo opuesto al juicio (*Likutey Moharán* I, 45, 46).

El Rebe Najmán enseña que la plegaria es el medio más efectivo para alcanzar una revelación de Divinidad dentro del corazón. Esto explica por qué la plegaria de la *Amidá* (las Dieciocho Bendiciones) es recitada en silencio: porque expresa el más profundo anhelo del corazón, que es algo oculto (*Likutey Moharán* I, 49:2, 4).

Una de las más fuertes recomendaciones del Rebe Najmán consiste en aislarse en *hitbodedut* todos los días, sin falta. *Hitbodedut* es la expresión de las propias plegarias privadas y comunicación con Dios, dichas en un lugar apartado. Cada persona debe elegir un momento del día para reflexionar sobre sus actos pasados; debe meditar sobre su situación presente y orar por el futuro. El Rebe sugiere disponer de una hora diaria para este propósito, pero uno puede (y debería) comenzar con períodos más cortos de tiempo, incluso cinco o diez minutos y más tarde, al ir avanzando, aumentar el tiempo. Las plegarias que se recitan durante el *hitbodedut* deben ser expresadas en la lengua madre, pues (*Likutey Moharán* II, 120) "al orar en la lengua madre, las plegarias fluyen más fácilmente desde el corazón".

En un sentido, practicar *hitbodedut* es también una manera de mitigar los juicios en el corazón. No hay nadie que no sienta confusión, frustración, ira y culpa, y rara vez la gente encuentra una manera de expresar esto sin herirse a sí misma o a los demás, que en la mayoría de los casos son las personas más cercanas. La prescripción que da el Rebe del *hitbodedut*, juzgándose uno mismo, así como los propios pensamientos y acciones, permite expresar estos sentimientos de una manera segura y positiva.

Así enseñó el Rebe Najmán:

> El corazón es la fuente del juicio. La práctica del *hitbodedut* rectifica el corazón; ella establece el sentido adecuado del juicio dentro de la persona, al tiempo que reduce su potencial para el mal (*Likutey Moharán* I, 59:2).

Esta forma de plegaria es un poderoso instrumento que ayuda a alcanzar la espiritualidad. Permite que el individuo le exprese a Dios todo aquello que le pesa en el corazón, sus sentimientos más profundos: su dolor, su alegría, su agradecimiento, su pena - todo aquello que se acumula en el corazón. A través del *hitbodedut*, la persona puede recolectar sus pensamientos, confrontarse a sí misma de manera directa y analizar su rutina diaria. Puede juzgar sus actos pasados, determinar su situación actual y prever su futuro. Y más importante aún, a través del *hitbodedut* puede articular estos pensamientos en una plegaria ante Dios.

El *hitbodedut* es una poderosa forma de auto expresión que no conlleva el sentimiento de vergüenza que se experimenta al confesarle las faltas a otra persona. El *hitbodedut* ayuda a eliminar las frustraciones que surgen de la presión de las emociones, sin tener dónde descargarlas. Dios está siempre íntimamente cerca, pues Él reside en nuestro corazón - dentro de nuestro "espacio vacío". Y Dios *siempre* escucha.

* * *

22

El Corazón Comprende

Los reyes, los presidentes y los primeros ministros son vistos por todos como los comandantes en jefe de sus respectivas fuerzas armadas. Sin embargo, el comando efectivo de un ejército le está asignado al jefe del estado mayor, quien dirige todas las tropas cumpliendo las órdenes generales del comandante en jefe. En el cuerpo, la mente puede ser considerada el comandante en jefe, mientras que el corazón es el jefe del estado mayor; y para responder apropiadamente a cada situación, el corazón debe ser capaz de comprender las necesidades de sus tropas, es decir, del cuerpo.

Como jefe del estado mayor, el trabajo del corazón no es nada fácil. Debe exhortar constantemente a sus tropas para que rindan el máximo posible, manteniendo alta su moral y bombeándoles vida y energía. Debe ser creativo y tener siempre "ideas nuevas" para mantener juntos el cuerpo y el alma.

Enseña el Rebe Najmán:

> Escuchar depende del corazón, tal cual está escrito (Reyes I, 3:9), "Otórgale a Tu siervo un corazón que escuche [que comprenda] para juzgar a Tu pueblo y para distinguir entre lo recto y lo incorrecto". Si las palabras habladas no penetran dentro del corazón de quien las escucha, es como si nunca hubieran sido oídas. En hebreo, el concepto de "prestar atención" es llamado *tsumat lev* [literalmente, "atención del corazón"]. Para poder realmente escuchar aquello que alguien nos está diciendo - y no sólo sus palabras, sino sus intenciones - el corazón debe estar

atento. [Esta idea puede aplicarse a la] plegaria, el "servicio del corazón" (*Taanit* 2a; ver *Likutey Moharán* I, 22:9). Cuando oramos debemos concentrar la atención de nuestro corazón y escuchar las palabras que estamos diciendo para que puedan penetrar dentro de nuestros corazones. Sólo entonces el Santo, bendito sea, "escucha" y presta atención a nuestras plegarias (ver *Likutey Moharán* I, 29:1).

Así enseñó el Rebe Najmán:

> El corazón "oye". El proceso de escuchar comienza con los oídos, pero debe terminar con el corazón comprendiendo aquello que está siendo dicho. El maestro debe hablarle al corazón del alumno, y el alumno debe ocuparse de prestar atención y grabar esas palabras en su propio corazón (*Likutey Moharán* II, 91:1).

Así, la comprensión está enraizada en el corazón y es una herramienta importante en su papel de "jefe del estado mayor" del cuerpo.

*

Biná (Comprensión)

Tal como hemos visto (arriba, Capítulo 16), Jojmá es la sabiduría que aprendemos de los demás a través del estudio, de la observación y demás. Ella representa la capacidad de dominar un tema y de integrar sus axiomas fundamentales dentro de nuestros procesos mentales. Biná es la capacidad de extraer datos adicionales de aquella información que ya ha sido integrada y comprender o distinguir una cosa de la otra. Esto está relacionado con la palabra hebrea *bein*, que significa "entre". En este sentido, Biná implica distancia y separación: para poder observar algo de manera objetiva, uno debe ubicarse a una cierta distancia. Así, Biná es la capacidad de examinar todo lo que se ha aprendido a través de Jojmá, de distanciarse emocional e intelectualmente de esa información y de estudiarla e investigarla.

Cada ser humano posee mente y corazón, los que corresponden respectivamente a las *Sefirot* de Jojmá y Biná. Cada uno de nosotros posee su propio recurso básico de conocimiento sobre el cual actúa la mente y de acuerdo con lo cual dirige al cuerpo. Sin embargo, las directivas de la mente son en esencia impulsos neurales, que consisten de respuestas automáticas. Es en el corazón (Biná), que focaliza de una manera distinta a la mente, donde llegamos a apreciar y a comprender plenamente una situación dada. La manera en la que nuestros corazones "escuchen" y "comprendan" una situación, será la que determinará la forma en la cual reaccionemos.

El hombre es instintivamente consciente de esto: es muy común escuchar que alguien tiene "un corazón de piedra," "un corazón de oro," "un corazón frío" o "un corazón comprensivo". El corazón es susceptible a todos los diversos dolores experimentados por el cuerpo. También siente las alegrías y las aprensiones y responde al amor y al temor. Con respecto a la comprensión del corazón, enseñó el Rebe Najmán:

> El corazón es Biná, lo que se refiere a la comprensión. Cuando una persona sufre, el corazón "comprende" el sufrimiento y lo siente de la manera más aguda. Esto se debe a que cuando todo el cuerpo enfrenta el peligro, la sangre fluye hacia el corazón - su comandante en jefe - buscando consejo. El corazón intenta "empujar" este exceso de "sangre invasora" que ha corrido hacia él, y es por eso que el corazón late más rápido al enfrentarse al peligro (*Likutey Moharán* II, 2:2).
>
> Dice el versículo, "Aguas profundas son los consejos en el corazón de un hombre, pero un hombre de entendimiento las extraerá" (Proverbios 20:5). Las "aguas profundas" del corazón son las ideas [es decir, las nuevas enseñanzas y percepciones], elaboradas lógicamente, que aconsejan a la persona cómo alcanzar el objetivo en su vida (*Likutey Moharán* I, 61:5).

*

Mantener el control sobre todo el cuerpo, con todas sus complejidades, no es una tarea fácil. Como hemos visto, en el cuerpo se encuentran muchas fuerzas contrarias, causantes de sufrimiento, cada una empujando al individuo en una dirección diferente. El corazón debe por tanto ser un órgano muy especial como para ser capaz de comandar sus "tropas". Debe jugar un papel muy activo, dirigiendo todas las actividades del cuerpo a enfrentar y superar los desafíos que amenazan el bienestar del cuerpo.

Pero a veces pueden presentarse circunstancias en las cuales el corazón como jefe del estado mayor no funciona como un líder efectivo, sino que se vuelve peón de aquéllos sobre los cuales gobierna. En tal instancia, el corazón cede su posición de comando. Se vuelve (Eclesiastés 10:2) "un corazón tonto" - un corazón lujurioso - anhelando las pasiones autoinducidas del cuerpo (producidas por los diferentes órganos internos, que devuelven la sangre envenenada al corazón). (Ver arriba, Capítulo 10, donde tratamos sobre el hígado y su influencia sobre el corazón).

Todo esto se manifiesta dentro de la estructura física del corazón. Sus cámaras a la derecha y a la izquierda albergan las buenas y malas inclinaciones; de este modo, es el corazón quien contiene el potencial para elegir entre lo correcto y lo incorrecto. El lado derecho del corazón expele el mal (dióxido de carbono) y genera el bien (bombeando la sangre hacia los pulmones y tomando de allí el vital oxígeno fresco para enriquecer la sangre). Espiritualmente hablando, la tarea de dispensar el bien recae entonces en el lado izquierdo del corazón, lugar de residencia de la inclinación al mal, cuya tarea es oscurecer el bien y tentar a la gente a que haga el mal. Si el "corazón comprensivo" ha de cumplir adecuadamente con sus funciones, como se espera que haga, deberá mantener entonces el control sobre sus soldados, bombeando su sangre de manera tal que produzca resultados espirituales beneficiosos.

Enseña el Rebe Najmán:

> La mayor fuerza del hombre radica en su corazón. Aquél que posee un "corazón fuerte" no le temerá a nada. Tal persona puede lograr muchas victorias. Esto es lo que quiere decir la enseñanza

de nuestros Sabios (*Avot* 4:1), "¿Quién es fuerte? Aquél que conquista su inclinación" (*Likutey Moharán* I, 249).

Con un corazón fuerte podemos mantener el control en cualquier situación y superar todos los obstáculos. Cuando superamos nuestra inclinación al mal, logramos una tremenda victoria. Así enseñó el Rebe Najmán (*Likutey Moharán* II, 43), "Aquél que tiene un corazón fuerte [una fuerte voluntad y determinación] no temerá entrar en la batalla [contra el malo]".

Exploremos ahora algunos de los efectos que tiene la mala inclinación sobre el corazón y las "armas" con que contamos para combatirlo.

*

Tratamiento para un Corazón Obstruido

Una obstrucción en el corazón puede ser fatal. A veces tal condición requiere tratamiento quirúrgico. Lo mismo se aplica a la condición espiritual de un corazón obstruido.

Enseñó el Rebe Najmán:

> Los malos pensamientos obstruyen el corazón (*Likutey Moharán* I, 49:1).

> Los deseos se originan en el corazón; las personas malvadas son controladas por los deseos de su corazón (*Likutey Moharán* I, 33:7-8). Las tres pasiones más importantes que impiden al corazón sentir temor y amor por el Santo, bendito sea, son: la avaricia, la lujuria y la gula. Los deseos ardientes por el placer material son sentidos primariamente en el corazón; ellos bloquean efectivamente nuestros sentimientos de espiritualidad (*Likutey Moharán* II, 1:4).

Pero aunque estos obstáculos parezcan insuperables, existe un tratamiento; existe una "cirugía" para el caso. El Rebe Najmán enseña que "el 'corazón de piedra' hace referencia a aquéllos que están distantes de la caridad, mientras que el 'corazón misericordioso' se aplica a la persona caritativa" (*Likutey Moharán* II, 15:1). Los actos de caridad pueden aliviar los efectos de un corazón espiritualmente obstruido.

Así, el Rebe enseña que la caridad es una cura general para las enfermedades espirituales del corazón. Pero muchos pueden preguntar, ¿qué pasa si uno no tiene los medios para practicar la caridad? Enseña el Talmud (cf. *Suká* 49b) que la caridad tiene muchos niveles, que pueden dividirse en dos categorías principales: *tzedaka* (caridad) y *guemilut jasadim* (actos de bondad). Aunque la caridad implica generalmente un regalo monetario, esto no es siempre así. También puede adoptar la forma de otros tipos de ayuda, tales como recolectar fondos, realizar trabajos voluntarios y demás.

Más aún, explica el Talmud (*ibid.*) que *guemilut jasadim* (actos de bondad) son considerados más grandes aún que los regalos monetarios en tres aspectos:

- La caridad sólo implica asistencia financiera. En cambio, el acto de bondad puede ser realizado con el cuerpo de la persona, con su dinero o con cualquier otra cosa que tenga.

- La caridad sólo se les da a los pobres. El acto de bondad puede ser realizado tanto para un rico como para un pobre.

- La caridad sólo se les da a los vivos. El acto de bondad puede ser realizado tanto para los vivos como para los muertos.

A partir del Talmud podemos comprender que el uso que hace el Rebe Najmán del término "caridad" no se limita a las contribuciones financieras para causas dignas (aunque éstas son muy importantes cuando existe la posibilidad de realizarlos).

Toda acción caritativa y todo acto apropiado de bondad sirven para "abrir" el corazón de la persona y "hacer lugar" en él para las necesidades del otro. Esto se debe a que la caridad es un acto de amor, una acción compasiva. Esto es lo que alivia al corazón de su "obstrucción" espiritual.

De hecho, los beneficios de la caridad son de largo alcance. Enseña el Rebe Najmán que existe un *noám elión*, una satisfacción exaltada, que emana de la Fuente Divina, y que desciende constantemente a este mundo para beneficio del hombre. Para poder ser receptor de esta gran satisfacción, uno debe elevar primero su propio corazón con un genuino amor por Dios. Este amor se despierta a través de los actos de caridad. La caridad en general y particularmente aquélla que beneficia a la Tierra de Israel, le garantizan al donante una gran porción de esta satisfacción Divina (*Likutey Moharán* II, 71:7).

*

División y Controversia

Enseña el Rebe Najmán:

> El corazón contiene dos inclinaciones, una hacia el bien y la otra hacia el mal. Esto produce una división dentro del corazón. [Un ejemplo de esta división tiene lugar] cuando la persona siente que "sabe" que el Santo, bendito sea, está siempre presente, pero aun así no utiliza el tiempo de su plegaria para hablar realmente con el Santo, bendito sea. Si realmente siente la presencia del Santo, bendito sea, ciertamente debería orar con todas sus fuerzas. El hecho de que uno no se esfuerza y no se dedica a orar con una completa concentración demuestra que parte de él "no reconoce" la presencia del Santo, bendito sea. Esto es resultado de un corazón "dividido" (*Likutey Moharán* I, 62:2).

El conflicto, definido de forma simple, es una falta de acuerdo entre dos partes. Dos países pueden discrepar entre sí; lo mismo puede ocurrir con dos familias o dos individuos. El conflicto que existe dentro del propio corazón es resultado de una división entre el lado derecho, que busca la espiritualidad y el lado izquierdo, que se inclina a lo material. Aquél que aún no ha llegado a purificar completamente su corazón siempre sentirá esta "lucha interior". Los problemas de fe y la confusión con respecto tanto a los objetivos inmediatos como a los de largo plazo son sintomáticos de un corazón dividido. El Rebe Najmán lo explica de esta manera:

> El mundo está lleno de conflictos. Existe la guerra entre los grandes poderes del mundo. Hay conflictos entre las diferentes ciudades. Existen discusiones entre familias. Hay discordia entre vecinos. Hay fricciones dentro de una misma casa, entre el marido y la mujer, entre padres e hijos. La vida es corta. La gente muere un poco cada día. El día que pasa ya no vuelve y la muerte está más cerca cada día. Pero la gente continúa peleando sin recordar su objetivo en la vida.
>
> Todos los conflictos son idénticos. Las fricciones dentro de una familia son la contraparte de las guerras entre las naciones. Cada persona de la casa es el equivalente de una potencia mundial y sus peleas son las guerras entre esas potencias. También los rasgos de cada nación se ven reflejados en los individuos. Algunas naciones son reconocidas por su cólera y otras por su crueldad. Cada una posee un rasgo particular. Y todos esos rasgos pueden encontrarse también dentro de cada casa. Uno puede querer vivir en paz. No tiene deseo alguno de luchar. Pero aun así se ve forzado a la disputa y el conflicto.
>
> El hombre es un mundo en miniatura. Su esencia contiene el mundo y todo lo que hay en él. El hombre y su familia contienen a las naciones del mundo, incluyendo sus batallas. Si un hombre vive solo, puede volverse loco, pues su personalidad se ve forzada a centralizarse en las diferentes "naciones beligerantes" dentro de él y así no encuentra paz. Cuando llegue Mashíaj, *todas* estas guerras serán abolidas (*Sabiduría y Enseñanzas del Rabí Najmán de Breslov* #77).

Y si el corazón de una persona está dividido, ¿qué puede hacer para "unirlo"?

El Rebe Najmán puso mucho énfasis en el estudio de los

Códigos de la Ley. Los Códigos abundan en discusiones, a veces muy acaloradas, entre los diversos Sabios con respecto a lo que está permitido y a lo que está prohibido, lo que es puro y lo que es impuro y demás. El objetivo del estudio debe ser clarificar las opiniones de los Sabios, trayendo "paz" a los puntos de vista opuestos y llegando a una conclusión clara. Este método de estudio que implica examinar los puntos de vista opuestos y llegar a una solución pacificadora, puede producir un efecto profundo y duradero en el carácter de la persona. Utilizar Biná (Comprensión) para resolver un conflicto de ley en la Torá puede traer "paz" al corazón dividido de la persona, el corazón dividido entre las dos inclinaciones (ver *Likutey Moharán* I, 62:2). Aunque este método de estudio es avanzado y ciertamente presenta dificultades para aquéllos que no están familiarizados con el sistema de estudio Talmúdico, la directiva del Rebe Najmán con respecto al estudio de los Códigos para alcanzar un beneficio duradero es universal. En diversas lecciones, el Rebe habla sobre la importancia de estudiar y conocer los Códigos para andar en la vida por el sendero correcto.

Enseñó además el Rebe Najmán:

> La buena inclinación es conocida como (Eclesiastés 4:13), "un niño pobre pero sabio" [pobre, porque pocos lo escuchan; sabio, porque nos lleva por la senda de la vida]. La mala inclinación es comparada a (*ibid.*), "un rey viejo y tonto" [la gente tiende a escucharlo porque es el Rey, pero su consejo es necio]. Estas dos inclinaciones representan el reino de la santidad y el reino de la impureza. Aquél que estudia la Torá con dedicación fortalece el reino de la santidad (*Likutey Moharán* I, 1:2).
>
> El Ari solía dedicarle un tremendo esfuerzo al estudio de los Códigos. Tanto se esforzaba que llegaba a transpirar (*Shaar HaMitzvot, Ve'Etjanan* p.79).

El Rebe Najmán enseña que el consejo que proviene de una fuente impropia abruma el corazón y lo pudre. El corazón es comparado entonces a un retrete; el consejo de ese corazón es maloliente (*Likutey Moharán* I, 61:4). El Rabí Jaim Vital explica (*Shaar HaMitzvot, loc. cit.*) que el Ari se esforzaba en sus estudios hasta transpirar, para quebrar los poderes ilusorios de la mala inclinación que rodean al corazón. Hemos visto (Capítulo 12) cómo el exceso de productos de desecho envenena el sistema y cómo transpirar es una manera de purificar al cuerpo de estos desechos. Hemos apuntado (Capítulo 6) que los 613 mandamientos de la Torá son llamados los "613 preceptos de consejo". Este tipo de consejo trae también armonía al corazón, librándolo de la división.

* * *

23

El Asiento de la Emoción

El corazón es el asiento de las emociones, y el amor y el temor (miedo) abarcan el conjunto de todas nuestras emociones. El amor a Dios es el nivel más elevado en el servicio a Dios, pero es inalcanzable a no ser que uno logre primero el nivel de temor a Dios.

Una de las 613 mitzvot de la Torá es honrar y respetar a los ancianos y a los sabios, tal cual está escrito (Levítico 19:32), "Honra a los ancianos... Y teme a tu Dios". Preguntan nuestros Sabios, con su penetrante comprensión del comportamiento humano: "¿Qué sucede con aquél que cierra los ojos y simula no ver al anciano para no levantarse y honrarlo? [Ellos responden:] Por esta razón, concerniente a cada pensamiento oculto dentro del corazón está escrito, 'Teme a tu Dios'" (*Kidushin* 32b; ver *Likutey Moharán* I, 14:7).

Rashi explica que todo individuo sabe en lo profundo de su corazón si ha decidido honrar a una persona o si ha decidido ignorarla. Es posible que pueda engañar a los demás simulando que no la ha visto; puede llegar incluso a engañarlos haciéndoles pensar que él es muy recto, pues "se pone de pie para la ocasión" siempre que los demás lo estén mirando. En verdad, sin embargo, este individuo es inescrupuloso. Por esta razón está escrito, "Teme a tu Dios": dado que Dios conoce todos los pensamientos, si el hombre Lo teme nunca dejará de lado las mitzvot (*ibid., v.i.davar*). Es posible que pueda engañar a los demás haciéndoles pensar que está cumpliendo con una mitzvá, pero no puede engañar a Dios.

El amor y el temor (o el miedo) son los dos aspectos del servicio a Dios que más comúnmente se registran en la literatura de la Torá. La mayoría de las fuentes indican que ambos comprenden virtualmente todas las demás enseñanzas de la Torá. El amor corresponde a los 248 mandamientos positivos, pues la persona se dedicará con fervor a cumplir con una mitzvá cuando la realice por amor. Por otro lado, el temor y el miedo corresponden a las 365 prohibiciones, pues en general es sólo el temor lo que impide que la persona transgreda (*Tikuney Zohar* #21, p. 51a).

Este temor puede ser el temor a Dios, o puede ser el temor a ser descubierto dedicándose a una acción ilegal o inmoral, o el temor a una pérdida monetaria o a una enfermedad. Sea cual fuere la razón, en general es el temor el que impide que la persona cruce la línea al enfrentarse con el pecado. Así, recomiendan nuestros Sabios que cada vez que nuestros pensamientos deban ser controlados, o cuando nuestras convicciones más profundas se vean enfrentadas por emociones confusas, uno deberá focalizarse en el temor a Dios en el corazón.

*

Jerusalem: Temor Perfecto

> **Abraham llamó al lugar [donde iba a sacrificar a Itzjak] *IRá* [temor]. Shem lo llamó SHaLeM [perfección]. Por lo tanto, declaró el Santo, para no avergonzar a ninguno de estos Tzadikim, su nombre será *IRuSHaLaiM* [Ierushalaim].**
>
> *Bereshit Rabah* 56:10

¿Qué podría ser más emocionante que el hecho de ser testigos de la reconstrucción de Ierushalaim? Tras dos milenios de guerras y de desolación, Ierushalaim está siendo construida más rápidamente que cualquier otra ciudad en el mundo. Estos eventos fueron previstos por nuestros Profetas y predichos por nuestros Sabios para que no llegaran como una sorpresa total. ¡Pero el aspecto más emocionante de la reconstrucción de Ierushalaim consiste en saber que cada persona puede hacer su propia contribución personal a la reconstrucción, en cada momento de su vida! ¿Cómo es esto posible?

Enseña el Rebe Najmán:

> La fuente del temor se encuentra en el corazón. Todos deben tratar de desarrollar este temor al Santo, bendito sea. La perfección del temor al Santo, bendito sea, produce en efecto la reconstrucción de Ierushalaim, pues Ierushalaim es *IeruShalem* [literalmente, "temor perfecto"] (*Likutey Moharán* II. 1:4).

Esta enseñanza sintetiza algunas de las lecciones más importantes del Rebe Najmán. Una de las mitzvot básicas que se nos requiere realizar continuamente es la de *Irat HaShem* (temor, reverencia, miedo a Dios), manteniendo en todo momento una conciencia y un temor a Dios constantes. Esta mitzvá se aplica en todo momento, sin importar lo que estemos haciendo, así estemos dedicados a la búsqueda espiritual o a algo más mundano.

¿Cómo podemos llegar a estar conscientes de la presencia de Dios en forma constante? A lo largo de los discursos del Rebe Najmán, encontramos enseñanzas referidas a elevar el nivel de nuestra percepción de Dios trabajando sobre el control de los impulsos de nuestro corazón.

*

En la misma lección enseña el Rebe Najmán:

> La reconstrucción de Ierushalaim no es el único beneficio generado por el desarrollo del temor al Santo, bendito sea. "La profecía desapareció luego de la destrucción del Santo Templo" (cf. *Baba Batra* 12b) y sólo volverá con la reconstrucción de Ierushalaim. Dado que la fuente de la profecía es el temor al Santo, bendito sea, cuando este temor se perfecciona, la profecía se eleva y se revela en el mundo. Esta cadena de eventos crea un ángel que puede efectuar la profecía (*Likutey Moharán* II, 1:6).
>
> Existen tres factores principales que opacan el sentimiento de temor en el corazón. Ellos son las tres pasiones: la avaricia, la inmoralidad y la gula. El ardiente deseo del corazón por estas pasiones desplaza el potencial para el temor al Santo, bendito sea. Para rectificar estas pasiones, uno debe traer Jojmá, Biná y Daat a

su corazón. Estos tres *mojín* se corresponden respectivamente con las tres pasiones del corazón. [Esto nos enseña que] el poder del intelecto puede ser utilizado para superar los aspectos negativos de las emociones (*Likutey Moharán* II, 1:4-5).

En esta lección, el Rebe Najmán continúa explicando que cada una de estas tres pasiones puede ser rectificada a través de una de las Tres Festividades. En el momento del Éxodo, los judíos recibieron una gran riqueza, y de allí derivamos que la festividad de Pesaj puede rectificar la avaricia. Antes de la Revelación en el Monte Sinaí, los judíos recibieron el mandamiento de abstenerse de relaciones maritales; así Shavuot rectifica el pecado sexual y la inmoralidad. Sukot es el momento del año en el que se recogen los granos; así es inherente a Sukot el potencial de rectificar la gula. No es coincidencia que en cada una de estas Festividades se nos haya ordenado ascender a Ierushalaim: en un nivel más profundo, esto indica que rectificando estas pasiones, podemos ascender al nivel del temor a Dios. Dado que cada Festividad posee sus propias y únicas características, podemos deducir que en cada una de ellas se revela un nuevo nivel del intelecto o una nueva revelación de Divinidad. De esta manera, los tres *mojín* pueden contrarrestar los efectos de las tres pasiones.

Aquí vemos nuevamente cuán importante es que el corazón mantenga su comando sobre el cuerpo. Son estas fuertes pasiones las que impiden que el corazón alcance un miedo perfecto, y retardan la reconstrucción de Ierushalaim. Estas pasiones, que emanan de las emociones descontroladas, afectan al corazón en forma directa. Pero controlar los deseos nos lleva a obtener un corazón puro y un temor perfeccionado, mediante los cuales podemos experimentar la Divinidad. Esto logra un nivel en la reconstrucción de Ierushalaim, pues cuando Ierushalaim sea reconstruida, la presencia de Dios será revelada y todos la podrán percibir. Como continua enseñando el Rebe Najmán, al "reconstruir Ierushalaim" - rectificando el temor a Dios en nuestros corazones - se crea un ángel (*Likutey Moharán* II, 1:6), el que a su vez le da a la persona poderes espirituales y cualidades angélicas.

La Llave del Tesoro

Y será la estabilidad de Tus tiempos una fortaleza de salvación, sabiduría y ciencia: y el temor del Señor será Su tesoro.

Isaías 33:6

Al hablar de los problemas y las tribulaciones que deberá enfrentar el pueblo judío antes de la Redención Final, Isaías profetizó que la capacidad de mantener la fe en Dios dependerá del nivel de temor a Dios que tenga la persona. El temor es así llamado "el tesoro de Dios," pues es una fuente inagotable de fortaleza en tiempos de necesidad. Nuestros Sabios apuntan que el versículo mencionado contiene seis términos clave seguidos por un séptimo. Los seis corresponden a los seis órdenes de la Mishná (y las seis *Sefirot* desde Jesed a Iesod). El séptimo, nuevamente, es el "temor a Dios," Su tesoro (correspondiente a Maljut). El versículo enseña así que, sin el temor a Dios uno no puede esperar alcanzar las profundidades de la Torá. Sin temor a Dios uno no puede entrar al precinto interno de la Torá. Las puertas se mantienen cerradas. Así, "aquél que estudia la Torá sin temor al Cielo es comparado con uno que tiene las llaves del cuarto interior pero no las llaves de la puerta de calle. ¿Cómo podrá entrar?" (*Shabat* 31a).

*

Alegría

El corazón es el asiento principal de la alegría.

Likutey Moharán I, 24:2.

De todas las emociones del hombre, la alegría es la más estimulante y también la más esquiva. Aquél que siente alegría en el matrimonio, en su trabajo y en su medio querrá continuar productivamente en ese sendero elegido. Por el contrario, la depresión, lo opuesto a la alegría, es el peor enemigo del hombre y el obstáculo más grande para sus logros.

El Rebe Najmán enseña que la alegría y la felicidad pueden liberar a la persona de las restricciones que la aferran al mundo material. "Uno no puede alcanzar *ishuv haDaat* [calma mental, serenidad y cuidadosa consideración, juicio sobrio] salvo que logre primero un estado mental de alegría" (*Likutey Moharán* II, 10). Esta alegría a la cual se refiere el Rebe Najmán no es una "risa superficial" o un estado general de diversión. Debe ser una poderosa alegría que penetre las barricadas que han sido establecidas por los muchos problemas y confusiones de la vida y que pueda así encontrar su camino hacia el corazón. El versículo nos dice (Isaías 55:12), "Dejarán [el exilio] con alegría...". Con alegría podemos dejar detrás nuestras frustraciones y esperar la ayuda y la salvación de Dios.

El poder de la alegría es tan intenso que puede hacer que uno llegue a percibir una revelación de la Divinidad dentro de su corazón. El Rebe Najmán enseña además que, en un sentido, la Divina Presencia corresponde a la alegría del corazón. Aquél que cumple las mitzvot con alegría eleva a la Divina Presencia desde su exilio (*Likutey Moharán* I, 24:2; ver arriba, Capítulo16). De esta manera, se es capaz de "ver" a Dios, ¡pues Su Presencia se revela!

Pero la depresión, la más común de las aflicciones de la humanidad, se cruza en el camino. Ya hemos visto cómo la depresión surge desde adentro - tanto desde el deseo de excesos como de las expectativas poco realistas de perfección (Capítulo 19). Cuando la persona experimenta un "mal día," sus emociones se deterioran; surge la ira y se desgastan los nervios. La persona cierra automáticamente su mente y su corazón a todo sentimiento potencial de alegría. Y aunque en ese momento busque activamente la felicidad, esta tiende a evadirlo.

Enseña el Rebe Najmán que de todas las devociones necesarias para servir a Dios, la alegría es la más difícil de alcanzar y, una vez lograda, la más difícil de mantener (ver *Sabiduría y Enseñanzas del Rabí Najmán de Breslov* #20). Cuando uno se encuentra acuciado por las dificultades, rodeado de problemas financieros, familiares o de salud, parecería no haber otra alternativa más que caer en la depresión. Pero precisamente en ese momento el corazón debe ser el asiento de la alegría. Como "jefe del estado mayor" del cuerpo humano, el corazón tiene la capacidad de superar las penas y la depresión; él puede volver a despertar nuestro espíritu e inspirarnos a retomar nuestras responsabilidades en la vida.

El Rebe Najmán enseña que este fenómeno puede advertirse en innumerables situaciones. Cuando la persona siente una intensa alegría, puede llegar al punto en que comience a bailar y aplaudir. Este espíritu proviene de un corazón alegre (*Likutey Moharán* I, 10:1,6) pues cuando abunda la alegría, se eleva el espíritu. Las manos y los pies reciben mensajes positivos desde el corazón y actúan en concordancia. Más aún, nos dice el Rebe, "un corazón pesado [lleno de tristeza, de envidia, etcétera] genera un rostro triste," mientras que "¡un corazón alegre mejora nuestro aspecto!" (*Likutey Moharán* I, 60:6; ver *ibid.* II, 5:11).

*

Anhelo

Enseña el Rebe Najmán:

> El corazón siempre anhela y arde. A veces es un anhelo de santidad; otras, de deseos físicos, por ejemplo, de avaricia. Existe un *rúaj* que puede descender y "enfriar" ese corazón ardiente. Este *rúaj* es comparado con la Divina Presencia y es atraído hacia el corazón mediante la caridad (*Likutey Moharán* I, 13:1).

El deseo y el anhelo son innatos a la naturaleza humana. Todos experimentamos los acuciantes dolores de la necesidad, pero será la naturaleza de los deseos profundos de la persona la que determine si su anhelo será la espiritualidad o las gratificaciones materiales. Más aún, los deseos pueden crecer y llegar a ser inmanejables. Hemos visto (más arriba, Capítulo 21, "Paro Cardíaco") que incluso el deseo por lo espiritual puede ser peligroso, como cuando la persona intenta alcanzar una espiritualidad para la que no está preparada intelectual o emocionalmente. Así enseña al Rebe Najmán (*Likutey Moharán* II, 9:2), "El espíritu [*rúaj*] de la persona debe ser controlado de modo que el corazón pueda arder [por Dios] de la manera apropiada".

Enseña el Rebe que el corazón puede a veces inflamarse por la espiritualidad, y otras, arder de deseos por lo mundano; el estudio de la Torá tiene el poder de regular ambos tipos de deseos ardientes (*Likutey Moharán* I, 78:4). Más aún, cuando alguien tiene un ardiente anhelo de Dios en su corazón, si *desea* estudiar Torá o elevar una plegaria, pero, por alguna razón, es incapaz de hacerlo (por ejemplo, se encuentra en un lugar deshabitado o no tiene libros a su alcance), entonces este solo deseo ardiente inscribe Arriba una [nueva] enseñanza de Torá. El deseo ardiente de Torá y de espiritualidad permite que uno pueda recibir de la espiritualidad del Corazón Superno (Biná) (*Likutey Moharán* I, 142). Hemos visto también (en los Capítulos 24-25) que la Torá consiste de Cinco Libros, correspondientes a los cinco lóbulos del pulmón. Dado que los pulmones tienen un "efecto refrescante" sobre el corazón, se desprende que el estudio de la Torá puede ayudar a "enfriar" y controlar los ardientes deseos de materialismo o de anhelo de un nivel de espiritualidad que se encuentra más allá de nuestra capacidad.

Enseña también el Rebe que la caridad tiene el mismo poder que la Torá para ayudar a superar las pasiones. El Rebe ilustra esto con el caso de una persona que está llena de avaricia, de un ardiente deseo por riquezas y posesiones materiales. Si esta persona da caridad, muestra su fe en Dios, su fe en que es Él Quien provee. Al dar caridad supera temporariamente sus deseos materiales y se hace merecedora de ayuda en el logro de una verdadera espiritualidad.

*

Amor

El amor es quizás la más poderosa de las emociones. El amor puede ser tan abrasador que nada puede interponerse en su camino. El Rey Salomón comprendió muy bien esto cuando dijo (Cantar de los Cantares 8:7), "Muchas aguas no pueden extinguir el amor". Esto se debe a que el amor humano está enraizado en el Atributo Divino de Jesed (Bondad). Debido a que Dios derrama constantemente Su bondad sobre la Creación, los sentimientos de bondad y de amor abundan siempre en el mundo. Ellos pueden llevar al hombre hacia alturas increíbles, o hacia el más profundo de los abismos.

El amor al dinero puede llevar a una persona a poner en riesgo su propia vida - o la vida de aquéllos que se encuentren en su camino. La inmoralidad sexual es una perversión del amor; generalmente trae como resultado la destrucción de los hogares e hijos ilegítimos o no deseados. El amor al poder, tan frecuente en los anales de la historia, ha ocasionado guerras y derramamiento de sangre en gran escala. Por el contrario, el mismo atributo de amor, aplicado correctamente, puede construir un matrimonio saludable y un hogar cálido y comprensivo. Puede llevar a la persona a las alturas de la creatividad en beneficio de toda la humanidad.

Así, el tremendo poder del amor - tanto en sus aspectos constructivos como destructivos - puede explicarse mejor en el hecho de la cercanía de Jesed con Biná (Jesed se encuentra inmediatamente detrás de Biná; ver Apéndice C). Las *Sefirot* superiores (Keter, Jojmá y Biná, las "mentalidades") están ocultas y la primera manifestación de sus tremendos poderes en las *Sefirot* inferiores, se produce en la *Sefirá* de Jesed, que implica salir hacia los demás y avanzar hacia los otros para su beneficio. Visto de otra manera, Jesed está más arriba que Guevurá, indicando que se encuentra "más arriba y más allá" de la restricción, lo que evidencia el gran poder del amor. Como hemos visto a lo largo de este libro, existe un equilibrio entre el bien y el mal - sea cual fuere el poder que existe para el bien, ese mismo potencial existe para el mal. Así, si el amor no es debidamente controlado - a través de Guevurá, es decir, del temor a Dios - puede llegar a ser muy destructivo. Si el amor es adecuadamente controlado, se vuelve la herramienta más efectiva para la construcción de la humanidad y de la paz. Así dice el versículo (Salmos 89:3), "El mundo se construye con Jesed".

Cuando tratemos el sistema respiratorio (Parte 6),

examinaremos con más detalle el poder del atributo del amor. Concluimos esta sección con una de las enseñanzas del Rebe acerca del amor:

> Aquél que difunde el amor y trae la paz entre las personas produce grandes rectificaciones Arriba (*Likutey Moharán* I, 75:4).

* * *

24

El Pulso

La sangre transporta todo aquello que circula por el cuerpo. Si se presenta una enfermedad, Dios no lo permita, ella puede ser detectada a través del pulso, que reacciona ante cada enfermedad, variando según los casos. Así, las variaciones del pulso pueden ser utilizadas para diagnosticar enfermedades específicas que necesitan ser tratadas. Aunque este método no es reconocido en la medicina moderna occidental, se lo practica activamente en la medicina oriental y en algunas formas de medicina alternativa donde ha demostrado ser sumamente efectivo.

Como hemos visto, el flujo de sangre se ve afectado por la manera en la que introducimos oxígeno al torrente sanguíneo. El pulso, que posee diez modalidades, corresponde a los Diez Mandamientos. Los pulmones, que poseen cinco lóbulos, corresponden a los Cinco Libros de Moisés (Torá) y a los Cinco Libros de los Salmos (Plegaria). Así, la Torá y la plegaria resultan beneficiosas para el pulso (*Likutey Moharán* I, 8:9).

La fuente de la enseñanza de los diez modos del pulso se encuentra en el *Tikuney Zohar* (#69, p.108).

Las Diez *Sefirot* están representadas por las diez vocales del alfabeto hebreo. De acuerdo con el pulso, uno puede diagnosticar la enfermedad...

En el Zohar, los diez modos son vistos como paralelos de las Diez *Sefirot*, las que a su vez corresponden a los diez tipos de signos vocales utilizados en el lenguaje hebreo (de hecho, existen nueve, siendo el décimo la ausencia completa de toda vocal, tal como Maljut, de la cual se dice que no posee una luz propia y que sólo refleja las diferentes energías de las *Sefirot* superiores al fluir a través de ella). Estos signos vocales sirven como una especie de Código Morse. El código es muy simple: un signo vocal puede estar compuesto por uno, dos o tres puntos (colocados en diferentes posiciones), por un guión con un punto debajo o por un guión solo. Al comparar el ritmo del pulso en un lugar particular del cuerpo, con los diferentes puntos vocales, uno puede identificar la fuente espiritual de la enfermedad que yace detrás de todo síntoma físico. Así afirma el Zohar:

> A veces, un pulso está compuesto por un golpe corto y simple. Si su golpe es bajo, es un *Jirik* (un punto simple ubicado debajo de la letra). Si está arriba, corresponde a *Jolem* (un punto simple ubicado sobre la letra). Si está en el centro, corresponde a *Shuruk* (un punto simple ubicado en el medio de la letra)... A veces, el pulso está conformado por dos golpes iguales, uno inmediatamente después del otro. Esto corresponde a *Tzeiri* (dos puntos ubicados uno al lado a lado del otro, debajo de la letra). Si un golpe es fuerte y el otro débil, esto es *Shva* (dos puntos, uno sobre el otro, ubicados debajo de la letra)... A veces un golpe sube y otras veces baja... A veces, un golpe es largo, (como un guión) y uno corto...

Para el propósito de nuestro estudio acerca del pulso, recapitulemos algunas de las correspondencias básicas Kabalistas. Recordemos que las Diez *Sefirot* corresponden a las cuatro letras del Tetragrámaton, *IHVH* y al ápice de la letra *Iud*. Desde arriba hacia abajo, Keter corresponde a este ápice, Jojmá corresponde a la *Iud* misma, Biná es la primera *Hei*, las Seis *Sefirot* desde Jesed a Iesod corresponden a la *Vav*; y Maljut corresponde a la Hei final.

Por extensión, estos cinco niveles corresponden a los cinco niveles del alma - *Iejidá, Jaiá, Neshamá, Rúaj* y *Néfesh* - y a los cinco universos - *Adam Kadmón, Atzilut, Briá, Ietzirá* y *Asiá*. Finalmente, estos corresponden a los Cinco *Partzufim* - *Arij Anpin, Aba, Ima, Zeir Anpin* y *Nukva de Zeir Anpin* (Maljut) (ver arriba, Capítulo 3).

Ahora, centrémonos en el *Partzuf* de *Aba*, que como hemos visto, corresponde a la *Sefirá* de Jojmá, el Universo de *Atzilut* y al nivel del alma de *Jaiá*. Una hermosa alusión a la conexión entre Jojmá (Sabiduría) y *Jaiá* (Esencia de Vida) puede verse en el versículo (Eclesiastés 7:12), *"Jojmá t'jaié ba'alea* - la Sabiduría le da vida a quien la posee". Basado en esta conexión, el Ari explica que, oculta dentro de la Sefirá de Jojmá, se encuentra la Esencia de Vida de Dios, que le da vida a todos los niveles que están debajo de Jojmá.

La expansión del Tetragrámaton asociada con *Jojmá-Aba-Jaiá* (cuando está escrito mediante el método de *ajoraim*) suma 184 (ver Apéndice C). Este es el valor de la palabra *DoFeK*, que en hebreo designa el pulso: *dalet* (4), *pé* (80), *kuf* (100). Así, la Esencia Vital, que le provee vida al hombre, puede hallarse y sentirse en el pulso. El Rabí Jaim Vital registra que su maestro, el Ari, era efectivamente capaz de determinar la deficiencia espiritual o la enfermedad de una persona a través de su pulso *(Shaar Rúaj HaKodesh,* p.14).

Hemos visto que el cuerpo está compuesto por cuatro elementos básicos: fuego, aire, agua y tierra. Existe un calor natural (fuego) del cuerpo; la sangre lleva oxígeno (aire) a través del sistema; una gran parte del cuerpo es líquida (agua) y el cuerpo mismo está hecho del elemento tierra. Cuando cada parte del cuerpo trabaja apropiadamente, prevalece la armonía y uno goza de buena salud. Si alguno de estos elementos comienza a comportarse de manera errática, surge entonces la enfermedad. Esta enfermedad, estando presente en el cuerpo, encuentra su camino hacia el torrente sanguíneo; de allí que puede ser detectada fácilmente en el pulso. Continúa el Zohar:

Un solo golpe grave corresponde al signo vocal *jirik*, indicando que el elemento agua [los fluidos del cuerpo y sus fuentes] no es estable. Si el golpe del pulso es agudo [es decir, *jolem*], el elemento fuego [el calor del cuerpo y sus fuentes] es demasiado fuerte. Un golpe triple, correspondiente a *kubutz*, denota que el elemento aire está soplando mal, agitando los fluidos del cuerpo o desequilibrando la temperatura del cuerpo. Otros golpes dobles corresponden a *tzeiri* y a *shva*. Cada uno significa que cierto elemento está desequilibrado, produciendo la enfermedad. Pero un pulso firme corresponde a *pataj* o *kamatz*, que significan curación y salud (*Tikuney Zohar* #69, p.108a).

El Zohar continúa con otros ejemplos más que explican el significado de las pausas entre los golpes del pulso. Estas pausas permiten la obtención de la fuerza vital espiritual en etapas (es decir, un aumento pausado de la conciencia), dándole así al hombre la capacidad de asimilarla. El Ari explica también cómo, con cada punto vocal - con cada golpe del pulso - uno puede detectar cuál de las *Sefirot* es la dominante en un momento determinado, reconociendo así el pecado específico cuya influencia prevalece dentro de la persona, permitiéndonos así su rectificación (*Shaar Rúaj HaKodesh*, p.15; ver Apéndice C).

Cierta vez un médico se vanaglorió ante el Baal Shem Tov de su capacidad de diagnosticar cualquier enfermedad a través del pulso. El Baal Shem Tov le dijo que también él sabía diagnosticar las enfermedades de manera similar. El Baal Shem Tov tomó la muñeca del médico, sintió su pulso y le diagnosticó correctamente su enfermedad. Entonces el medico tomó la muñeca del Baal Shem Tov, sintió su pulso, pero no pudo interpretarlo de manera apropiada. Después de que se fue, el Baal Shem Tov dijo, "Yo sufro de una enfermedad que él no comprende: 'Estoy enfermo de amor [por Dios]' (Cantar de los Cantares 2:5). El médico no conoce esta enfermedad; ¡por eso no puede diagnosticarla!"

*

La Princesa y el Castillo de Agua

Quizás una de las más famosas historias del Rebe Najmán es la de "Los Siete Mendigos" (*Los Cuentos del Rabí Najmán* p. 203-242). Aquí presentaremos extractos de esta historia, junto con algunos comentarios del Rabí Natán, que ofrecen profundas ideas con respecto a la dimensión espiritual del pulso.

Dijo el Rebe Najmán, "Les contaré cómo solía alegrarse la gente".

El cuento trata acerca de un niño y una niña perdidos en un bosque. Cada día y durante siete días los niños se cruzaron en el bosque con siete Mendigos, cada uno de los cuales tenía una "deformidad" diferente. Cada Mendigo les daba un poco de pan y de agua y luego los bendecía para que fuesen "como él". Según su orden de aparición en la historia los Mendigos eran: un ciego, un sordo, un mudo, uno con el cuello deformado, un jorobado, uno sin manos y uno sin pies. Finalmente los niños pudieron salir del bosque y retornaron a la civilización, donde se juntaron con los demás mendigos. Poco después el niño se casó con la niña.

En la fiesta de bodas y durante los siete días siguientes, los niños recordaron las bondades de Dios cuando, por medio de los Mendigos, Él los proveyó de comida en el bosque. Recordaron a los Mendigos y anhelaron volver a verlos. La historia relata que en cada uno de los siete días siguientes, se hizo presente uno de los Mendigos para festejar junto a ellos. Cada Mendigo tenía una historia para contar, en la cual explicaba que su deformidad no era en realidad una falla, sino su tesoro más grande, lo que explicaba por qué cada uno de ellos había bendecido a los niños para que "fuesen como él".

> También hubo alegría el sexto día y anhelaron diciendo, "¿Cómo podríamos hacer venir a aquél sin manos?" De pronto éste apareció y dijo, "¡Heme aquí! ¡He venido a su boda!" Y les habló de la misma manera que los otros Mendigos, besándolos también.
>
> Y dijo entonces: "Ustedes piensan que hay algo malo en mis manos. De hecho, no tienen nada malo y más aún, tengo un gran poder en ellas. Pero no utilizo su poder en este mundo físico pues necesito este poder para algo totalmente diferente. Respecto a esto tengo la palabra del Castillo de Agua".

El Mendigo Sin Manos relató entonces cómo estaba cierta vez sentado con un grupo de hombres que se vanagloriaban de lo que podían lograr con sus manos. Afirmando que él tenía más poder en las manos que ellos, el Mendigo Sin Manos relató la increíble historia de la Princesa y del Castillo de Agua.

Había una vez un rey que deseaba a la Hija de la Reina. [Este rey] intentó secuestrar [a la joven] por todos los medios posibles, hasta que finalmente tuvo éxito y la tomó cautiva.

[Pero] entonces el rey tuvo un sueño. [En el sueño] la Hija de la Reina estaba de pie sobre él y lo mataba.

Al despertar [el rey] tomó el sueño en serio y llamó a todos sus intérpretes. Ellos le dijeron que eso se haría realidad en su sentido más literal y que ella [terminaría] por matarlo.

El rey no decidía qué [actitud] tomar con ella. Si la mataba sentiría pesar. Si la expulsaba, otro hombre llegaría a poseerla y eso era algo que le resultaba insoportable y que lo frustraría sobremanera, dado que había trabajado mucho para conseguirla y entonces ella sería de otro hombre. Más aún, si la desterraba y ella terminaba con otro hombre habría una posibilidad mayor de que el sueño se hiciera realidad. Con un aliado le sería más fácil matarlo.

Pero seguía temiendo a causa del sueño y no quería tenerla cerca. De manera que el rey no sabía qué hacer con ella.

Como resultado del sueño, su amor por [la joven] fue decreciendo gradualmente y con el tiempo su deseo por ella fue menguando cada vez más. Y lo mismo sucedía con ella. Su amor por él fue declinando más y más hasta que llegó a odiarlo. Y [terminó] finalmente por huir.

El rey envió hombres en su búsqueda quienes, al retornar, le informaron que ella se encontraba cerca del Castillo de Agua.

Este era un castillo hecho de agua. Tenía diez paredes, una dentro de la otra y todas hechas de agua. Los pisos dentro de este castillo eran de agua y también había árboles y frutas, todos hechos de agua.

Está de más decir cuán hermoso y fuera de lo común era el castillo. Un castillo de agua es de hecho algo hermoso e inusual.

Es imposible que alguien entre al Castillo de Agua, pues está hecho todo de agua y cualquiera que entrase en él se ahogaría.

Mientras tanto, la Hija de la Reina, que había huido hacia ese castillo rondaba alrededor del Castillo de Agua.

El rey fue informado que ella rondaba alrededor del castillo y tomando su ejército salió para capturarla.

Cuando la Hija de la Reina los vio venir decidió huir hacia el castillo. Prefería ahogarse antes que ser capturada por el rey y tener que quedarse con él. También existía la posibilidad de que pudiese sobrevivir y ser capaz de llegar hasta dentro del Castillo de Agua.

Cuando el rey vio que huía hacia el agua, dijo, "Si así es como son las cosas...", y dio órdenes de dispararle, [diciendo], "Si muere, que muera".

[Los soldados] dispararon contra ella y la alcanzaron con las diez clases de flechas, untadas con las diez clases de venenos. Ella corrió hacia el castillo y entró en él. Atravesó los portales de los muros de agua, (pues los muros de agua tienen tales portales), pasó a través de las diez paredes del Castillo de Agua y llegó a su interior, donde se desplomó inconsciente.

Antes de relatar la historia de la Princesa, al describir su encuentro con los hombres que se vanagloriaban del gran poder de sus manos, el Mendigo contó sobre uno que afirmaba poder recuperar una flecha incluso luego de que ésta había sido disparada y había llegado a su objetivo. El Mendigo Sin Manos le preguntó si era capaz de recuperar todos los diez tipos de flechas, es decir, diez flechas embebidas en diez tipos de veneno, cada uno más tóxico que el otro. El hombre admitió que sólo podía recuperar un tipo de flecha. "Si es así," concluyó el Mendigo Sin Manos, "no puedes curar a la Hija de la Reina".

Otro se vanagloriaba del poder de su caridad, pues siempre que recibía algo de alguien, él (en lugar de recibir) de hecho le estaba *dando* a esa persona. El Mendigo Sin Manos le informó que existían diez tipos de caridad y le preguntó cuál de ellos era capaz de dar. El hombre respondió que él daba diezmos. "Si es así," concluyó el Mendigo Sin Manos, "no puedes curar a la Hija de la Reina. No puedes siquiera acercarte a donde está ella; no puedes siquiera atravesar una sola pared". El agua se asemeja a la caridad como en (Isaías 48:18), "Tu caridad es como las olas del mar". Así, él no podía atravesar las diez paredes del Castillo de Agua y salvar a la Princesa.

Un tercero se vanagloriaba de su poder para conferirles sabiduría a los demás a través de sus manos. El Mendigo Sin Manos le preguntó, "¿Qué tipo de sabiduría puedes conferir con tus manos? Existen diez tipos de sabiduría". El otro respondió que sólo podía conferir un tipo de sabiduría. El Mendigo le replicó, "Si éste es el caso, no puedes curar a la Hija de la Reina. Pues no puedes comprender su pulso, dado que existen diez tipos de pulso". Él sólo podía conferir un tipo de sabiduría y por tanto sólo comprendía un tipo de pulso.

Un cuarto se vanagloriaba de su capacidad para retener con sus manos los vientos tormentosos. Podía hacer girar el viento y hacerlo soplar apropiadamente, de modo que fuera beneficioso. El Mendigo Sin Manos le dijo que existían diez clases de vientos, correspondientes a los diez tipos de melodías (ver *Pesajim* 117a). Dado que sólo podía controlar un tipo de viento, tampoco era capaz de salvar o curar a la Princesa.

Finalmente, todos los presentes le pidieron al Mendigo Sin Manos que revelase qué habilidad poseía. Él respondió, "Yo puedo hacer lo que ustedes no pueden. [En cada uno de los casos que ustedes presentaron] existen nueve que ustedes no pueden lograr. Yo puedo lograrlos todos". El Mendigo Sin Manos procedió entonces a contar la historia de la Princesa. Retomamos ahora la historia cuando la princesa yace inconsciente en el Castillo de Agua, habiendo sido herida por las diez flechas envenenadas.

> Y yo la curé. Aquél que no posee las diez clases de caridad no puede atravesar las diez paredes, pues allí se ahogaría en el agua. El rey con su ejército intentó perseguirla pero todos se ahogaron. Yo, por otro lado, fui capaz de atravesar las diez paredes de agua.
>
> Estas paredes de agua son como las olas del mar que se yerguen como una pared. Los vientos mantienen las olas y las elevan. Estas olas constituyen las diez paredes que se yerguen allí de manera permanente, elevadas y mantenidas por los vientos. Pero yo fui capaz de entrar a través de esas diez paredes.
>
> También fui capaz de extraerle a la Hija de la Reina las diez clases de flechas. Yo conocía también las diez clases de pulsos y pude detectarlos con mis diez dedos. Cada uno de los diez dedos tiene el poder de detectar una de las diez clases de pulsos. Y pude entonces curarla mediante las diez clases de melodías.
>
> Y así pude curarla. De manera que yo tengo este gran poder en mis manos y ahora se lo doy como un regalo.

[Al terminar su relato] hubo gran alegría y tremendo regocijo.

*

El Mendigo Sin Manos representa al gran Tzadik. Él es capaz de entrar al del Castillo de Agua sin ahogarse pues posee los diez tipos de caridad. Él es capaz de extraer las diez clases de flechas (que generan la enfermedad) y detectar el problema a través de los diez modos del pulso. El Mendigo Sin Manos puede entonces efectuar la cura a través de los diez tipos de canciones, pues la alegría representa salud y curación.

La Princesa es el alma capturada por el rey, que es la mala inclinación. Al comienzo ella se siente cómoda, pero gradualmente comienza a comprender que hay algo más en la vida que las gratificaciones materiales, de modo que huye. Pero la mala inclinación es implacable. Constantemente la persigue. La Princesa comprendió que debía elegir entre una vida de materialismo y una vida de espiritualidad. Así como los judíos eligieron entrar al Mar Rojo al ser perseguidos por los Egipcios, de la misma manera la Princesa eligió entrar al Castillo de Agua, antes que ser atrapada por la mala inclinación. El Castillo de Agua representa el verdadero conocimiento, como en (Isaías 11:9), "El mundo estará lleno del conocimiento de Dios tal como las aguas cubren el mar". Pero para poder atravesar estas paredes, para alcanzar el conocimiento de la Torá, uno necesita dar caridad; de otra manera puede caer y ahogarse en las sabidurías ajenas.

Sólo el verdadero Tzadik posee el conocimiento necesario para entrar con seguridad dentro de las paredes del castillo. Él puede sentir el pulso del alma, determinar con precisión su enfermedad espiritual y curarla mediante los diez tipos de melodías. El Rebe Najmán enseña que estos diez tipos de canciones se encuentran en los Salmos, en la alabanza a Dios y en el acto de relatar Sus bondades y Su caridad para con nosotros. En última instancia, sólo el "Mendigo Sin Manos," el verdadero Tzadik es capaz de leer correctamente el pulso de la Princesa y curarla.

(Los Diez Tipos de Melodías están tratados más abajo en la Parte 6, "El Sistema Respiratorio").

El pulso es un factor dominante para determinar el estado de salud de la persona, tanto espiritual como física. ¿Cómo puede establecerse un apropiado flujo de la sangre? ¡Mediante la alegría! Y la alegría se logra mediante los diez tipos de melodías. Estos diez tipos de melodías regulan los diez tipos de pulso, desbloqueando el sistema sanguíneo de modo que la sangre pueda fluir suavemente a través de las arterias y las venas. El pulso sano - tanto físico como espiritual - es señal de buena salud.

* * *

Parte Seis

EL SISTEMA RESPIRATORIO

25

Los Pulmones

El aire fresco que pasa a través de la nariz y de la boca desciende a los pulmones, donde su oxígeno vital, absorbido por el sistema circulatorio, es canalizado a través del corazón y distribuido por la sangre. El oxígeno es consumido en las células, dando como resultado el dióxido de carbono, que es un material de desecho enviado a través de la sangre nuevamente a los pulmones para ser exhalado. El funcionamiento general de los pulmones, en conjunto con el corazón, ya ha sido tratado más arriba (Capítulo 20). En esta sección, trataremos con más profundidad el aspecto espiritual de la relación entre el corazón y los pulmones, así como la relación de los pulmones con la boca y la nariz (los órganos de la respiración), la tráquea, la laringe y el cuello. También nos referiremos al poder del habla.

Al tratar el sistema respiratorio, la palabra hebrea *rúaj* aparece en forma repetida. *Rúaj* es un término que posee muchos significados. En el mundo físico, *rúaj* puede referirse a un viento que sopla, o al aire que se transforma en viento cuando lo respiramos. En el mundo metafísico, *rúaj* puede ser un espíritu o puede ser la espiritualidad misma; el *rúaj* del hombre es la esencia espiritual básica de su personalidad. La persona también puede estar poseída por un *rúaj* (espíritu) desencarnado, por un *rúaj* de desesperanza o por un *rúaj* de alegría. El *rúaj* Divino puede descender sobre un profeta. El *Rúaj HaKodesh* (inspiración Divina) puede iluminar su mente, o un *rúaj seará* (una tormenta, es decir, una confusión mental y emocional) puede amenazarlo con desarraigar su fe.

El Mashíaj (Mesías) será bendecido con seis clases de *rúaj*: "El *rúaj* de Dios estará sobre él - un *rúaj* de sabiduría y comprensión, un *rúaj* de consejo y poder, un *rúaj* de conocimiento y de temor de Dios" (Isaías 11:2). Es por ello que (creer en) el Mashíaj es literalmente el *rúaj apeinu* ("el aliento de nuestras narices") (Lamentaciones 4:20). Antes de la aparición de Mashíaj, un *rúaj* de ateísmo arrasará el mundo. Cuando finalmente él llegue, un *rúaj* de Divinidad limpiará nuestros corazones, liberando al mundo del *rúaj* de impureza que nos impide ver y experimentar a Dios (cf. Zacarías 13:2).

Al estudiar las enseñanzas del Rebe Najmán sobre el corazón y los pulmones, será necesario tener en mente todas estas acepciones. A veces, el Rebe parecerá mezclar los significados, hablando al mismo tiempo sobre el *rúaj* físico y el *rúaj* espiritual. Esto es intencional: para el Rebe Najmán, los dos son inseparables. Las realidades físicas y espirituales están siempre interrelacionadas entre sí.

*

Enseña el Rebe Najmán:

El *Tikuney Zohar* (#13, p.27) afirma, "Los canales de la sangre en el corazón están regulados por el *rúaj* [que surge de los pulmones]. Este es el significado de (Ezequiel 1:12), 'Ellos [los ángeles vivientes] se movían hacia donde fuera el *rúaj*'. [Los ángeles vivientes corresponden a los canales sanguíneos en el corazón; el *rúaj* corresponde al oxígeno que entra al corazón a través de los pulmones]. Pues sin el *rúaj* que es creado por las *kanfei rei'á* ["alas", es decir, los lóbulos de los pulmones] abanicando constantemente y enfriando el corazón, su calor consumiría todo el cuerpo" (*Likutey Moharán* II, 9:1).

El Rebe Najmán hace notar en esta lección cómo a veces un poderoso *rúaj* (viento) puede extinguir una llama, mientras que otras puede reavivar una brasa moribunda. El Rebe explica en detalle qué sucede cuando un viento aviva una llama que está por apagarse debido a la falta de oxígeno, cómo la llama de pronto se enciende y recobra vida.

El Rebe quiere que recordemos, a lo largo de esta lección, que el alma del hombre es semejante a una vela. Así como la vela cuya llama está por extinguirse puede volver a encenderse, de la misma manera el toque más sutil del *rúaj* de Dios sobre el alma de un hombre puede devolverlo a la vida y encender nuevamente su amor y temor a Dios de modo instantáneo.

Volviendo a la metáfora del corazón y de los pulmones, el Rebe Najmán asemeja a los líderes espirituales del pueblo judío con el *rúaj* creado por el batir, como de alas, de los lóbulos de los pulmones y a los judíos mismos con el corazón. La tarea de los líderes es, dice el Rebe, soplar el *rúaj* de vida sobre el corazón de cada uno de los judíos.

La tarea de los pulmones es regular las actividades del corazón, haciendo que este trabaje de manera suave, evitando que se inflame en demasía o que se enfríe. También en un sentido espiritual, es igualmente necesario abanicar la flama Divina en el corazón, para que nuestras devociones no se vuelvan secas y sin vida. Al mismo tiempo, debemos cuidar de mantener nuestro equilibrio, no sea el anhelo espiritual se vuelva demasiado poderoso y amenace con "consumir el cuerpo entero". Tal como dice el Rebe Najmán (*Likutey Moharán* II, 9:2), "El *rúaj* debe ser regulado para que el corazón se mantenga encendido [por Dios] de la manera apropiada". El flujo del *rúaj* debe ser regulado de acuerdo al nivel del propio entusiasmo, no sea que el anhelo ardiente de nuestro corazón pueda llegar a extinguirse o a inflamarse en demasía.

*

Pero ¿cómo es regulado el aire - y el espíritu - que entra en los pulmones? Cuando el corazón está en peligro, los pulmones deben actuar con rapidez. Ellos traen aire fresco y húmedo para enfriar el corazón y así ayudarlo a mantener la temperatura del cuerpo. El Rebe Najmán enseña que el hombre también se beneficia del mismo sistema en su vida espiritual. Debemos hacer el esfuerzo de respirar aire húmedo - no sólo aire físico, sino el húmedo aire espiritual de la Torá, pues la Torá es comparada con el agua (ver *Suká* 52b). Y de hecho, debemos inhalar Torá y luego exhalar esa misma Torá en la forma de plegaria. Respirar Torá y plegaria les da a nuestros pulmones la capacidad para regular el "ardiente deseo" del corazón por servir a Dios, y evitar así "consumirse" espiritualmente.

Enseña el Rebe Najmán:

> El hombre toma su fuerza de vida del atributo Divino de Maljut [Reinado], que es la raíz misma de la existencia, pues Maljut es el aspecto de *Rúaj HaKodesh*, el nivel de (Esther 5:1), "Y Esther vestida de Maljut", concerniente a lo cual dijeron nuestros Sabios (*Meguilá* 14b), no está escrito "'Vestida con *ropas* de Maljut' sino 'Vestida de Maljut', aludiendo al hecho de que el *Rúaj HaKodesh* había descendido sobre Esther".
>
> La vida depende del aliento. ¿Y qué es el aliento? Es inhalar y exhalar el oxígeno vital, lo que puede compararse al versículo (Ezequiel 1:14), "Los ángeles vivientes iban y volvían como la semejanza de un rayo". [Nuevamente, los ángeles vivientes se refieren al corazón, que bombea vida a todo el cuerpo]. Cuando la persona se une al santo Maljut del Santo, bendito sea, diciendo palabras de Torá y de plegaria, inhala y exhala *Rúaj HaKodesh* - espíritu Divino. Este es el significado de (Ezequiel 32:26), "Pondré un *rúaj* santo dentro de ti". Este *rúaj* no es otro que el espíritu Divino que uno inhala cuando respira palabras de santidad. [Este espíritu entra en el corazón y lo mantiene constantemente encendido por Dios].
>
> Esto se encuentra implícito en el versículo (Génesis 1:2), "El *rúaj* de Dios sobrevolaba sobre las aguas". Cuando una persona estudia la Torá, que es comparada con el agua, entonces el *rúaj* del Santo, bendito sea, que es *Rúaj HaKodesh*, sobrevuela sobre ella y le da un aliento de vida. Pues [tal como es imposible vivir sin aire] es imposible vivir sin Torá, como hemos aprendido (*Tikuney Zohar* #13), "Sin el *rúaj* de los lóbulos de los pulmones abanicando y enfriando constantemente el corazón, su calor consumiría todo el cuerpo". Y hemos aprendido también (*Zohar* III, 218a), "Los pulmones representan la cualidad del agua, el agua

de la Torá". Sin este "agua" [o aire húmedo, como se mencionó más arriba] el ardiente deseo de un judío por acercarse al Santo, bendito sea, terminaría por consumirlo. Pero cuando su deseo se viste con las palabras de la Torá y de la plegaria, entonces está protegido... (*Likutey Moharán* I, 78:1).

Esta lección enfatiza la importancia de un hablar sagrado, que es un acto de inhalar y exhalar *rúaj*. Cuando uno respira un "*rúaj* santo", tal como cuando se ora o se estudia Torá, o cuando se dicen palabras buenas y compasivas, uno está respirando espiritualidad. El aire que se respira es considerado entonces "*rúaj* santo". Esta es la clase de *rúaj* que "enfría" los ardientes deseos del corazón.

*

Pulmones Saludables

Teniendo en mente que las palabras de la Torá resultan beneficiosas para los pulmones y el corazón, podemos comprender la enseñanza del Rebe Najmán que conecta la festividad de Shavuot con los pulmones.

Enseña el Rebe Najmán:

> La festividad de Shavuot es una cura para los pulmones. Los cinco lóbulos de los pulmones corresponden a los Cinco Libros de la Torá. Anualmente, en Shavuot, recibimos la Torá nuevamente. Por lo tanto Shavuot es un tiempo especialmente beneficioso para nuestros pulmones; en este tiempo podemos recibir "nueva vida" (*Likutey Moharán* I, 276).

Pero el solo estudio de la Torá no es suficiente. Debemos también cultivar un alto nivel de fe. Cuando Moisés volvió por primera vez a Egipto y habló con los judíos respecto de su futura redención, ellos se negaron a escucharlo. Explica el versículo (Éxodo 6:9), "Ellos eran incapaces de escuchar a Moisés debido al *kotzer rúaj* y a la dura labor". Las palabras kotzer *rúaj* significan literalmente, "corto de aliento". El Rebe Najmán explica que en ese momento los judíos carecían de fe en la promesa de Moisés. De aquí enseña el Rebe que una falta de fe indica un daño en los pulmones - "corto de aliento". Así, fortalecer nuestra fe ayuda a rectificar los pulmones (ver *Likutey Moharán* II, 5:16; *ibid.* II, 86).

Los pulmones saludables aseguran mucho más que el bienestar físico. Hace falta oxígeno suficiente para mantener el cerebro trabajando adecuadamente. El Rebe Najmán enseña que "pulmones saludables mejoran la visión y ayudan a que la persona alcance un Daat [Intelecto] mayor" (*Likutey Moharán* II, 7:12). Esto es lo que afirma el Talmud (*Julín* 49a), "¿Por qué los pulmones son llamados ReI'A? ¡Porque ellos *meIRA* [iluminan] los ojos!" Cuando la persona está confundida, su intelecto no puede "ver" bien y su capacidad para la deducción se ve dañada. Del mismo modo en que el pulmón sano mantiene el cerebro con el suficiente oxígeno, el pulmón espiritual sano puede abrir nuestra mente.

* * *

26

Respirando

La respiración es el modo mediante el cual el cuerpo inhala y exhala el aire. Respiramos a través de la nariz y de la boca. Estas entradas de aire están conectadas con la faringe, que se extiende hacia la tráquea, ramificándose en los bronquios. A través de éstos, el oxígeno pasa hacia los pulmones. La laringe, donde se encuentran las cuerdas vocales, es adyacente a la faringe. Así como todos estos órganos están conectados físicamente, también están interrelacionados en el plano espiritual.

Respirar, si bien es algo común y natural, es de hecho un proceso muy complejo. Ello implica tres funciones básicas: inhalar, exhalar y la pausa entre ambos. El proceso de inhalación tiene también tres fases: diafragmática, intercostal y clavicular. Estas tres fases representan los movimientos de los pulmones para facilitar la entrada de aire fresco, a nivel del abdomen, en el centro de la caja torácica y cerca de la parte superior de los pulmones.

El esfuerzo físico produce una respiración agitada, mientras que el nerviosismo y la tensión acortan el proceso respiratorio, produciendo un aliento entrecortado y poco profundo. La compostura y la tranquilidad están asociadas con un respirar más suave y profundo. Dado que sabemos que se necesita de un adecuado suministro de oxígeno para mantener el cerebro, se desprende que si la respiración es correcta, el cerebro recibirá la medida apropiada de oxígeno necesaria para su funcionamiento óptimo. Se han llevado a cabo muchos estudios sobre la efectividad de los ejercicios respiratorios y existen varias guías conducentes a un respirar apropiado (ver también *Bajo la Mesa* p. 110-126). Sin embargo, las implicancias espirituales de un respirar correcto son mucho más específicas e importantes.

*

El Suspiro

> Y aconteció que, pasados muchos días, murió el rey de Egipto; entre tanto los hijos de Israel *suspiraban* a causa de la servidumbre y *clamaron* y subió a Dios su *clamor*, a causa de su servidumbre. Y oyó Dios los *quejidos* de ellos; y acordóse Dios de Su pacto con Abraham, con Itzjak y con Iaacov. Y miró Dios a los hijos de Israel y Dios supo [que el tiempo de la salvación había llegado].
>
> Éxodo 2:23-25

Es de notar que estos versículos no mencionan ni la plegaria ni la palabra. Sólo hablan de suspiros, clamores y quejidos (*Zohar* II, 19a). Cuando el Faraón murió, los judíos tuvieron un corto respiro: en lugar de trabajar, fueron forzados a asistir al funeral de su "benevolente" gobernante. Ellos no podían hablar - pues estaban profundamente hundidos en su esclavitud. Pero nunca perdieron su capacidad de suspirar y gemir ante Dios. El funeral del Faraón les dio la oportunidad perfecta para expresar sus intensos sentimientos. Los egipcios pensaron que los judíos estaban tristes por la muerte del Faraón, pero en verdad ellos gemían por la ayuda Divina. De esta manera fueron capaces de despertar la misericordia de Dios. Inmediatamente después de esto, la Torá relata la historia de Moisés con la zarza ardiente, cuando Dios le anunció la redención. Esta yuxtaposición de eventos en la Torá no es arbitraria. De hecho, el viaje espiritual de los judíos desde la esclavitud hasta la Revelación en el Sinaí comienza con este suspirar.

Enseña el Talmud (*Berajot* 58b), "Suspirar quiebra el cuerpo de la persona". El Rebe Najmán explica que suspirar con el deseo de alcanzar la espiritualidad quiebra las toscas barreras físicas del cuerpo y fortalece el alma, permitiendo que la persona se embarque en un ascenso espiritual.

En su juventud, el Rebe Najmán se dedicó a muchas devociones dirigidas a quebrar su cuerpo, con el objetivo de alcanzar niveles superiores de espiritualidad. Entre estas actividades se encontraba el suspirar. Enseña el Talmud que "suspirar quiebra el cuerpo de la persona". El Rebe Najmán se dedicaba por tanto a suspirar periódicamente ante el Santo, bendito sea. Registraba entonces sus reacciones físicas. Muchas veces se encontraba incapaz de mover sus brazos luego de una sesión de suspiros (*Sabiduría y Enseñanzas del Rabí Najmán de Breslov* #167).

Más tarde enseñó el Rebe Najmán, "Suspirar en aras de la santidad beneficia a la persona más que la auto mortificación" (*Likutey Moharán* I, 109:2). "Suspirar profundamente es similar a la circuncisión. Así como el retiro del prepucio es una rectificación, de la misma manera el suspiro profundo en aras de la espiritualidad elimina el prepucio del corazón (*Likutey Moharán* I, 22:5). Hemos visto (Capítulo 23) que el corazón es el asiento de muchas de las más profundas emociones del hombre. El Rebe Najmán enseña que suspirar no sólo ayuda a trascender estas emociones, sino también a transmutarlas y dirigirlas hacia la espiritualidad.

*

Con la palabra de Dios fueron hechos los cielos; y con el aliento de Su boca, todas sus huestes.

·   Salmos 33:6

Enseñó el Rebe Najmán:

El mundo entero fue creado mediante el aliento - el aliento del Santo, bendito sea. El aliento Divino sostiene la vida. Si falta el aliento, falta la vida. De modo que, si uno siente que le falta algo en la vida, esto indica una falta de "aliento", el aliento que es el espíritu del Santo, bendito sea, que crea y sostiene todo (*Likutey Moharán* I, 8:1).

El Rebe Najmán continúa explicando que suspirar profundamente elimina este sentimiento de "carencia" en la vida y genera un sentimiento de plenitud. Dado que la falta de aliento indica una carencia, el acto de inhalar profundamente puede llenar esa carencia. Dado que lo que uno tiene - o le falta - en general se siente en el corazón, aquello que falta puede completarse a través del acto de suspirar. Con un suspiro, uno atrae hacia el corazón el espíritu, la vida y la vitalidad, llenando el vacío. ¡Respira profundamente y suspira! Dite a ti mismo, "Yo quiero traer una mayor fuerza de vida hacia mi corazón. Yo quiero traer a Dios a mi vida".

Respirar apropiadamente es un arte. Con un respirar apropiado es posible llenar el vacío en nuestras vidas. Sin ello, el vacío puede amplificarse y devastar potencialmente el equilibrio emocional y/o espiritual. Al suspirar, uno realiza una larga y profunda inhalación, trayendo el espíritu de Dios que Él ha soplado dentro de nosotros cuando fuimos creados. Más aún, a lo largo de nuestras vidas todos cometemos errores y nos desconectamos, hasta cierto grado, de nosotros mismos y del espíritu de Dios. Suspirar con arrepentimiento por los pasados errores nos vuelve a conectar.

Pero, sin embargo, si hemos cultivado un deseo por los logros materiales y gemimos y suspiramos por nuestra falta de capacidad en alcanzarlos, esos suspiros impurifican nuestro aliento y nuestro espíritu. Entonces desesperamos y nos deprimimos por no haber alcanzado nuestros objetivos materiales. De esta manera sólo nos distanciamos aún más de Dios y de la perfección. Al igual que el comerciante que ha alcanzado el éxito en sus negocios pero que constantemente anhela y desea mayores riquezas, nos es más fácil ver cuánto nos falta en vez de cuánto tenemos.

Enseña por lo tanto el Rebe Najmán que el arte de respirar concentrada y profundamente es la fórmula para una vida completa y plena. Uno puede practicar este respirar profundo en sí mismo o en aras del "espíritu". El beneficio físico será el mismo en ambos casos; pero suspirar e inhalar profundamente con la intención de alcanzar la espiritualidad nos une de hecho con nuestra Fuente, que no es otra que Dios Mismo.

El Conducto de Vida

Enseña el Rebe Najmán:

> Para poder respirar, uno debe tomar aire. Existen dos "conductos de vida" de los cuales la gente puede tomar su subsistencia: uno es el canal de la santidad; el otro es el canal de la impureza. Los rectos toman aire puro, mientras que los malvados toman aire impuro. Uno no puede sobrevivir sin tomar aire de alguno de estos dos canales. Si la persona lamenta sus malas acciones y desea arrepentirse, corta entonces su unión con esta fuente de aire impuro. Ahora puede comenzar a respirar un aire nuevo y fresco proveniente de la Fuente de santidad. Por el contrario, aquél que desea el mal y suspira cuando es incapaz de alcanzarlo, se separa de la Fuente de aire puro y se une automáticamente a la impureza (*Likutey Moharán* I, 109:1).

Así enseña el Rebe Najmán, "Por un simple [y malsano] deseo que pondrá contenta a la persona durante un cuarto de hora, puede perder toda su participación en este mundo y en el Mundo que Viene" (*Likutey Moharán* II, 108).

> Reb Shmuel Isaac (m. 1827) fue uno de los más cercanos seguidores del Rebe Najmán. Cierta vez el Rebe Najmán aferró la chaqueta de Reb Shmuel Isaac cerca de su corazón y dijo, "¿Por un poco de sangre en tu corazón [malos deseos] perderás este mundo y el próximo? *Krejtz es ois!* [¡Suspíralo bien lejos de ti!]" (Tzadik #441).

*

La Nariz y la Boca

La nariz es el canal más importante para la entrada del aire. Contiene varios filtros compuestos de membranas mucosas y de microscópicas proyecciones semejantes a cabellos, llamados cilios, que purifican el aire al entrar al sistema. Tal como hemos visto (Capítulo 8), el cuerpo humano tiene muchos sistemas para filtrar y eliminar las sustancias de desecho. La nariz también actúa como filtro, reteniendo las impurezas del aire y desviando la materia de desecho, la que finalmente será expelida.

Af, una de las palabras hebreas para designar "nariz", también significa "ira", como en (Deuteronomio 9:19), "Yo temo el *af* [la ira]". En otro sentido, la nariz representan paciencia, como en (Éxodo 34:6), *"Erej Apaim"* - literalmente "nariz extendida", es decir, de largo aliento, lento para la ira, paciente. El Rebe Najmán habla en profundidad sobre el valor de la paciencia y de los beneficios de "dejar pasar" la ira. El Rebe compara la ira con el soplar de una violenta tormenta de viento que finalmente se calmará. La paciencia nos ayuda a dejar pasar tales tormentas y volver a conectarnos con el "largo aliento" de Dios, la Fuente de toda vida. (*Likutey Moharán* I, 8:3).

(La importancia de la paciencia en nuestra lucha espiritual ya ha sido explicada más arriba [Capítulo 8] en conexión con el proceso de purificación. La función adicional de la nariz, el sentido del olfato, será tratada más abajo en la Parte 7. Los capítulos de esta sección se centrarán en la boca como parte esencial del sistema respiratorio. El cuello, la garganta y la tráquea serán tratados en el Capítulo 28 y la boca en su relación con la palabra, en el Capítulo 29).

*

Maljut es la boca - la Torá de la boca [la Torá Oral].

Tikuney Zohar p.17a

Maljut es el principal Atributo a través del cual el hombre puede interactuar con Dios. A veces Maljut es también llamado *Shejiná*, la Presencia Divina de Dios. Nuestra aceptación del Maljut (Reinado) de Dios es el requerimiento primordial y más importante para el reconocimiento de Su soberanía y para Su servicio. La razón por la cual Maljut está asociado con la boca es que un *melej* (rey) gobierna principalmente a través de la palabra. Sus edictos, que surgen de los pensamientos de su mente, deben ser expresados para que puedan ser obedecidos por los súbditos; estos pensamientos del *melej* se hacen públicos sólo a través de las palabras, que sirven para descubrir las intenciones del rey.

La misma correlación se aplica a la Torá Escrita y al cuerpo de las enseñanzas orales del Sinaí que la acompañan. La Torá Oral, que está asociada con Maljut, nos permite comprender la Voluntad de Dios tal como está expresada en la Torá Escrita. La Ley Escrita contiene una gran cantidad de Mitzvot que no están claramente explicadas. Únicamente a través de la Torá Oral podemos comprender qué es lo que quiere Dios de nosotros, lo cual nos permite servirlo apropiadamente. Es por esto que Maljut se refiere tanto a "la boca" como a la Ley Oral, pues ella es la revelación de la Voluntad de Dios (ver *Likutey Moharán* I, 18:6). Así enseña el Rebe Najmán:

> La boca corresponde a la Ley Oral. Aquél que estudia la Torá en aras del Santo, bendito sea, y por Su honor, rectifica su boca. Merece una íntima cercanía con la *Shejiná* del Santo, bendito sea [que corresponde a Su boca]. De manera inversa, aquél que estudia Torá para alcanzar sus propios objetivos de honor, riqueza, etcétera, hace que la Presencia Divina salga al exilio [es decir, que se le oculte] (*Likutey Moharán* I, 12:1; *ibid.* 101:1).

Tal es el poder de la boca en nuestra búsqueda por la espiritualidad. Con motivaciones puras, las palabras que decimos pueden ser utilizadas para crear la más íntima conexión con Dios. Por el otro lado, palabras dichas con motivos ulteriores, no expresadas en aras de Dios sino para la propia ganancia personal o para daño de alguna otra persona, hacen que la Presencia Divina se nos oculte. Y esto es claro: las palabras que se contraponen al propósito de la Creación son equivalentes a ocultar a Dios y a arrojar el yugo de Su soberanía. Si nos sentimos distantes de Dios, eso es una clara señal de que Lo hemos ocultado a través de nuestras palabras. Cuando enviamos la Presencia Divina al exilio (explicado arriba, Capítulo 16), detrás de ella irá nuestro propio exilio espiritual y físico.

*

La Tráquea y la Laringe: Constricción

La sabiduría se expresa a través de la palabra. Pero no todos los pensamientos pueden o deben ser articulados en su totalidad. Uno debe considerar sus pensamientos antes de expresarlos, decidiendo si ha de comunicarlos o retenerlos. Este principio se encuentra representado en la constitución física de la tráquea y de la laringe. Debido a su angostura, existe una presión de succión durante la respiración, por lo que es necesario que estén reforzados por anillos de cartílago que impiden su colapso.

Enseña el Rebe Najmán:

> La tráquea, a través de la cual pasa el aire, es llamada en hebreo *kané*. La palabra hebrea *kané* tiene también otros significados: puede ser traducida también como "adquirir" o "caña". Uno de sus significados es utilizado en (Proverbios 4:5), "*K'Né* [adquiere] sabiduría". Otro es (Salmos 68:31), "Reprende a la bestia salvaje del *KaNá* [cañaveral]". Así, *KaNé* representa en un sentido, la sabiduría pura que, al ser adquirida, lleva hacia la espiritualidad; en otro sentido, representa las filosofías ajenas que alejan de la espiritualidad y que están representadas por las bestias salvajes del cañaveral.

La tráquea puede ser utilizada para adquirir sabiduría, para decir palabras de espiritualidad; o puede ser utilizada para el pecado, exponiendo "filosofías ajenas" e ideas inmorales. Uno debe saber cuándo es apropiado *expresar* sus pensamientos y hablar, es decir, aprender Torá y utilizar la palabra para servir a Dios. De manera inversa, la persona debe saber cuándo *contener* su habla - cuando tiene la urgencia de utilizar un hablar inapropiado o exponer filosofías que no representan la verdad de Dios.

El Rebe Najmán enseña además que el estudio del Talmud corresponde a la laringe. El Talmud, compuesto por las seis secciones de la Mishná, corresponde a los seis anillos de cartílago de la tráquea (*Likutey Moharán* I, 3:1). (Existen de hecho nueve secciones de cartílago en la tráquea. Los "seis anillos" a los que se refiere aquí el Rebe son los tres pares de cartílagos: el aritenoides, la cornícula y el cuneiforme). Este paralelo sirve para mostrarnos cómo debemos utilizar la laringe: para el estudio de la Torá y para servir a Dios.

*

... Y la Creación

Pues con *IH, IHVH* formó mundos.

Isaías 26:4

Pues con las letras *Iud* y *Hei* del Tetragrámaton, *IHVH* formó mundos - este mundo y el Mundo que Viene.

Menajot 29b

Dios formó el mundo con las dos primeras letras del Tetragrámaton (*IHVH*). Con la pequeña letra *Iud*, que corresponde a Jojmá (Sabiduría), formó el Mundo que Viene. Con la letra *Hei*, que corresponde a Biná (Comprensión), formó este mundo.

Iud y Jojmá corresponden al nivel del pensamiento puro, el alma de la Torá que será revelada en el Mundo que Viene. *Hei* y Biná corresponden al nivel de la Torá que Dios utilizó para crear este mundo mediante el "habla". El valor numérico de la letra *Hei* es 5 y corresponde a las cinco familias fonéticas del alfabeto hebreo: guturales, labiales, palatales, linguales y dentales. Cuando articulamos nuestros pensamientos de Torá, estamos despertando los poderes mismos de la Creación.

* * *

27

Aire Puro

Imagine que se levanta por la mañana y respira aire fresco y puro; sin polución que irrite, ni lluvia ácida, ni monóxido de carbono, ni docenas de otras emisiones de desecho que envenenan el aire - solamente aire puro y sano para respirar.

Desafortunadamente, la tecnología moderna ha hecho de esta experiencia algo virtualmente imposible, pues hasta la tecnología más básica utiliza fuentes de energía que envenenan el aire que nos rodea. Los contaminantes son diseminados por automóviles, fábricas, plantas convencionales de energía y otros innumerables fenómenos tecnológicos de la vida moderna. Hace falta viajar muy lejos de las metrópolis para poder respirar aire fresco, pero ni siquiera así este aire será absolutamente puro, pues la polución ya ha afectado hasta los rincones más alejados del planeta. ¡Paradójicamente, en nombre del progreso hemos hecho que el aire puro sea una especie extinta como el ave dodo!

Hoy en día todo el mundo está preocupado por la pureza del aire. Los ecologistas claman por políticas que fuercen a la industria a limpiar el aire y las fuentes de agua. Los gobiernos federales, estatales y locales están generando legislaciones en contra de los poluyentes. Pero, espiritualmente, la "legislación" en favor del aire puro hace mucho que fue decretada. A continuación nos ocuparemos de estudiar la manera de adherirse a ella y cómo puede rectificarse la contaminación espiritual, levándola incluso a ser beneficiosa.

Enseña el Rebe Najmán:

> El aliento de la persona lleva consigo sus más profundos deseos y afecta a los que la rodean. Los buenos sentimientos y deseos irradian buenos pensamientos a los demás. Los malos deseos influyen nocivamente sobre los demás (*Likutey Moharán* I, 31:8).

Sabemos que cuando exhalamos, expelemos dióxido de carbono, un producto de desecho; pero es importante comprender que al mismo tiempo "exhalamos" también nuestros más profundos pensamientos y sentimientos. Estos sentimientos, una vez que están afuera, quedan en el aire y pueden ser llevados hacia los demás. Es posible que nos encontremos del lado receptor de estas "emociones llevadas por el viento". Y, dependiendo de la *fuerza* detrás de esos sentimientos, podemos a veces "leer" los pensamientos del otro, pues ya hemos absorbido sus sentimientos.

Podemos verificar esto observando la manera en que la gente reacciona entre sí - tanto en la forma en que irradian sus propios sentimientos, como en el modo en que responden a los sentimientos de los demás.

En un "buen día", la gente irradia calidez. En un "mal día", pueden ser beligerantes: "Cuidado con su carácter...".

Dado que el corazón es el asiento de las emociones (ver Capítulo 23), es de allí de donde irradian los sentimientos. La constante actividad del corazón despierta los deseos, que se definen como pensamientos. Estos pensamientos son "exhalados" constantemente, al tiempo en que son "inhaladas" las ideas y emociones externas, del mismo modo en que el corazón recibe oxígeno de los pulmones y expele a través de ellos el dióxido de carbono. Así, junto con las ondas de radio, los sonidos, las bacterias y otras minúsculas partículas, el aire "lleva" pensamientos. Un aire espiritualmente "limpio" depende de los deseos y emociones de los individuos que lo habitan. Allí donde la gente busca el bien, todos pueden respirar aire fresco y puro.

*

Creando Almas

Nafshí [mi alma] me abandonó cuando Él habló.

Cantar de los Cantares 5:6

La palabra hebrea *Néfesh* se traduce como "alma" o como "deseo". Ya hemos visto (Capítulo 3) que *Néfesh* es esa parte del alma que se encuentra en interfase con el cuerpo. A través del *Néfesh* el alma puede alcanzar una conciencia del cuerpo físico como un receptáculo para lo espiritual. En diversas lecciones, el Rebe Najmán trata sobre la conexión etimológica entre los conceptos de "deseo" y de "alma", tal como se encuentran en el término *Néfesh*, mostrando cómo los deseos de la persona pueden de hecho crear almas.

La esencia de este fenómeno proviene de las ideas expresadas más arriba: que la persona "exhala" los deseos de su corazón. Lo importante, señala el Rebe, es *cómo* se expresan los deseos de la persona. "Mi alma [*Nafshí*] me abandonó cuando Él habló". "*Nafshí*" denota "mi deseo"; "habló" se refiere a la articulación verbal de esos deseos. La forma en que una persona expresa sus deseos más íntimos - así sean por lo espiritual o por objetivos materiales - determinará cómo se materializarán esos deseos. El objetivo real del individuo, que siempre es de alguna manera una creación nueva, es equivalente a "crear nuevas almas". ¿Cómo es que el Rebe Najmán llega a este paralelo?

Explica el Rebe Najmán que el hecho de que los deseos o pensamientos puedan ser "llevados" a través del aire, creando almas, puede ser un potente catalizador para el bien o una mortífera fuerza del mal. El Rebe relaciona este concepto con la estructura lingüística del idioma hebreo, que es llamado *Lashón HaKodesh*, "La Lengua Sagrada" (ver *Likutey Moharán* I, 31:6-8). A diferencia de los alfabetos de muchas lenguas que poseen tanto vocales como consonantes, el alfabeto hebreo sólo tiene consonantes. Estas consonantes, al igual que la materia inanimada, son incapaces de "moverse", es decir, no pueden dirigir al lector respecto de cómo pronunciar las palabras que forman. De esta manera se corresponden con el cuerpo que necesita de un alma para dirigir sus movimientos. Sólo es posible conocer su correcta pronunciación con la ayuda de los signos vocales, los puntos y guiones que formas las "almas" de las letras. Ellos determinan no sólo la pronunciación de las palabras, sino también sus significados y usos. Consideremos, por ejemplo, las letras de la palabra I-*SH*-V. Dependiendo de cómo se ordenen las vocales, la palabra que forman puede ser pronunciada *IaSHaV*, *IoSHeV* o *IeSHeV*, que son diferentes tiempos verbales de "sentarse"; o también *IaSHuV*, *IaSHiV*, *IaSHoV* o *IuSHaV*, diferentes aspectos de "retornar".

> **...Collares de oro con *nekudot hakesef* [puntos de plata].**
>
> Cantar de los Cantares 1:11

Un cuerpo sin alma carece de vida. De la misma manera, las letras hebreas carecen de vida sin sus vocales. Para crear la "vida" del lenguaje hebreo, uno debe crear también los signos vocales. Esto se logra a través de las *nekudot hakesef*. *Nekudot* se traduce como puntos (o vocales), mientras que *kesef* proviene de la raíz *liksof*, "anhelar" o "desear". Es el deseo del individuo el que crea los puntos vocales, que son las almas que les dan vida a las letras. Dependiendo de lo que él desea que digan esas letras, elegirá las vocales que *crearán* esas palabras. De la misma manera, enseña al Rebe Najmán, el aliento de la persona, que lleva sus deseos, crea una fuerza de vida que tiene el poder de elevarla espiritualmente o de vaciarla. Como hemos explicado, este mismo aliento viaja hacia los demás, afectándolos también.

Una visita al Muro Occidental en Ierushalaim, por ejemplo, puede evocar pensamientos de Divinidad hasta en aquéllos carentes de todo antecedente espiritual. De alguna manera, cuando la gente está frente al Muro, se ve llevada a llorar ante Dios, o a expresar un simple pensamiento de comunicación con su Creador. Las piedras mismas están impregnadas con las lágrimas, con las plegarias y con la devoción de millones de personas que han llegado allí a lo largo de miles de años. Por el contrario, si la persona se encuentra en un lugar inmoral, deberá hacer un esfuerzo para evitar contaminarse con lo que la rodea.

Así enseña el Rebe Najmán:

> Cuando uno desea el bien, crea un buen sentimiento que puede
> ser compartido y expresado de diferentes maneras para buenos
> propósitos. Los malos deseos crean un efecto opuesto. Uno debe
> articular sus buenos deseos para extender sus influencias (*Likutey
> Moharán* I, 31:6-7).

El Rebe Najmán indicó que muchas veces la persona tiene
deseos no satisfechos. Esto en sí mismo es algo asombroso, pues la
abundancia de Dios desciende constantemente al mundo. Explica
el Rebe que este hecho de que las personas experimenten deseos
insatisfechos se debe a que no poseen los "recipientes" adecuados
para *recibir* la abundancia. Al concentrarse conscientemente en los
sentimientos más profundos y dirigirlos hacia "afuera", mediante
la articulación de las palabras, uno puede crear los recipientes
necesarios para recibir las bendiciones.

   ¿Qué pasos deben darse cuando alguien trata de crear los
recipientes adecuados, pero aún no ve cumplidos sus "sueños"?

Enseñó el Rebe Najmán:

> Si una persona desea verdaderamente algo [de valor
> espiritual], pero no logra alcanzarlo, no debe consolarse con
> el hecho de que parece inalcanzable. Debe desear y anhelar
> constantemente hasta que merezca cumplir con sus deseos y
> alcanzar su objetivo. Articular los deseos hace que el objetivo se
> acerque a la realidad (*Likutey Moharán* I, 66:8).
>
> Así como la persona puede inspirarse y despertar
> espiritualmente al observar las devociones de los demás, también
> puede inspirarse por *sus propios* lamentos y deseos de servir a
> Dios (*Likutey Moharán* I, 270).

En otra lección agrega el Rebe:

> El deseo de viajar para estar con el Tzadik crea un recipiente
> en el cual se recibe la bendición (*Likutey Moharán* I, 185:2).

Polución del Aire

Los pensamientos (formados dentro del ámbito de Daat, que también corresponde a los pulmones) son manifestaciones de la voluntad de la persona, fundamentada en Keter. Cuando la persona siente buenos deseos es una señal de que su voluntad, que es un reflejo de su Keter, se encuentra a tono con la espiritualidad. Hemos visto que los buenos pensamientos y deseos purifican el aire del ámbito espiritual que nos rodea, mientras que los malos pensamientos y deseos contaminan el ambiente. Enseñó el Rebe Najmán que "el estudio de la Torá, que es una manifestación de los buenos deseos de la persona, puede beneficiar al mundo" (ver *Likutey Moharán* I, 159). Por el contrario, tal como hemos apuntado, los malos deseos estropean el aire.

La burla, el lenguaje profano y las habladurías son considerados daños del alma que envenenan el ambiente. Pueden encontrarse muchos y obvios ejemplos de un lenguaje dañado en los medios de comunicación que se alimentan del sensacionalismo en las noticias, presentando las enfermedades sociales bajo el barniz de un "reportaje objetivo". Esto no significa que todas las noticias estén degradadas, sino que hace falta una gran discriminación para separar el "oro" de la "escoria". En el interín, los medios de comunicación ejercen una poderosa influencia sobre la forma en que la gente piensa y siente, arrastrándola desde una "noticia importante" a la siguiente, involucrándola en una acalorada discusión tras otra, todo en nombre de la "libertad de expresión". Desde un punto de vista espiritual, los medios de comunicación distraen la atención de la gente de aquello que es realmente importante y envenenan el aire con más y más palabras que oscurecen la verdad e impiden que la gente comprenda el drama Divino que se está desarrollando delante de sus mismos ojos. Esta es una peligrosa forma de polución del aire que debe ser erradicada.

¿Qué sucede si se es incapaz de pensar las palabras apropiadas o siquiera manifestar una corta plegaria? Puedes sentir un fuerte deseo hacia lo espiritual, pero eres incapaz de articularlo. Para esta situación, el Rabí Natán ofrece el siguiente consejo: "El deseo es tan potente que incluso si no puedes articular una palabra, incluso si te ves impedido de expresarte de manera alguna, tu deseo se mantiene como una poderosa arma; aunque eres incapaz de decir aquéllo que está en tu mente, nadie podrá quitarte nunca tu *deseo* por el bien" (*Likutey Halajot, Hejsher Keilim* 4:18).

* * *

28

El Cuello: Exilio y Éxodo

Los conductos del aire conectan con la faringe, que se extiende hacia la tráquea y, a través de los bronquios, hacia los pulmones. Claramente, el cuello y la garganta juegan un papel crucial en el sistema respiratorio. Y dado que la garganta cobija a las cuerdas vocales y está relacionada con la capacidad del habla, posee muchas implicancias espirituales.

Enseña el Rebe Najmán:

> Para que un pensamiento pueda ser actualizado, es necesario expresarlo. Toda acción sigue un proceso de tres etapas: pensamiento, habla y acción. Los pensamientos se originan en la mente, se articulan en la palabra y luego son llevados a la acción. Enseña el Zohar que "todos los pensamientos son expresados" (*Zohar* III, 294a). Así, aunque la persona no sea consciente de este proceso, sus pensamientos son articulados, muchas veces de manera sutil. Debe por tanto tener cuidado de vigilar sus pensamientos, dado que ellos finalmente llegarán a ser palabra hablada. Los pensamientos se resumen y constriñen en la palabra. La palabra surge a través del "estrecho pasaje de la garganta" y finalmente se expresa en acciones (*Likutey Moharán* I, 66:4).
>
> La incapacidad para actualizar los buenos deseos se debe en general a un "hablar incompleto". Por lo tanto, uno debe enunciar claramente sus deseos y expresarlos delante del Santo, bendito sea. Los pensamientos emergerán entonces de sus restricciones, del "estrecho pasaje de la garganta" y llegarán a ser completos en su expresión. El habla completa y perfeccionada permitirá

que la persona cumpla sus deseos y realice sus objetivos (*Likutey Moharán* I, 66:9).

En hebreo, el cuello es llamado *mitzar hagarón*, el pasaje estrecho de la garganta. Esto representa el concepto del *tzimtzum*, la contracción - específicamente la contracción que debe ocurrir antes de que el pensamiento y la palabra puedan manifestarse (ver arriba, Capítulo 21, sobre el concepto del *tzimtzum* relativo al *Jalal HaPanui*). Este *tzimtzum* es precedido por otro *tzimtzum* anterior que tiene lugar entre el pensamiento y su expresión verbal, dado que el pensamiento debe ser canalizado a través del habla. Las palabras deben entonces pasar a través de la garganta antes de llegar a ser actualizadas. Articular ideas y expresarlas en palabras, cristaliza los pensamientos, llevándolos más cerca de su realización.

*

El Descenso a Egipto

La Torá relata que Abraham viajó desde la Mesopotamia a la Tierra de Canaan. Poco después de su llegada, una hambruna se estableció en la tierra, lo que lo obligó a viajar más hacia el sur, a Egipto. Al acercarse a Egipto, Abraham decidió ocultar a su esposa Sara en un gran baúl. Los guardias fronterizos egipcios la descubrieron y se asombraron de su belleza, que sobrepasaba la de todas las mujeres que hubieran visto. Decidieron entonces entregarla al Faraón para su placer. Comprendiendo lo que esto significaba en términos de peligro para su propia vida, Abraham les dijo que Sara era su hermana.

Esa noche, el Faraón intentó acercarse a Sara, pero se vio impedido por una fuerza sobrenatural. Cada vez que se acercaba a ella, lo golpeaba una poderosa fuerza. Comprendiendo el significado de la situación, llamó a Abraham por la mañana. "¿Cómo pudiste hacerme esto a mí?" se quejó. "¿Por qué no me dijiste que era tu esposa? ¿Por qué dijiste que era tu hermana, haciéndome pensar que podía tomarla para mí como esposa?" El

Faraón le devolvió a Sara y lo envió cargado de regalos (Génesis, Capítulo 12).

El Rebe Najmán interpreta esta historia con una lección que se aplica a los judíos de todas las generaciones. Abraham representa a todo individuo que busca la santidad. Allí donde va, busca la Divinidad. Como resultado, es llevado a la Tierra de Canaan, con su tremendo potencial para la revelación de la Divinidad. Su "esposa" y compañera de toda la vida es el poder del habla, representado por Sara, cuyo nombre deriva del hebreo *Sar* (oficial o gobernante) y se relaciona conceptualmente con *"Maljut peh"* (el Reinado pertenece a la boca). Sin embargo, cuando el "hambre" se establece, indicando alguna dejadez en su espiritualidad, "Abraham" desciende a "Egipto".

Egipto, *MiTZRaim* en hebreo, representa el área del cuello y la garganta, como está indicado por *MeiTZaR hagarón*. En Egipto, la cualidad del habla refinada estaba en el exilio. *PHaRAó*, término genérico utilizado para designar a todos los gobernantes egipcios, comparte las letras de *OrePH*, la nuca y también de *PeH-RA*, un habla maligna. El principal exilio en Egipto lo constituyó la prisión del poder del habla por parte del Faraón y su pueblo. (En un sentido, el Faraón puede ser considerado como el "dueño de los medios de comunicación" de la antigüedad, quien intercepta la palabra y la esclaviza bajo su ideología; ver Capítulo anterior).

Hay veces en que uno desea decir palabras de espiritualidad - representadas por Sara - pero de alguna manera éstas son interceptadas y no pueden manifestarse en un habla virtuosa. Más bien, los oficiales del Faraón la "entregan" al Faraón quien, al ver la belleza del potencial que hay en estas palabras, toma a "Sara" para sí mismo. Sus oficiales y ministros representan las *klipot* (fuerzas del mal) que tratan de atrapar este hablar sagrado.

Cuando alguien lamenta su erróneo compromiso con el mundo material y busca arrepentirse, es entonces que el "Faraón", quien pensó que tenía el control sobre lo espiritual, comienza a afligirse. Y no sólo el Faraón (los deseos por lo material) debe devolverle a "Sara" (un hablar santo) a Abraham (el buscador de espiritualidad), sino que también debe entregarle "regalos", es decir, chispas de santidad adicionales, caídas en las garras del Faraón y de sus oficiales como resultado de nuestro mal uso del poder de la palabra (ver *Likutey Moharán* I, 62:5; *ibid.* 163). Si los deseos y las palabras son buenos en su intención es posible elevar el habla a un nivel de santidad, aunque se haya caído presa del "Faraón y sus consejeros". La búsqueda de lo espiritual se vuelve entonces un verdadero proceso de purificación, limpiando el alma y trayendo incluso mérito y purificación a otros que pudieran haber estado atrapados en el exilio.

Es por esto que *PeSaJ* - la festividad que conmemora el Éxodo de la restricción representada por Egipto - es llamada en la Kabalá *Peh SaJ*, "la boca que habla", indicando un "habla libre". Un hablar puro lleva hacia la libertad; un hablar denigrado corresponde al exilio. Si rectificamos nuestro hablar, merecemos el "Éxodo"; nos volvemos un pueblo libre, una creación elevada. Tal es el gran valor y el poder del habla.

Por supuesto que el concepto de "hablar libre" puede ser mal interpretado. No es necesario ir muy lejos para ver la confusión que se cobija bajo la bandera de la "libertad de expresión". Estas tres palabras han arrasado a la sociedad hasta su misma médula, permitiendo que cualquiera diga cualquier cosa, sin importar quién pueda ser dañado, ofendido o afectado.

El Talmud da otra definición para el "habla libre". Un hablar libre es aquél que puede ser expresado sin insultar, causar malestar en los demás o despertar pasiones negativas. Así aprendemos (*Arajin* 15b), "Dijo el Rabí Iossi, 'Yo nunca dije nada de lo cual tuviera que pedir disculpas'". Rashi ofrece dos explicaciones a las palabras del Rabí Iossi (*v.i. v'jazarti*): "Nunca tuve que mirar para ver quién estaba a mi alrededor" (pues nunca habló en contra de nadie), o "Nunca tuve un motivo para negar haber dicho algo". Esto es un hablar libre, del cual uno nunca tiene que avergonzarse.

Afirman nuestros Sabios (*Bereshit Rabah* 14:11), "Con cada aliento, uno debe alabar a Dios". Comenta el Rebe Najmán (*Likutey Moharán* I, 55:7), "Con cada aliento, con cada palabra expresada, uno *puede* invocar el honor del Santo, bendito sea". Hablar con propiedad, incluso al tratar sobre temas mundanos - y evitar un hablar degradado - lleva al hombre cada vez más cerca de Dios. Este es el significado de un "hablar libre": palabras que la persona puede decir dondequiera que esté y en cualquier situación que se encuentre. Estas son palabras mediante las cuales merecemos el "Éxodo". Mediante ellas, nos volvemos hombres libres.

* * *

29

Sonido Terapéutico

No todo lo que expresamos con nuestros labios es digno de ser llamado "habla". El Rebe Najmán enseña que sólo aquellas palabras que son aceptadas pueden ser consideradas "habla". Esto se comprende a partir del versículo (Salmos 19:4), "No es considerado ni habla ni palabras cuando [lo que es dicho] no es escuchado". Si nuestras palabras contienen "bien", serán aceptadas, pues la gente tiende por naturaleza a buscar el bien. Las palabras que carecen de bien son en general rechazadas. Para saber qué es el bien, necesitamos Daat. Sólo si introducimos Daat en nuestro hablar serán aceptadas nuestras palabras (*Likutey Moharán* I, 29:1).

Aquí el Rebe Najmán ensalza la importancia del buen hablar. "Bueno" es un término relativo. Uno puede recorrer todo el espectro de la vida y encontrar que el "bien" tiene innumerables niveles. En muchos casos el mal puede disfrazarse de bien, lo que da como resultado todas las mentiras que son aceptadas junto con un hablar verdadero y bueno; pero todos están de acuerdo en que las calumnias y otras clases de hablar denigrado no son "buenas". Estas clases de habla ejercen un fuerte efecto negativo sobre la persona que las articula - aparte del daño que causan a quien las escucha y a la persona calumniada. Por ende, es necesario definir el "bien" que uno debe introducir en su hablar.

Cuando el Rebe Najmán habla de "introducir Daat dentro del habla", se refiere al conocimiento y al reconocimiento de Dios. Existen muchas maneras de acceder al reconocimiento de Dios, incluso en temas mundanos. Uno puede llegar a reconocerlo a través de la alegría, del temor, de la plegaria, del amor o de cualquiera de las muchas emociones - e incluso frustraciones - que una persona puede experimentar. Es necesario estimular conscientemente nuestro intelecto para reconocer a Dios. Con la conciencia de Dios, automáticamente introduciremos Daat en nuestras palabras.

*

La Voz

La voz también posee un gran poder, tal como enseña el Rebe Najmán:

- La voz de aquél que ora con vigor y profunda concentración se asemeja al trueno. Este "trueno" despierta en el corazón el temor al Cielo. Con el temor al Cielo, la voz puede también despertar a las demás personas al servicio del Santo, bendito sea (*Likutey Moharán* I, 5:3).

- Cuando una persona estudia una enseñanza de Torá y menciona el nombre del Tzadik que la reveló por primera vez, ese Tzadik, aunque esté en el Gan Eden [Paraíso], escucha la voz de la persona (*Likutey Moharán* I, 12:3).

- Cuando una persona alcanza la pureza, entonces el Santo, bendito sea, la ayuda, incluso sin palabras [es decir, aunque la persona clame a Dios sólo con lamentos y suspiros y sin articular palabras] (*Likutey Moharán* I, 27:5).

El Rebe Najmán enseña también que estudiar Torá con amor y temor a Dios corresponde a las dos primeras letras del Tetragrámaton, *Iud* y *Hei*. (El amor y el temor están contenidos en Jojmá y en Biná, que corresponden a las letras *Iud* y *Hei*; ver *Tikuney Zohar* #10, p.25b). Extraer las palabras desde dentro de uno es comparado con la letra *Vav*, cuya forma se parece a un "canal" o conducto. El aire que se expele junto con las palabras corresponde a la *Hei* final del Tetragrámaton. Así, el estudio articulado de la Torá corresponde al Tetragrámaton completo (*Likutey Moharán* I, 77).

*

La Canción

En cierto sentido, la canción tiene mucho más poder que el habla para expresar nuestros pensamientos profundos. Es por eso que encontramos canciones que reflejan todos los estados emocionales: canciones alegres, melodías tranquilas y tonadas melancólicas. Como tal, la canción puede jugar un papel importante en nuestro bienestar emocional y físico, como expresión de nuestros sentimientos más profundos.

Enseña el Rebe Najmán:

> Existen Diez Tipos de Canciones (ver *Pesajim* 117a). Estos diez tipos de canciones les dan vitalidad a los diez modos del pulso (ver arriba, Capítulo 24). Cuando la alegría [expresada mediante la canción] es degradada, el pulso es afectado de modo negativo. La enfermedad puede entonces surgir de la tristeza y la melancolía (*Likutey Moharán* I, 24:1; ver arriba, Capítulo 24; ver también *Wings of the Sun* Parte 3; *El Tikún del Rabí Najmán* publicado por el Breslov Research Institute, donde se trata sobre los Diez Tipos de Canciones y los Diez Salmos revelados por el Rebe).

El Rebe Najmán alentó a sus seguidores a que cantasen en Shabat muchas *zemirot* (melodías cantadas en la mesa del Shabat). El Rebe mismo cantó las *zemirot* hasta que enfermó de tuberculosis unos años antes de su muerte (*Likutey Moharán* II, 104).

Enseñó el Rebe Najmán:

- Cantar mitiga los decretos (*Likutey Moharán* I, 42).

- Mediante la canción y la alegría, uno puede guardar y preservar su memoria y llegar a recordar el Mundo que Viene (*Likutey Moharán* I, 54:12).

- Cada tipo de sabiduría tiene su propia canción y melodía. La sabiduría de la Torá tiene sus propias melodías, lo mismo que la sabiduría herética. Existe una canción especial que corresponde a la fe (*Likutey Moharán* I, 64:5).

El Rebe Najmán solía hablar del poder que tiene la canción para movilizar a la persona en el servicio a Dios:

> Es bueno hacerse el hábito de inspirarse con una melodía. Existen grandes conceptos en cada melodía santa que pueden despertar el corazón y llevarlo hacia el Santo, bendito sea. Y si no sabes cantar bien, aun así puedes inspirarte, cuando estés solo, con una melodía cantada de la mejor manera que puedas. Lo elevado de una melodía es algo que está más allá de toda medida (*Sabiduría y Enseñanzas del Rabí Najmán de Breslov* #273).

*

Terapia del Habla

Mucha gente tiene defectos en el habla. Algunos defectos pasan inadvertidos, mientras que otros son desafortunadamente muy evidentes. Incluso Moisés, el Tzadik más grande de todos los tiempos, tenía dificultades en el habla. Así como la terapia puede ser un remedio para los impedimentos físicos del habla, de la misma manera una terapia apropiada elimina los bloqueos espirituales del habla, pues de hecho existen impedimentos del habla en un plano espiritual. Lo que sigue son algunas sugerencias del Rebe Najmán para superar los impedimentos espirituales a un "hablar libre".

- No siempre los pedidos de la gente son otorgados y ello se debe a una falta de elocuencia en sus palabras, de modo que esas palabras no entran en el corazón de aquél a quien están dirigidas. La Torá es llamada (Proverbios 5:19), "graciosa gacela", pues su elocuencia da gracia y encanto a aquéllos que la estudian con diligencia (ver *Eruvin* 54a). Concentrarse en el estudio de la Torá expande el intelecto y da elocuencia a la persona permitiéndole expresarse. Entonces sus pedidos son aceptados, así sean plegarias y súplicas al Santo, bendito sea, o pedidos a los amigos y a la familia (*Likutey Moharán* I, 1:3). Es por esta razón que uno debe acostumbrarse a articular las palabras de Torá. No basta con leerlas en silencio (*Likutey Moharán* I, 56:3).

- Hay veces en que una persona decide orar, pero su mente se encuentra nublada con pensamientos oscuros y extraños. Para poder "ver" la salida de esta oscuridad, deberá expresar las palabras de su plegaria con absoluta sinceridad y verdad. La existencia del Santo, bendito sea, es verdad y Él es la luz mediante la cual uno puede ver un sendero a través de la oscuridad. Cuanto más verdad se dice, más cerca está uno de la Verdad Absoluta. Así, decir la verdad lleva a un estado de habla rectificada (*Likutey Moharán* I, 9:3).

- La caridad rectifica el habla (*Likutey Moharán* I, 2:4).

- La caridad eleva a la persona hacia el verdadero nivel de un ser humano. La diferencia más importante entre el hombre y el animal yace en el poder del habla. Incluso los animales tienen un "lenguaje", compuesto por sus propios sonidos, pero enunciar palabras, pronunciadas apropiadamente y con coherencia, es algo único de la raza humana. Enseñan nuestros Sabios (Deuteronomio 23.24), "'Mas lo que hubiere salido de tus *labios*' - esto se refiere a la caridad" (*Rosh HaShana* 6a). Así la caridad rectifica los labios y a través del ellos el poder del habla - que es el indicador que establece nuestro nivel como seres humanos (*Likutey Moharán* I, 225).

- Dar caridad crea una atmósfera tranquila. Ayudar y ser ayudado genera sentimientos de cercanía entre las personas. Esta tranquilidad aumenta el poder del habla permitiendo que las ondas de sonido se muevan más eficientemente y viajen a distancias mayores. Con la caridad, aquél que ha perfeccionado su habla puede llegar a un espectro mayor de personas y despertarlas al servicio del Santo, bendito sea (*Likutey Moharán* I, 17:5).

*

Lashón HaKodesh: La Lengua Sagrada

El idioma hebreo es llamado generalmente "el lenguaje sagrado", pero *lashón* en hebreo significa lengua, de modo que el término indica que la propia lengua debe mantenerse sagrada. En el contexto de las lecciones del Rebe Najmán, queda claro que cuando él habla de una lengua sagrada, se refiere al uso del habla para propósitos sagrados, tales como Torá, plegarias y palabras bondadosas y de aliento. Por el contrario, uno debe evitar el hablar profano, la calumnia, la burla y demás, que son lo opuesto de la santidad y no le dejan lugar. Si bien es verdad que la gente debe usar el habla en su vida diaria, todo lo mundano puede ser encarado con la intención de aumentar la espiritualidad. Esta actitud mejora el habla y la eleva a un nivel de santidad (ver *Likutey Moharán* I, 19:3-5).

Es posible alcanzar elevados niveles de pureza mediante el desarrollo de una "lengua sagrada", como enseña el Rebe Najmán:

> El valor de la "lengua sagrada" es de hecho muy grande. Ella es la esencia del lenguaje que el Santo, bendito sea, utilizó en la Creación del mundo (Rashi, Génesis 2:23). Por lo tanto todos deben esforzarse en alcanzar una lengua sagrada. Pues en proporción al nivel de la lengua sagrada que uno alcance, será posible despertar el poder específico que el Santo, bendito sea, utilizó para crear el mundo (*Likutey Moharán* I, 19:3,6-8).

El Rebe Najmán enseñó que el exilio judío es un reflejo del habla degradada.

> Las setenta almas originales del pueblo judío (Génesis, Capítulo 46) están enraizadas en las setenta facetas de la Torá. Por contraste, las setenta lenguas son la fuente de las setenta naciones del mundo, hundidas en los setenta rasgos negativos del carácter. Estas setenta lenguas están muy alejadas de las setenta facetas de la Torá. Caer en el rasgo negativo particular correspondiente a una de las setenta lenguas es similar a caer en el exilio bajo el yugo de la nación enraizada en esa lengua (*Likutey Moharán* I, 36:1).

El Rebe Najmán ofrece entonces un antídoto para aquéllos que han caído en un hablar denigrado:

> En hebreo, el nombre Java [Eva] puede referirse al habla, como en (Salmos 19:3), "Noche a noche ¡JaVé [expresará] Daat". Por lo tanto Eva, que fue creada por el Santo, bendito sea, mediante

la lengua sagrada, representa un habla pura. Dado que Eva fue (Génesis 3:20), "la *madre* de toda vida", comprendemos que el habla de una persona la acompaña durante toda su vida, así como una madre acompaña a sus hijos hasta en los lugares más sucios. Por tanto, si alguien se empeña en alcanzar la santidad del habla, aunque descienda a los niveles más bajos, su habla sagrada [es decir, Eva] lo acompañará y le recordará constantemente la presencia del Santo, bendito sea (*Likutey Moharán* I, 78:3).

*

Mashíaj

Todos anhelan los días que vendrán tras la llegada de Mashíaj. Será una época de genuina alegría, de buena salud, riqueza, contento y una expandida conciencia de la espiritualidad. Será un Shabat eterno, un tiempo de paz y de diálogos significativos entre marido y mujer, entre el hombre y sus vecinos, entre el individuo y su comunidad, entre toda la humanidad - de hecho, entre el hombre y toda la Creación. El Rebe Najmán enseña que incluso hoy en día es posible experimentar un pregusto de este gran futuro, pues cada uno de nosotros tiene un poco de Mashíaj dentro de sí.

Enseña el Rebe Najmán:

> *MaSHIaJ* es un aspecto del habla, como en *"MeSIaJ ilmim* [Dios hace que el mudo pueda hablar]" (*Likutey Moharán* II, 83:1).

En la era de Mashíaj la gente será capaz de expresarse libremente sin causarles dolor a los demás, pues todos estarán dedicados a la búsqueda de la paz y de la espiritualidad. El diálogo significativo será la expresión del anhelo del individuo por la verdad, del sincero deseo de ser capaz de "ver" y "sentir" la Divinidad. Los medios para alcanzar este nivel del habla se encuentran en la Torá, la manifestación de la sabiduría de Dios. Así, enseña el Rebe Najmán:

"El espíritu de Dios se cernía sobre las aguas" (Génesis 1:2) - esto se refiere al espíritu de Mashíaj (*Zohar* I, 192b); "aguas" se refiere a la Torá (ver Capítulo 28). El versículo nos dice que el espíritu de Mashíaj se encuentra en la Torá. Aquél que articula su estudio de Torá, en especial sus pensamientos originales de Torá, hace que el espíritu de Mashíaj se pose sobre él (*Likutey Moharán* I, 118).

Cuando llegue Mashíaj, se completará el retorno de los exiliados. Todos los judíos que aún no hubieran encontrado su camino hacia la Tierra de Israel se juntarán entonces desde todos los rincones del globo e irán hacia la Tierra Santa, donde tendrá lugar la revelación más grande de Divinidad.

Incluso en esta era, es posible "saborear" la espiritualidad de la Tierra Santa.

*

La Tierra Santa

Enseña el Rebe Najmán:

> El habla es un aspecto de Maljut, la *Sefirá* más baja, que corresponde a la tierra [como opuesto a los cielos, que corresponden al pensamiento]. Cuando uno se dedica al habla sagrada, este hablar corresponde a la Tierra Santa; cuando uno habla de temas mundanos, ese hablar corresponde a las otras tierras. Por supuesto, hasta la gente recta debe a veces dedicarse a conversaciones mundanas; sin embargo, cuando el Tzadik habla de temas mundanos, su intención es elevar a aquéllos que moran en "otras tierras" hacia el nivel de la Tierra Santa (*Likutey Moharán* I, 81:1).

Bajo el mismo concepto, hablar con santidad tiene el poder de atraer la espiritualidad de la Tierra Santa hacia aquél que lo practica.

Más aún, cuando llegue Mashíaj, él proclamará abiertamente el absoluto dominio de Dios. La gente entonces descartará todas las formas de idolatría y sólo irá tras la Divinidad. Respecto de los tiempos del Mashíaj, enseña el Rebe Najmán (*Likutey Moharán* I, 62:4), "Cuando el habla es purificada, se transforma en un hablar de fe. Este hablar difunde la fe entre las naciones". Así, cada persona, en el grado en que desee traer a Mashíaj, debe expresar continuamente su fe en Dios. Es esta expresión de fe la que manifiesta el aspecto de Mashíaj dentro de cada uno de nosotros.

Enseña el Rebe Najmán:

> La fe depende de la boca. Para fortalecer la fe, es necesario decir constantemente palabras de fe, una y otra vez (*Likutey Moharán* II, 44:1).

Hemos visto que "Maljut es la boca". Así, decir palabras de fe, que es equivalente a aceptar el Maljut de Dios, puede perfeccionar nuestra lengua. Las palabras de fe pueden hacer que la gente se comunique mediante un "lenguaje" común - el del servicio a Dios (*Likutey Moharán* I, 18:6).

Así enseña el Rebe Najmán:

> En la actualidad, el hablar del hombre es imperfecto. Cuando toda la humanidad se vuelva hacia el Santo, bendito sea, entonces el habla será perfeccionada, como en (Sefonías 3:9), "Entonces volveré a todas las naciones hacia una lengua clara, para que ellos puedan llamar a Dios y servirLo de común acuerdo" (*Likutey Moharán* I, 66:3).

* * *

Parte Siete

EL SISTEMA NERVIOSO PERIFÉRICO

La Cabeza, el Rostro y los Sentidos

30

Introducción

En todo ejército, la capacidad del oficial al mando se mide según su manejo de los oficiales subordinados y según la manera como sus tropas se desenvuelven en la batalla. De la misma manera, en el cuerpo, el nivel de competencia del cerebro (comandante en jefe) y el del corazón (jefe del estado mayor) pueden ser juzgados sólo de acuerdo con la actuación de sus "oficiales" y "tropas". Los "oficiales" son los cinco sentidos - vista, oído, olfato, gusto y tacto - que comprenden el sistema nervioso periférico. Las "tropas" son los otros sistemas del cuerpo.

Es significativo que cuatro de nuestros órganos sensoriales - ojos, oídos, nariz y boca - se encuentran localizados en la cabeza y el rostro. Enseñó el Rey Salomón (Eclesiastés 2:14), "Los ojos del sabio están en su cabeza, pero el necio camina en la oscuridad". Pregunta el Talmud (*Ierushalmi, Sotá* 8:10), "¿Acaso los ojos del necio están en sus pies? Más bien, el significado es que aun mientras se encuentra en el proceso de planificar sus acciones, el hombre sabio *ya está pensando* el resultado final".

Los órganos sensoriales no fueron puestos al azar en nuestras cabezas. La cabeza representa un propósito y una acción voluntaria, el concepto de que "la acción final es concebida primero en el pensamiento" (*Plegaria de Leja Dodi*). Dado que los órganos de los sentidos son esenciales para decidir qué acción se requiere en cada circunstancia, es apropiado que se encuentren localizados en la cabeza, donde tiene lugar el pensamiento y la planificación del objetivo. Si nuestros ojos, oídos, nariz y boca, en tanto que fieles oficiales del intelecto, cumplen de modo efectivo con sus respectivos papeles, deberán entonces dirigirnos y guiarnos hacia

324 / Anatomía del Alma

ese objetivo final. Y el objetivo último que debe estar presente en nuestros pensamientos y guiar nuestras acciones en la vida es el Mundo que Viene.

Comenzaremos esta sección con una descripción de las cualidades físicas de los cuatro sentidos ubicados en la cabeza y en el rostro. En los capítulos siguientes desarrollaremos el estudio de las cualidades espirituales de estos sentidos. El sentido del tacto, aunque actúa también en la cabeza, está asociado principalmente con otras partes del cuerpo y será tratado en la Parte 8, "El Sistema Esquelético y Muscular".

*

La Cabeza, el Rostro y la Frente

El cerebro está ubicado dentro del cráneo, detrás de la frente. Para alguien con una visión espiritual penetrante, la frente de otra persona es como una ventana para su alma. El Ari, por ejemplo, podía ver la historia de las encarnaciones previas de una persona grabada en su frente. En el tratamiento que hace el Zohar de la fisonomía, la ciencia del rostro, hay una importante sección dedicada a *metzaj* (la frente) (*Zohar* II, 71b-72b). Tanto los rasgos de carácter como los pensamientos y las acciones están delineados en el tamaño, forma, naturaleza, tipo y número de arrugas y otras cualidades presentes en la frente de la persona. Incluso una persona no entrenada puede ver cómo la frente refleja el estado mental de una persona. Trate de prestarle atención a la frente de la gente con la cual se encuentra. Muy pronto aprenderá a discernir mucho más sobre ellos de lo que expresan sus palabras.

De manera similar, el estado mental de una persona puede ser fácilmente detectado en su rostro: la alegría brilla en la cara, lo mismo que la claridad de pensamiento; un estado depresivo, por otro lado, se refleja en un "rostro oscurecido", fácilmente percibido por los demás. Así ambos, la frente y el rostro, son un espejo de los pensamientos.

*

Los Organos de los Sentidos

El ojo está cubierto por tejidos protectores conocidos como la esclerótica (lo blanco del ojo) y la córnea. Rodeando la esclerótica están los músculos exteriores. Estos músculos coordinan el movimiento de los ojos, permitiéndoles funcionar y hacer foco en tándem. Aunque normalmente no son visibles, los músculos exteriores son rojos. La pupila es una apertura circular negra en el centro del ojo a través de la cual pasa la luz. El iris, la membrana coloreada que rodea a la pupila está compuesto por tejido muscular y regula la cantidad de luz que entra al ojo. Como una cámara de lentes ajustables, los músculos del iris dilatan o contraen la pupila, dependiendo de la condición de luz y del foco.

El oído está compuesto por tres secciones: el oído externo, el oído medio y el oído interno, a través del cual las ondas de sonido son transmitidas al cerebro mediante los nervios auditivos. Las ondas de sonido entran a través del oído externo y son modificadas en el oído medio. Pasan entonces al oído interno, donde los receptores sensoriales las convierten en impulsos nerviosos. En el oído medio existen espacios con aire que ayudan a equilibrar la presión en el oído. Esta presión es mantenida por el aire que entra desde afuera del oído y por la trompa de Eustaquio, que conecta el oído medio con la garganta. Los fluidos que se encuentran en el oído interno ayudan a mantener el equilibrio del cuerpo.

La nariz es el órgano del olfato y parte integral del proceso de la respiración. Tiene células sensoriales que transmiten los olores al cerebro a través del nervio olfativo. El proceso respiratorio y sus implicancias espirituales ya fueron tratados más arriba en la Parte 6 (El Sistema Respiratorio). En esta sección trataremos principalmente de la capacidad de la nariz para discernir los diferentes olores.

La lengua es el órgano principal del sentido del gusto, aunque también otras partes de la boca están involucradas en el gusto. Existen cuatro categorías principales de gusto - dulce, agrio, salado y amargo - detectadas por las aproximadamente diez mil papilas gustativas de la boca. Varios nervios están involucrados en la transmisión del gusto al cerebro. El proceso comienza cuando empezamos a masticar y las papilas gustativas requieren la asistencia de las glándulas salivales. De modo que son varias partes del cuerpo las requeridas para crear la experiencia de saborear un alimento.

Los receptores del tacto se encuentran localizados por todo el cuerpo. Aunque generalmente asociamos el tacto con las manos y los pies, los receptores sensoriales que responden al tacto, la presión, el dolor, la temperatura y la vibración se encuentran en toda la piel y en el cabello. El sentido del tacto será tratado brevemente en esta sección como parte de los cinco sentidos, pero el "poder del tacto" será explicado más adelante, en la Parte 8.

* * *

31

Las Siete Lámparas de la Menorá

Cuando tú [Aarón] enciendas la Menorá, sus siete lámparas deberán iluminar hacia el centro [literalmente, "rostro"] de la Menorá.
Números 8:2

E l Zohar compara la cabeza humana con la *Menorá* (Candelabro) del Santuario. La Menorá tenía siete lámparas donde se colocaba el aceite. El aceite utilizado en la Menorá correspondía a los *mojín* (poderes intelectuales), mientras que las siete lámparas representan las siete aberturas de la cabeza: dos ojos, dos oídos, dos orificios de la nariz y la boca (*Tikuney Zohar*, Introducción, p.13b).

Enseña el Rebe Najmán (*Likutey Moharán* I, 21:12) que las siete "lámparas" (aperturas) de la cabeza sólo pueden irradiar la luz Divina si son santificadas. La santificación de estas lámparas puede lograrse siguiendo las siguientes pautas:

- *Los ojos*: evitando mirar el mal y la tentación; prestando atención y "viendo" el bien en todas las cosas.
- *Los oídos*: escuchando al sabio y evitando escuchar la calumnia y un hablar malvado; teniendo fe en los Tzadikim y eliminando los pensamientos heréticos.
- *La nariz*: buscando el temor al Cielo (como en, "Él respirará con el temor a Dios", Isaías 11:3); elevándose por sobre "la respiración entrecortada" de los deseos materiales.
- *La boca*: diciendo la verdad y apartándose de la mentira; utilizando palabras para construir en lugar de herir o dañar a los demás; diciendo palabras de Torá, de plegarias, de aliento, etc.

Los sentidos son caminos de ida y vuelta. Utilizar los ojos

para ver el bien genera buenas imágenes en el pensamiento. Esto a su vez lleva la luz de la mente (es decir, el intelecto) hacia los ojos y permite que uno pueda ver mejor aún. "Escuchar al sabio" refuerza la fe y afina el oído hacia la Divinidad que nos rodea. El mismo principio se aplica a los otros sentidos. "Los cinco sentidos tienen su raíz en la mente. Utilizarlos para el bien produce una gran rectificación de la mente" (*Likutey Moharán* II, 5:14).

*

Rosh HaShaná: El Juzgado de la Mente

> Los ojos de Dios están sobre ella [la Tierra] desde la cabeza [comienzo] del año hasta su final.
>
> Deuteronomio 11:2

Enseña el Midrash que el camino que debe seguir una nación está determinado por la persona que se encuentra a la cabeza de esa nación (*Bereshit Rabah* 89:4). También en términos fisiológicos, no hay nada que suceda en el cuerpo sin haber sido primero procesado (a la velocidad de la luz) a través de las sinapsis neuronales. De manera similar, en el ciclo del tiempo, Rosh HaShaná, el Año Nuevo Judío, es literalmente la "cabeza" del año. Durante el año no hay nada que suceda sin haber sido destinado, al menos de modo potencial, en la "cabeza".

Visualicemos el cerebro como un juzgado. El testimonio será dado por los sentidos, mientras que la mente, actuando como juez imparcial, pasará el dictamen.

La mente, en tanto que juez, realiza incontables y rápidas decisiones basadas en la información de los sentidos. Cuanto más precisa sea esta información, más posibilidad tendrá de llegar a una decisión correcta. La cantidad de información que debe ser procesada en el cerebro para poder cruzar una calle o conducir un automóvil o una bicicleta es asombrosa. Las primeras veces que una persona conduce está mucho más consciente de sus movimientos. Su reacción usual es, "¿Cómo podré concentrarme en mirar hacia delante, a los costados, hacia atrás y a la vez mover las manos y los pies (especialmente con el embrague y en una calle en bajada), todo a la vez y al mismo tiempo?". Luego, y de manera milagrosa, el cerebro parece coordinar de alguna manera todas estas actividades en un suave fluir. Pero, aun así, cualquier detalle erróneo o dejado de lado puede marcar la diferencia entre la vida y la muerte. Aunque no seamos conscientes de ello, nuestras vidas están literalmente en peligro veinticuatro horas al día - y no sólo cuando nos encontramos en la ruta. Un movimiento incorrecto de nuestra parte, basado en un error de cálculo o una mala interpretación de la información entregada por nuestros sentidos, pueden llevar al desastre. Podemos entonces comprender la importancia de la rectificación y del ajuste de nuestros sentidos.

Las decisiones que basamos en la información procesada a través de nuestros sentidos tienen consecuencias muy importantes, que pueden afectarnos directamente como individuos y que pueden extenderse hacia aquellos que nos rodean: la familia, los amigos, los vecinos y los compañeros de trabajo. De hecho, los efectos de nuestras decisiones pueden mantenerse por generaciones enteras.

Ahora tratemos de imaginar el tribunal celestial en Rosh HaShaná. De acuerdo con la tradición (cf. *Zohar* II, 32b), cada Rosh HaShaná Dios "Se sienta" a juzgar, basándose en cómo hemos vivido nuestras vidas en el pasado, individual y colectivamente, y decidir aquello que necesitamos, como individuos y en forma colectiva, para cumplir nuestras misiones particulares en la tierra en el año que está por comenzar. ¿Cómo se realiza este juicio? ¿Acaso debemos ser participantes pasivos en un juicio que determina no sólo el año entrante, sino todos los siguientes años de nuestras vidas y, más allá de la vida, la Eternidad? ¿Hay algo que podamos hacer para asegurar que seremos inscritos en el Libro de la Vida en Rosh HaShaná?

Hay algo que definitivamente podemos hacer. Podemos purificar nuestros sentidos, las "lámparas de nuestra menorá" y, a través de ellos, nuestros pensamientos. ¿Por qué? Porque nuestras acciones - todas las acciones del año pasado y también aquellas de los años precedentes - son meramente manifestaciones de nuestros patrones de pensamiento. La manera en la cual nos comportarnos es un resultado de la manera en la que nos percibimos a nosotros mismos y a nuestra existencia en este mundo. Por lo tanto, el principal factor determinante que influye sobre nuestro juicio en Rosh HaShaná no es aquello que hemos hecho hasta ahora, sino *cómo pensamos* - que es el más poderoso indicador de cómo actuaremos de ahora en más. En Rosh HaShaná, todo "está en la *cabeza*". Son nuestros *pensamientos* los que determinan cómo seremos juzgados en este santo día.

Tal vez esto parezca injusto. ¿Qué sucede si una persona no puede evitar pensar ciertos pensamientos no adecuados en Rosh HaShaná? ¿Quiere decir que está condenada para siempre? Por supuesto que Dios toma en cuenta las dificultades con las cuales Él prueba a cada ser humano, y es indulgente cuando es necesario. Pero esto no quiere decir que debamos tomar menos seriamente nuestros pensamientos. Si un mal pensamiento llega a nuestra mente, es nuestra responsabilidad absoluta desviarlo y arrojarlo fuera antes de que tenga la oportunidad de desarrollarse. Al principio esto resulta muy difícil - hasta que llegamos a comprender cuán fácil es. Esta es la "tarea" de Rosh HaShaná.

En esto subyace la clave de Rosh HaShaná en tanto que la "cabeza" del año. Así como la semilla contiene en potencia un árbol completo, de la misma manera en Rosh HaShaná se establece la pauta para todo lo que sucederá durante el año entrante. Así como cada miembro del cuerpo está conectado con el cerebro a través del sistema nervioso, de la misma manera todos los días del año pueden ser vistos como conectados a Rosh HaShaná y derivando su fuerza vital de ese día. En ese sentido, encapsuladas dentro de la esencia de cada Rosh HaShaná, se encuentran todas las lecciones que necesitaremos aprender durante el año.

Por consiguiente aquello que pensemos en el día de Rosh HaShaná será de crucial importancia, ya que el juicio del tribunal celestial no sólo estará basado en las acciones de los años anteriores, que no son tan importantes ni tan decisivas, sino en la calidad y el tema de los pensamientos que nos ocupen la mente en Rosh HaShaná. Si nuestros pensamientos son santos y sabemos que podemos cambiar para mejor, no importa lo que hayamos hecho en el pasado, ellos serán el factor decisivo en Rosh HaShaná. Esto "convencerá" a la corte celestial de que somos sinceros en nuestro deseo de que esta vida sirva como un *tikún* (rectificación), no sólo del año pasado, sino de todos los años de nuestras vidas y de todas las encarnaciones previas. Esto nos alineará con el plan último de Dios para toda la creación.

Estos conceptos tienen una aplicación mucho más amplia. Cada Rosh HaShaná es sólo una "celda" de un gran sistema de Nuevos Años que en última instancia se conectan con el primer Año Nuevo en el Jardín del Edén. (La tradición nos dice que el Sexto Día de la Creación, día en que se creó a Adán, fue Rosh HaShaná; ver *Pirkey de Rabí Eliezer* 8. Rosh HaShaná es llamado *iom harat olam*, el "cumpleaños del mundo", no por el mundo creado los cinco días anteriores, sino por la creación de Adán, el "microcosmos del mundo", por quien toda la Creación fue traída a la existencia). De manera similar, cada persona en este planeta es parte de una conciencia mayor que llamamos Adán (humanidad).

En Rosh HaShaná, todas las criaturas de la tierra son "juzgadas"; es decir, su existencia y misión son evaluadas con relación a su parte en el drama colectivo de la vida sobre esta tierra. El "veredicto" decretado es nada menos que aquello necesario para volverla a alinear con su propósito original. Por tanto, Rosh HaShaná implica reconectar todo lo que existe en el mundo con la semilla-pensamiento original de la creación, en términos de por qué existe y cuál es su propósito en relación al cuadro total de la vida.

Cuando el Rebe Najmán habla de Rosh HaShaná en términos de la "cabeza", todas estas implicancias subyacen a sus palabras. Es por ello que enfatiza el hecho de tener pensamientos buenos y santos durante Rosh HaShaná, lo que requiere que seamos conscientes de cada pensamiento que entra en la mente y lo utilicemos para alcanzar una mayor conciencia de Dios. Por supuesto que también debemos prestar atención a nuestros pensamientos y mantenerlos puros todos los días del año; sin embargo, en Rosh HaShaná, la cabeza del año, el poder del pensamiento aumenta cientos de veces.

Es por esta razón que el Rebe Najmán enfatizó la importancia de viajar para estar con los grandes Tzadikim en Rosh HaShaná. Los Tzadikim son el *rosh* (cabeza), los verdaderos líderes de Israel. En Rosh HaShaná podemos rectificar y afinar nuestros sentidos juntando tres "cabezas":

- *Rosh HaShaná*: la cabeza del año.

- *El Tzadik*: el *rosh* y líder de Israel.

- *El rosh del individuo*: la mente de cada persona y sus pensamientos.

Cuando estas tres "cabezas" se juntan y forman una sola cabeza, se producen grandes rectificaciones y se abre para nosotros una nueva dimensión de vida, allí donde antes sólo veíamos una interminable repetición del pasado.

* * *

32

Los Ojos: Ventanas Al Mundo

L os ojos son quizás los órganos más importantes de todos de los sentidos. La vista introduce al hombre a un ámbito de colores y formas - de hecho, al mundo entero que nos rodea. En un sentido, el hombre puede oír, olfatear, saborear y tocar con los ojos: una experiencia sensorial completa que no puede ser duplicada por ninguno de los otros órganos de los sentidos (a través de la vista uno puede imaginar más rápidamente la reacción de los otros sentidos). La vista nos permite ver las maravillas y bellezas de la creación física de Dios. Sin la visión, nos desconectamos de la realidad, alejados de un contacto verdadero y definido con nuestro mundo. También en un sentido espiritual, "ver" connota mirar en profundidad dentro de las cosas y descubrir su esencia interna (*Likutey Moharán* I, 1:2-4). Sin una buena "visión", somos incapaces de percibir la Presencia de Dios que nos rodea.

En el transcurso de la vida diaria, debemos evitar que nuestros ojos vean aquello que "queremos" ver, como opuesto a lo que realmente está allí. Motivos ulteriores pueden distorsionar fácilmente nuestra percepción. Esto está indicado en el dictamen de la Torá (Éxodo 23:8; Deuteronomio 16: 9), "No aceptes soborno. El soborno ciega los ojos del sabio y pervierte las palabras de los rectos". Cuando el juicio se ve enturbiado por motivos ulteriores, perdemos nuestra capacidad para discernir las diferencias entre lo correcto y lo incorrecto, entre (Deuteronomio 25:1), "librar al inocente y penar al culpable". Hasta los rectos están en peligro de que sus palabras "sean pervertidas". Y si el sabio, cuya visión es penetrante, puede errar al definir aquello que ve, ciertamente aquéllos de visión espiritual más débil deben cuidarse mucho más (*Likutey Moharán* I, 54:5).

Una buena visión corresponde a un nivel de conciencia expandida, de conocimiento y de intelecto (ver *Likutey Moharán* I, 74:1). De acuerdo con la Kabalá, los ojos son una extensión del hemisferio derecho del cerebro, asociado con la *Sefirá* de Jojmá (ver *Likutey Moharán* II, 40:1). Debemos por lo tanto preguntarnos, "¿Cómo utilizamos nuestros ojos?" "¿Acaso vemos la esencia real de aquello que estamos mirando o juzgamos las cosas por su apariencia externa?" (Recordemos que Jojmá es "*coaj má*", la esencia de algo; ver arriba, Capítulos 14 y 17). "¿Cómo podemos acceder a ese nivel de visión y concentración de 'pura Jojmá' que nos permita percibir la esencia interna de las cosas?"

Cuando nos concentramos en un objeto, la pupila del ojo se expande o se contrae para regular la entrada de luz. Esta expansión y contracción permite que el ojo pueda ajustar el foco apropiado sin causar daños a la retina. De manera similar, cuando nos embarcamos en la búsqueda de una mayor sabiduría espiritual, es importante limitarse al comienzo a un nivel inferior del intelecto. Si durante las primeras etapas nos centramos en un avance gradual más que en objetivos futuros, ello permitirá que el intelecto se "expanda y contraiga" naturalmente, y así podremos alcanzar el logro gradual de un intelecto superior (ver *Likutey Moharán* I, 30:3).

Enseña el Rebe Najmán:

> Los ojos están expuestos constantemente a las más asombrosas visiones. Si la persona purificase suficientemente sus ojos, sería capaz de ver muchas cosas maravillosas provenientes solamente en aquello que percibe con sus ojos. Pero las cosas pasan delante de nuestra vista con tanta rapidez que no hay tiempo de concentrarnos en ellas y percibir todo aquello que uno ve... Pero aquél que es digno de alcanzar un nivel superior de visión es capaz de tener un atisbo de las enormes maravillas que lo rodean. Debido a que los ojos de la mayoría de la gente no están puros, no pueden focalizarse apropiadamente, lo que les impide ver esas imágenes asombrosas (*Likutey Moharán* I, 254; *ibid.* I, 65:3).

El Rebe Najmán se refiere aquí a las visiones del ojo de la mente. Estas visiones asombrosas no sólo están reservadas a los Tzadikim, quienes han fortificado sus sentidos y alcanzado los más elevados niveles de conciencia. De hecho, tales visiones forman parte de nuestras vidas, tanto despiertos como dormidos. Los Tzadikim saben cómo prestarle atención a todo lo que sucede pues ellos han purificado sus sentidos; ellos se han sintonizado al punto de poder percibir las cosas en una diferente longitud de onda. Ellos saben cómo "cambiar los canales" cuando una poderosa imagen visual o un buen pensamiento llega a la mente. De esta manera son capaces de "ver" lo que sucede delante del ojo de la mente y percibirlo antes de que desaparezca. Los grandes Tzadikim eran expertos en esto - sus ojos eran tan puros que allí donde miraban podían percibir visiones asombrosas y comprender profundas verdades. Como veremos, en muchas instancias ¡cerrando los ojos los abrían a las más grandes verdades!

*

Divina Providencia

Tal como hemos visto más arriba (Capítulo 30), el ojo tiene cuatro colores: blanco, rojo, negro y el color de iris. Estos cuatro colores corresponden a las cuatro *Sefirot* inferiores: Jesed (Bondad), Guevurá (Juicio), Tiferet (Belleza) y Maljut (Reinado).

Es en Maljut donde todas las Luces Superiores convergen y son percibidas (Zohar II, 204a). Jesed, Guevurá y Tiferet actúan en conjunto para traer las bendiciones desde los *mojín* (mentalidades) hacia Maljut, revelando así la Providencia de Dios y Su Reinado en la creación. De la misma manera, los tres colores del ojo, el blanco (representando Jesed), el rojo (Guevurá) y el iris, la parte multicolor del ojo (Tiferet - representando la belleza de los diferentes colores), trabajan en conjunto para regular la luz y dilatar la pupila negra (Maljut) de modo que pueda enfocar apropiadamente y transmitir las imágenes de manera eficiente al cerebro.

El Rebe Najmán solía decir que la búsqueda más importante en este mundo es la búsqueda de Dios y de las señales de Su Providencia y Sabiduría (ver *Likutey Moharán* I, 1:1; 13:14). Como siempre, nuestro despertar desde abajo genera un correspondiente despertar desde Arriba. Cuando utilicemos nuestros ojos como lentes a través de los cuales ver a Dios en todo lugar de este mundo, cuando comencemos literalmente a ver a través del velo que nos separa de Dios, entonces Dios Mismo volverá Sus ojos hacia nosotros. Si usamos nuestra vista para focalizarnos en Él, Dios volverá Su vista hacia nosotros, hasta que Su mirada y nuestra mirada converjan y estén perfectamente focalizadas. Quizás ese sea el significado de la profecía (Isaías 52:8), *"Ojo a ojo* verás a Dios cuando Él vuelva a Sión".

"Ojo a ojo" significa que nuestros ojos son un paralelo de los de Dios. Cuando hablamos de la Providencia de Dios solemos pensar en Su constante "super-*visión*" de cada detalle de la Creación. Pero esto es sólo un "punto de vista" de las cosas. Cuando olvidamos o voluntariamente nos negamos a focalizarnos en Dios, "desechamos la imagen" que completa el proceso de la focalización de Dios. Dios siempre "mantiene su ojo" sobre aquéllos que Lo buscan. "Desde el cielo Él mira a los hijos de los hombres, para ver si hay alguno que posea el entendimiento para buscarLo" (Salmos 14:2). También nosotros debemos volvernos hacia Dios, pues nuestra capacidad de discernir la Divina Providencia completa el ciclo de la visión, estableciendo a través de nosotros una "visión perfecta", la revelación del Reinado de Dios (Maljut). Éste es el significado de "Ojo a ojo verás a Dios cuando Él vuelva a Sión".

Comienza a entrenar a tus ojos para ver, por ejemplo, que tu sustento sólo proviene de Dios. Como está escrito (Salmos 145:15), "Los *ojos de todos* esperan en Ti, pues Tú dispensas el sustento a cada uno a su debido momento". En ninguna otra parte es más obvia la necesidad de "focalizarse" en Dios, como lo es en la búsqueda del sustento. Cuando estamos apropiadamente focalizados, nuestra actitud es de absoluta confianza en Dios. Esto se refleja en el versículo, "Los ojos de todos esperan en Ti...". El primer paso consiste en dirigir nuestros ojos al cielo esperando el sustento. Cuando nuestros "ojos" están centrados en Él - cuando se logra ese punto de contacto - se crea un recipiente donde podemos recibir Su abundancia (*Likutey Moharán* I, 76:3, 4).

Para poder ver esta Providencia es necesario penetrar la fachada de las relaciones materiales que parecen gobernar nuestras vidas. Debemos mirar más allá de los diferentes intermediarios que rodean nuestro sustento. Debemos ver la Mano de Dios en nuestra vida, reconocer Su directa Providencia sobre nosotros y nunca darla por sentado. Debemos orar a Dios para un sustento continuo; orar para ver Su Mano en nuestra vida; orar para llegar a tener total confianza en Él. Debemos aprender a confiar y tener fe en que nuestras plegarias serán escuchadas. Esta es nuestra parte en la consumación del ciclo de la Divina Providencia. Así es como podemos comenzar a mirarnos "ojo a ojo" con Dios.

La manera más efectiva de fortalecer la confianza en Dios y la fe en Su Providencia es el estudio de la Torá. Hemos visto que la Torá misma puede ser estudiada en cuatro niveles: *pshat* (el significado simple), *remez* (las alusiones), *drush* (el significado homilético) y *sod* (el significado secreto) (Capítulo 1). El mismo rollo de la Torá posee además cuatro niveles: *ta'amim* (cantilaciones), *nekudot* (vocales), *taguim* (coronas sobre las letras) y *otiot* (las letras mismas). En un rollo de Torá los dos primeros niveles no son visibles; sólo pueden verse las letras negras y las misteriosas coronas. Sin embargo, ocultas dentro de ellas se encuentran las vocales y las cantilaciones, cruciales para la lectura de la Torá. Sin las vocales, no habría manera de saber cómo pronunciar las letras y sin las cantilaciones, nunca sabríamos cómo cantar las palabras de la Torá y experimentar su verdadera dulzura.

Así enseña el Rebe Najmán:

> Cuando el hombre sabio lleva la Torá a su pueblo, la Divina Providencia desciende al mundo. Esto se debe a que la Torá contiene cantilaciones, puntos vocales, coronas y letras. Estos están representados por los tres colores del ojo y la pupila... Cuando el hombre sabio trae enseñanzas originales de Torá, hace

descender sobre nosotros el "poder de la visión" de la Providencia de Dios y cada persona, de acuerdo con el grado de su propia cercanía con la Torá, experimentará la Providencia de Dios. [Será entonces más capaz de "focalizarse" en Dios] (*Likutey Moharán* I, 13:4).

Pero aun así uno debe cuidar que su visión se mantenga "verdadera". El Rebe Najmán enseña (*Likutey Moharán* I, 51:1; 6), "La mentira es dañina para los ojos, tanto física como espiritualmente. La mentira daña la visión y esta visión dañada crea imágenes distorsionadas. La mentira engaña a la gente, haciendo que un objeto grande parezca pequeño o que algún objeto simple aparezca como una imagen doble o múltiple. La verdad, al contrario, es única [es el sello de la Absoluta Unidad de Dios] (*Shabat* 55a). Aunque la verdad es multi facética, ella es - y sólo puede ser - una".

La mentira es una afrenta directa a la Providencia de Dios. En un sentido, cuando mentimos, estamos empujando a un lado a Dios con el fin de seguir nuestro propio camino. En respuesta, Dios actúa como si Él estuviera desviando Su mirada de nosotros. El único modo de restablecer nuestra conexión con Dios es a través de la verdad. Sólo diciendo la verdad, creyendo en su poder y *viviéndola*, podremos restaurar nuestra visión y volver a focalizarla en Dios y en Su Divina Providencia. Entonces Él volverá a restaurar Su directa supervisión con mayor fuerza.

*

Foco: el Mundo que Viene

Como hemos visto, para obtener una visión espiritual más sólida, debemos ser capaces de focalizar nuestra mirada en la Divinidad. Esto, a su vez, nos conduce a una Providencia Divina más directa. (Dios no tiene *necesidad* de que miremos hacia Él para "darse cuenta" de nosotros; aun así, Él hace que Su Providencia dependa del grado en el cual nos volvemos hacia Él).

La verdad es que la Divinidad permea toda la Creación,

pues sin Divinidad nada puede existir. Aun así, como hemos notado, debemos trabajar para centralizar nuestro foco en la Divinidad, al punto en que podamos penetrar la fachada de Este Mundo y encontrar la realidad oculta del Mundo que Viene. En un sentido, necesitamos cerrar nuestros ojos a Este Mundo para poder ver detrás de su máscara; de otra manera, toda nuestra vida será vivida sin sospechar siquiera que Dios estaba presente allí todo el tiempo, justo bajo la superficie, donde menos esperábamos encontrarLo.

Enseña el Talmud que el "tamaño" de la Torá es 3.200 veces más grande que el del mundo (ver *Eruvin* 21a). ¡Pero aun así es posible taparse los ojos con el pequeño meñique y bloquear esta gran luz! El Rebe Najmán asemeja esto a una persona de pie frente a una gran montaña y que tapa sus ojos con una moneda. La montaña es millones de veces más grande que la moneda, pero la moneda la oculta por completo. De la misma manera, la Torá es tremenda y vasta, pero el "pequeño meñique" que es Este Mundo nos cubre los ojos y nos impide ver la gran luz de la Torá. Si bien es verdad que Este Mundo es de hecho una minúscula creación comparada con la inmensidad de la Torá, el "meñique" colocado directamente delante de los ojos puede bloquear la visión por completo e impedirnos ver algo tan inmensamente grande (*Baal Shem Tov* sobre *Pirke Avot* 2:1, #49; *Likutey Moharán* I, 133:2).

Explica el Rebe Najmán: "Entonces cuando el alma de la persona entra en Este Mundo, se mantiene sumergida en un vacío sin sentido y le parece que no hay nada más en la vida. De esta manera, este pequeño y diminuto mundo le impide ver la inmensa y extraordinaria luz de la Torá, que es miles de veces más grande... Que retire entonces esta pequeña obstrucción de delante de sus ojos - que retire sus ojos del mundo y deje de mirarlo y considere todo aquello que se encuentra más allá de este mundo de obstrucción - y merecerá ver la magnífica y extraordinaria luminosidad de la Torá y de los Tzadikim... Esto he escuchado en nombre del Baal Shem Tov, quien dijo, '¡Ay! El mundo está lleno de luces y de verdades místicas tremendas y asombrosas. Pero una pequeña mano delante de los ojos obstruye la visión de estas grandes luminarias'".

En la misma línea del Baal Shem Tov, el Rebe Najmán enseña que si uno quiere alcanzar el nivel del Mundo que Viene, incluso en Este Mundo, sólo tiene que cerrar los ojos. Durante unos pocos minutos cada día, cierra los ojos a los placeres mundanos y a las lamentaciones del mundo, aleja con suavidad tu mente de todo aquello que te rodea y avanza hacia otra dimensión. Cuanto más "cierres tus ojos a Este Mundo", más alcanzarás la verdadera espiritualidad y traerás a tu vida la esencia del Mundo que Viene (ver *Likutey Moharán* I, 65:3).

Este es el secreto que se esconde tras el mero de cerrar los ojos y cubrirlos al decir la plegaria del *Shemá*. Hasta cierto punto, el mundo revela a Dios, a Su Providencia, a Su Luz y a Su tremenda Unidad. Pero más allá de ese punto, el mismo mundo Lo oscurece. Debemos por lo tanto cerrar los ojos y cubrirlos con la mano al recitar el *Shemá*, para atravesar la fachada de Este Mundo y dirigirnos hacia la Unidad que se oculta detrás de él. Cerramos los ojos y proclamamos, "Escucha Israel, IHVH es nuestro Dios, IHVH es Uno".

*

Mirando Más Allá

Prueba y *ve* que Dios es bueno.

Salmos 34:9

Dado que Dios es bueno, lo más lógico sería que no hubiera nada malo o malvado en el mundo; sólo debiera existir el bien. Pero en verdad, el sufrimiento abunda, y mucho más de lo que a todos nos gustaría admitir. La gente sufre a diario alguna clase de dolor, así sea producto de la enfermedad, de la pobreza, de la angustia mental, de los problemas familiares o de sus muchas preocupaciones (ver *Likutey Moharán* II, 77).

Como hemos visto (arriba, Capítulo 15), "Cuando uno tiene comprensión [Daat], no le falta nada". Esto se debe a que aquél que posee Daat es consciente de la Presencia de Dios en todo lo que existe. Pero la presencia del dolor - así sea propio o ajeno - constriñe nuestra conciencia de lo espiritual. Nuestra prueba en Este Mundo es poder *ver más allá* del dolor y del sufrimiento, y comprender y sentir la bondad que allí existe.

Enseña el Rebe Najmán:

> Cuando una persona se ve severamente afligida, la mayor angustia proviene [no del sufrimiento físico en sí, sino] del hecho de que se le ha retirado el Daat [Comprensión]. Con Daat uno comprende que todo lo que Dios hace tiene un propósito y que siempre es para bien. Sin Daat, uno pierde de vista esta verdad básica y como resultado siente angustia. Esta disminución de su conexión con el Santo, bendito sea, es la verdadera fuente de su sufrimiento.
>
> El modo de aliviar esta angustia es mirar más allá del sufrimiento y reforzar la fe en el Mundo que Viene. Vemos que el instinto natural de quien experimenta un intenso dolor es entrecerrar los ojos, como si quisiera mirar a lo lejos a la distancia... Esto es porque instintivamente lo que está buscando es Daat, el gran Daat que será revelado en el distante Futuro, en el Mundo que Viene, cuando será revelado el verdadero propósito de todo (*Likutey Moharán* I, 65:3; ver también *El Jardín de las Almas: El Rebe Najmán sobre el Sufrimiento*).

*

El Mal Ojo

Aquél que tiene un ojo generoso será bendecido.

Proverbios 22:9

Existe un "ojo generoso" y un "mal ojo". Ambos términos han sido utilizados durante muchos milenios y pueden encontrarse en las Escrituras y en el Talmud como indicadores de la medida de un hombre. Abraham fue el paradigma del que posee un "ojo generoso". Siempre buscaba el bien en los demás y no sentía celos ni odio por sus congéneres. Bilaam, por el contrario, es el epítome de aquél que tiene un "mal ojo" - de aquél que siempre busca la falla en los demás y siente celos de los bienes o de la posición de los otros (ver *Avot* 5:19).

El Talmud, al referirse al mal ojo, le adscribe poderes casi místicos. Mirar los bienes ajenos con envidia en los ojos puede hacer que el mal recaiga sobre esa persona. Es por eso que la ley Talmúdica prohíbe construir una casa muy cerca de la otra. La privacidad es muy importante, no sea que vayamos a mirar las posesiones de nuestro vecino con uno ojo envidioso. Los vecinos deben mantener una distancia razonable entre sí, o al menos, las casas deben construirse separadas y con cierto espacio entre sí (*Bava Batra* 3a).

Usualmente el "mal ojo" se entiende como mirar a la otra persona con intención de que le suceda algo malo. También incluye el envidiar las posesiones de otro, sentirse mal por su éxito (como si su éxito de alguna manera disminuyera nuestra capacidad para lograr algo en la vida), la mezquindad y demás. El Rebe Najmán enseña que el mal ojo lleva a una aceleración del ritmo respiratorio. De alguna manera, la envidia y la ira generados por el éxito del otro, hacen que uno acelere su ritmo respiratorio (ver *Likutey Moharán* I, 55:13).

Enseña por tanto el Talmud (*Sotá* 38b), "Debemos darle la copa [de vino, en la bendición] de después de comer a alguien con buen ojo. Así está escrito (Proverbios 22:9), 'Aquél que tiene ojo generoso será bendecido'. No leas solamente 'será bendecido', sino 'bendecirá...'". Por el contrario, uno debe tener cuidado de la gente con mirada envidiosa, como advierte el Rey Salomón (Proverbios 23:6), "No compartas pan con [aquél que posee] un mal ojo".

Esto no es meramente una cuestión de superstición. Así como el buen ojo bendice, el mal ojo sustrae. La avaricia es la fuente del poder del mal ojo: cuando uno mira las posesiones de otra persona con avaricia y la otra persona es de alguna manera culpable del mal uso de su dinero o es indigna de la riqueza que posee, puede entonces perder sus bienes, Dios no lo permita. Claramente, el modo en que miramos las posesiones del otro puede despertar el juicio Divino en su contra. De la misma manera, cuando consideramos las posesiones de los otros de manera generosa, podemos, con el mero "mirar de nuestros ojos", traerles bendiciones.

Cuando comprendemos que los ojos son las "ventanas de la mente", comprendemos entonces la importancia del "mal ojo".

Enseña el Rebe Najmán:

> La memoria depende de los ojos, como en (Éxodo 13:9), "[Los *tefilín* serán como] un *recordatorio* entre tus *ojos*". Para cuidar nuestra memoria, debemos primero cuidarnos del mal ojo - de los malos pensamientos sobre los demás, de la envidia y de todas las formas de la negatividad. El mal ojo no sólo puede dañar a aquél a quien está dirigido, sino también a aquél que lo que esta dirigiendo, incluso en mayor grado. De la misma manera, tener un mal ojo va de la mano con el olvido (*Likutey Moharán* I, 54:4).

Pero no debemos vivir con el temor constante del mal ojo, o de que los demás quieran desearnos algún daño. Enseña el Rebe Najmán que si nos sentimos incapaces de cuidarnos contra el mal ojo, debemos entonces huir de él. Sin embargo, si podemos comprender la esencia del mal ojo, nuestras acciones serán mucho más efectivas: podremos rectificarlo.

Por ejemplo, una persona puede tener mal ojo contra la posición social de otra persona. Este mal ojo surge del atributo caído de Maljut (Reinado, que al dañarse lleva a un descenso de la autoestima y a la necesidad de disminuir a los demás para sobresalir). Para corregir este Maljut caído, uno debe tratar de elevar el Maljut de Dios - mediante el estudio de la Torá o difundiendo el Nombre de Dios en el mundo. De esta manera, uno demuestra su lealtad a Dios más que a la propia necesidad de auto engrandecimiento. Esto sirve para rectificar en su raíz el mal ojo del Maljut caído (*Likutey Moharán* I, 54:4).

*

El Ojo Lujurioso

"Ojo" en hebreo se dice *ain*, que se pronuncia exactamente igual que el nombre hebreo de la letra *ain*. La *guematria* (equivalente numérico) de la letra *ain* es setenta, correspondiente a las setenta almas de la Casa de Iaacov (Génesis, Capítulo 46) y a las setenta facetas de la Torá, y por otro lado, a las setenta naciones arquetípicas del mundo junto con los setenta caracteres negativos (ver arriba, Capítulo 10).

Entre todos los caracteres negativos de las naciones del mundo, la inmoralidad sexual es el más difundido y el más dañino. De modo que la nación de Israel está obligada a mantener la pureza sexual superando los deseos de lujuria. Es así que se nos ordena en la plegaria del *Shemá* (Números 15:39), "No desviarte... detrás de tus ojos". El Talmud (*Berajot* 12b) interpreta esto como una directiva para cuidarnos de los pensamientos de inmoralidad sexual.

Esta es otra de las razones por la cual nos cubrimos los ojos al recitar el *Shemá*. Cuando nos cubrimos los ojos con intención de superar nuestros deseos de lujuria, anulamos los poderosos efectos de la inmoralidad de las setenta naciones. Al cubrir nuestros ojos "cubrimos" también el mal *ain* de las setenta naciones, protegiéndonos de su influencia (ver *Likutey Moharán* I, 36:2-3).

Los *tzitzit* son otra herramienta para protegernos de la lujuria; es así que durante el recitado del *Shemá* también miramos los *tzitzit*. Esto se debe a que la palabra *TZITZit* proviene de la misma raíz que la palabra *TZITZ*, "mirar". Mirar los *tzitzit*, utilizando los ojos, sirve como poderosa protección contra los pensamientos de lujuria (*Likutey Moharán* I, 7:4-5).

* * *

33

Oído, Olfato y Gusto

En la fisiología humana, los oídos, la nariz y la garganta se encuentran muy interrelacionados. El canal auditivo está conectado con la cavidad nasal y varios pasajes unen los oídos directamente con la garganta, la que está conectada a la cavidad torácica. Ya hemos tratado la relación que existe entre la boca, la garganta y los pulmones (Capítulo 28) y sobre la laringe y la tráquea, que unen los pulmones con la garganta y con los orificios respiratorios.

También kabalísticamente existe una cercana asociación entre el oído, la nariz y la boca. El Ari explica que en el mundo todo tiene su origen en los cuatro elementos básicos. Los cuatro elementos derivan su esencia de las cuatro letras del Tetragrámaton, que a su vez están enraizadas en el ápice de la primera letra, la *Iud* (ver arriba, Capítulo 4). Tanto estas cuatro letras del Tetragrámaton como los *Partzufim* (o *Sefirot*) y los niveles del alma, se reflejan también en la vista, el oído, el olfato y la palabra del hombre.

Tetragrámaton	Partzuf	Nivel del Alma	Órgano
Iud	*Jojmá*	*Jaiá*	ojos
Hei	*Biná*	*Neshamá*	oídos
Vav	*Zeir Anpin*	*Rúaj*	nariz
Hei	*Maljut*	*Néfesh*	boca

*

Los Oídos

Enseña el Rebe Najmán:

El corazón "escucha". Aunque técnicamente hablando escuchamos a través de nuestros oídos, el proceso debe completarse con el corazón, el que facilita nuestra comprensión de aquello que hemos oído. Así, un maestro debe hablarle al corazón de sus alumnos, a la vez que el alumno debe poner su propio corazón (mediante su concentración) en aquello que el maestro le está diciendo. Cuando el alumno no pone en su corazón las palabras del maestro, cuando no trata de concentrarse en comprender las lecciones de su maestro, de hecho se está separando de la sabiduría (*Likutey Moharán* II, 91:1).

El maestro debe pesar muy cuidadosamente sus palabras. Aquéllos que lo escuchan deben "oír" y aceptar sólo lo necesario para su crecimiento espiritual - no más. Cada alumno debe ser muy cuidadoso sobre lo que se concentra, pues no todo lo que oye es necesariamente beneficioso para él, todo aquello que escuche y que se encuentre más allá de su actual nivel intelectual y espiritual es considerado como un exceso y debe ser ignorado (*Likutey Moharán* II, 47). Vemos entonces, que es el corazón el que "escucha", y así los oídos están asociados con Biná [el corazón].

Más arriba (Capítulo 31) hemos tratado sobre el oído en términos de su relación con la fe en los Tzadikim. Un estudio en profundidad del oído nos mostrará más claramente cuán importante es el lugar que tiene el oído en la aceptación de las enseñanzas de los Tzadikim. Uno debe tener fe en los Tzadikim para verdaderamente *escuchar* lo que ellos dicen y esta fe es un poderoso remedio espiritual para curar el oído deficiente (cf. *Likutey Moharán* I, 21:2).

*

"Él Despierta mi Oído..."

Hemos visto que el oído juega un papel crucial en el desarrollo espiritual. Lo que sigue son varios extractos de las enseñanzas del Rebe Najmán que tratan sobre la importancia de escuchar las instrucciones directamente del Tzadik y algunos consejos con respecto a situaciones en las que esto no es posible.

Escuchar enseñanzas de Torá directamente de un Tzadik es mucho más beneficioso que estudiar Torá solo. Esto se debe a que escuchar directamente del Tzadik une nuestra alma con la del Tzadik (*Likutey Moharán* I, 120; ibid. I, 20:4).

Es muy importante acercarse al Tzadik para escuchar de él enseñanzas de Torá. Pues con respecto a toda enseñanza de Torá oída de una fuente distinta de quien la originó, cuanto más alejada esté la enseñanza de su fuente, menor será su impacto sobre el que la escucha. Estudiar de un libro impreso está mucho más lejos aún de la fuente de la enseñanza (*Likutey Moharán* I, 19:1).

Podemos apreciar la importancia de escuchar la Torá del Tzadik de primera mano, pero ¿qué podemos hacer si nos resulta imposible viajar para estar junto al Tzadik? Y ¿qué sucede si no sabemos hacia cuál Tzadik viajar o si no sabemos quién es considerado un Tzadik?

Como alternativa dice el Rebe Najmán (*El Libro del Alef-Bet,* Estudio de Torá, A:68), "Despertarse muy temprano a la mañana para estudiar Torá es beneficioso para los oídos". Esto se basa en el versículo (Isaías 50:4), "El Señor me dio la lengua de instruidos, para saber sustentar con palabras a los cansados; Él despierta *mañana tras mañana*, despierta mi *oído* para oír como los instruidos". Rashi explica que Isaías (un digno maestro) se despertaba cada mañana muy temprano para recibir la Inspiración Divina necesaria para enseñar a los cansados y a aquéllos sedientos de espiritualidad. Esta lección se aplica a todo aquél que busca la espiritualidad. Levantarse temprano para servir a Dios, especialmente mediante el estudio de la Torá, rectifica el oído, permitiendo experimentar inspiración espiritual. Y dado que el estudio de la Torá implica aprender las enseñanzas de los Tzadikim, articular sus palabras durante el estudio es comparable a escuchar sus enseñanzas directamente de sus bocas (*Likutey Moharán* I, 12:1-3).

Sin embargo, no todo lo que se dice es digno de ser escuchado; ni tampoco todo orador es considerado un digno

348 / Anatomía del Alma

transmisor del mensaje espiritual. Como hemos visto (Capítulo 29), el Rebe Najmán cita el versículo (Salmos 19:4), "No hay dicho, ni palabra, ni es oída su voz", para explicar que estas palabras no califican como habla si la gente no puede "escucharlas". Esto hace referencia a las palabras carentes de veracidad intelectual, o a aquellas palabras que distancian a la gente de Dios (*Likutey Moharán* I, 29:1). Dice el Rebe con respecto a los maestros que usan ese tipo de palabras, "Están aquéllos que dan lecciones de Torá, pero que no son eruditos de la Torá; sino más bien son *demonios*-eruditos de Torá. La gente se acerca a ellos para escuchar sus palabras, asumiendo que recibirán ayuda y dirección sobre cómo servir al Santo, bendito sea. Sin embargo, la Torá que estos maestros ofrecen está degradada y no puede ayudarlos. Por el contrario, sus palabras cansan a aquéllos que las escuchan, tanto espiritual como físicamente (*Likutey Moharán* I, 28:1). Lo mismo se aplica a los escritos de estos "eruditos".

Para crecer espiritualmente, no es suficiente con que uno evite escuchar la calumnia, las palabras profanas y otras formas ofensivas del habla. Uno debe también ser selectivo con respecto a *quién* escucha. Todas las palabras de la persona indigna, no importa lo que diga, pueden tener un efecto negativo sobre la capacidad de buscar lo espiritual. Además es importante notar que no sólo las palabras tienen un efecto beneficioso o deletéreo. Enseña el Rebe Najmán que "escuchar canciones y melodías provenientes de los malvados es dañino para el alma, mientras que escucharlas de gente recta es muy beneficioso" (*Likutey Moharán* I, 3:1). Así, también es necesario cuidarse en extremo con respecto al tipo de música que uno escucha.

*

Fe en los Sabios

Enseña el Talmud (*Nedarim* 20b) que hay cinco órganos que no se encuentran bajo el absoluto control de la persona - los dos ojos, los dos oídos y el órgano sexual - pues todos ellos son susceptibles a las influencias externas. Hemos visto que a través del sentido del oído uno puede "escuchar las palabras de los sabios" y aumentar así la fe en los Tzadikim. Pero el oído está siempre abierto también a los sonidos de las influencias destructivas y puede ser fácilmente desviado de la tarea de concentrarse en lo espiritual. Es así que el oído es muy sensible a la disputa.

Enseña el Rebe Najmán que cuando una persona está expuesta a palabras de disputa - expresadas en general como argumentos en contra de la Torá y de los Tzadikim - debe comprender que el mismo hecho de que haya debido escuchar esta discusión fue algo determinado por Dios, para su propio beneficio. Debe comprender que las deficiencias a las cuales se alude en la discusión son suyas y nada más que suyas. Aquél que está expuesto a una discusión debe aceptar que las palabras que escucha contienen alusiones referidas a las áreas espirituales que él mismo debe rectificar. Aceptando nuevamente la Torá y fortaleciendo su fe en los Tzadikim, aprenderá a superar sus imperfecciones y a rectificar sus malas acciones (ver *Likutey Moharán* I, 5:4).

*

Shemá Israel, Dios, nuestro Dios, Dios es *Ejad* [Uno].

Deuteronomio 6:4

Para que la fe alcance el corazón, uno debe primero escuchar cuidadosamente las palabras que oye. De hecho, la proclama más básica de nuestra fe en Dios comienza con la palabra *"Shemá"* (escucha). En la Torá, el versículo que abre con la palabra *"Shemá"* y termina con *"Ejad"* (Uno), tiene dos letras escritas con caracteres más grandes que las demás: la *Ain* de *shemA* y la *Dalet* de *ejaD*. Estas dos letras forman la palabra hebrea *ED* (testigo); mediante nuestra proclamación de fe *testificamos* la Unidad de Dios y Su Reinado sobre toda la Creación.

Si se quitasen la *Ain* y la *Dalet*, las restantes letras de la primera palabra del versículo, *SHeMá* y de la palabra final *EJad*, formarían la palabra *ISMaJ*, como en (Salmos 104:34), *"Ismaj* - me regocijaré en Dios". Esto ilustra la idea de que "la alegría de Arriba es derramada sobre todo aquél que proclama su fe diariamente" (*Zohar* III, 236b).

El Rabí Natán explica que la fe fortalece nuestra alegría y que nuestra alegría fortalece nuestra fe. La alegría, entonces, es la esencia de nuestra fe. Todos debemos regocijarnos en Dios de modo que esta alegría se vuelva la salvación de cada individuo. Así, todo judío debe regocijarse diariamente en su proclamación del *Shemá* y en la intensidad de su fe. Esta es la eterna alegría y esperanza del judío, pues en este mundo no hay nada que permanezca con la persona luego de su muerte, excepto la alegría que logró a través de su fe en Dios y de la observancia de las Mitzvot (*Likutey Halajot, Hodá* 6:75).

Para que nuestro recitado del *Shemá* sea más efectivo y para obtener el máximo beneficio de nuestras palabras, debemos aguzar nuestros oídos y no recitar meramente el *Shemá* de manera pasiva; debemos "escuchar" nuestra propia proclamación de fe y grabarla en nuestros corazones. Esto constituye la mayor rectificación posible de los oídos.

*

La Nariz

La nariz es parte integral del sistema respiratorio. Es el principal órgano a través del cual la persona inhala el aire fresco y el oxígeno necesarios para mantener su cuerpo. En esta sección, estudiaremos la nariz en su relación con la paciencia y con la plegaria y su importancia como órgano del olfato.

*

Paciencia y Restricción

Hemos visto que la nariz representa tanto la ira como la paciencia (arriba, Capítulo 26). El Rebe Najmán compara la ira con una violenta tormenta de corta duración. Aquél que a través del ejercicio de la paciencia, puede "esperar hasta que amaine" la tormenta y la furia de los momentos turbulentos de la vida, podrá recibir vitalidad de la Fuente de toda vida (*Likutey Moharán* I, 8:3). Es posible ver la conexión entre la paciencia y la rectificación de la nariz en el término utilizado para describir refrenar la ira: *arijat apaim*, literalmente, "alargar la nariz". La ira es comparada con el humo "saliendo por la nariz" (cf. II Samuel 22:9). Así, controlar la ira mediante la paciencia puede compararse a una larga y profunda bocanada de aire fresco para ayudar a evitar los devastadores efectos que trae el perder la calma. Claramente, perfeccionar el atributo de la paciencia es un medio para rectificar el aspecto espiritual de la nariz.

Enseña el Rebe Najmán:

> Aquél que tiene el mérito de controlar su temperamento nunca temerá perder nada de la vida, pues tiene la paciencia necesaria para esperar [el bien] que le llegará (*Likutey Moharán* I, 155:1).

*

El hombre que no refrena su propio espíritu es [como] una ciudad abierta, sin una muralla protectora.

Proverbios 25:28

La paciencia es verdaderamente una virtud, mientras que la ira y la irritabilidad no sólo son dañinas para la propia salud sino también para el alma. La paciencia, la restricción y el autocontrol son cualidades que colocan a la persona a una saludable distancia de su entorno, protegiéndola de reaccionar de modo impulsivo en situaciones donde son necesarios un juicio maduro y lento y una cuidadosa deliberación.

El versículo citado más arriba enseña que la ira también es dañina para la propia subsistencia, la "muralla protectora" de la seguridad financiera. De acuerdo con el Rebe Najmán, la recompensa por la restricción se manifiesta en un aumento de la seguridad financiera. De hecho, la restricción corresponde a una *jomá* (pared) protectora. Si una persona se irrita, su *JoMá* se quiebra debido a su *JeMá* (ira). Aunque la gente tiende a considerar sus posesiones como la base de su seguridad, nadie se siente verdaderamente seguro salvo que también exista una "muralla protectora" alrededor de sus pertenencias. Sin esta muralla protectora, la riqueza se ve en peligro. Vemos aquí que la verdadera muralla protectora es la restricción (*Likutey Moharán* I, 59:5).

El Rebe Najmán enseña además que cuando el Malo ve que la persona está por recibir una abundante bendición de riqueza, intenta transformar el *JoMá* de la persona en *JeMá*. Por lo tanto, si alguien siente que está por sucumbir a la ira, deberá comprender que ello es señal de que la abundancia está en camino. Controlando su ira podrá recibir la riqueza (*Likutey Moharán* I, 68:2).

El deseo de riqueza, tal como la ira, es comparado con la idolatría (*Zohar* I, 27b; *Likutey Moharán* I, 23:1), mientras que la paciencia corresponde a la fe, lo opuesto de la idolatría (ver *Likutey Moharán* I, 155:2). La fe es necesaria en áreas relacionadas con la subsistencia. Así, cuando la ira toma el control, ella oculta la fe y la avaricia es inevitable.

Restringir la ira lleva también a la verdadera humildad (*Likutey Moharán* I, 21:6). Esto se aplica particularmente a la persona que, en lo más profundo de la ira, transforma esa ira en compasión. Canaliza todas las fuerzas de su ira acumulada, transformándolas en compasión hacia aquéllos que previamente despertaron su ira (ver *Likutey Moharán* I, 18:2).

*

El Filtro

La nariz tiene dos fosas nasales que facilitan el proceso respiratorio. El Zohar (III, 224a) enseña que así como la derecha y la izquierda representan Jesed (abundancia, amor) y Guevurá (juicio estricto), de manera similar, la fosa derecha representa la idea de un aroma agradable, mientras que la izquierda representa humo e ira. El Rebe Najmán enseña que al controlar la ira, la persona filtra el "humo" de la ira y obtiene un aire limpio, puro y agradable, igual que la nariz filtra el aire puro. Por ende, la restricción de la ira corresponde a filtrar el mal en nuestro espíritu, reteniendo lo bueno.

Para acceder a lo agradable a partir de la propia ira es necesario alcanzar el autocontrol que nos permite "respirar" aire puro. Hemos visto (arriba, Capítulo 3) que la nariz corresponde al nivel del *Rúaj* (espíritu) del alma. Así, utilizando nuestro rúaj - este espíritu puro que hemos filtrado - podemos obtener la capacidad de transformar nuestro intelecto latente en una efectiva conciencia de lo espiritual. Podemos entonces reconocer la diferencia entre "derecha" e "izquierda", entre el bien y el mal (ver *Likutey Moharán* I, 66:2).

*

El "Sentido" de la Plegaria

La poderosa influencia de la nariz se hace aún más evidente en sus otros aspectos. Enseña el Rebe Najmán que la plegaria es comparada con la nariz. Está escrito (Isaías 48:9), "Por Mi Nombre refrenaré mi ira; y por Mi alabanza, *eJToM*, [refrenaré]..." En hebreo, la palabra "nariz" se traduce como *af* y como *JoTeM*. Basado en esto, "por Mi alabanza, *eJToM*" implica una conexión entre la plegaria y la nariz. Aquél que se aboca a una plegaria sincera puede estar seguro de que merecerá compartir el "aliento de vida".

Esto también alude al importante lugar que ocupa la plegaria en nuestra vida diaria. Así como no se puede vivir sin respirar, lo cual se logra a través de la nariz, de la misma manera es de vital importancia depender de la plegaria para la salvación (*Rabí Iaacov Meir Shechter*). El Rebe Najmán agrega que la capacidad de olfatear aumenta debido a nuestras plegarias, pues la plegaria y la nariz son conceptualmente una misma cosa (*Likutey Moharán* I, 9:5).

La plegaria es comparada con la nariz en otro sentido más: así como es importante orar continuamente para la salvación, también debemos tener siempre una paciencia extrema (representada por la nariz) mientras esperamos que Dios responda a nuestras plegarias.

Mashíaj corresponde a la plegaria y a la nariz (*Likutey Moharán* II, 1:12; ver también arriba, Capítulos 25 y 29). Los textos nos dicen que el poder excepcional de Mashíaj surgirá de su nariz, como en (Isaías 11:3), "Él *respirará* el temor a Dios". Esto significa que su vitalidad vendrá a través de su nariz, con cada respiración.

Además enseñan nuestros Sabios (*Sanedrín* 93b), "Mashíaj será capaz de 'olfatear' el engaño y juzgar por su sentido del olfato". Como hemos visto, la plegaria se compara con la nariz; el arma que utilizará Mashíaj para conquistar el mundo y administrar verdadera justicia no será la espada, ni la artillería ni ninguna otra arma material, sino la plegaria (*Likutey Moharán* I, 2:1).

El Rebe Najmán nos dice que todos tenemos "nariz y sentido del olfato" que reflejan, a un nivel personal, la "nariz y el sentido del olfato" de Mashíaj. Así, cada persona tiene dentro de sí una pequeña porción de Mashíaj, y dedicándose a una plegaria sincera, puede despertar y cultivar esta porción, acelerando así la llegada de Mashíaj. Ésta es otra de las razones por la cual debemos cuidarnos de la inmoralidad, pues los pensamientos y el comportamiento inmoral dificultan la plegaria y así dañan el propio aspecto de Mashíaj (para una explicación más detallada ver también *Mashíaj: ¿Quién? ¿Qué? ¿Por qué? ¿Cómo? ¿Dónde? y ¿Cuándo?* Capítulo 7).

*

Un Puro Sentido del Olfato

La inmoralidad también tiene una base en la nariz. Anatómicamente, el sentido físico del olfato está asociado con el lóbulo límbico del cerebro, que es considerado como el lazo de unión entre los procesos cognoscitivos y emocionales, es decir, entre los pensamientos y los sentimientos. Dado que el impulso sexual es indudablemente una de las pasiones más fuertes del hombre, la cual impacta tanto en su mente como en sus emociones, fisiológicamente la nariz y el deseo sexual se encuentran interconectados.

En un sentido espiritual, el Rebe Najmán enseña que un sentido puro del olfato sólo puede obtenerse a través de la pureza sexual (*Likutey Moharán* I, 2:8). Allí donde falta la pureza sexual, la energía espiritual inevitablemente se desvanece. Esto, a su vez, afecta a la nariz, que representa la capacidad de filtrar y separar lo puro de lo impuro, tal como hemos visto.

La conexión entre la nariz y la inmoralidad puede verse en las palabras utilizadas por la Torá para prohibir el adulterio (Éxodo 20:13), "*Lo tinaf* - No cometerás adulterio". Comentan nuestros Sabios (*Mejilta Itró*) que la palabra *TiNAF* es una comBinàción de las palabras *TeiN AF* (da la nariz), implicando la exhortación: "ni siquiera *huelas* el perfume de [otra] mujer", pues esto lleva al adulterio.

El Talmud (*Berajot* 43b) enseña que el olfato está íntimamente relacionado con el alma. Esto se basa en la similitud entre las palabras *Rúaj* (alma; espíritu) y *RéiaJ* (perfume). El Rebe Najmán observa (*Likutey Moharán* II, 1:12) que mientras un objeto con olor putrefacto es dejado quieto no emite su terrible hedor, pero cuando se lo mueve, puede comenzar a oler mal nuevamente, y quizás peor aún que antes. De manera similar, si un alma ha pecado, está envuelta en un terrible hedor. Al "mover" el alma hacia el arrepentimiento, el Tzadik debe saber cómo presentar su amonestación de manera tal que pueda despertarse el perfume natural del alma, pues una amonestación abusiva puede hacer que el alma "hieda" aún más (*Likutey Moharán* II, 8:1). En la lucha por la espiritualidad, uno debe buscar el bien y lo agradable, más que las restricciones y otros caminos que pueden desanimar a la persona en su búsqueda de la Divinidad. De esta manera uno alcanzará un nivel de pureza, emanando perfumes fragantes y respirando la belleza de la vida espiritual.

El Gusto

La lengua y la boca poseen aproximadamente diez mil papilas gustativas. Hay ciertos gustos específicos que son percibidos con más fuerza en determinadas regiones de la lengua. El gusto agrio es detectado principalmente a los costados, mientras que lo amargo se siente en la parte de atrás y lo dulce y salado en la punta de la lengua. El sentido del olfato contribuye también en gran medida al sentido del gusto, despertando las delicadas papilas gustativas y estimulando el apetito y los jugos digestivos. También tiene una gran influencia sobre el deseo de paladear la comida. Como hemos visto, un agudo "sentido del olfato" depende de la pureza, de modo que la persona que tiene pensamientos y acciones puras experimentará un aumento en el sabor de su comida. (Muchos aspectos del sentido del gusto ya han sido tratados en nuestra sección sobre los hábitos del comer; ver más arriba, Capítulo 10).

El Rabí Natán habla de los sabores "dulces y agrios" en un discurso que trata del comer (*Likutey Halajot, Netilat Iadaim LiSeudá* 6:98):

> El maná contenía todos los sabores del mundo, pero es comparado principalmente con la miel y el aceite (Éxodo 16:31; Números 11:8). El versículo dice (Ezequiel 16:19), "Os alimenté con harina, aceite y miel...". En estos tres items, que representan el almidón, la grasa y el azúcar, podemos encontrar los ingredientes y los sabores básicos de la mayor parte de las comidas. Esto se debe a que necesitamos todos estos ingredientes para experimentar verdaderamente las maravillas de la Creación del Santo, bendito sea. De todos estos sabores, el pan es el más básico y el más importante. Vemos así que en la Tierra de Israel, el sabor del pan es muy agradable al gusto (Deuteronomio 8:9; ver también *Likutey Moharán* I, 47).

Agrega el Rabí Natán que existe un problema inherente en los sabores dulces tales como la miel. El pecado de Adán al comer del Árbol del Conocimiento se produjo porque la fruta se presentaba *deseable* al paladar. La gente tiende a inclinarse por las comidas dulces. Los niños en particular y muchos adultos también, desean los dulces. Para rectificar el pecado de Adán, uno debe dominar el apetito por lo dulce y aprender a mezclarlo con toda clase de sabores. Experimentar y disfrutar diferentes tipos de sabores eleva al hombre hacia el nivel de "la Tierra Santa", donde es posible paladear en el pan todos los sabores.

El Rabí Natán concluye que no es bueno buscar sólo alimentos dulces; y que tampoco es necesaria una amplia variedad de comidas. Más bien, uno sólo necesita dirigir el sentido del gusto hacia los aspectos espirituales de la comida, tal como hacía el Simple en el cuento del Rebe Najmán (*Los Cuentos del Rabí Najmán* #9; ver también arriba, Capítulo 10). Ante cada comida pedida por el Simple, su esposa le alcanzaba una rebanada de pan. Aun así, al comerla, el Simple sentía en ella todos los sabores posibles. De la misma manera, al comer como experiencia espiritual, la persona puede sentir todos los sabores del mundo... ¡en una sola rebanada de pan!

* * *

34

El Rostro: La Verdadera Imagen del Hombre

L as cualidades espirituales del rostro son asombrosas. Mientras que existen muchas maneras de identificar a una persona - por su porte, su contextura, sus voz y demás - el rostro es claramente el elemento más discernible: es el verdadero retrato del ser esencial de la persona.

Escribe el Rabí Natán:

> La manera más importante para identificar algo y determinar su valor es mediante su "rostro". Una persona puede ser reconocida al instante por su rostro. Más aún, sus pensamientos y palabras se expresan a través de su rostro. De la misma manera, todo en el mundo tiene un "rostro", esos elementos identificatorios propios, mediante los cuales uno puede llegar a reconocer su valor, esto es, su *verdadero* valor. El rostro refleja así la verdad. Esta verdad es de hecho la Divinidad que se encuentra en cada faceta de la Creación y tal como el Santo, bendito sea, sólo puede ser Uno, de la misma manera la verdad sólo puede ser una (*Likutey Halajot, Guilúaj* 4:1).

El rostro, el más notable y expresivo aspecto de la apariencia de una persona, representa la verdad. Enseña el Ari que la verdad es la "luz del rostro", y que existen 370 luces en este rostro (*Etz Jaim* 13:14). Aquél que desea la verdad y sólo dice la verdad puede adquirir estas luces y, con ellas, un rostro brillante (*Likutey Moharán* I, 21:17). Pero la verdad no es el único aspecto del rostro. Enseña el Rebe Najmán que existe un "rostro de pureza", que corresponde a la luz, a la vida, a la alegría, a la verdad y a la fe. Y también existe un "rostro de impureza", que corresponde a la oscuridad, a la muerte, a la tristeza, a la mentira y a la idolatría (*Likutey Moharán* I, 23:1).

Explica el Rebe Najmán que las preocupaciones de la persona con respecto a su subsistencia le dan un "rostro" de oscuridad y tristeza, un "rostro de impureza". Este "rostro" refleja toda la melancolía y las preocupaciones asociadas con la tarea de ganarse el sustento; ello está caracterizado por días llenos de oscuras predicciones sobre el futuro bienestar financiero. Las constantes preocupaciones, centradas en el peso de las responsabilidades, llevan a la persona a creer que es sólo mediante (Deuteronomio 8:17), "mi poder y la fuerza de mis manos que yo he adquirido esta riqueza". Esta actitud es absolutamente falsa. Uno debe más bien depositar su fe sólo en Dios como el único "Proveedor". Entonces, más allá de sus ocupaciones, sus esfuerzos llevarán hacia la espiritualidad, siempre y cuando sus tareas sean realizadas con honestidad.

Aquél que cree que toda su subsistencia proviene directamente de Dios puede obtener el "rostro de pureza", como opuesto a aquéllos que creen que su subsistencia no tiene nada que ver con la Divina Providencia, adquiriendo así un "rostro de impureza". Sólo aquél que tiene verdadera fe puede disfrutar de la vida. Puede sentirse seguro sabiendo que Dios le proveerá todas sus necesidades. La fe y, por extensión, el control de la avaricia, pueden crear un rostro brillante. Como enseña el Rey Salomón (Proverbios 15:13), "Un corazón alegre ilumina el rostro".

Así un rostro brillante refleja la verdad y la fe ocultas dentro de la persona. Dado que estas verdades representan satisfacción con lo propio, libre de todo anhelo ajeno, pueden rectificar la pasión por la comida y la inmoralidad (ver *Likutey Moharán* I, 47:1 y 67:2; *ibid.* 23:2). Esto se debe a que aquél que vive una vida de verdad no necesita apoyarse en experiencias o bienes adicionales para sentirse pleno.

El Talmud nos dice también que es posible observar en el rostro el reflejo de la verdad. "Cuando una persona depende de otras, su rostro se vuelve de todos los colores [avergonzado]" (ver

Berajot 6b). Enseña el Rebe Najmán que esto no sólo se aplica a aquéllos que dependen financieramente de otros, sino a aquéllos que anhelan honor, respeto o atención de parte de los demás y así crean una dependencia dentro de ellos mismos.

> El Rebe Najmán tenía un seguidor cuya ambición era llegar a ser un *rebe* [líder espiritual]. El Rebe Najmán le dijo, "¡Pero ni siquiera serás capaz de recitar las Gracias después de la Comida con la intención debida!" (*Sabiduría y Enseñanzas del Rabí Najmán de Breslov* #47).

La persona que anhela el respeto de los demás se encuentra por definición lejos de la verdad. Realiza sus devociones y gasta energía en un intento de obtener el reconocimiento de los demás. Sus plegarias nunca podrán ser verdaderas, porque siempre sentirá la necesidad de ser reconocido como alguien que ora conscientemente. Es posible que llegue a convencerse a sí mismo de la verdad de sus devociones; es posible que rece con gran fervor, pensando que se encuentra en lo profundo del servicio a Dios, pero en realidad lo que anhela es honor y atención. El rostro de esta persona también "se vuelve de todos los colores", pues su rostro refleja emociones internas que no son genuinas (*Likutey Moharán* I, 66:3).

Hay otros que suelen sentirse avergonzados debido a su soberbia. Sienten que gente de *su* estatura no debería acercarse a los demás en busca de ayuda. En el otro extremo de la escala, están aquéllos que se alegran al recibir ayuda, algo que también cambia el rostro (*Likutey Moharán* I, 251:4). En este último caso, este "cambio de rostro" es una buena señal, porque la alegría es un atributo positivo. Sin embargo, tal alegría suele durar muy poco, pues el individuo continúa necesitando y pronto deberá recibir ayuda nuevamente. Como tal, su nivel de alegría es limitado y por tanto necesariamente incompleto. Una alegría genuina y duradera no proviene de *recibir* algo, sino sólo de la plenitud interior que surge espontáneamente al alcanzar la verdad. Uno debe por lo tanto buscar siempre la verdad, que hará que el rostro brille verdaderamente.

Así enseña el Rebe Najmán:

> La persona debe purificar su aspecto de modo que su rostro brille como un espejo. Con semejante rostro brillante, los demás serán capaces de "verse" literalmente a sí mismos en su rostro. Entonces llegarán a darse cuenta de cuán inmersos están sus rostros en la oscuridad y de esta manera serán llevados al arrepentimiento (*Likutey Moharán* I, 19:2).

*

La Frente

Un famoso pasaje del Zohar trata de los misterios de la frente, describiendo cada arruga y línea y explicando cómo es posible "leer" el rostro de otra persona a través de su frente (*Zohar* II, 71b). Ubicada entre el cerebro y esa parte del rostro donde se encuentran los sentidos, la frente actúa como una interfase. Debido a su prominente posición en el rostro, ella puede revelar los pensamientos de la persona a través de sus movimientos. La frente está asociada con la Sefirá de Keter, aludiendo a los ocultos poderes de la mente; pero debido a que puede ser "reveladora", también está asociada con Daat, pues como hemos visto, Daat es la manifestación externa de Keter (Capítulo 14).

> **La lámina de oro puro [del Cohen Gadol]... estará sobre la frente de Aarón...** *l'ratzón*, **[para aceptación], ante Dios.**
>
> Éxodo 28:36-38

Ésta es la fuente para nuestra comprensión de la efectividad de la frente: la frase "para aceptación ante Dios" indica aceptación del arrepentimiento y el perdón del pecado. Se encuentra "ante Dios" porque sobre el *tzitz* (la lámina de oro) estaba grabado el Santo Nombre de Dios, el Tetragrámaton. Ahora bien, la palabra *tzitz* también puede traducirse como "mirar" (ver más arriba, Capítulo 32), indicando que para que el *tzitz* efectúe el perdón, uno debe "mirar y buscar" la Divinidad. ¿Cuándo podrá una persona tener éxito en su búsqueda de Dios? Cuando coloque el *tzitz* sobre su frente - es decir, sólo cuando conecte su mente y sus pensamientos con la búsqueda de la espiritualidad. Escribe el Ari que cuando una persona realiza una mitzvá, las letras asociadas con esa mitzvá se inscriben sobre su frente e iluminan su rostro ese día. De la misma manera, cuando la persona comete una transgresión, las letras asociadas con esa transgresión también le aparecen en la frente. Las mitzvot y las transgresiones del día se inscriben sobre la frente de la persona durante todo ese día y son eliminadas a la espera de las acciones buenas o malas del día siguiente. La excepción a esta regla la constituye la mitzvá de la caridad, que se mantiene grabada en la frente de la persona, como está escrito, "La caridad se mantiene por siempre" (Salmos 111:3; *Pri Etz Jaim, Shaar Shabat* 4, p.388). La frente puede así mostrar la más profunda iluminación de las buenas acciones de la persona, iluminando su rostro con la luz de sus Mitzvot.

La frente puede revelar también los sentimientos. Hay dos características contrastantes que pueden "mostrarse" claramente en la frente: la humildad y el descaro. La persona modesta tiene un rostro brillante, que refleja la humildad. La falta de vergüenza y el descaro también se muestran de manera prominente, como indica el versículo (Jeremías 3:3), "Tienes frente de ramera; y rehúsas sentir vergüenza". El Rebe Najmán explica este versículo:

Antes de cometer una transgresión, la persona tiene conciencia del Santo, bendito sea, y siente cierta medida de vergüenza delante de Él. Si transgrede, el Cielo no lo permita, se debe a que la ha poseído un espíritu de locura. Cuando se arrepiente, este espíritu se transforma en un espíritu de sabiduría. La persona se siente entonces avergonzada delante del Santo, bendito sea, debido a su pecado anterior - mucho más avergonzada de lo que se sintiera antes de haber pecado. El pecado fue en sí mismo algo vergonzante, pero ahora es su arrepentimiento lo que hace que su vergüenza se refleje en su rostro. En este sentido, alcanza ahora una nivel superior de conciencia del Santo, bendito sea, y es esta nueva humildad la que brilla sobre su frente, como opuesto a la "frente de la ramera", que no refleja vergüenza alguna. Con humildad, uno puede alcanzar un nivel muy elevado de comprensión del temor al Santo, bendito sea (*Likutey Moharán* I, 38:5).

*

El Favor Divino

La palabra hebrea para designar la frente es *metzaj*. El Rebe Najmán enseña que existe un poder de impureza que es conocido como el *Metzaj HaNajash*, la "Frente de la Serpiente", que connota las fuerzas destructivas del ateísmo. Este *Metzaj HaNajash* obtiene su fuerza de la gente que vive una larga vida pero que no llena sus días con santidad. El ateísmo se enquista y se hace cada vez más fuerte a medida que pasa la vida.

La antítesis de *Metzaj HaNajash* es *Metzaj HaRatzón*, la "Frente del Favor Divino", que corresponde a Keter. Como hemos visto (arriba, Capítulo 3), Keter corresponde al *Partzuf* de *Arij Anpin*, que se traduce como "Rostro Extendido". Frente a la *larga* vida de *Metzaj HaNajash* se encuentra el *Metzaj HaRatzón*, Keter, el Rostro *Extendido*, que indica "larga vida" - la de las fuerzas de la santidad. Dado que el poder de *Metzaj HaRatzón* proviene de la "larga vida" plena del favor Divino, puede así anular el *Metzaj HaNajash*, las fuerzas del ateísmo.

El Rebe Najmán enseña que mediante la caridad es posible despertar el poder de *Metzaj HaRatzón* y superar el *Metzaj HaNajash*. Esto se debe a que la caridad connota una larga vida, tal cual está expresado en (Eclesiastés 11:1), "Arroja tu pan sobre las aguas, pues lo volverás a encontrar dentro de muchos días". Así, la caridad invoca "muchos días", significando *Arij Anpin*, el Rostro Extendido. El *Metzaj HaRatzón* obtiene entonces el poder para proteger a la persona de los embates del ateísmo (*Likutey Moharán* II, 4:7). Esto se corresponde con la enseñanza del Ari de que la mitzvá de la caridad se mantiene inscripta en la frente, haciendo de la caridad la clave del poder de *Metzaj HaRatzón*.

*

El Éxodo y el Seder

Cuando llegó el momento del Éxodo de Egipto, los judíos no tuvieron tiempo de hornear *jametz*, pan leudado. El Rabí Natán escribe que la palabra hebrea *JaMeTZ* tiene las mismas letras que la palabra *Metzaj*, y que existe una conexión directa entre ambas.

Para conmemorar el Éxodo, los judíos celebran la festividad de Pesaj comiendo *matzá* en lugar de *jametz* durante todos los días de la festividad. Durante la primera noche se sientan al *Seder* y cumplen con varias mitzvot dispuestas en un orden específico, comenzando con *Kadesh* (recitado del *kidush*) y terminando con *Nirtzá* (aceptación). Si el orden del *Seder* ha sido seguido meticulosamente, entonces todas las devociones de la noche son favorables y aceptadas por Dios.

Así como la historia de Pesaj se repite cada año y en cada generación, el Rabí Natán aplica el concepto de Pesaj a cada individuo y a cada momento. En todo viaje hacia la espiritualidad, antes del éxodo personal, uno debe atravesar una forma de esclavitud, un cautiverio que ata al individuo a una vida material. Uno debe apresurarse a salir de esta esclavitud. En estas circunstancias, no se tiene tiempo de preparar *jametz* - pan completamente cocido ni manjares. Debido a la urgencia en huir del materialismo, uno debe arreglarse sólo con *matzá*.

Como todo en este mundo, el *jametz* tiene sus aspectos negativos y sus aspectos positivos que provienen del Árbol del Conocimiento del Bien y del Mal. En general, el *jametz*, que fermenta, es asociado con las malas características, tales como la arrogancia (por ejemplo, el pan "crece") o la ira y el ateísmo, como en (Salmos 73:21), "Pues mi corazón *itjametz* [fermenta]" (es decir, se enciende con ira debido al éxito de los malvados). En su aspecto positivo, *jametz* tiene las mismas letras que *metzaj* (la frente), y su raíz se encuentra en el nivel elevado de *ratzón* (voluntad). En este sentido, *jametz* refleja de hecho una gran sabiduría espiritual. Para alcanzar esta gran sabiduría, uno debe prepararse con un gran esfuerzo y con una intensa devoción. Dado que la persona que busca la espiritualidad debe primero salir de la esclavitud del materialismo, no puede presumir que es digna de alcanzar de inmediato un elevado nivel de saber espiritual. Elevarse hacia un alto nivel espiritual puede llevar mucho tiempo y en el interín uno puede no estar listo para tomar del "*jametz*". Es por esta razón que se nos prohíbe comer *jametz* en Pesaj - debido a la preocupación de que aún no hayamos alcanzado el necesario nivel de *ratzón*.

Es así entonces que llevamos a cabo un *Seder*, que significa "orden", mediante el cual organizamos nuestras prioridades. Comenzamos con *Kadesh*, que se traduce como "preparar" (Génesis 38:21, ver *Rashi*), como diciendo, "Aún no estamos listos para alcanzar la gran sabiduría, pero estamos deseosos de hacer el esfuerzo por obtenerla. Debemos conducirnos apropiadamente e ir de mitzvá en mitzvá, de devoción en devoción, poniendo todo nuestro esfuerzo en la espiritualidad, paso a paso. Tenemos esperanza de concluir nuestro '*seder*' con *Nirtzá*, indicando voluntad, cuando todas nuestras devociones sean aceptadas".

Está prohibido comer *jametz* hasta el final de Pesaj. Esto se debe a que uno debe esperar la "Apertura del Mar" (que tuvo lugar el último día de Pesaj). Hemos visto (Capítulo 19) que la "Apertura del Mar" corresponde a la apertura de las Puertas de la Sabiduría (verdadero Daat). Así, luego de que uno ha merecido entrar al mar de sabiduría y ha podido atravesarlo sano y salvo, sin haber sucumbido al ateísmo ni a otras filosofías dañinas, ahora uno puede comer el *jametz*. Luego de haber completado con éxito todas las etapas de Pesaj, uno puede estar seguro de que en lugar de dirigir sus energías intelectuales hacia el materialismo, su búsqueda intelectual estará dirigida hacia la fe y hacia el verdadero deseo espiritual (ver *Likutey Halajot, Birkot HaShajar* 5:16). Entonces nuestro *jametz* se vuelve *metzaj* - el *Metzaj HaRatzón* - el favor Divino.

* * *

35

El Cabello: Las Puertas de la Sabiduría

El cabello es parte del sistema tegumentario del cuerpo humano. Tegumento significa "cobertura externa", y el sistema tegumentario se refiere en general a la piel y a las glándulas, el cabello y las uñas, a las partes del cuerpo que cubren y protegen los órganos internos y los miembros. Tratamos al cabello junto con el sistema nervioso periférico pues, como la frente, el cabello representa niveles espirituales muy elevados. Más aún, el cabello responde como uno de los órganos de los sentidos, por ejemplo cuando "se pone de punta" cuando "siente" la estática o el frío y demás.

El cabello, de forma cilíndrica, sirve como una cobertura protectora del cuerpo. Puede crecer con diferentes largos y presentarse con variado grosor y color. Dependiendo de su ubicación en el cuerpo, el cabello puede ser suave o áspero. Comparado el cabello de la cabeza (para el propósito de nuestro estudio, nos referimos al cabello que cubre el cráneo como "el cabello de la cabeza") con el cabello facial, por ejemplo, el cabello de la cabeza será en general considerablemente más suave.

El cabello que se encuentra en la cabeza y en el rostro representa algunos de los más elevados niveles de santidad. El Zohar describe varios tipos de cabello: largo y corto, rizado y lacio, áspero y suave, grueso y fino, blanco, rojo, rubio y negro. El amplio rango de diferencias entre un tipo de cabello y otro alude a las diferentes características humanas. En breve, el Zohar describe los cabellos como canales que permiten filtrar la luz de Dios desde sus alturas más elevadas hacia los niveles más bajos (ver *Zohar* I, 70b; *ibid*. III, 129b; *Tikuney Zohar* #70, p.122a).

El Cabello: Una Introducción Kabalista

El Ari explica que todo cabello representa juicio y por lo tanto una contracción de la luz, pues el juicio representa restricción (*Shaar HaKavanot, Birkot HaShajar* p.3). Siendo así, ¿no sería más beneficioso carecer totalmente de cabello? La respuesta es clara: el Ari escribe que el juicio es una parte integral de este mundo (ver arriba, Capítulos 18-19). Aun así, debe ser atemperado. Por lo tanto, escribe el Ari, el cabello debe ser mantenido corto para minimizar nuestra exposición al juicio, pero algo de cabello debe quedar.

Esto se aprende de la prohibición de la Torá de cortar las *peiot*, el cabello de las "esquinas" de la cabeza. El valor numérico de la forma singular de la palabra *peiot, PeAH* (86) corresponde al Santo Nombre de Dios, *ELoHIM* (86), nombre que alude a los Juicios Santos. Dado que el cabello facial comienza donde terminan las *peiot*, esta prohibición de cortar el cabello se aplica también a la barba. Pero, aunque en ciertos niveles, estos cabellos representan el juicio, en su fuente y origen corresponden a los elevados atributos de Misericordia, como se explicará más adelante (ver *Pri Etz Jaim, Shaar HaSelijot* 7, p.282).

*

Las Puertas de la Sabiduría

El Rebe Najmán enseña que la mente posee una gran sabiduría, pero que es necesario abrir ciertas "puertas" para que esta sabiduría pueda revelarse. El cabello de la cabeza corresponde a estas "puertas", pues el cabello está fuera de la cabeza, como si protegiera todo lo que se encuentra dentro, igual que la puerta protege a un edificio de los extraños. Es por esto que la palabra hebrea para cabello, *SeAR*, se escribe igual que la palabra puerta *ShaAR*, aludiendo a las "puertas de la sabiduría". ¿Qué es lo que estas puertas representan exactamente?

El Rebe Najmán enseña que las mitzvot de la Torá son puertas a través de las cuales uno puede pasar para alcanzar una "Percepción de la Divinidad" - un intelecto mayor y una comprensión superior de Dios. Sólo cumpliendo con las mitzvot de la Torá es posible pasar a través de las puertas y alcanzar verdadera sabiduría espiritual. Esto se debe a que el intelecto está oculto dentro de la mente y sólo es posible "entrar" a través de sus "puertas" - mediante el cumplimiento de las mitzvot, uno puede descubrir el intelecto oculto. Así, la "Percepción de la Divinidad" es el gran intelecto y las mitzvot que Dios nos dio son las puertas a través de las cuales podemos pasar para alcanzar esa percepción. Estas puertas están aludidas en el *SeAR*, similar a la palabra *ShaAR*, refiriéndose a las puertas de las mitzvot (*Likutey Moharán* I, 30:3).

El Rebe Najmán enseña en esa misma lección, que el cabello negro corresponde a Maljut (similar a la pupila negra del ojo; ver arriba, Capítulo 32). Esto indica que para alcanzar la "Percepción de la Divinidad", uno debe aceptar el Maljut de Dios, el yugo del Cielo y cumplir con Sus mandamientos, las mitzvot. Cuanto más completa es la observancia de las mitzvot, mayor será la capacidad de alcanzar más elevadas "Percepciones de la Divinidad".

(El "cabello negro", tal como se lo menciona en las santas escrituras, se refiere generalmente a una etapa inmadura o primaria del desarrollo intelectual, como opuesto al "cabello blanco", que se refiere a una etapa más madura del desarrollo intelectual [ver más abajo]. Maljut, la más baja de las Sefirot, representa el comienzo o puerta, hacia una percepción más grande de la Divinidad. Por tanto, en nuestro tratamiento de Maljut como "cabello negro", nos estamos refiriendo al comienzo de la senda de la espiritualidad).

El Rebe Najmán apunta que cuando la letra hebrea *shin* se escribe con un punto en su lado derecho superior se pronuncia con el sonido "sh"; y cuando el punto se encuentra en el lado izquierdo, se transforma en *sin*, con el sonido "s". Así, la pronunciación de la *shin* depende del "punto de vista". Uno puede concentrarse en el cabello como en un *"shaar"* y buscar la sabiduría que él "protege", o uno puede centrarse en su aspecto externo, mirándolo solamente como un *"SeAR"*, cabello.

Todos tenemos algo de "materia externa" dentro de nosotros, tanto el necio como el sabio. Esta materia externa se manifiesta en el cabello que crece en la cabeza pero fuera del cuerpo. El hombre sabio "apunta" su materia externa hacia la espiritualidad - de modo que sus *SeARot* (cabellos) se transforman en *SheARim* (puertas), a través de las cuales él aumenta su sabiduría y su logro de Divinidad. Así, el profeta Elías es descrito como (2 Reyes 1:8) "un hombre con pelos". Sin embargo, las *searot* del necio dan lugar a más materia externa, significando con ello más enemigos. Como dijo el Rey David (Salmos 69:5), "Mis enemigos son más numerosos que los cabellos en mi cabeza". Esto se debe a que el necio, en lugar de buscar el *shaar* de la sabiduría, se contenta con darle al *sear* un lugar importante en su vida, dedicándoles tiempo y esfuerzos excesivos a los aspectos externos insignificantes, tales como su cabello, lo que sólo lo lleva hacia más excesos. Estos excesos lo llevarán a ganar enemigos. Este concepto está implícito en el versículo (Eclesiastés10:2), "El corazón del sabio se inclina hacia la derecha [*Shin/SHaAR*], *mientras que el necio se inclina hacia la izquierda* [*Sin/SeAR*]" (*Likutey Moharán* I, 69:10).

De manera similar, el Rebe Najmán enseña que el amor se nutre de una mente asentada y clara (libre de materia extraña), mientras que el odio se desarrolla en una mente problematizada. Cuanto más la persona permita que su mente se empañe, especialmente a través de la avaricia, mayor será el nivel de odio que experimente - tanto hacia los demás, como de los demás hacia ella. Es comprensible entonces que cuanto más permanezca la mente en un estado turbio, más razón tendrán sus enemigos en mantener su odio hacia él. Esto también ocasiona "enemigos gratuitos" - aquéllos que no tienen razón alguna para odiar a una persona, pero que sin embargo le manifiestan su odio. Estos enemigos corresponden al cabello. Así como éste es externo al cuerpo y obtiene su alimento de los "excesos de la mente", de la misma manera estos enemigos "externos" son creados a través de la materia externa de la mente. Uno debe limpiar su mente de todo exceso para alcanzar así el amor (*Likutey Moharán* I, 69:10).

De manera similar, el Talmud utiliza la palabra *klua* (cabello rizado) para describir a Eva. Eva representa a Biná (entendimiento). Así, el cabello rizado corresponde al entendimiento y puede hacer referencia tanto a un nivel profundo de entendimiento como a un nivel "externo" de entendimiento (*Likutey Moharán* I, 67:6). Es decir, uno puede utilizar su intelecto para crecer espiritualmente o para "torcer" la verdad.

*

La Calvicie

Un hecho interesante con respecto al cabello es que aunque crece constantemente, la parte que vemos de él está compuesta por células muertas (motivo por el cual no sentimos dolor al cortarlo). Al igual que el modelo seguido por la mayor parte de las células del cuerpo, el cabello crece rápidamente durante la juventud pero al envejecer disminuye su ritmo de crecimiento y a veces hasta deja de crecer. Las raíces del cabello pueden llegar a morir, dando lugar a la calvicie.

> Cuanto más grande sea el intelecto que uno revele, más fuerte será la oposición que se despierte contra ese intelecto (pues la gente tiende naturalmente a oponerse a toda idea nueva). Sin embargo, la oposición sólo se presenta cuando este intelecto superior comienza a ser revelado (y se encuentra más allá de la comprensión de la gente). Luego, cuando este intelecto se revela completamente en toda su profundidad, la materia externa, causante de la lucha y de la oposición, disminuye y desaparece (*Likutey Moharán* I, 67:6).

El Rebe Najmán explica que esta progresión, asociada a la revelación del intelecto, se refleja también en el cabello. Cuando uno es joven, tiene la cabeza cubierta de cabello, representando la materia externa que hace que la persona se oponga a las ideas nuevas. (Es también combativa y está dispuesta a enfrentarse a un intelecto superior al suyo). Al crecer, su cabello comienza a caer y puede incluso quedarse calva. Para ese entonces, su mente se ha desarrollado y ha llegado a un intelecto mayor. Esto es lo que enseña el *Zohar* (III, 128b), "En los ancianos, la mente está asentada y tranquila".

La Barba

El número trece tiene en el judaísmo muchos conceptos interrelacionados. Trece es la edad en la cual el joven se vuelve *bar mitzvá* (literalmente, "hijo del mandamiento"), entrando así a la comunidad de Israel como un par de los mayores, siendo aceptado totalmente como uno de ellos. Enseña el Talmud que hay Trece Principios Exegéticos de la Torá (*Safra d'Bei Rav,* Introducción); también habla de trece niveles de santidad que la persona puede alcanzar a través del estudio de la Torá (*Avoda Zara* 20b). Trece componentes fueron requeridos para la construcción del Santuario (Éxodo 25). Trece ríos de especias fluirán a través del Jardín del Edén como parte de la recompensa a los rectos (*Zohar* II, 127b). La Kabalá habla de Trece Rectificaciones de la Barba (trece "puntos" o "rasgos faciales") del *Partzuf* de *Arij Anpin.* Pero quizás el concepto más importante asociado con el número trece es el de los Trece Atributos de Misericordia de Dios, a través de los cuales hasta el peor de los pecadores podrá obtener el perdón de Dios, no importa cuán lejos se haya extraviado o cuán seria sea su transgresión (ver Éxodo 34:6-7).

Escribe el Ari que estos Trece Atributos de Misericordia están enraizados en Keter y son manifestaciones de los trece puntos de la "Barba de *Arij Anpin,*" conocida como las Trece Rectificaciones de la Barba. El Ari se extiende sobre este tema, explicando muchos misterios de la Kabalá a través de estos puntos de la Barba (ver *Pri Etz Jaim, Shaar Arij Anpin* 8:11). La "Barba de *Arij Anpin,*" tal como está descrita por el Ari, es un paralelo de la barba humana; así, la barba de cada persona corresponde a los más elevados niveles espirituales. Consideremos ahora el paralelo con los Trece Atributos de Misericordia de la Barba Superior de *Arij Anpin.*

> **Dios, misericordioso y clemente, lento para la ira y abundante en amor y verdad. Manteniendo Misericordia hasta la milésima generación, perdonando el pecado, la rebelión y el error y limpiando.**
>
> Éxodo 34:6-7

Luego del pecado del becerro de oro, Dios proclamó ante

Moisés los Trece Atributos de Su Misericordia. Ellos son: (1) Dios, (2) misericordioso, (3) y clemente, (4) lento (5) para la ira, (6) y abundante en amor (7) y verdad. (8) Manteniendo Misericordia, (9) hasta la milésima generación, (10) perdonando el pecado, (11) la rebelión (12) y el error, (13) y limpiando. (Este orden de los Trece Atributos es del Ari, tal cual se encuentra en el *Pri Etz Jaim, Shaar Arij Anpin* 9. Existen otras opiniones; ver *Rosh HaShaná* 17b, *Tosafot, v.i. Shalosh Esrei Midot.*).

El Zohar y el Ari detallan cada Atributo individual tal cual se relaciona con su posición en el rostro. Un ejemplo es el Atributo de la Verdad, que corresponde a los pómulos. Hemos visto (Capítulo 34) que el "semblante del rostro" es la verdad. Esto se manifiesta en los pómulos, donde es más claramente visible el semblante de la persona. Otros puntos de "la Barba" son el largo del bigote, los pelos debajo de la boca, los pelos cerca de las orejas, en el cuello y demás. Así, en total, hay trece puntos discernibles en la barba. Algunos de estos puntos son cabellos, mientras que otros son la piel visible en el rostro, tal como los labios y los pómulos (para detalles, ver *Etz Jaim, Shaar Arij Anpin* 9).

Arij Anpin es el nivel de Keter (voluntad o favor Divino). El término *Arij Anpin* se traduce como "Rostro Largo o Extendido", implicando ancianidad. El "cabello" de *Arij Anpin* se describe entonces como el cabello blanco de un abuelo. Como hemos citado más arriba (*Zohar* II, 128b), "En los ancianos, la mente está asentada y tranquila". Esto indica que cuando se manifiesta el concepto de *Arij Anpin*, se despierta una gran misericordia. Esto se debe a que, al nivel de Keter, la misericordia de Dios es pura e ilimitada. Como un abuelo, Su deseo es entregar el bien más grande, sin importar cuánto lo merezcan Sus "nietos" (ver *Innerspace*, p.103).

Así, aunque el cabello, especialmente el del rostro, representa los juicios, los pelos de la barba aún pueden peinarse - es decir, aunque estamos rodeados de juicios, estos siempre pueden ser aliviados y mitigados, dando por resultado un decreto compasivo. Éste es el misterio de los Trece Atributos de Misericordia. Incluso si la persona ha pecado haciendo prevalecer el juicio, puede despertar la bondad de Dios al punto en que incluso un duro decreto puede ser anulado y transformado en misericordia y perdón. De aquí que la barba humana, siendo un paralelo de los tremendos poderes de la Barba Superior, simbolice un increíble poder espiritual.

*

La Belleza del Rostro

La barba representa el honor y la belleza del rostro. El versículo afirma (Levítico 19:32), "Muestra honor al rostro del *zakén* [anciano]". La palabra hebrea *ZaKéN* es idéntica a la palabra *ZaKáN*, que significa "barba". Así, el honor del semblante de una persona se manifiesta a través de su barba. Esto se debe a que las Trece Rectificaciones de la Barba (*Zohar* III, 131a; *ibid.* 228a) corresponden a los Trece Principios Exegéticos de la Torá: cuanto más grande sea el logro en el conocimiento de la Torá, más grande será la percepción de lo que constituye el Rostro Divino (*Likutey Moharán* I, 20:4).

Enseña el Rebe Najmán en el *Likutey Moharán* (I, 27):

> La paz sólo puede alcanzarse mediante la iluminación del rostro, mediante el majestuoso honor del rostro, la barba... Y un rostro majestuoso corresponde a las exposiciones de Torá; pues la Torá se expone mediante los Trece Principios Exegéticos que fluyen de las Trece Rectificaciones de la *ZaKáN* [Barba de *Arij Anpin*], el nivel del rostro majestuoso. Así está escrito, "Muestra honor al rostro del *ZaKéN* [anciano]".
> Es imposible obtener tal rostro majestuoso si no es a través de la rectificación del propio *brit* [es decir, pureza sexual]...

El Rebe Najmán muestra aquí una conexión entre la barba y los órganos sexuales. Esta conexión aparece aludida en varios lugares. El *Sefer Ietzirá* (1:3) habla tanto de *milat halashón* (circuncisión de la lengua) como de *milat hamaor* (circuncisión del miembro). El Talmud (*Sanhedrín* 68b) se refiere al pelo púbico como la "barba inferior". De manera similar, nos dice el Talmud que la "señal superior" de la adolescencia (pelo facial) no suele aparecer hasta que no haya comenzado a crecer la "señal inferior" (pelo púbico) (*Nidá* 48a). En la lección citada más arriba, el Rebe Najmán expande esta conexión: así como el crecimiento del pelo púbico debe preceder al crecimiento de la barba, de la misma manera controlar los deseos sexuales debe preceder a la revelación de los Trece Principios Exegéticos, que fluyen de las Trece Rectificaciones de la Barba. (Esto no quiere decir que hasta que uno no obtenga pureza sexual no podrá alcanzar *ningún* conocimiento de Torá, pero sí significa que la revelación de la Divinidad que se encuentra en la Torá debe ir a la par con el nivel de pureza).

Continúa el Rebe Najmán:

> De acuerdo con el [grado de pureza sexual y] del refinamiento de la sabiduría a través de los Trece Principios Exegéticos, así será el refinamiento de la voz en la canción. Este concepto está reflejado en: "*ZaKéN - Zeh KaNá Jojmá.*" ["Un anciano es aquél sobre el cual decimos, 'Éste ha adquirido sabiduría'"] (*Kidushin* 32b). Es el *KaNé* [tráquea] que facilita la expresión de la voz... Y con una voz pura y clara uno puede cumplir el versículo (Sefonías 3:9), "Entonces volveré a las naciones hacia una lengua clara, de modo que ellos puedan llamar a Dios y servirLo al unísono" (*Likutey Moharán* I, 27:2-6).

Resumiendo: controlar el deseo sexual lleva a la revelación de enseñanzas de Torá, que se manifiestan en un rostro majestuoso. Esta persona merece el título de "*zakén*", que implica un "*kané*", una voz pura y clara. Esta voz conduce a la paz, pues con una voz pura y clara, todos llamarán a Dios y Lo servirán en unidad.

Los Nueve Atributos de Misericordia

Arij Anpin significa literalmente "Rostro Largo" o "Rostro Extendido" y es el *Partzuf* correspondiente a Keter. *Zeir Anpin* significa "Rostro Pequeño" y es un *Partzuf* de estatura menor (ver

Apéndice C). *Arij Anpin* como la "persona" mayor, posee las Trece Rectificaciones de la Barba. *Zeir Anpin*, como "persona" menor, posee Nueve Rectificaciones (ver *Zohar* II, 177b; *Etz Jaim* 13:9). Estas Nueve Rectificaciones corresponden a los Nueve Atributos de Misericordia que Moisés invocó cuando los espías calumniaron la Tierra de Israel y Dios quiso castigar al Pueblo Judío (Números 14:18). "(1) Lento (2) para la ira, (3) abundante (4) en amor, (5) perdonando el pecado (6) y la rebelión, (7) y limpiando a aquéllos que se arrepienten (8) y no limpiando a aquéllos que no se arrepienten, (9) pero recordando el pecado de los padres en sus hijos, sus nietos y sus bisnietos".

Estos nueve atributos corresponden a las nueve puntas de la Barba de *Zeir Anpin*. El cabello de *Zeir Anpin* es descrito como el cabello negro del hombre joven. De manera similar a lo dicho sobre *Arij Anpin*, el "color" y el "tamaño" de los pelos de la Barba de *Zeir Anpin* son una indicación de la naturaleza de la misericordia que puede ser invocada y obtenida en ese nivel. *Zeir Anpin* puede ser visto como un "padre" cuyo dar depende del mérito de su hijo. De la misma manera, en el nivel de *Zeir Anpin*, la misericordia está restringida, de modo que sólo hay Nueve Atributos en lugar de Trece (ver *Innerspace* p.103).

En una de sus más largas lecciones sobre el poder del discurso de Torá del Tzadik, el Rebe Najmán describe la aplicación práctica de estas Nueve Rectificaciones. Ellas son explicadas de acuerdo con la presentación del Zohar (*Zohar* II, 177b; *Likutey Moharán* I, 20).

- **Primera rectificación: Cabellos sobre cabellos desde delante de los oídos hasta la parte superior de la boca** - Éste es el concepto de *SeARot* [cabellos], como en (Salmos 87:2), "*ShaARei* [las puertas de] Sión", que corresponde al [poder de la enseñanza del Tzadik para dominar la mala inclinación en los corazones de aquéllos que se juntan para escucharlo; la idea de *shaar* y de *seir* (puerta y cabello) como conceptos intercambiables ya fue explicada más arriba en este Capítulo]. "Desde delante de los oídos hasta la parte superior de las boca", es decir, antes de *escuchar* [comprender] lo que se esperaría de ellos si aceptaran la Torá, ellos abrieron sus bocas y dijeron (Éxodo 24:7), "*Haremos*". Este es el significado de (*Ketubot* 112a) "Vuestros labios precedieron a vuestros oídos".

- **Segunda rectificación: [el bigote sobre el labio] de un lado al otro** - Como se explicó más arriba, luego de anular el mal en sus oyentes, el Tzadik los libera de la autoridad del Otro Lado y los lleva al dominio de la Santidad. Este es el significado de "de un *lado* al otro".

- **Tercera rectificación: debajo de la nariz hay un sendero pleno pero no visible** - "Debajo de la nariz hay un sendero" se refiere a la nariz [es decir, la respiración y la plegaria]... "Un sendero pleno", pues (Salmos 34:10) "A aquéllos que Le temen no les falta nada...". "Pero no visible", pues la persona debe ser humilde [llegar a ser invisible] y no confiar en sus propios méritos...

- **Cuarta rectificación: Los lados [de la cara] están cubiertos [de pelo] en ambos lados** - Esta es la unión de sus almas [con el alma del Tzadik]. Se dice entonces de aquéllos [que siguen al Tzadik] que lo "cubren [rodean] por todos lados".

- **Quinta rectificación: Dos *TaPuJiN* [pómulos] son visibles, rojos como una rosa** - [Cuando el Tzadik dice cálidas palabras de inspiración], las válvulas del corazón se *niFTaJiN* [abren]. Entonces se despierta la misericordia del Corazón Superior y palabras apasionadas surgen como carbones rojos como la rosa.

- **Sexta rectificación: En una línea (*jut*), ásperos cabellos negros caen en cascada (*TaLIán*) hacia el pecho** - Este es el concepto de acercarse a la Torá... Pues sus lecciones son (*Eruvin* 21b), "*TiLey TiLim shel halajot* [parvas y parvas de leyes]"... "En una *jut* [línea]" corresponde a (*Iebamot*

121b), "Dios es estricto con los Tzadikim hasta en el *jut hase'ara* [el grosor de un cabello]".

* **Séptima rectificación: Labios, rojos como una rosa y libres de todo pelo** - Esto alude a la creación de los ángeles [mediante palabras de Torá dichas en santidad], como en (Salmos 33:6), "Con la palabra de Dios son hechos los cielos y por el aliento de Su boca las huestes de Sus ángeles". "Rojos como una rosa", como en (Salmos 104:4), "Él hace de los vientos sus mensajeros; los flamígeros rayos Sus sirvientes".

* **Octava rectificación: Pequeños pelos descendiendo por la garganta y cubriendo el cuello por detrás** - "Pequeños" aquí es sinónimo de Edom/Esaú, como en (Ovadia 1:2), "*Pequeño* te he hecho entre las naciones". "Descendiendo por la garganta" es sinónimo de la espada [que debe ser tomada de Esaú para castigar a los malvados]. Corresponde a (Salmos 149:6), "Alabanzas a Dios en su boca y espada de doble filo en sus manos". "El cuello por detrás" se refiere a vencer el poder del Otro Lado, es decir Esaú, quien vuelve su espalda [y se niega a aceptar las enseñanzas Divinas].

* **Novena rectificación: Cabellos largos y cortos que terminan juntos** - Esto corresponde a la Tierra de Israel, que se dividió entre las tribus del Israel. Debido a que cada una de las doce tribus se asemejaba a un animal diferente y recibió los poderes característicos de ese animal ["Iehudá es un león... Naftalí, un ciervo... Benjamín, un lobo... Dan, una serpiente" (*Rashi*, Éxodo 1:19)] y algunas tribus eran más grandes y otras más pequeñas, son asemejadas entonces a (Salmos 104:25), "pequeños y grandes animales" (*Likutey Moharán* I, 20:10).

Así, cuando una persona escucha palabras de Torá provenientes de los Tzadikim y comienza a cumplir con las mitzvot, no sólo vence su mala inclinación y entra por las puertas de la santidad (1), sino que abre el camino para que el Tzadik pueda ayudar también a otros a pasar "de un lado (el del mal) al otro lado (el del bien) (2)". Esto se logra a través de la sentida plegaria del Tzadik (3), que une a la congregación (4). Esta plegaria, cuando es expresada desde el corazón, abre el Corazón Superior, revelando misericordia (5) y permitiendo la revelación de nuevas enseñanzas de Torá para que todos puedan servirse de ellas (6). Estas enseñanzas de Torá crean ángeles (7), que a su vez luchan y vencen a las fuerzas del Otro Lado (8). Al derrotar al Otro Lado, la santidad se revela en el mundo, especialmente la santidad de la Tierra Santa (9).

El Rebe Najmán continúa explicando que esta revelación de santidad es el secreto de la batalla final contra el mal. Todo aquél que busca revelar la santidad (por ejemplo, a través de las mitzvot y de la plegaria) crea ángeles, y puede por tanto conquistar toda oposición a la espiritualidad. Esta persona es llamada un guerrero poderoso, que es capaz de luchar y liberar a la "Tierra Santa" de sus opresores. Este poderoso guerrero obtiene la fuerza para revelar la santidad de la Tierra Santa, es decir, revelar la Divinidad y ascender continuamente por la escala espiritual.

*

Las Peiot

Los bucles del cabello conocidos como *peiot* (*peá* en singular) se extienden desde las sienes inmediatamente arriba de las patillas a la altura de los oídos. Como se explicó, las *peiot* no deben ser afeitadas ni acortadas, pues aunque ellas representan el juicio, también hemos visto que el juicio es crucial para la existencia del mundo. Las *peiot* son importantes canales a través de los cuales puede recibirse la sabiduría Divina. *Peá* significa "esquina" o "final", y las *peiot* representan la mínima revelación del tremendo intelecto sublime.

Hemos visto más arriba (Capítulo 31) que las siete aberturas del rostro corresponden a los siete brazos de la Menorá. La Menorá misma es un paralelo de la cabeza, y el aceite que contiene es un paralelo de la mente. Así, el cerebro corresponde a la luz y los cabellos sirven como canales para difundir esa luz y manifestar su tremendo poder.

Existen diversos tipos de fuentes de luz creados por el hombre. La luz de una lámpara, por ejemplo, se difunde de una manera general y amplia, mientras que la luz de un rayo láser es mucho más concentrada y puede ser dirigida de manera mucho más efectiva hacia un punto específico, cercano o alejado de su fuente. La luz del cabello de la cabeza puede ser comparada a una lámpara; la de los *peiot* podría ser un paralelo del rayo láser. Así, las *peiot*, aunque pequeñas en tamaño, pueden tener un gran impacto. El Rebe Najmán dijo cierta vez (*Likutey Moharán* I, 17:1), "Hasta el más pequeño movimiento de las *peiot* causa una gran alegría Arriba", pues las *peiot* son una demostración visible de la dedicación de la persona a Dios.

Escribe el Rabí Natán que la Torá se ha mantenido a lo largo de las épocas gracias a la barba y a las *peiot*. Siempre que el judío quiso asimilarse a las naciones, lo primero que hizo fue afeitar la barba y las *peiot* para eliminar así las señales de su judaísmo y asumir la identidad de la cultura que lo rodeaba. La barba y las *peiot* son tan significativas debido a que corresponden a la Barba y a las *Peiot* Divinas, que canalizan hacia el hombre las fuerzas de la espiritualidad en cantidades "manejables".

Así, la barba y las *peiot* no son meramente "cabello facial". Ellas sirven como barreras en contra de la invasión de la filosofía ajena y de las características inmorales que nos rodean. De esta manera, la barba y las *peiot* sirven no sólo como una fuerte afirmación de la fe, sino también como protectoras de esa fe (*Likutey Halajot, Guilúaj* 3:2; *ibid.* 4:5).

*

El Rabí Natán ofrece varias ideas sobre la importancia de dejar crecer la barba y las *peiot*.

La Torá prohíbe afeitar la barba y las *peiot* con una navaja u otro tipo similar de hoja. Aunque esta ley es un *jok* - para la cual no hay una razón explícita dada por la Torá - el Rabí Natán sugiere el siguiente pensamiento: La barba (ZaKáN) alude a *ZaKéN*, un anciano, o a una vida larga. La hoja de acero es un instrumento capaz de acortar la vida. Con respecto a la prohibición de tallar las piedras del altar con instrumentos metálicos, comentaron nuestros Sabios (*Mejilta, Itró*), "No es correcto colocar algo que puede acortar la vida sobre algo que alarga la vida". Esta idea puede aplicarse también al afeitar la barba con una hoja de acero (*Likutey Halajot, Guilúaj* 1:1).

Explica además el Rabí Natán que las tres Festividades corresponden al "Aspecto del Rostro", pues la alegría que la persona siente en el corazón se revela durante las Festividades. (Mediante la observancia de las Festividades, uno eleva el entorno material hacia el servicio a Dios, lo que trae una revelación de alegría, de la misma manera en que la alegría puede observarse en el rostro). Las Festividades corresponden también al intelecto, que está compuesta por las tres columnas de la derecha, la izquierda y el centro (Jojmá, Biná y Daat) sobre las cuales es posible construir un Santuario (ver arriba, Capítulo 19 y más abajo, Parte 8). Al considerar el significado del número "tres" en muchos de los conceptos de la Torá, es importante notar que las dos *peiot* más la barba también suman tres. Las dos *peiot* corresponden a la columna derecha e izquierda, mientras que la barba corresponde al centro. Así, la barba y las *peiot* corresponden a las Festividades, al intelecto y a la alegría y belleza del rostro (*Likutey Halajot, Guilúaj* 1:1).

En otro discurso, el Rabí Natán explica por qué a un niño pequeño pueden crecerle *peiot* pero la barba en cambio le crece recién después de la pubertad. Este fenómeno se relaciona con el concepto del intelecto trascendente - aquellos niveles de espiritualidad que se encuentran por el momento más allá de nuestra capacidad de comprensión y para los cuales es necesario trabajar constantemente. Este intelecto trascendente se alcanza a través de la plegaria y del clamor a Dios. Con el paso del tiempo, aquello que había sido trascendente es internalizado y se vuelve inmanente, abriendo los nuevos horizontes de un mayor intelecto trascendente. La internalización de este intelecto puede lograrse a través de la purificación de las "siete lámparas" (las aberturas de la cabeza; ver arriba, Capítulo 31). Como hemos explicado, las siete lámparas reflejan la pureza de la mente y al santificar estas lámparas, la persona obtiene la capacidad de lograr aquellos niveles de intelecto que aún se encuentran más allá de su alcance (ver arriba, Capítulos 15 y 31).

A medida que el niño crece, también crece su intelecto. Pero, no importa cuánto aprenda, siempre estará limitado en su capacidad de absorber e internalizar su conocimiento. Hemos visto que *peá* significa "esquina" o "final", lo que representa una mínima revelación de Divinidad. Esto implica que el intelecto inmaduro del niño no puede absorber niveles elevados de Divinidad. Así, las *peiot*, que crecen desde la infancia, son comparadas con el clamar a Dios, pidiendo revelaciones de sabiduría, y con el intelecto trascendente que aún se encuentra más allá de nuestra capacidad, rogando a Dios para que pueda ser internalizado.

La barba, por otro lado, corresponde a los Trece Principios Exegéticos de la Torá. Es por esto que ella comienza a crecer más tarde, cuando el intelecto ha madurado y es capaz de absorber un conocimiento mayor. La barba simboliza así la internalización del intelecto trascendente, pues los principales canales de la revelación de la Divinidad se desarrollan a través de la barba (*Likutey Halajot, Guilúaj* 5:2-3).

* * *

Parte Ocho

EL SISTEMA ESQUELÉTICO Y MUSCULAR

El torso, los brazos y las piernas

36

Introducción

Hemos visto que las 613 mitzvot se dividen en 248 mandamientos positivos y 365 prohibiciones. Estos corresponden a los 248 miembros y 365 venas y tendones del cuerpo humano.

Los 248 miembros enumerados en la Mishná son de hecho los del hombre (*Ohalot* 1:8). El Talmud (*Bejorot* 45a) agrega otros cuatro "miembros" que pertenecen exclusivamente al sistema reproductivo femenino; lo que le da a la mujer un total de 252 miembros. Dado que la definición Talmúdica de "miembros" incluye varios órganos, articulaciones y huesos (por ejemplo, los cuatro "miembros" adicionales atribuidos al cuerpo femenino), existe una discrepancia entre el Talmud y las descripciones científicas contemporáneas con respecto a este número - la medicina occidental moderna cuenta cerca de 208 miembros en el cuerpo humano. Este tema se encuentra desarrollado en varios estudios (ver *Biblical and Talmudic Medicine* p. 60-67, por Julius Preuss, traducido por Fred Rosner).

Hemos mencionado repetidamente las afirmaciones de la Torá con respecto a que el hombre fue creado a la imagen de Dios, específicamente a la imagen del Nombre Divino *IHVH*. Esto se refleja de varias maneras y en varios niveles diferentes. Visto "desde dentro hacia fuera", el esqueleto humano corresponde a la *Iud*, los nervios y tendones a la primera *Hei*, la carne a la *Vav* y la piel a la *Hei* final. Visto "desde arriba hacia abajo", los dos hemisferios del cerebro corresponden a la *Iud* y a la primera *Hei*, el torso y los brazos corresponden a la *Vav* y las extremidades inferiores corresponde a la *Hei* final. Esto nos enseña que sea cual fuere la manera en la cual lo consideremos, el cuerpo humano está previsto como un templo para la Presencia de Dios en este mundo. No existe nada en el cuerpo humano que no tenga algo que enseñarnos sobre el servicio a Dios.

En esta sección, estudiaremos las dimensiones espirituales inherentes a los huesos y la piel, el torso, los brazos y las piernas. Como siempre, nuestro estudio se guiará por un principio básico: que en esencia somos seres espirituales que habitan en un cuerpo físico, como opuesto a seres físicos dotados de alma. Esta importante distinción con respecto a la manera en la cual nos percibimos es lo que determina cómo vivimos en este mundo. Es el principio subyacente que nos guía para comprender "el alma de la anatomía".

Hablando en términos prácticos, para despertar nuestras almas y curar nuestros cuerpos debemos canalizar *Daat* (Conocimiento Divino) hacia cada uno de los 248 miembros de nuestro cuerpo. Este es el propósito de los mandamientos, específicamente de los 248 mandamientos positivos de la Torá. La Torá es la Luz Divina, la Inteligencia Universal que continuamente se difunde por toda la Creación. Nuestro trabajo es llegar a ser conscientes de esta luz e internalizarla en cada célula de nuestra mente, de nuestro corazón y de nuestro cuerpo. En palabras del Rebe Najmán, esto es lo que establece nuestra conexión con Moisés, el hombre que dominó el plano físico más que cualquier otro ser humano y que por lo tanto llegó a ser digno de trasmitirle la Torá a Israel.

Esta conexión está aludida en la advertencia de la Escritura con respecto al alcoholismo (Proverbios 31:5), "No sea que beba y olvide aquello que está *MeJuKaK* [decretado]". El Rebe Najmán nos recuerda que Moisés es llamado (Deuteronomio 33:21; *Bava Batra* 15a) *MeJoKeK*, "el legislador", cuyo valor numérico es 248. Moisés, en tanto que legislador, corresponde tanto a la estructura de las mitzvot (los decretos de la Torá) como a los miembros del cuerpo. En este sentido, el poder de Moisés, "investido" en los 248 miembros del cuerpo humano, instruye a cada uno de los miembros, enseñándole a cumplir con las mitzvot que le corresponden. El alcohol, por otro lado, opaca el cerebro y enturbia la capacidad de percibir la realidad. Cuando estamos "borrachos", esto es, cuando nuestras mentes están enturbiadas por las tentaciones intoxicantes del mundo físico, nos olvidamos de Moisés, del *Daat* (Conocimiento Divino) que está investido dentro de los 248 miembros (ver *Likutey Moharán* II, 26; *The Aleph Bet Book*, p.224).

El Rabí Natán enseña que el *Shemá*, la afirmación de fe, tiene 248 palabras. Estas 248 palabras corresponden también a los mandamientos positivos, los cuales, tal como hemos visto, son un paralelo de la estructura esquelética del hombre. Doscientos cuarenta y ocho es también el valor numérico de la palabra *rajem* (compasión). Debemos enfatizar que el acto de mayor compasión que alguien pueda realizar hacia otra persona es iluminarla en el reconocimiento de Dios, perfeccionando así su forma Divina (*Likutey Halajot, Kriat Shemá* 3:4).

*

El esqueleto humano se divide en dos categorías: el esqueleto axial y el esqueleto apendicular. El esqueleto axial define la columna central de huesos: el cráneo, la espina dorsal, las costillas y el esternón. El esqueleto apendicular define los grupos simétricos de huesos a cada lado de la columna central: los hombros, los brazos y las piernas.

El esqueleto provee de marco y soporte para todos los órganos del cuerpo. Está compuesto de huesos y cartílagos e interactúa con los miembros a través de los tendones y los ligamentos. Algunos huesos protegen órganos internos vitales, tal como el cerebro, el corazón y los pulmones. Los huesos también son depósitos de minerales, tales como el calcio. Cuando el cerebro detecta niveles insuficientes de calcio, les ordena a los huesos que liberen dentro del flujo sanguíneo cantidades específicas para su absorción. Además, la médula ósea, que llena las cavidades de la mayoría de los huesos, produce células sanguíneas esenciales.

Los músculos están controlados por los nervios que reaccionan a los impulsos del cerebro. Los tendones y los ligamentos

388 / Anatomía del Alma

constituyen una parte importante del sistema esquelético-muscular y, juntamente con los músculos, se encuentran en la mayor parte del sistema esquelético.

La carne, tal como aplicamos el término en esta obra, es el tejido blando que cubre los huesos y que incluye el sistema muscular (ver Parte 3).

La piel es parte del sistema epitelial (que incluye el cabello [tratado en la Parte 7], las uñas y algunas de las glándulas). Esta conforma la cobertura externa del cuerpo. Existen dos capas de piel: la capa externa es llamada epidermis y la capa interna es conocida como la dermis. La piel sirve como protección contra las agresiones del medio, las bacterias y las infecciones. Las glándulas sudoríparas de la piel eliminan del cuerpo los excesos de fluidos y los productos de desecho (ver también Parte 3).

*

El Cuerpo: Una Descripción Kabalista

Hemos indicado que el cuerpo humano, "formado a la imagen Divina", puede ser visto como un reflejo del Nombre Divino *IHVH*. La forma humana encarna también las Diez *Sefirot*. El cráneo corresponde a Keter, el hemisferio derecho del cerebro corresponde a Jojmá y el hemisferio izquierdo corresponde a Biná. El bulbo raquídeo y la médula espinal corresponden a Daat. El brazo y la mano derecha corresponden a Jesed; el brazo y la mano izquierda corresponden a Guevurá; y el torso corresponde a Tiferet. La pierna derecha y el riñón derecho corresponden a Netzaj; la pierna izquierda y el riñón izquierdo corresponden a Hod; y la señal del santo Pacto, la circuncisión, corresponde a Iesod. El espacio en el cual la persona se para (es decir, los pies) representa su Maljut (Reinado).

Las siete *Sefirot* inferiores se corresponden con el cuerpo de la siguiente manera (ver *Innerspace*, Capítulos 4 y 7-9, para una exposición detallada de las *Sefirot*):

Sefirá	Representación Física	Representación Conceptual
Jesed	Brazo/mano derecha	Dar
Guevurá	Brazo/mano izquierda	Restringir
Tiferet	Torso	Armonía, verdad
Netzaj	Pierna/riñón/testículo derecho	Victoria, duración
Hod	Pierna/riñón/testículo izquierdo	Sumisión, majestad
Iesod	Órgano sexual	Pacto, canal
Maljut	Pies, corona del miembro, pareja, espacio	Recibir, reciprocidad

*

En su estado ideal "rectificado", las Diez *Sefirot* se ordenan en tres columnas: derecha, izquierda y centro (ver Apéndice C). La columna derecha y la columna izquierda representan fuerzas espirituales extremadamente poderosas y opuestas. La columna derecha siempre representa misericordia y bondad, mientras que la columna izquierda representa severidad, disciplina y restricción. La columna derecha se caracteriza por un amor y aceptación incondicional y una voluntad de trascender los límites mediante la unión de un yo con otro; la columna de la izquierda enfatiza las obligaciones y las responsabilidades, determinando límites y definiciones del yo. Mientras que cada columna por sí sola podría parecer no tener nada que ver con la otra, en verdad, ellas son opuestos complementarios. Esta relación se concreta en la columna del centro. Es función de la columna central el sintetizar las fuerzas aparentemente opuestas de la "derecha" y de la "izquierda", generando armonía, unidad y paz. Cuando la columna del centro funciona de esta manera, se dice que las Diez *Sefirot* se encuentran en un estado rectificado.

Hemos visto esto al tratar con Jojmá y Biná, las *Sefirot* que definen las funciones de la mente: la derecha (intuitiva, artística) y la izquierda (analítica, lógica). Cada una por separado carece de perfección. Para alcanzar un estado perfecto de equilibrio mental, la mente humana requiere de Daat, la confluencia de Jojmá y Biná. Un principio idéntico se aplica a todas las fuerzas humanas: la armonía se logra cuando aprendemos a equilibrar los aspectos opuestos de nuestra personalidad. De acuerdo con las enseñanzas antiguas, esto sólo puede lograrse cuando la influencia unificadora de Jojmá, Biná y Daat (nuestra Conciencia Divina Superior) fluye hacia abajo, hacia los "compartimentos" opuestos de nuestras *midot* (rasgos de la personalidad y emociones).

*

El Torso

El torso encarna el concepto de Tiferet, la columna central de armonía y verdad: representa el objetivo final de una vida armoniosa basada en la verdad. El torso equilibra las tendencias extremas de los lados "derecho" e "izquierdo" de nuestra personalidad. Mientras que Jesed (correspondiente a la mano derecha), simboliza un dar y una aceptación incondicional, y Guevurá (la mano izquierda) simboliza la justicia basada solamente en el mérito del receptor, Tiferet (el torso) armoniza estos dos extremos. Es por esta razón que Tiferet es llamado a veces *Rajamim* (misericordia) y a veces *Mishpat* (un juicio apropiado y justo). Tiferet es así un Juicio Misericordioso (un juicio atemperado con misericordia), el equilibrio final de dos aparentes opuestos.

Es por esto que la palabra hebrea para designar al juez es *ShoFeT*. Su función es juzgar entre dos partes en disputa y ayudarlas a llegar a un acuerdo pacífico, lo cual es *miShPaT*. Aunque nosotros como individuos podamos percibir la verdad de maneras diferentes, el juez verdaderamente sabio puede ayudarnos a reconocer y aceptar las vastas diferencias entre los litigantes y puede incluso llegar a superar esas diferencias, de modo que podamos vivir juntos en armonía. Esta es la manifestación de Tiferet.

El Rebe Najmán enseña que Tiferet, la columna central, corresponde a la plegaria. La plegaria se asemeja a (Salmos 149:6) "una espada de doble filo [que corta todas las barreras entre la persona y Dios]". Al orar debemos cuidarnos de no dirigir nuestra "espada" demasiado a la derecha, hacia Jesed, ni demasiado a la izquierda, hacia Guevurá. Debemos mantenernos centrados (*Likutey Moharán* I, 2:3).

El Rabí Natán explica esta enseñanza del Rebe Najmán: Abraham, Itzjak y Iaacov encarnan las tres *Sefirot* de Jesed, Guevurá y Tiferet, respectivamente. Abraham representa a Jesed, tal y como puede verse claramente a través de sus bien conocidos rasgos de bondad y hospitalidad. Itzjak es el paradigma de Guevurá, pues él estaba deseoso de realizar el auto sacrificio más grande en aras de Dios. Iaacov es conocido como Tiferet, pues integró en su vida los dos atributos, el de su padre y el de su abuelo.

Abraham tuvo dos hijos, Ishmael e Itzjak. Itzjak también tuvo dos hijos, Esaú y Iaacov. En cada caso, el primogénito representa una especie de absorción genética donde los *siguim* (impurezas) fueron separados en dos etapas a partir de la simiente pura de los Patriarcas, de modo que finalmente, a través de la tercera generación de los hijos de Iaacov, se estableció la santa nación de Israel. Dicho de otra manera, Abraham e Itzjak "trabajaron juntos", cada uno desarrollando por completo su propio atributo, hasta que fueron capaces de unirlos en Iaacov. Y así es como llegó a la existencia la nación judía.

Abraham le puso a su primogénito el nombre de Ishmael (en hebreo significa literalmente, *Ishma El* - "Dios escuchará"). Esto implica que Dios escucha nuestras plegarias, tal como puede verse en las palabras del ángel de Dios a Agar, la madre de Ishmael, al informarle que ella tendría un hijo de Abraham (Génesis 6:11), "Le pondrás por nombre Ishmael, porque Dios ha escuchado tu angustia". Sin embargo, en este sentido, Ishmael alude también a la noción de que todo aquello que necesitamos nos llega debido al Jesed de Dios (Bondad). Aunque esto es absolutamente verdadero, da lugar a un gran error. Esta actitud puede llevarnos a la errada conclusión de que no necesitamos esforzarnos para lograr algo. "Dios *Ya* ha escuchado mi plegaria. ¿Para qué seguir orando?"

Esaú representa el acercamiento opuesto. El nombre ESaU significa "terminado" o "completo", a partir de la palabra hebrea *ASUi* (literalmente "hecho") (*Rashi* Génesis 25:25). "Esaú" simboliza al hombre en su propia "auto imagen", relacionándose con el mundo como si él fuera lo más importante y el objetivo final de la vida. Fue Esaú quien preguntó (Génesis 25:32), "¿Para qué necesito la primogenitura?" indicando una negación de la Divina Providencia y repudiando por tanto la plegaria. Es el poder de "Esaú" dentro de la persona lo que la hace preguntar: "¿Para qué orar cuando mis plegarias son inútiles? Dado que no existe providencia, mis plegarias no funcionarán". Rechaza la compasión de Dios, diciendo que Dios no escucha nuestras plegarias pues sólo recibimos lo que merecemos.

Estas dos perspectivas, la de Ishmael y la de Esaú, cada una de las cuales por sí sola debe ser rechazada, están simbolizadas en la ceremonia del *brit milá* (circuncisión). La circuncisión conlleva, ante todo, el retiro del prepucio. Este tiene dos capas, una externa y otra interna. Existen por tanto dos etapas en la mitzvá de la circuncisión: *milá* (literalmente "cortar"), con lo cual se retira la capa externa del prepucio; y *priá* (literalmente "revelando"), que implica llevar para atrás la fina membrana interna para "revelar" la corona. La capa externa del prepucio representa una *klipá* (cáscara) de materialidad irredimible y que debe ser totalmente rechazada y eliminada. La capa interna tiene connotaciones más sutiles, pero sigue siendo una *klipá*. Las circuncisión judía no está completa sin ambas. Retirar el prepucio sin retraer la membrana fina para revelar la corona es como no haber hecho la circuncisión en absoluto (*Ioré Deá* 264:4).

Al aplicar esto a Esaú y a Ishmael, vemos lo siguiente: Esaú representa la parte de la humanidad que no realiza ninguna clase de circuncisión. Esaú desdeña la circuncisión y todo lo que ella representa, no habiendo razón alguna para volverse a Dios. Ishmael, por el otro lado, realiza la circuncisión, pero sólo de modo parcial. Él retira la capa externa del prepucio, pero deja intacta la capa interna. Aplicando esto a la plegaria, Esaú representa esa parte de nosotros que no quiere retirar el prepucio del corazón, mientras que Ishmael representa esa parte en nosotros que trata, pero se detiene antes de completar el proceso.

El Rabí Natán explica este concepto en términos de la

"espada de doble filo" de la plegaria mencionada más arriba, y representada por Tiferet:

La persona digna de emplear efectivamente la "espada de la plegaria" debe comprender cómo batallar con ella, sin volverse ni a la derecha ni a la izquierda. Por ejemplo, cuando una persona reflexiona sobre la aparentemente interminable duración del exilio actual, no debe concluir erróneamente que todas las plegarias para la salvación elevadas por el Pueblo judío no han servido para nada, el Cielo no lo permita. Esto sería inclinarse errónea y trágicamente hacia la izquierda, transformando el atributo de la compasión de Dios en crueldad, como si el Santo, bendito sea, fuese sordo a nuestras plegarias. De manera inversa, la persona no debe concluir equivocadamente que, dado que sin la bondad del Santo, bendito sea es imposible lograr nada con la plegaria, no hay necesidad de esforzarse en ella. Basarse totalmente en la bondad del Santo, bendito sea, es inclinarse erróneamente hacia la derecha.

La persona debe tomar el camino equilibrado del centro. Debe aumentar constantemente sus esfuerzos en la plegaria, sabiendo que ninguno de sus ruegos es en vano; pero al mismo tiempo debe recordar que sin la bondad del Santo, bendito sea, será incapaz de alcanzar nada, a pesar de todos sus esfuerzos y devociones. Cuando hacemos nuestra parte, orando constantemente por la salvación, el Santo, bendito sea, hace ciertamente Su parte y en aras de Él Mismo nos agracia con Su bondad y nos redime.

Para alcanzar este equilibrio se necesita la práctica de la caridad (la cualidad de Iaacov como en, "Justicia y *Tzedaká* [caridad] en Iaacov" (Salmos 99:4). Es por esto que debemos dar caridad antes de orar. Al hacerlo, distribuimos abundancia a través de nuestros propios actos de caridad y esto nos permite elevar la calidad de nuestras plegarias. De la misma manera, nuestras plegarias unidas a la caridad Le dan al Santo, bendito sea, motivo y razón para responder nuestros ruegos y enviarnos la abundancia que buscamos (ver *Likutey Halajot, Najalot* 4:23).

Iaacov, el progenitor de las doce tribus de Israel y la encarnación de la columna del centro, representa el sendero medio de la verdad que armoniza los dos extremos. Debemos seguir el sendero de Iaacov en nuestra oración y tener fe en que Dios ha escuchado y aceptado nuestras plegarias. Pero aun así debemos esforzarnos constantemente e intensificar nuestras plegarias pues siempre hay mucho más por lo cual debemos orar.

***

37

Carne y Hueso

Cierta vez dijo el Rebe Najmán, "Mucha gente se equivoca, pensando que debido a que alguien es un Tzadik, debe verse y actuar de manera diferente de las demás personas; esto no es verdad. El Tzadik se ve como cualquier otra persona y no se diferencia de ningún otro ser humano. Sin embargo él es algo absolutamente diferente" (*Likutey Moharán* II, 116:2).

¿En qué difiere el Tzadik del resto de nosotros? El Rebe Najmán compara el alma con la Tierra de Israel y al cuerpo con el Río Jordán, que es el límite al este de la Tierra Santa. Un "límite" corresponde a algo que separa a la persona de la santidad. El cuerpo puede ser ese tipo de límite. Si nos dejamos arrastrar hacia las cosas que no son sagradas, nuestros cuerpos toman la característica de esos "límites" que nos separan de la espiritualidad de la Tierra Santa. Antes de poder experimentar la verdadera espiritualidad deberemos eliminar todas las "vestimentas ajenas", las búsquedas materiales (ver *Likutey Moharán* I, 14:5).

El Tzadik es alguien que ya ha "cruzado el límite" de lo físico y ha entrado en la existencia espiritual. Su mente se encuentra en un estado de constante conciencia de Dios, la cual es sentida - compartida - por su cuerpo. Todo aquél que se esfuerce podrá alcanzar este estado.

Ésta es, entonces, la función de los miembros que componen la forma humana. Su trabajo es cumplir con las mitzvot, elevando así al individuo por sobre el nivel de lo físico, haciendo un uso santo de esa misma corporeidad.

Así enseña el Rebe Najmán:

> Uno debe sentir una gran compasión por su cuerpo. El alma anhela ascender constantemente a niveles cada vez más superiores. Al crecer y elevarse, el alma debe ser capaz de transmitir al cuerpo algo de la iluminación que obtiene; sin embargo, para que esto suceda, el cuerpo debe primero subordinarse al alma. Este es el propósito de las mitzvot. Estas predisponen al cuerpo físico a recibir el influjo espiritual del alma. Mediante la observancia de las mitzvot, el cuerpo se transforma en un recipiente limpio y puro que puede ser iluminado por el alma. Esto lleva a un aumento de la fe y a niveles más elevados de espiritualidad (*Likutey Moharán* I, 22:5, 8).

No es arbitrario que el Rebe Najmán enseñe con respecto a la importancia de subyugar el cuerpo frente al alma precisamente por medio del cumplimiento de las mitzvot. La palabra *miTZVá* proviene de la misma raíz que *TZeVet*, que denota un grupo o equipo que se junta para un propósito común. La Torá es vista como una sola unidad que contiene muchas mitzvot separadas, cada una de las cuales corresponde a un miembro diferente del cuerpo (ver Capítulo 1; Apéndice A). De la misma manera, el cuerpo es una unidad, aunque con muchos miembros separados. El cuerpo se mantiene unido a través de los tendones y los nervios. Estos tendones y nervios, también representados por las mitzvot, como se explicó antes (Capítulo 35), son de hecho extensiones del alma. Cumplir con las mitzvot de manera efectiva enlaza y "junta" todas nuestras energías en una sola unidad de trabajo, anulando las fuerzas opositoras que existen dentro de nuestro ser.

Por otro lado, la palabra hebrea para pecado o transgresión es *AVeiRá*, de la raíz *AveR*, pasar o atravesar. El término connota desunión e inestabilidad (ver *Likutey Halajot, Netilat Iadaim Shajarit* 4:12). Mediante la observancia de las mitzvot uno es capaz de "juntarse", reforzando la verdadera identidad, mientras que la transgresión produce un torbellino interior y la pérdida de identidad. Así enseña el Rebe Najmán: para que una persona sienta "paz en sus huesos" - paz interior - debe tener temor al Cielo. Esto lleva a la perfección del cuerpo y del alma (*Likutey Moharán* I, 14:8-9).

Enseña el Rebe Najmán:

La palabra *aveirá* [transgresión] implica *OveR* [cruzar] en sus huesos, de *EiVeR* a *EiVeR* [de lado a lado]. La palabra *mitzvá*, por otro lado, connota juntar. Cuando la persona realiza muchas mitzvot, une entonces los fragmentos quebrados de sus huesos, tal cual está escrito (Salmos 34:21), "[Dios] cuida todos sus huesos; ninguno de ellos es quebrado" (*Likutey Moharán* I, 4:6).

El versículo afirma (Ezequiel 32:27), "Sus iniquidades serán grabadas en sus huesos". El significado de esto, enseña el Rebe Najmán, es que cada aveirá (pecado; transgresión) posee su propia combinación de letras. Por ejemplo, si la persona transgrede la prohibición (Éxodo 20:3), "No tendrán otros dioses aparte de Mí", destruye entonces esa combinación positiva de las letras de la prohibición y forma otra combinación negativa. Esta combinación negativa se graba sobre los huesos, en cumplimiento del versículo (Jeremías 5:25), "Vuestras iniquidades han alejado estas cosas [buenas, positivas]; vuestros pecados han retenido lejos la abundancia".

¿Cómo puede revertirse este proceso? El Rebe Najmán revela que la mitzvá de *vidui lifnei HaShem* (traducida generalmente como "confesión delante de Dios") es el método más poderoso para eliminar los "pecados grabados" en los huesos, pues, dice el Rebe, el habla misma emana de los huesos, como está escrito (Salmos 35:10), "Todos mis huesos *dirán*...". Es decir, cuando todos mis huesos *digan* la confesión, la combinación de letras grabada sobre ellos será reordenada y rectificada.

El hecho es que muy poca gente comprende qué es la confesión. Piensan que es alguna clase de "auto castigo culposo", y pierden así todos sus beneficios positivos. La palabra hebrea *vidui* (confesión) comparte la raíz con el verbo *lehodot* que significa agradecer o admitir. De hecho, la forma reflexiva este verbo, *lehitvadot*, aunque generalmente traducida como "confesar", significa literalmente, "admitírselo a uno mismo". *Vidui lifnei HaShem* implica hablar directamente con Dios, con nuestras propias palabras, clamando y dando expresión a nuestro dolor y a nuestras luchas, diciéndole a Él todo lo que hemos hecho

- en síntesis, una catarsis (es decir, "limpieza"). Tal expresión y articulación de nuestras faltas implica la profunda comprensión de que siempre hemos estado delante de Dios.

La *aveirá* bloquea esta comprensión crucial. Cuando nos arrepentimos y volvemos a Dios, hablándole directamente a Él, somos capaces de eliminar ese bloqueo (y la combinación negativa de letras) que ha sido formada por la *aveirá*, y alcanzar así la conciencia de estar ante la Presencia de Dios. A través de esta forma especial de comunicación con Dios, somos capaces de restablecer la conexión con nosotros mismos y de reconocer quiénes somos, como opuesto a aquello que hemos hecho y a lo que nos ha sido hecho. Esto nos libera de nuestras propias distorsiones internas y de las imperfecciones que han sido generadas debido a nuestros pecados, permitiéndonos lograr una objetividad que es imposible de alcanzar mientras nuestros conflictos se mantengan encerrados dentro de nosotros. Sólo cuando somos libres de ser *quienes somos* podemos reconocer verdaderamente a Dios y alabarlo (*Likutey Moharán* I, 4:5).

El Rebe Najmán enseña que para que la confesión sea más efectiva, debe ser hecha en presencia de un Sabio de la Torá que haya alcanzado niveles de humildad y piedad muy elevados. Este es el significado del versículo (Proverbios 16:14), "La ira del Rey es un mensajero de muerte, pero el Sabio puede pacificarla". Las combinaciones negativas producidas por el pecado son los "mensajeros de muerte" - los ángeles destructores que atacan al pecador. El "Sabio" se refiere a Moisés, acerca de quien está escrito (Números 12:3), "El hombre Moisés era muy *anav* [humilde]". Tal Sabio puede pacificar la ira de Dios, pues su *ANaVá* (humildad) anula el efecto negativo del *AvóN* (pecado) (*Biur HaLikutim, ad. loc.*).

Basándose en esta enseñanza, los seguidores del Rebe Najmán solían confesarse delante de él, pero a pedido suyo descontinuaron esta práctica tres años antes de su fallecimiento (*Tzadik* #491). Los Jasidim de Breslov aun hoy día se confiesan (es decir, articulan en palabras todo aquello que han hecho) durante sus sesiones diarias de *hitbodedut* (la plegaria privada delante de Dios).

Enseña el Rebe Najmán con respecto a la importancia de la confesión:

> Todas las mitzvot combinadas crean una estructura completa, que es un paralelo de los 248 miembros y los 365 nervios. La alegría también es una estructura completa, que impregna toda la forma de la Torá, como está escrito (Salmos 19:9), "Los preceptos de Dios son rectos, ¡ellos alegran el corazón!" Al cumplir las mitzvot con alegría, uno puede extender esa alegría de modo que sea sentida por todo el cuerpo. Cuando algún miembro específico no "siente" alegría, es una señal de que ese órgano ha sido manchado por el pecado. Como hemos visto, el acto de la confesión limpia la obstrucción de la mancha causada por el pecado. Esto permite que un sentimiento de alegría completa fluya a través del cuerpo entero (*Likutey Moharán* I, 178).

Enseñó además el Rebe que "cada clase de alegría física tiene su propio límite, mientras que la alegría espiritual es ilimitada. Alguien que puede ir más allá de las limitaciones del materialismo, utilizando su cuerpo para cumplir con las mitzvot y alcanzar así la espiritualidad, puede lograr una alegría completa y sin límites" (*Likutey Moharán* II, 33).

*

Plegaria y Resurrección

Enseña el Rebe Najmán:

> Orar con concentración expande la mente y refresca el alma. Esto trae nueva vida a los huesos. Una mancha en el alma es también una mancha en los huesos, como está escrito (Salmos 6:3,4), "Mis huesos tiemblan; mi alma está asustada...". Este temor proviene de no haber orado con concentración. Para eliminar toda mancha del alma y a su vez, de los huesos, uno debe orar de manera que sus propios huesos *sientan* las palabras, como en (*ibid.* 35:10), "Todos mis huesos dirán, '¡Dios! ¿Quién es como Tú?'." Esto se debe a que la concentración es una función de la mente y la médula ósea es la "mente" y el "alma" de los huesos. Cuando

concentramos nuestras mentes en la plegaria, la "mente de los huesos" [la médula ósea] cumple con sus funciones de la manera apropiada y refresca los huesos y los miembros (*Likutey Moharán* I, 67:9).

Los huesos son asemejados a una *SuKá*, como en (Job 10:11), "Tú me has vestido con piel y carne; dentro de hueso y tendón *t'Sokejeini* [Tú me has ocultado]". Orar con toda la fuerza y concentración corresponde al versículo (Salmos 35:10), "Todos mis huesos dirán, '¡Dios! ¿Quién es como Tú?'" Dado que los huesos corresponden a la suká, tal plegaria es como entrar a una suká y cumplir con las mitzvot asociadas a ella, rodeándose totalmente de las mitzvot.

*

La Carne

El hombre es de carne, mientras que los ángeles son de fuego; pero el hombre es superior.

Likutey Moharán II, 1:2

El cuerpo humano está compuesto en su mayor parte de carne y hueso. La carne está compuesta básicamente por el mismo tipo de tejido que los órganos internos. Como hemos visto (arriba, Parte 3), los órganos despiertan la mala inclinación del hombre y sus características indeseables. Pero la carne, compuesta por el mismo tipo de tejido, puede ser transformada en un formidable oponente contra los malos rasgos.

Rav Amram Jasida mantuvo una seria batalla con su mala inclinación. Cuando finalmente pudo superarla, su mala inclinación se le apareció como una columna de fuego. Rav Amram le dijo a su mala inclinación, "Tú estás hecha de fuego, mientras que yo estoy hecho de carne. ¡Pero yo soy superior a ti!" (*Kidushin* 81a).

Aunque Rav Amram era un gran Tzadik, también era un

ser humano. Casi sucumbió a la tentación y estuvo muy cerca de cometer un grave pecado. Pero logró frenarse y conquistar su mala inclinación. Su mera carne, tan fácilmente tentada, había ganado superioridad hasta por sobre el fuego de un ángel. Tal es el poder del anhelo por lo espiritual.

La Kabalá nos dice que los humanos habitan el Universo de *Asiá*, mientras que los ángeles habitan el Universo de *Ietzirá* (ver Apéndice C). Parecería por lo tanto que los ángeles son superiores a los humanos en la jerarquía espiritual. Pero enseñan nuestros Sabios que las almas de los humanos tienen su raíz en el Universo de *Briá* (ver *Zohar* I, 125b), que está por encima del Universo donde residen los ángeles. Por esta razón el ser humano, si bien formado de carne y hueso, es capaz de alcanzar niveles que ni siquiera los ángeles pueden lograr. Esto es lo que quiere decir, "El hombre es de carne, mientras que los ángeles son de fuego; pero el hombre es superior".

El Rebe Najmán explica que las pruebas que los ángeles les imponen a los hombres surgen del atributo de los celos, basado en el deseo de los ángeles de mantener su posición superior. El objetivo del hombre debe ser ascender a *su* fuente, que es superior a la del Universo angélico. Cuando el hombre se controla frente al pecado, está de hecho controlando a los "ángeles", más específicamente a su mala inclinación, y así es como asciende más allá del nivel de los ángeles. Esta victoria humana hace que los ángeles sientan celos del hombre incitándolos a que traten aún más de hacerlo caer. El Rebe Najmán agrega que incluso los ángeles santos, cuyo trabajo es ayudar a la gente en su servicio a Dios, sienten celos del hombre que asciende por sobre ellos (*Likutey Moharán* II, 1:2).

*

Si hasta los ángeles pueden sucumbir a los celos, ¿cuánto más susceptible será el hombre? Se necesita un alto grado de autocontrol para elevarse por sobre la característica negativa de los celos.

El Talmud trata en profundidad el tema de los celos (ver *Shabat* 152b). Los celos producen el deterioro de los huesos y de la carne. Aquél que conquista esta mala característica puede trascender las limitaciones materiales de su ser de carne y hueso y alcanzar un "cuerpo espiritual" inmune a las daños naturales de la descomposición física.

Escribe el Rabí Natán:

> Es sabido que luego de la muerte el cuerpo se descompone. La carne, carente de la nutrición del alma ya no tiene medios de subsistencia y necesariamente se descompone. Pero aun así, dijo el Rey David (Salmos 16:9-10), "Por tanto mi corazón se regocija... hasta mi carne permanece segura. Porque no abandonarás mi alma al hoyo; no dejarás que Tú piadoso vea la destrucción". ¿A qué se refiere el Rey David? Está hablando de alguien que reconoce a su Creador mientras aún está con vida y merece por tanto iluminar su cuerpo con los logros de su alma. En la medida en que lo logra, transforma su aspecto físico en una entidad espiritual, de modo que incluso luego de la muerte su "carne permanece segura" (*Likutey Halajot, Hashkamat HaBoker* 4:4).

Cuanto más buscamos a Dios (de acuerdo con el consejo y las enseñanzas de los grandes Tzadikim) y cuanto más interiorizamos en nuestra vida diaria los niveles superiores de espiritualidad, más seremos capaces de elevarnos por sobre nuestros mezquinos celos asegurándonos de que incluso nuestra carne perdurará tras la muerte.

*

El concepto de trascender nuestras limitaciones físicas puede aplicarse también a la piel que nos cubre el cuerpo. La piel "oculta" la presencia interna del hombre. El Primer Hombre fue creado con un tipo diferente de cobertura, que era radiante de por sí y en sí misma, siendo capaz de difundir este brillo espiritual interior. Luego de su pecado, la cobertura de Adán se convirtió en la piel tal cual la conocemos, la "cobertura" correosa que tenemos hoy.

El Rabí Natán escribe que la piel radiante del hombre se transformó en lo que es hoy en día como resultado del hecho de que Adán comió del Árbol del Conocimiento del Bien y del Mal. Así, la piel corresponde a la *klipá noga*, que es una mezcla de bien y mal. Esta *klipá* es similar a la imaginación, o a los poderes de la ilusión, mediante los cuales uno puede conjurar tanto el bien como el mal; lo que uno imagina es de hecho una "cobertura" que oculta a la realidad. Nuestra tarea consiste en quitar todas las coberturas de la mente que ocultan en su interior el bien radiante y distinguir también entre el bien y el mal (*Likutey Halajot, Tefilin* 5:34). Es mediante la búsqueda de la espiritualidad que el hombre podrá hacer que su piel irradie el bien que Dios creó, hacia todos los sectores de la Creación. Esto es parte del "aura" que uno siente ante la presencia de una persona santa.

En otra lección, el Rabí Natán lleva este concepto un paso más allá. Hace un paralelo entre la "piel" y la fe y nos alienta a cultivar nuestros poderes de imaginación para fortalecer nuestra fe. Dice el Rabí Natán que incluso nuestra capacidad para relacionarnos con Dios se basa en la imaginación, pues de hecho no podemos concebir a Dios. Él nos dio el permiso para llamarlo con determinados nombres que Lo describen, pero en realidad estos nombres no son nada más que meras representaciones.

Si Adán no hubiera comido del Árbol del Conocimiento, tanto él como toda la humanidad habrían sido capaces de alcanzar una verdadera percepción de Dios a través de la "vestimenta radiante" de su piel. Pero Adán transgredió y así perdió esta capacidad. Recién después de que comiera del Árbol comprendió que estaba desnudo - despojado de su vestimenta radiante (Génesis 3:7). Había perdido la capacidad de experimentar a Dios de manera directa y no podía percibirlo sino sólo a través de su imaginación, representada por la *klipá noga* (la piel). Esto ha llegado a ser la esencia de la fe: el hombre sólo puede percibir a Dios a través de la "vestimenta" (es decir, la piel) que representa la fe. Fortalecer nuestra fe nos permite alcanzar una conciencia superior de Dios y una relación más fuerte con Él (*Likutey Halajot, Tzitzit* 5:10).

*

El Sentido del Tacto

El sentido del tacto está presente en todo el cuerpo. Las sensaciones de dolor también están asociadas a este sentido del tacto. Esta sensibilidad física es necesaria para la supervivencia pues, de estar ausente, nunca nos daríamos cuenta si sufrimos un corte, una quemadura o cualquier otro daño.

De la misma manera, nuestro sentido *espiritual* del tacto y nuestra conexión con la espiritualidad son cruciales para nuestra existencia. Al cumplir con las mitzvot, empleando nuestros cuerpos físicos para lograr objetivos espirituales, nos volvemos *espiritualmente* sensibles. Todos tienen sensibilidad, pero en general ésta se encuentra limitada para ciertas y específicas áreas de la vida. En el ámbito espiritual y tomando la caridad como ejemplo, vemos que hay personas interesadas en ayudar a los desamparados, mientras que otras ayudan a los discapacitados; otras mantienen instituciones de educación, de cuidado de la salud y demás. Todo aquél que practica la caridad favorece su propia área de interés. Nadie puede decir que las otras áreas no son importantes; sin embargo, una particular clase de caridad tiende a interesar a ciertos individuos más que a otros. Sus sensibilidades se encuentran simplemente más a tono con estas áreas específicas.

De manera similar, ciertas partes del cuerpo cumplen con una mitzvá especial, mientras que otras tienen más éxito con otra distinta y así en más. Cuando una persona desarrolla todo el cuerpo a través del cumplimiento de las mitzvot que es capaz de cumplir, se pone a tono espiritualmente con otras áreas adicionales y se vuelve en general más sensible. Incluso su tacto físico se vuelve un "tacto de sensibilidad", muy apreciado por todos aquéllos con los cuales se relacionan.

***

38

Los Brazos y las Manos

En hebreo las manos son llamadas *iadaim*. Cada mano tiene cinco dedos, los que en conjunto están conformados por catorce huesos - cuatro de los dedos tienen tres huesos cada uno, sumando doce y el pulgar tiene dos, dando un total de catorce. La palabra hebrea *iad* (mano) es numéricamente equivalente a catorce, aludiendo a los catorce huesos de los dedos. (El significado de esto será explicado más adelante en este capítulo).

Cuando una persona abre y extiende sus brazos hacia los lados, el largo desde una mano hasta la otra es igual a su altura. Así, los brazos y las manos corresponden al límite externo o a las limitaciones generales del potencial de la persona.

La misma dinámica puede ser aplicada a nuestro alcance espiritual. En el árbol *Sefirótico*, Jesed (Amor y Bondad) y Guevurá (Juicios y Restricciones) corresponden a los brazos (y manos) derecho e izquierdo respectivamente. Así como el alcance de nuestros brazos corresponde a nuestras limitaciones físicas, también puede decirse que Jesed y Guevurá representan los límites de nuestro alcance espiritual. Jesed describiría el punto más alejado que podemos alcanzar en el lado del amor, del dar y del aceptar, mientras que Guevurá representa el límite extremo de nuestra capacidad para realizar juicios correctos.

Dado que Jesed y Guevurá son las *Sefirot* que sirven de interfase directamente con los *mojín* (los poderes del intelecto), ellas expresan pensamientos. El nivel de los pensamientos de una persona representa el límite de su capacidad espiritual, de su alcance. Sus pensamientos determinarán cuánto Jesed y Guevurá utilizará, dependiendo de su nivel. Las manos, representadas por Jesed y Guevurá, también expresan pensamientos mediante los movimientos y gestos con los cuales tienden a acompañar las palabras. Las manos siempre se están moviendo; *hacia qué* lado se muevan depende de las intenciones de la persona. Por esta razón el Talmud declara (*Shabat* 14a), "¡Manos activas!" pues ellas están expresando constantemente nuestras emociones internas. Así las manos no sólo expresan el límite físico externo, sino también nuestra capacidad espiritual. Como veremos, en ningún otro lugar es esto tan evidente como en la plegaria y en la fe.

*

Armas "a Mano": Plegaria y Fe

Enseñó el Rebe Najmán:

> Las manos pueden compararse con la plegaria, como cuando Moisés levantó las manos en súplica durante la batalla con Amalek; y plegaria y fe son sinónimos (*Likutey Moharán* I, 7:1).

Sabemos que aquél que cree sinceramente en Dios moverá generalmente las manos durante la plegaria, como dándoles énfasis a sus palabras. Sin embargo, hay mucha gente que se considera "sofisticada" y no ve digno demostrar públicamente sus sentimientos. Esta incapacidad para manifestar las emociones durante la plegaria demuestra una falla en la fe.

Cuando los judíos pelearon en el desierto contra Amalek, Moisés ascendió a una montaña cercana y oró por su triunfo. La Torá nos dice que mientras oraba, "Sus *manos* eran *fieles*" - extendidas en súplica (Éxodo 17:12; *Rashi*). Su fe en Dios encendía sus plegarias y le daba la fuerza para elevar las manos hacia Dios. Mientras tenía las manos levantadas - mientras expresaba su fe en Dios - los judíos triunfaban. Esta era el arma perfecta en contra de Amalek, que era el paradigma de la sofisticación y del ateísmo (ver *Likutey Moharán* II, 19: ver arriba, Capítulo 17). Así, las manos, la plegaria y la fe son, en un nivel, sinónimos.

El Rebe Najmán enseña que "nuestras plegarias deben ser ofrecidas como súplicas, como pedidos de misericordia, no como demandas" (ver *Likutey Moharán* I, 20:5). La actitud de una persona durante la plegaria puede ser perc*ibid*a en sus manos, pues en general, las "demandas" o "pedidos" se muestran a través del movimiento de las manos.

Enseña también el Rebe Najmán que esta manifestación del habla a través de las manos está aludida en (Eclesiastés 10:20), "Aquello que tiene *KeNaFaim* [alas] lo dirá". Estas "alas" son de hecho las manos, que "entregan" el habla a su destinatario, revelando y perfeccionando las expresiones de la persona.

En un sentido, las manos funcionan de manera similar a los *KaNFei rei'aj*, los lóbulos de los pulmones. Los brazos se extienden a los lados del cuerpo directamente frente a los pulmones, y ambos corresponden a la ubicación de las alas en el pájaro. Así como los lóbulos de los pulmones ayudan a la salida del aire permitiendo el habla, de la misma manera las manos asisten a la expresión del mensaje verbal. Por tanto, si una persona se siente inspirada a aplaudir o a mover sus manos mientras se expresa delante de Dios, sus plegarias serán más efectivas (*Likutey Moharán* I, 45).

El Rebe Najmán enseña que expresarse con las manos durante la plegaria es un nivel de (cf. Números 12:8) "ver a Dios". La palabra hebrea para designar a un profeta (*NaVí*) - aquél que "ve" una imagen de Dios - se relaciona con el término hebreo que designa el habla (Isaías 57:19), "*NiV sefataim* [movimiento de los labios]". Otro versículo dice (Oseas 12:11), "A través de la *mano* de los profetas, multiplico visiones". Así las plegarias, combinadas con los movimientos de las manos, permiten percibir una "imagen de Dios" (*Likutey Moharán* I, 212:1).

*

Manos Manchadas, Fe Manchada

Sabemos que la fe es un elemento importante de la plegaria sincera y que las manos expresan nuestra fe - o nuestra falta de fe. Las manos y la fe pueden mancharse debido a la avaricia como en (Deuteronomio 8:17), "Mi poder y la fuerza de mi *mano* me han dado toda esta riqueza". Esto se debe a que ambas, las manos y la fe, proveen de sustento a la persona: sus manos trabajan y su fe en Dios hace que Él la provea. Una búsqueda obsesiva de riquezas demuestra la falta de fe en la capacidad de Dios de proveer el sustento.

El Rebe Najmán enseña que hoy en día la idolatría (lo opuesto a la fe) se encuentra básicamente en la adoración del dinero. El hecho de que la idolatría se encuentre tan íntimamente asociada con el dinero se debe a que la plata y el oro representan respectivamente Jesed y Guevurá, las que juntas reflejan la belleza (es decir, Tiferet) de los colores superiores (cada *Sefirá* corresponde a un color diferente, ver *Zohar* II, 148a; Apéndice C). Como hemos visto, las "manos" - representadas por Jesed y Guevurá (plata y oro) - representan la fe. Cuando la fe está presente se revela la real belleza del dinero, pues entonces éste es utilizado para sostener la búsqueda de la Divinidad. Cuando hay fe, incluso el dinero utilizado para los requerimientos mundanos refleja también la espiritualidad (ver *Likutey Moharán* I, 25:4). Cuando uno carece de fe, cuando el dinero no es utilizado para propósitos espirituales, la belleza de estos "colores" (que reflejan Jesed y Guevurá) se oculta. Entonces los hombres se sienten insatisfechos de la riqueza que poseen y buscan más.

Es por esta razón que (aunque puedan no ser conscientes de ello) las personas están ansiosas por poner sus "manos" (es decir Jesed y Guevurá) en el dinero. Pues son las manos las que reflejan tanto la subsistencia como la capacidad para volverse y dirigir todo su esfuerzo hacia la fe. El Rebe Najmán enseña así que "tan grande es el valor de vivir en base a los frutos de las propias manos, que la persona que así lo hace puede reconocer la gloria de Dios de una manera que ni siquiera los ángeles pueden percibir" (*El Libro del Alef-Bet, Mamón* B:11).

Una manera de rectificar la mancha de las manos y por lo tanto de la fe, es recibir consejo y reprimenda de parte de los verdaderos Tzadikim. Pues son los Tzadikim, a través de sus enseñanzas, quienes inspiran en la gente la fe en Dios (*Likutey Moharán* I, 22:-3; *ibid.* I, 23:2

El Poder de la Creación

En el comienzo creó Dios los cielos y la tierra.

Génesis 1:1

Hemos visto cómo la plegaria sincera y la fe pueden ser poderosas armas en nuestras manos. Pero eso no es todo. A través de la plegaria, las manos tienen la capacidad de despertar el poder de la Creación. Esto se explica de la siguiente manera:

Rashi comenta que el versículo "En el comienzo..." revela el *cóaj* (fuerza) de Dios. El mundo es Su Creación y Él puede entregárselo a quien desee. Originalmente, Dios les dio la Tierra Santa a los cananeos. Luego se la quitó y la entregó a Israel (*Rashi sobre* Génesis 1:1).

Más aún, al hablar sobre el Acto de la Creación, el versículo afirma, (Isaías 48:13), "Mi Mano fundó la tierra; y Mi Mano Derecha expandió los cielos". Dicen nuestros Sabios que la "mano" mencionada al comienzo del versículo se refiere a la mano izquierda de Dios. Esto nos enseña que ambas "Manos, la Derecha y la Izquierda" fueron esenciales para la creación del cielo y de la tierra (*Menajot* 36b).

Recordemos que la mano es llamada *iad* debido a los catorce huesos que contiene. Encontramos que el primer versículo de la Torá contiene veintiocho letras hebreas. La palabra hebrea para designar la fuerza es *cóaj*, cuya suma numérica es igual a veintiocho. Dado que cada mano contiene catorce huesos, ambas manos juntas contienen "veintiocho huesos", representando el *cóaj* de Dios. Basándose en esto, enseña el Rebe Najmán que cada persona tiene en sí la capacidad para despertar con sus manos (es decir, sus plegarias) el poder de la Creación.

Enseñó el Rebe Najmán:

Algunas personas mueven las manos durante la plegaria - y otras incluso aplauden, para ayudarse a aumentar su concentración. Esto es muy beneficioso, porque nos conecta con la Creación. El relato de la Creación es el derecho de Israel a la Tierra Santa, pues las Escrituras comienzan con la historia de la Creación para revelar la santidad de la Tierra. Orar a Dios muestra que Lo aceptamos como Aquél que creó el mundo. Hay un total de veintiocho huesos en los dedos de las dos manos. Estos veintiocho huesos corresponden a las veintiocho letras del primer versículo de la Torá que describe la Creación del mundo. Mover las manos durante la plegaria despierta las fuerzas de la Creación, atrayendo la santidad de la Tierra Santa. Atraer la santidad de la Tierra Santa ayuda a derrotar los malos pensamientos que invaden la mente en el momento de la oración (*Likutey Moharán* I, 44).

(Esto no implica que uno deba aplaudir y mover las manos si esto molesta a los demás. Es necesaria la prudencia y tener siempre consideración por los demás.)

Cierta vez dijo el Rebe Najmán, refiriéndose a los movimientos de las manos que suele hacer la gente durante la plegaria, que a esto se refería el Zohar (*Tikuney Zohar* #21, p.44b) cuando hablaba con respecto a las "manos que escriben secretos": ¡El movimiento de las manos durante la plegaria puede de hecho inscribir secretos en lo Alto! (*Sabiduría y Enseñanzas del Rabí Najmán de Breslov* #75).

*

Las "Tres Manos"

Al describir el Éxodo y la Separación del Mar Rojo, la Torá menciona "tres manos", que corresponden a Jesed, Guevurá y Tiferet (*Zohar* III, 246b):

Hebreo	Español	Sefirá
Iad HaGuedolá	Mano Grande	Jesed
Iad HaJazaká	Mano Fuerte	Guevurá
Iad HaRamá	Mano Exaltada	Tiferet

(Puede verse la referencia a las tres manos en el Libro del Éxodo: *Iad HaGuedolá* [14:31], *Iad HaJazaká* [6:1], *Iad HaRamá* [14:8].)

Jesed, Guevurá y Tiferet son las *Sefirot* que transmiten la fuerza vital Divina proveniente de los *Mojín*. Dicho de manera diferente, Jojmá, Biná y Daat se revelan a través de Jesed, Guevurá y Tiferet respectivamente. El Rebe Najmán enseña entonces que mediante las "manos" podemos tomar la Torá, los *Mojín* (*Likutey Moharán* I, 101:2).

Esto puede comprenderse mejor a la luz del hecho de que Daat está formado por la unificación de Jojmá y Biná. Jojmá y Biná corresponden a las dos primeras letras del Tetragrámaton, *Iud* y *Hei*. Numéricamente, *IH* equivale a quince. La letra *Hei* puede expandirse de tres formas diferentes (ver Apéndice C) y tres veces quince es cuarenta y cinco. Este es el valor numérico de la palabra *ADaM*, hombre. Al utilizar toda la mente (Jojmá y Biná) para lo santo, se viste la identidad de hombre. El versículo (Números 19:14), "Esta es la Torá-hombre", indica que es necesaria la Torá para obtener la identidad de *hombre*, y específicamente los *mojín* de la Torá. Pero aun así, uno debe obtener un "asa" para la Torá, para poder aferrarla apropiadamente y comprender cómo implementar sus enseñanzas para el logro de la espiritualidad. Recién entonces uno llega a ser un verdadero hombre. Esto se logra mediante las "tres manos" - Jesed, Guevurá y Tiferet.

El poder de las "tres manos" puede mitigar los malos decretos. Enseña el Rebe Najmán que aplaudir puede anular la discordia. La separación entre derecha e izquierda connota disputa. Cuando uno "aplaude", juntando la Mano Grande (derecha) y la Mano Poderosa (izquierda), uno hace la "paz" entre ambas (la Mano Exaltada). La paz mitiga todos los decretos dolorosos (*Likutey Moharán* I, 46).

Enseña el Ari que las manos, además de extenderse hacia niveles superiores (hacia los *mojín*, que permiten aferrar la Torá), representan la capacidad de ir hacia abajo, hacia los mundos inferiores y elevarlos. Las manos tienen una capacidad única que les permite extenderse en ambas direcciones, elevando aquello que está "debajo" y extendiéndose hacia Arriba para

412 / Anatomía del Alma

hacer descender la abundancia.

Agrega el Ari que el Santo Nombre utilizado por Dios para crear el mundo es conocido como el *Shem Mem-Bet*, el Santo Nombre de cuarenta y dos Letras. Este Nombre está asociado con el ámbito de Biná. Así como las manos son necesarias para tomar y elevar algo desde un nivel inferior, todas las elevaciones de los ámbitos inferiores hacia los superiores se le realizan a través de este Santo Nombre de cuarenta y dos Letras (*Shaar HaKavanot* p.95). Esto se debe a que, como hemos visto, la palabra hebrea para designar la mano es *IaD* (numéricamente catorce) y que hay "tres manos": la "mano grande", la "mano fuerte" y la "mano exaltada". Tres veces la palabra *iad* (catorce) es equivalente cuarenta y dos, correspondientes al Nombre de cuarenta y dos Letras y a Biná.

Enseña el Rebe Najmán:

> Es costumbre, cuando alguien está enfermo o tiene alguna necesidad, llevar un *pidion* [dinero de redención] a un Tzadik. El Tzadik coloca sus manos sobre el dinero para mitigar esos decretos. Esto es efectivo pues el dinero corresponde a los "pies" que sostienen a la persona [es decir, a la subsistencia]. Los "pies" también representan los juicios (ver más adelante, Capítulo 39) y uno debe mitigar los juicios en su raíz, que es Biná. Así, las "tres manos", colocadas sobre el dinero (juicios), corresponden a la elevación de los juicios (pies) hacia el ámbito de Biná (el intelecto), la fuente de todos los juicios, donde son mitigados y también endulzados (*Likutey Moharán* I, 180).

*

¿Zurdo?

Hemos visto que las *Sefirot* se ordenan en tres columnas complementarias. Hemos explicado también que la derecha representa a Jesed (Abraham), la izquierda a Guevurá (Itzjak) y la columna del centro, donde ellas se juntan, representa a Tiferet (Iaacov; la verdad) (ver arriba, Capítulo 36).

Enseña el Rebe Najmán que estas "tres manos" son en su raíz una sola. La mano derecha, como el poder más grande, representa el potencial para actuar. La mano izquierda, subordinada a la derecha, representa la realización. Sin embargo, al comienzo de todo proceso, no existe una actividad visible - sólo es un pensamiento, carente incluso de una idea concreta, y por supuesto de realización. Esto es comparado a "una mano". En ese punto, las manos se presentan como una sola, sin nada que diferencie la derecha de la izquierda. Uno debe "separar las manos" - definiendo primero el pensamiento subyacente y luego desarrollándolo. Recién entonces es posible actualizar ese pensamiento (*Likutey Moharán* I, 62:2). Al conectar esto con Jesed, Guevurá y Tiferet, debemos recordar que el estado ideal de rectificación de las *Sefirot* se produce cuando ellas están alineadas en tres columnas (ver, Capítulo 36). El valor de tener "tres manos" - y no sólo una - estriba en que podemos invocar el poder único de cada "mano" para ayudarnos a desarrollar nuestro potencial.

El Rabí Natán explica que la verdad (Tiferet) es el principal catalizador que permite transformar todo lo potencial en existente, pues "la verdad permanece, pero no la mentira" (*Shabat* 104a). Si la persona se apega a la verdad, sus ideas terminarán por actualizarse y perdurarán. Sin la verdad, sus actos, aunque puedan llegar a fructificar, finalmente se volverán estériles (*Likutey Halajot, Matna Shejiv Mera* 2:4). Está claro que ante todo debemos buscar la verdad en todo lo que emprendamos. Entonces, cuando comencemos a formular nuestros pensamientos y tomar los pasos necesarios para llevarlos a la práctica, éstos podrán perdurar.

Pero ¿qué sucede si uno se aleja de la verdad?

El Rebe Najmán habla de los efectos de la mentira y la disputa. Dice, "El mentiroso vuelve a reencarnarse como una persona zurda" (*El Libro del Alef-Bet, Verdad* A:48). Explica el Rabí Natán que esto se basa en el versículo (Salmos 144:8), "Sus bocas hablan vanidad; sus diestras son la mano derecha de la mentira". Cuando alguien dice mentiras, separa la mano izquierda de la mano derecha y es incapaz de diferenciar entre lo correcto y lo incorrecto. Como consecuencia, tiene una "mano derecha falsa" -

414 / Anatomía del Alma

su mano izquierda se transforma en la mano fuerte (*Likutey Halajot, Matna Shejiv Mera* 2:4).

Enseñó también el Rebe Najmán, "Aquél propenso a la disputa será reencarnado como una persona zurda". La idea detrás de esta enseñanza es similar a lo que aprendemos de Koraj, quien intentó separarse de Aarón. El pueblo judío se divide en tres grupos, representando las "tres columnas" de Jesed, Guevurá y Tiferet. El Cohen representa a Jesed, el Leví representa a Guevurá y los Israelitas representan a Tiferet. Koraj (un Leví) intentó hacer que la [mano] izquierda dominase a la [mano] derecha (quiso ocupar un nivel superior al de Aarón, el sacerdote supremo, un Cohen). De aquí podemos entender por qué el castigo para aquél propenso a la disputa es que su mano derecha se vea subordinada a su mano izquierda (*Sabiduría y Enseñanzas del Rabí Najmán de Breslov* #152).

Escribe el Ari que cuando una persona es propensa a ciertos comportamientos, es una indicación de que debe trabajar sobre estos rasgos para rectificarlos durante la presente encarnación. Las pocas enseñanzas del Rebe Najmán que hemos presentado no necesariamente indican cuáles son los motivos por los cuales una persona debe vivir su presente vida aquí en la tierra; pero aun así, pueden ser útiles como guía para aquéllos que se sienten arrastrados hacia la mentira y la disputa.

*

Las Bendiciones Sacerdotales

Las manos son esenciales en el proceso de traer bendiciones al mundo. Por ejemplo, uno de los mandamientos bíblicos es que los *cohanim* [sacerdotes] bendigan diariamente al pueblo de Israel. Se requiere que los sacerdotes extiendan las manos al recitar las bendiciones, lo que permite que la Presencia de Dios descienda sobre el pueblo (ver Números 6:22-27; *Sotá* 38a).

Enseña el Rebe Najmán que cumplir las mitzvot con alegría eleva los pies, pues la persona alegre siente deseos de bailar.

Cuando los pies ascienden, también las manos se elevan. Y cuando las manos alcanzan una posición "elevada", las bendiciones bajan al mundo, como en (Levítico 9:22), "Aarón *elevó sus manos* y bendijo al pueblo". Aquél que recibe bendiciones desde Arriba es capaz de transferirlas hacia los demás, incluso hacia aquellos que se encuentran en niveles inferiores. Como hemos visto, el Rebe Najmán enfatiza que la mayor bendición es Daat, una mayor conciencia de Dios (ver *Likutey Moharán* I, 24:4-5).

Las manos de la persona representan su capacidad de traer bendiciones al mundo mediante su acercamiento a una vida espiritual. Al "elevar las manos" a Dios, la persona demuestra que reconoce a Dios. Más aún, dado que las manos representan la capacidad de "extenderse hacia afuera", aquél que levanta las manos hacia Dios es capaz de transmitirles a los demás su propio reconocimiento de Dios.

El Rabí Natán agrega que elevar las manos en súplica ante Dios despierta Su compasión, al punto en que se despiertan Sus Trece Atributos de Misericordia. Los sacerdotes elevan las manos, porque deben atraer esta abundante bendición sobre cada uno de los judíos. Pero no sólo ellos tienen la capacidad de despertar los Trece Atributos de Misericordia, pues esto es también prerrogativa de cada uno. Cuanta más gente eleve sus manos en plegarias y súplicas, más abundancia descenderá. Así, con el aumento de las bendiciones para todos, la gente estará libre para utilizar sus manos sólo para la plegaria, en lugar de utilizarlas para trabajar y ganarse el sustento material. Las manos serán entonces utilizadas para alcanzar la espiritualidad y hacerla descender sobre los demás (*Likutey Halajot, Birkot HaShajar* 5:8-100).

Una de las últimas lecciones del Rebe Najmán se explaya sobre la importancia de las manos en el camino espiritual cotidiano. Explica el Rebe cómo es posible utilizar las manos para hacer descender la sabiduría que nos ayude a servir a Dios.

Las manos [mediante sus movimientos] hacen referencia a las "alusiones" que uno debe "recibir" y comprender para saber cómo cumplir con su misión en la vida. La sabiduría superior, siendo una luz tan fuerte (ver arriba, Capítulo 15), no puede serle revelada al hombre de una manera clara y directa. La persona debe observar las alusiones que se le envían desde el Cielo e intentar comprender cómo se aplican en su vida diaria. Sus manos pueden entonces abrirse para recibir [la sabiduría Divina, la cual al descender se materializa como] sustento, como en (Salmos 145:16), "Abres Tus *manos* y con Tu Voluntad sacias a todos los seres vivos". Aquél que comprende las alusiones que le han sido reveladas puede aspirar al más elevado aspecto de la Voluntad de Dios - servir a Dios más allá de toda limitación humana o de toda frontera física (*Likutey Moharán* II, 7:10).

*

Los Dedos

Enseña el Rebe Najmán:

> Los cinco dedos corresponden a las cinco familias fonéticas: guturales, labiales, palatales, linguales y dentales (ver arriba, "El Sistema Respiratorio", Capítulo 26; ver *Likutey Moharán* I, 38:3).

Hemos visto que las manos y el habla son similares en su función, específicamente en el hecho de que las manos expresan los movimientos de la mente y transmiten ideas. El Rebe Najmán enseñó que esta función se muestra de manera evidente en los dedos. Cada dedo posee una forma diferente, para cumplir mejor con la tarea que le ha sido asignada.

Los veintiocho huesos de los dedos (catorce en cada mano) representan los veintiocho "tiempos" que una persona experimenta en la vida. El Rey Salomón describe estos tiempos como (Eclesiastés 3:1-8), "Un tiempo para nacer... Para morir; Para llorar... Para reír; Para abrazar... Para distanciar...; Un tiempo para guerra... Para paz..." (ver *Tikuney Zohar* #69, p.101b). Agrega el Rabí Natán que cada uno de estos tiempos y conceptos de la vida contiene el potencial para "alusiones", y a través de ellos uno puede llegar al reconocimiento de Dios (ver *Likutey Halajot, Netilat Iadaim LiSeudá* 6:54). De esta manera los dedos son muy similares al poder del habla, pues a través ellos se revela lo oculto, pues los dedos representan los "tiempos" en que Dios puede revelarse. Los cinco dedos aluden a otra clase de revelación: el Talmud habla de las Cincuenta Puertas de Biná (*Rosh HaShaná* 21b), siendo la Puerta número Cincuenta el nivel revelado por Dios en el momento del Éxodo de Egipto. Éste es el mismo nivel que será revelado en la época de la llegada de Mashíaj. Y es a este nivel al que aluden los cinco dedos de la mano.

Enseña el Rebe Najmán:

> Cada mano tiene cinco dedos. Cuando una mano golpea contra la otra, los cinco dedos de la mano derecha se juntan con los de la mano izquierda y viceversa. Cuando la mano derecha se une con la izquierda, "cinco junto a cinco" hace un total de veinticinco; y en el movimiento especular, cuando la mano izquierda se une a la derecha, el total es cincuenta. Este "cincuenta" corresponde al Nivel número Cincuenta, que es la fuente de la salvación. Por tanto, aplaudir durante la plegaria (ver arriba) despierta el poder de la salvación y acelera la Redención (*Likutey Moharán* I, 45).

*

La Cura está en las Manos

Enseña el Rebe Najmán:

> [La Torá comienza con una descripción de cómo Dios creó el mundo con Diez Expresiones (*Rosh HaShaná* 32a; *Bereshit Rabah* 17:1)]. Con cada una de estas Expresiones se creó un ángel (*Jaguigá* 14a). Cuando el Santo, bendito sea, expandió la Creación, cada una de estas Expresiones se dividió y subdividió en muchas "chispas" [es decir, expresiones menores]. Éste es el significado del versículo (Jeremías 23:29), "Mis palabras son como fuego y como un martillo que hace estallar la roca". De manera similar, se crearon muchos ángeles a partir de cada ángel, de acuerdo con el número de chispas. Un ángel creado a partir de una Expresión original se volvió un arcángel sobre grupos enteros de ángeles

menores, creados de las chispas.

Cada uno de estos ángeles [menores] es "responsable" de un aspecto particular de la Creación. Inclusive los árboles y las hierbas [especialmente aquéllas que poseen propiedades medicinales] tienen ángeles que supervisan su crecimiento, tal como dicen los Sabios (*Bereshit Rabah* 10:6), "No hay nada debajo, ni siquiera una hierba, que no tenga un ángel arriba que la golpee y le diga que crezca". Cada uno de estos ángeles recibe su fuerza vital de una Expresión particular que es la fuente de su creación. Luego el ángel transmite esta fuerza vital hacia su particular objetivo a cargo.

Este poder de los ángeles para recibir y transmitir la fuerza de vida es llamado el poder de las "manos". [La palabra hebrea que designa poder es *cóaj*, numéricamente igual a veintiocho, el número de huesos de los dedos de ambas manos]. El ángel recibe la fuerza de vida con su "mano derecha" y con su "mano izquierda" la entrega en la medida exacta necesaria a aquéllos que están a su cargo. Este es el significado de la afirmación de los Sabios, "la golpee y le diga que crezca". "Golpear" se produce con la mano izquierda del ángel [pues el lado izquierdo representa Guevurá, el juicio].

La Torá nos exhorta (Proverbios 4:20-22), "Hijo mío, fija tu atención en mis palabras; inclina tu oído a mis dichos... Porque vida son a aquéllos que los hallan y sanidad a toda su carne". De aquí aprendemos que la sanidad fluye del Santo, bendito sea, a través de Su Torá. La Torá es la fuente de poder [terapéutico] de los ángeles, quienes a su vez la transmiten a las diferentes hierbas que están a su cargo. Este poder se manifiesta cuando uno acepta la Torá y tiene fe en los Sabios que la han revelado; pues la Torá les fue dada a los Sabios, y aquél que se desvía de sus enseñanzas es llamado "el que hace una brecha en el muro [de la fe]". Éste es el significado de la afirmación (Deuteronomio 17:11), "No te desvíes, ni a derecha ni a izquierda, de lo que ellos [los Sabios] te enseñen". Si te desvías hacia la derecha [es decir, volcándote hacía una rigidez innecesaria], se verá obstruida la "mano derecha" de tu ángel [la capacidad de recibir de su correspondiente arcángel y Expresión]. Si te desvías hacia la izquierda [transgrediendo la Torá], será la "mano izquierda" de tu ángel la que verá obstruida [su capacidad de transmitir]. La obstrucción de las manos de tu ángel significa que no puedes recibir la curación, pues sin un ángel que le entregue la fuerza de vida a la hierba de la cual depende la curación, ésta pierde su poder terapéutico (*Likutey Moharán* I, 57:1).

Es así entonces, que el grado de unión con la Torá que tiene la persona determina el grado en el cual puede ser curada.

***

39

Las Piernas

Extendiéndose hacia abajo desde la extremidad inferior del torso, las piernas son los pilares que soportan el cuerpo y el principal medio de locomoción del hombre. En el plano espiritual, las piernas representan el límite inferior y más externo del hombre. Es mediante las piernas que el hombre se pone en contacto con el suelo físico. Al empujar con sus piernas contra la tierra, el hombre es capaz de levantarse y elevarse por encima de esa misma tierra.

Las piernas corresponden a las *Sefirot* de Netzaj y Hod. Juntamente con el órgano sexual, que corresponde a Iesod, componen la tríada inferior de *Sefirot*. *NeTZaJ* viene de la raíz *l'NaTZeaJ*, que significa tener dominio o victoria. *HoD* significa esplendor, pero también está relacionado con el término *HoDaá*, admisión, y connota un estado de sumisión. Netzaj es una extensión de Jesed, el atributo de dar. Sólo aquél que tiene "control" sobre sí mismo es capaz de mostrar benevolencia hacia los demás. Hod es una manifestación de Guevurá, el rasgo de restricción. Ambos atributos son necesarios para lograr un equilibrio en la vida, pues uno debe saber no sólo cuándo refrenarse, sino también cuándo consentir con lo de los demás. Utilizando ambas "piernas", uno puede avanzar, confiado en la "victoria" y en el éxito de su emprendimiento, al tiempo que lo equilibra con una saludable conciencia de que hay veces en que uno debe restringirse frente a fuerzas superiores a las propias.

El Rebe Najmán enfatiza cuán importante es equilibrar estas dos fuerzas opuestas. En muchos lugares (ver por ejemplo

Likutey Moharán I, 6:4) habla de ser experto en "ir y volver". Esto se basa en la visión de Ezequiel (Ezequiel 1:14), "Las *Jaiot* iban y volvían, con la apariencia de un relámpago". La capacidad de "ir" es necesaria en nuestro servicio a Dios, en esos momentos en los cuales deseamos "elevarnos al cielo" (Salmos 139:8). La capacidad de "volver" se requiere cuando nos vemos forzados a "hacer nuestro lecho en el infierno" (*ibid.*).

Esto significa que si, por un lado, uno es digno de ascender a un cierto nivel, no debe quedarse allí. No importa dónde uno se encuentre, nunca debe estar satisfecho de su nivel. Uno es capaz de más, de modo que está obligado a desarrollar y utilizar esa capacidad. Esto es Netzaj. Esta es la capacidad necesaria para creer y saber que uno puede avanzar constantemente, cada vez más.

Por otro lado, si uno debe caer, Dios no lo permita, entonces no importa cuán lejos o en qué abismos uno haya caído, incluso si se encuentra en los abismos mismos de la depravación, Dios no lo permita, nunca debe abandonar la esperanza. Suceda lo que suceda, es necesario buscar y apelar a Dios para que nos ayude. Es necesario fortalecerse como uno pueda, allí donde se encuentre. Dios puede ser hallado hasta en el más hondo de los abismos. También allí debes unirte a Él y no darte por vencido. Esto es Hod. Esta es la capacidad de volver, de encontrar a Dios incluso cuando te has visto forzado a "hacer tu lecho en el infierno", aceptando, incluso en la más desfavorable de las circunstancias, Su Voluntad y sólo Su Voluntad.

Tus piernas tienen una fuerza tremenda. Aprende a utilizarlas. Practica el mantenerte firmemente de pie. Cuando decidas avanzar, hazlo con convicción. Afírmate. Cuando debas detenerte y dejar el paso, hazlo sin dudas ni pesar.

Dejar pasar implica comprender el secreto de la autoanulación. La pierna derecha corresponde a la autoafirmación y la pierna izquierda a la autoanulación. Caminar requiere de ambas. Cuando te afirmes, no dejes a Dios fuera. Cuando debas anularte, no te engañes pensando que eres inferior. Los más grandes Tzadikim conocieron el secreto de la autoanulación y en eso yace su misma grandeza. Incluso con respecto a Dios se dice que:

> Siempre que encuentres la mención de la grandeza de Dios y de Su omnipotencia, también encontrarás mención de Su humildad. Esta idea puede verse en la Torá, en los Profetas y en las Sagradas Escrituras.
>
> En la Torá está escrito (Deuteronomio 10:17), "Porque el Señor, vuestro Dios, es Dios de dioses y Señor de señores; Dios grande y poderoso, y terrible, que no hace aceptación de personas ni toma cohecho". Inmediatamente después está escrito (*ibid.* 10:18), "que hace justicia al huérfano y a la viuda, y ama al extranjero, dándole pan y vestido".
>
> Esto se repite en los Profetas, como está escrito (Isaías 57:15), "Porque así dice el Alto y el Excelso, que habita la eternidad y cuyo nombre es El Santo: 'Yo habito en el lugar alto y santo; (habito) también con aquél que es de espíritu contrito y humilde; para revivir el espíritu de los humildes y dar nueva vida al corazón de los contritos'."
>
> Se repite nuevamente en las Sagradas Escrituras (Salmos 68:5), "Cantad a Dios, cantad alabanzas a Su Nombre; ensalzad a Aquél que cabalga sobre las nubes, que *Iud-Hei* es Su Nombre; y alegraos delante de Él". Inmediatamente después está escrito (*ibid.* 68:6), "Padre de huérfanos y defensor de viudas es Dios en Su santa morada" (*Meguilá* 31a).

Imita a Dios; imita a los Tzadikim; imita a los ángeles. Sabe cuándo ir hacia adelante y cuándo dejar pasar y sólo avanzar con la certeza de la fe. De esta manera fundarás tu vida sobre un "pie firme". De hecho, equilibrar las dos fuerzas de Netzaj y Hod lleva al establecimiento de un sólido Iesod (cimiento) en la vida. Así como Jesed y Guevurá logran la perfección al combinarse en Tiferet, de la misma manera, Netzaj y Hod se unen y hallan la perfección en Iesod. Así enseña el Ari que la energía espiritual que desciende de las ocho *Sefirot* superiores, desde Keter a través de Hod, todas se unen en Iesod, que es la "*Sefirá* abarcadora". Esto se debe a que Iesod corresponde al órgano de la reproducción, donde convergen y se canalizan todas las energías y desde donde pueden ser compartidas con Maljut en la etapa final del desarrollo de la espiritualidad. Este concepto se refleja en la semilla que es transferida desde Iesod hacia Maljut (ver Parte 9). En este sentido, Maljut también se convierte en una *"Sefirá* abarcadora", puesto que recibe de Iesod *toda* la energía y la abundancia de las *Sefirot* superiores.

La interacción entre Iesod y Maljut completa el proceso del descenso de la fuerza de vida a través del sistema de las *Sefirot*. Podemos decir entonces que cuando la persona ha logrado una vida de aspiraciones espirituales *equilibradas* - rectificando su propia imagen Divina - está en condiciones entonces de canalizar ese equilibrio hacia los demás. Para completar este ciclo se requiere de Maljut, representado por la pareja. Este aspecto del objetivo del hombre será tratado en la Parte 9, "El Sistema Reproductivo".

A lo largo de las escrituras sagradas encontramos que los "pies" corresponden a Maljut; aunque, como hemos indicado, también representan a Netzaj y a Hod. Netzaj y Hod se unen en Iesod, el que se une a su vez con Maljut. Dado que Maljut incluye todas las *Sefirot* y dado que también representa el nivel más bajo de ellas, una referencia específica determinará en cada caso si la mención de las piernas y de los pies deberá identificarse con Netzaj y Hod o con Maljut.

*

Enseña el Ari que Hod, siendo el extremo más bajo del cuerpo por su lado izquierdo (que representa los juicios; ver Apéndice C), es el lugar de donde surge el potencial para el mal. Es por esta razón que cuando Iaacov luchó con el ángel guardián de Esaú, éste lo golpeó en el muslo izquierdo, indicando un debilitamiento de la capacidad de Iaacov para luchar contra el mal durante el exilio (ver Génesis 32:26; *Julin* 91a).

Como hemos visto, las piernas y los pies representan el extremo más bajo al cual puede llegar un hombre y, como tal, su contacto continuo con el mundo material. La existencia espiritual es llamada "vida", mientras que el dedicarse solamente a lo material lleva a la insensibilidad y a la muerte espiritual. Así enseña el Rebe Najmán que los pies, representando Maljut, son los más cercanos al lado de la muerte, al ámbito del "Otro Lado", como dice el versículo (Proverbios 5:5), "Sus pies descienden a la muerte". Por tanto, aquél que ha dañado los "pies" no sólo se une a una existencia material, sino que de hecho le entrega su fuerza espiritual al Otro Lado y permite que las fuerzas del mal se nutran a través suyo (*Likutey Moharán* I, 67:4), que Dios nos salve.

Enseña el Rebe Najmán que todo el mundo físico es comparable a los "pies", la extremidad inferior de los universos de santidad. Este es el significado de (Isaías 66:1), "La tierra es Mi escabel". Es posible encontrar a Dios en todas partes, incluso en el más mundano de los ambientes. Sin embargo, la santidad que se encuentra en los niveles más bajos no tiene el poder ni cercanamente parecido al de aquélla que puede hallarse en los niveles superiores. Más aún, una intensa exposición al mundo material puede absorber a la persona, alejándola de la misma santidad que está buscando. Por tanto el Rebe Najmán recomienda decididamente buscar a Dios a través del estudio de la Torá y de la plegaria, en lugar de tener que descender a los niveles más bajos para poder cumplir con nuestra búsqueda espiritual (ver *Likutey Moharán* I, 54:2).

*

Caminando Erguido

Enseña el Rebe Najmán:

> Para ser capaz de andar por la senda del arrepentimiento (*Teshuvá*) uno debe conocer la *Halajá*, los Códigos (*Likutey Moharán* I, 6:4).

La palabra hebrea para caminar es *HaLiJÁ*, relacionada con la palabra *HaLaJÁ*, que designa los Códigos de la Ley. Dado que la palabra para "caminar" es similar a la utilizada para designar los Códigos, podemos deducir que el conocimiento de los Códigos es aquel conocimiento necesario para andar con éxito por el sendero de la vida. Los Códigos indican aquello que está permitido (refiriéndose a la *Sefirá* de Netzaj, pues ellos nos instruyen sobre cuándo y cómo avanzar) y lo que está proh*ibid*o (refiriéndose a Hod, pues nos instruyen con respecto a cuándo detenernos y no avanzar). Tal conocimiento "trae paz" a un corazón dividido (ver *Likutey Moharán* I, 62:2; ver también arriba, Capítulo 22). Saber qué hacer en una situación dada crea una actitud segura y saludable (cimiento o Iesod) frente a la vida.

Também enseña el Rebe Najmán que la plegaria corresponde a los pies (*Likutey Moharán* I, 55:5). Orar a Dios constituye el reconocimiento de Su dominio, y ésta es la esencia de "pararse con firmeza". Más aún, el temor corresponde a los pies, como en (Eclesiastés 12:13), "El final de todo... es temer a Dios". El temor es el "final", que indica los niveles más bajos. Uno debe comenzar la búsqueda espiritual con "un pie firme", con temor a Dios. Cuando los "pies" son "firmes" (cuando el temor a Dios está presente), ellos crean un canal a través del cual es posible recibir la abundancia proveniente de Dios.

Enseña el Rebe Najmán:

> Las Tres Festividades son llamadas *Shalosh Regalim* [literalmente, "tres pies"], pues ellas revelan el temor a Dios (*Likutey Moharán* II, 4:6).

Cada una de las Tres Festividades conmemora numerosos milagros. Pesaj conmemora el Éxodo y la Apertura del Mar Rojo. La Revelación en el Monte Sinaí tuvo lugar en Shavuot, momento de la entrega de la Torá. Sukot nos hace recordar las Siete Nubes de Gloria que protegieron a Israel en el desierto. Al observar y cumplir las Tres Festividades, volvemos a conectarnos con los milagros que ellas conmemoran y así revelamos el temor a Dios (ver *Likutey Moharán* II, 4:4).

*

Sin embargo, no todo lo que corresponde a los "pies" es necesariamente positivo. Dado que el hombre siempre tiene libertad de elección, el potencial para el mal también debe existir.

Enseña el Rebe Najmán:

> *ReGueL* [pie] corresponde a *RaGaL* [calumnia], pues los calumniadores "caminan" de un lugar a otro, difundiendo sus difamaciones (*Likutey Moharán* I, 14:12).

De todas las formas del mal hablar, la calumnia es de lejos la peor. El Talmud (*Erjin* 15b) iguala la calumnia con el asesinato, pues difamar a otra persona puede causarle un tremendo daño, financiero, emocional, espiritual o incluso físico. Aquél que se dedica a calumniar debilita su propio "cimiento" - sus "pies" - y pierde la base sobre la cual pararse con firmeza. Por el contrario, cuando la gente se abstiene de calumniar y de difamar, aumenta la paz en el mundo (*Likutey Moharán* I, 14:2). (Paz, *Shalom*, corresponde a Iesod - el "cimiento" - el equilibrio perfecto de Netzaj y Hod; cf. *Likutey Moharán* I, 33:1).

La arrogancia también está asociada con los pies, como está escrito (Salmos 36:12), "Que no me pisotee el pie del soberbio" (*Likutey Moharán* I, 22:13). La persona arrogante sufre en general de un complejo de inferioridad y siente que debe vanagloriarse para ser reconocida. Pero la arrogancia es un rasgo despreciable y es debido a la arrogancia que el Pueblo judío está forzado a mantenerse en el exilio y no puede retornar a su Tierra (*Likutey Moharán* I, 11:8).

También el ateísmo está representado en los "pies". Esto lo aprendemos del Salmo 73, donde el Rey David describe cómo el triunfo de los malvados casi lo hizo alejarse del sendero de la verdad. Escribió (Salmos 73:2-3), "Y en cuanto a mí, mis pies casi han resbalado; casi nada (faltaba) para que se torcieran mis pasos. Pues he envidiado a los soberbios y he visto la paz de los malvados..." (ver el texto completo de este salmo).

*

Ganándose el Sustento

El sustento es comparado con los pies, como se enseña (*Sanedrín* 110a), "El dinero pone de pie a la persona [le da seguridad financiera]".

Enseña al Rebe Najmán:

> Es importante elevar el sustento al nivel del *Lejem HaPanim* [el pan de la proposición en el Templo]... Este pan era horneado el viernes a la tarde y se mantenía milagrosamente fresco hasta el Shabat siguiente, nueve días después. Así, el pan de la proposición significa una subsistencia fácil, proveniente directamente del Santo, bendito sea (similar al maná). Cuando la persona puede elevar su sustento hasta este nivel del "rostro" [*panim*], es decir, cuando tiene una fe completa en que el Santo, bendito sea, la proveerá, entonces es mediante su sustento que trae el perdón de sus pecados y revela la Divinidad en el mundo (*Likutey Moharán* I, 31:9).

Ganarse el sustento no es un tema simple. Requiere persistencia y un duro trabajo. Uno nunca puede saber en realidad si sus esfuerzos darán frutos. El Rebe Najmán enseña que todas las formas de trabajo están enraizadas en las treinta y nueve formas arquetípicas de tareas que debieron realizarse en la construcción del Santuario (ver *Shabat* 73a). Esto indica que, para aquél que tiene fe, incluso el trabajo mundano se vuelve espiritual, como si a través de esta tarea estuviese construyendo un Santuario (porque eso es lo que de hecho está haciendo cuando abastece con fe a su hogar). Pero si la persona carece de fe, entonces en vano se atarea en las "treinta y nueve formas de trabajo" (*Likutey Moharán* I, 11:4). Sólo aquéllos que comprenden que únicamente Dios es Quien provee, no necesitan preocuparse por su subsistencia. Así, el hombre debe trabajar siempre en la construcción de su fe, lo que también corresponde a las piernas.

Enseña también el Rebe Najmán que la necesidad de viajar por motivos de trabajo es resultado de un daño en la fe (*Likutey*

Moharán I, 40). Explica el Rabí Natán que, en general, el exilio es resultado de una fe dañada. Así como Adán y Eva fueron expulsados del Jardín del Edén por haber comido del Árbol del Conocimiento, y así como la nación judía como un todo fue exiliada a Babilonia para rectificar el pecado de la idolatría, de la misma manera todos los viajes que uno debe realizar son necesarios para rectificar la fe. Viajar de un lugar a otro implica, conceptualmente, utilizar los pies para localizar y elevar las chispas de santidad diseminadas por el mundo. Así, aunque originalmente fue el daño de la fe lo que causó nuestro patrón nacional de "viaje y exilio", es posible utilizar los viajes para beneficio espiritual - para uno mismo y, de hecho, para el mundo entero (*Likutey Halajot, Pikadón* 5:19). Dado que la mayoría de los viajes se hacen por motivos de trabajo, es necesario fortalecer la fe en que es sólo Dios Quien provee la subsistencia.

Enseña el Talmud (*Suká* 53a), "Las piernas del hombre son su respaldo: allí donde él deba ir, allí lo llevarán". Esto significa que cuando los "pies" de una persona son fuertes, ellos la mantienen firme y son garantía de que no descenderá a los ámbitos del mal y de la impureza (ver *Likutey Moharán* I, 10:9). Hoy en día la gente se moviliza constantemente - viajando al trabajo, yendo de compras, de visita, yendo a aprender Torá, etcétera. El hombre contemporáneo se ha abierto horizontes ni siquiera soñados en siglos anteriores. Así, hoy en día, la capacidad del hombre para producir rectificaciones es mucho más grande de lo que pudo haber sido en las generaciones pasadas; y a través de sus viajes, todos tienen la posibilidad de lograrlas. El Rebe Najmán enseña que una persona puede generar rectificaciones allí donde vaya, pues allí donde esté puede realizar alguna buena acción. Y allí donde se encuentre, con solo cuidarse del pecado, automáticamente rectificará las chispas de santidad (*Sabiduría y Enseñanzas del Rabí Najmán de Breslov* #85).

*

Bailando

Alguien que está feliz puede llegar a sentirse "elevado" al punto en que necesita expresarse a través del baile y de los movimientos del cuerpo. Enseña el Rebe Najmán (*Likutey Moharán* I, 169:1), "Uno debe buscar la alegría, al punto en que los mismos talones *sientan* esta alegría. Entonces, mediante la danza, uno podrá mitigar los juicios". Hemos indicado que tanto los brazos como las piernas corresponden a la fe. Examinemos la fuerza de ambos cuando trabajan al unísono.

Enseña el Rebe Najmán:

> Tanto bailar como aplaudir emanan del espíritu del corazón. Así es posible observar que cuando el corazón de la persona está alegre, ella danza y golpea con las manos...

Los brazos y en particular las manos, se unen al aplaudir; las piernas, y en particular los pies, se mueven juntos en la danza. La felicidad y la alegría son el espíritu que une los brazos y las piernas. Este espíritu llega a la persona a través del Tzadik, quien es llamado "un hombre que tiene espíritu" (ver Números 27:18). Es decir, el Tzadik corresponde al espíritu pues inspira en la gente la búsqueda de la Divinidad. Continúa el Rebe:

> A través del Tzadik, que corresponde al espíritu del corazón, se elimina el orgullo, tal cual está escrito (Salmos 36:12), "Que el pie del orgullo no esté contra mí". También la idolatría es eliminada, como está escrito (Génesis 18:4), "'...y laven sus pies' - esto alude a la idolatría" (*Baba Metzía* 86b) [y el orgullo es equiparado con la idolatría; ver *Sotá* 4b]. Así, cuando los pies se elevan en la danza [a través del Tzadik, del espíritu en el corazón], se elimina el orgullo, que es idolatría. Mediante esto, se mitigan los juicios Divinos y los decretos severos, pues (*Sifri* 13:18), "mientras haya idolatría, la ira Divina recorre el mundo". Cuando la idolatría desaparece, desaparece la ira Divina y descienden *jasadim* [bondades] al mundo. Entonces los pies son (I Samuel, 2:9), "los pies de *JaSiDav* [Sus piadosos]" - aludiendo al aspecto

de *JaSaDim*. Esto corresponde a (Isaías 55:3), "...*JaSDei* [las bondades de] David son fieles"; ellas se describen como "fieles" porque [a través del "espíritu" y de la influencia del Tzadik] se eliminan la herejía y el ateísmo...

Este [espíritu] corresponde también al aplaudir pues, a través del espíritu, se revela la *luz* de las manos, como en (Cantar de los Cantares 5:2), "El llamado de mi Amado *dofek* [pulsa]". *Dofek*, tal como enseña el *Tikuney Zohar* (#25, 70a), es un aspecto del espíritu [del aliento/espíritu que hace palpitar y pulsar el corazón, y es el origen del pulso en las manos]. El versículo que sigue es (Cantar de los Cantares 5:4), "Mi Amado pasó Su mano por el hueco", aludiendo a la revelación de la luz de las manos, que es aplaudir. En ese momento se elimina la idolatría, la herejía. Así está escrito (Éxodo 17:2), "Y sus manos [de Moisés] eran fieles" (*Likutey Moharán* I, 10:6).

Las manos y los pies, cuando están rectificados, corresponden a la fe. Cuando están dañados, corresponden al orgullo, a la idolatría y a la herejía. El orgullo es equiparado con un pie. Así como la persona se apoya sobre los pies para mantener su cuerpo físico, igualmente depende de un espíritu orgulloso para sostenerse emocionalmente. Tal orgullo puede ser contrarrestado y anulado por medio de "los pies que danzan" - siempre que el espíritu que los movilice provenga del corazón y del Tzadik. Continúa el Rebe Najmán:

> Vemos por lo tanto que a través del Tzadik - es decir, a través del espíritu en el corazón - se revela la luz de las manos y de los pies (es decir, aplaudiendo y danzando). El orgullo y el ateísmo son eliminados y aumenta la fe. Es entonces cuando se cumple el versículo en (Salmos 26:12), "Mi pie se asienta en lugar seguro". "Mi pie se asienta" hace referencia a la fe, mientras que la herejía es llamada "un pie que se aleja" (Salmos 73:2).
>
> También la Torá corresponde a las manos y a los pies, pues la Torá consiste de enseñanzas reveladas y ocultas. Lo revelado corresponde a las manos, como en (Cantar de los Cantares 5:4), "Mi Amado pasó Su mano por el *jor* [hueco]". El *jor* alude a (Éxodo 32:16), "*Jarut* [grabado] sobre las tablas", siendo ésta la Torá revelada. La Torá oculta corresponde a los pies, como explicaron

nuestros Sabios sobre el versículo (Cantar de los Cantares 5:4), "Los muslos redondeados" - "Así como los muslos están ocultos, también lo están las palabras de Torá (*Suká* 49b; ver *Likutey Moharán* I, 10:6-7).

La herejía engendra decretos severos, mientras que la Torá y los Tzadikim traen espiritualidad y fuerza vital. Cuando estamos alegres, danzamos y aplaudimos, atrayendo este *espíritu* a todo nuestro cuerpo. Esto limpia nuestros sistemas al reforzar nuestra fe, eliminando la herejía y mitigando así los decretos severos. Dado que también el Tzadik corresponde a un espíritu vivo, asociarse con el Tzadik también mitiga los decretos severos.

El que la danza sea tan efectiva para mitigar los juicios se debe a que éstos se revelan en Maljut, el más bajo de los niveles espirituales. De hecho, los juicios son también llamados "pies", porque ellos también *corren* a cumplir su misión (*Likutey Moharán* I, 169:1).

Enseña el Rebe Najmán:

> Todas las bendiciones descienden de Jojmá, mientras que los juicios se originan en Biná. Jojmá y Biná son los *mojín*. La energía o abundancia transmitida por ellos desciende y alcanza finalmente las *Sefirot* de Netzaj y de Hod, fluyendo entonces a través de Iesod hasta Maljut. La palabra hebrea para designar la rodilla es *BeReJ*, que comparte las mismas letras de la palabra *BeRaJá* [abundancia] y *BeJoRá* [el derecho del primogénito]. *Bejorá* alude a Jojmá, la primera de las *Sefirot*. Cuando las bendiciones emanan de Jojmá, pasan por Biná y luego descienden, a través de las *birkaim* [rodillas/piernas], hasta los niveles inferiores, donde reinan los juicios. Las bendiciones, traídas desde Jojmá hasta Maljut, pueden mitigar los juicios de Maljut (*Likutey Moharán* I, 41).

Más aún, Netzaj y Hod son las fuentes de la profecía y de la canción (*Tikuney Zohar* #21, 49a). La persona que disfruta y danza con alegría puede alcanzar el nivel de la profecía, que corresponde a la canción y a la verdadera alegría. Aquéllos que patrocinan la

Torá (a través de la caridad) son también elevados por la alegría, pues mantener la Torá corresponde a los pies, que sostienen al hombre. Y de hecho, la alegría eleva todo aquello asociado con los pies (*Likutey Moharán* II, 81).

*

Iesod, el Tzadik

Hemos visto que las piernas y los pies corresponden a Netzaj y Hod, los que se unifican en Iesod. Tal como veremos en la próxima sección, "El Sistema Reproductivo", la *Sefirá* de Iesod corresponde al órgano sexual. También corresponde al Tzadik, la persona recta, pues es ella quien supera la más difícil de las pruebas de este mundo, el control del impulso sexual.

Muchas de las lecciones del Rebe Najmán se refieren a los Tzadikim como "los pies", pues ellos son el principal sostén de la nación judía. Vemos también que el pueblo judío está conectado al Tzadik igual que los pies están conectados al cuerpo (*Likutey Moharán* I, 20:10). Es así que el Tzadik es llamado a veces "pies" y también "cuerpo". Esta aparente contradicción puede explicarse cuando se comprende que el Tzadik se encuentra en un nivel superior al de la persona media, así como el tronco y las extremidades superiores del cuerpo se encuentran por sobre las piernas. Sin embargo son los pies y las piernas los que *sostienen* el cuerpo. De la misma manera, la grandeza del Tzadik se debe, en un sentido, al pueblo judío - aquéllos que dependen de él y a quienes él se debe. Él los sostiene y ellos lo sostienen a él. Así, cuando los judíos pecaron con el Becerro de Oro, Dios le dijo a Moisés (Exodo 32:7), "Desciende", y nuestros Sabios explican (*Berajot* 32a), "Desciende de tu nivel. Tu grandeza sólo se debe a Israel".

Como hemos visto, la energía espiritual que desciende a través de Netzaj y de Hod se canaliza a través de Iesod hacia Maljut. Es así que estas cuatro *Sefirot* combinadas son llamadas los "pies" de la Persona Divina. Examinemos de qué manera los

Tzadikim corresponden a los pies y las piernas, para comprender mejor por qué se dice que Netzaj y Hod se unen en Iesod. Debemos comprender también por qué el pueblo judío es considerado los "pies" del Tzadik - por qué son comparados a Maljut con respecto al Tzadik, quien es comparado con Iesod. Esto nos ayudará a comprender el significado del liderazgo y de quién es digno de esa tarea.

Enseña el Rebe Najmán:

> Los líderes de una generación están representados por los pies, porque el consejo corresponde a los pies, como en (Éxodo 11:8), "El pueblo que está a tus pies". Rashi explica esta frase como "aquéllos que siguen tu consejo". Cuando los judíos se estaban preparando para su Éxodo de Egipto y todo lo que ello representaba, debían dejar detrás su ambiente material y embarcarse en el definitivo viaje espiritual al Sinaí y a la Tierra de Israel. Su necesidad más básica en ese momento era un líder fiel que pudiera aconsejar a cada individuo de acuerdo con sus propias necesidades. Este líder lo hallaron en Moisés, cuyo auto sacrificio en aras de su pueblo es algo bien sabido. Es esta combinación de auto sacrificio y de sabiduría para aconsejar, otorgada por el Santo, bendito sea, lo que estableció a Moisés como el paradigma del liderazgo. Así, líderes son aquéllos que pueden dar un consejo verdaderamente beneficioso que ayude a su pueblo a avanzar espiritualmente. Y estos líderes son así comparados con los pies, debido a que andan entre el pueblo y se mezclan con ellos, *aconsejándolos* con respecto a cómo arrepentirse y servir al Santo bendito sea (*Likutey Moharán* I, 22:1).

El versículo en Deuteronomio (7:12) afirma, "Y sucederá, *ekev*, si escucháis todos estos juicios...". El término *ekev* significa literalmente el talón del pie, que corresponde a los juicios. Aquél que *escucha* y hace caso a los "pies" de la nación, a los verdaderos líderes que amonestan al pueblo, puede saber cuándo los juicios están por descender al mundo y puede ayudar a mitigarlos, arrepintiéndose (*Likutey Moharán* I, 22:15). Vemos entonces que la interacción entre los líderes y el pueblo se produce al nivel de los "pies". Esto se debe a que la humildad juega un papel crucial en la relación entre el líder y sus seguidores. Las piernas representan la humildad y la modestia, porque son los miembros que están generalmente ocultos y "debajo" del cuerpo. Cuando una persona es humilde, desea escuchar a los demás y aceptar su consejo, y así es capaz de trabajar en su mejoramiento.

Enseña el Rebe Najmán que una generación que se halla en un nivel espiritual bajo necesita, mucho más que una generación digna, de un líder que pueda imbuirle gran sabiduría e intelecto. Aquéllos que se encuentran en niveles inferiores, en especial en la era anterior a la llegada de Mashíaj, representan los "pies", es decir, las extremidades inferiores.

Escribe el Ari que todas las almas de todas las generaciones están enraizadas en el alma de Adán, el primer hombre. Las almas de las primeras generaciones estaban enraizadas en las extremidades superiores de Adán. A medida que las generaciones se acercan a los días del Mashíaj, las nuevas almas que se levantan están enraizadas en las extremidades inferiores de Adán (*Tikuney Zohar* #70, 138b; ver *Shaar HaGuilgulim*, #30-31). Es por esta razón que la época que precede a la llegada de Mashíaj es conocido como *Ikveta d'Meshija* (los Talones del Mesías), pues estas últimas generaciones surgen de los talones y los pies de Adán. El líder definitivo de esa generación no puede ser menos que alguien como Moisés, quien es un paralelo de Mashíaj (*Likutey Moharán* II, 39:1). Pueda venir pronto y en nuestros días. Amén.

* * *

Parte Nueve

EL SISTEMA REPRODUCTIVO

40

Introducción

El sistema reproductivo marca las diferencias anatómicas entre un hombre y una mujer. Estas diferencias son externamente visibles y reflejan las asombrosas cualidades que Dios les dio a los hombres para traer nueva vida al mundo.

Abrimos esta sección con una descripción de los órganos reproductivos masculinos y femeninos. Luego de estudiar algunos de los más asombrosos aspectos de nuestra biología, podremos apreciar mejor su contraparte espiritual. Aunque la reproducción implica la estructura completa de las diez *Sefirot*, desde Keter hasta Maljut, nos centraremos particularmente en las últimas dos, Iesod (Cimiento) y Maljut (Reinado).

*

La reproducción se produce mediante la unión sexual. En el proceso, el hombre deposita el semen, un fluido viscoso portador de varios millones de células espermáticas, dentro del tracto reproductivo de la mujer. Cuando la célula espermática fertiliza el óvulo de la mujer, se forma un embrión, el cual se desarrolla a lo largo de la preñez y da como resultado un nuevo ser humano.

A los trece años el hombre llega a la pubertad, ese estadio del desarrollo en el cual se vuelve capaz de la reproducción sexual. (Por esto, de acuerdo con la ley judía, es considerado entonces un "hombre"). El sistema reproductivo masculino, externo al cuerpo, está conformado por el escroto, los testículos y el órgano sexual. El esperma, o simiente, se produce y desarrolla en una cantidad de glándulas internas y conductos de los testículos, los que también producen hormonas masculinas. Cuando el hombre se excita, se produce una erección, permitiendo la eyaculación o descarga del semen. Los órganos reproductivos masculinos se encuentran fuera del cuerpo debido que la temperatura interna de éste es demasiado alta como para permitir el desarrollo del esperma. El escroto tiene como función mantener las células espermáticas a una temperatura algo inferior a la del interior del cuerpo.

El sistema reproductivo femenino, ubicado dentro del cuerpo, incluye los ovarios, que producen los óvulos, o huevos, como así también hormonas femeninas; los tubos uterinos (también llamados Trompas de Falopio); y el útero o vientre. Alrededor de la edad de doce años, cuando la mujer alcanza la pubertad, comienza su ciclo menstrual - el proceso que prepara el revestimiento uterino para recibir los huevos fertilizados. En la unión marital, los fluidos reproductivos de la pareja se unen y se produce la fertilización, usualmente dentro de los tubos uterinos.

El huevo fertilizado se divide para formar un embrión, el cual se implanta en la pared del útero, donde se desarrolla hasta ser capaz de sobrevivir fuera del útero. A lo largo de su desarrollo, el embrión (el niño en sus primeras etapas de desarrollo en el útero) y el feto (el término dado para describir el niño en desarrollo luego de los tres primeros meses que siguen a la concepción) se nutre a través de la placenta, la cual permite el intercambio de nutrientes, de oxígeno y de productos de desecho entre la madre y el niño en desarrollo.

El nacimiento comienza cuando el feto alcanza la "madurez". Durante el trabajo de parto, la pared uterina comienza a contraerse rítmicamente, lentamente al comienzo para luego ir aumentando su frecuencia e intensidad (produciendo los dolores de parto) hasta que se produce el milagro del nacimiento.

Luego del nacimiento, la madre tiene la capacidad natural de proveer alimento para el niño en la forma de leche humana, a través de la lactancia, proceso para el cual su cuerpo se ha ido preparando a lo largo del embarazo.

*

El Ari ofrece varias explicaciones sobre el hecho de que para la mujer la pubertad comienza a la edad de doce años, mientras que lleva un año más para el desarrollo en el varón. Es posible encontrar referencias en diversos lugares a lo largo de varios capítulos del *Etz Jaim*, demasiado extensos para tratarlos aquí. Se aconseja al lector continuar su estudio en forma independiente (ver *Etz Jaim* 25:8; *ibid.* 35:2).

El Rabí Natán explica que esta diferencia entre las edades de maduración del hombre y de la mujer se debe al hecho de que el hombre corresponde a Zeir Anpin - que, a su vez, corresponde a la Torá Escrita, la cual se expone a través de los Trece Principios Exegéticos. Es así entonces que se transforma en un "adulto" a la edad de trece años. La mujer corresponde a Maljut, que es conceptualmente la encarnación de las Doce Tribus, el reinado de la santidad y de la fe (el Reino de Israel, compuesto por las Doce Tribus, que aceptó la Torá en el Sinaí; ver también *Likutey Moharán* I, 36). Por lo tanto, alcanza la edad adulta a la edad de doce años (*Likutey Halajot, Daianim* 3:26).

Así como la dimensión física es un espejo de lo espiritual, la perfección de la unión entre Zeir Anpin y Maljut se refleja en la unión entre marido y mujer. La "semilla" en el plano espiritual es la energía espiritual que desciende directamente de Dios a través de las *Sefirot*, desde los niveles más elevados hasta alcanzar la *Sefirá* de Iesod. Esta energía es llamada *shefa* (traducida generalmente como "fuerza vital", "fulgor" o "abundancia"). Cuando la *shefa* desciende y pasa a través de toda la estructura de las *Sefirot*, cada *Sefirá* contribuye con sus propias y singulares características. Para el momento en que llega a Iesod, la "semilla" se ha desarrollado por completo y está lista para ser transferida a Maljut. Es dentro de Maljut donde se depositan los "frutos de Iesod", para que el Reinado de Dios pueda revelarse y establecerse sobre la tierra.

Así como cada una de las *Sefirot* contribuye y entrega a Iesod sus características singulares, de la misma manera cada parte del cuerpo humano contribuye con sus características singulares a la semilla necesaria para la formación del niño. Esto lo aprendemos del Talmud, que enseña (ver *Nidá* 48a) que el esperma proviene de todo el cuerpo humano, de *todos* los órganos, glándulas y hormonas (pues todos ellos contribuyen a la salud del individuo). Más aún, enseña el Zohar que el semen, de color blanco, se origina en la "sustancia blanca" del cerebro; por tanto la mente es la *verdadera* fuente de la simiente humana (*Zohar* III, 235; ver *Likutey Moharán* I, 29:4). (A un nivel práctico, la persona que está por cohabitar tiene primero alguna clase de *pensamiento* asociado a las relaciones maritales, lo que precede a sus acciones). Así como el sistema que implica la interacción de las *Sefirot*, comienza en los *mojín* (el intelecto) y desciende hasta Iesod antes de ser transferido a Maljut, de la misma manera, los *pensamientos* de la persona durante la cohabitación tienen un efecto enorme sobre la formación de las características del futuro niño, pues la simiente se origina en la mente.

La transferencia de la "semilla" espiritual desde Zeir Anpin a Maljut, correspondiente a la fertilización del huevo dentro de la mujer, da como resultado lo que puede ser visto como el "embarazo" de Maljut, y la revelación (nacimiento) de nueva *shefa* en el mundo. De la misma manera, toda la estructura de las "*Sefirot* personales" (manifiestas en el intelecto y en los rasgos de carácter), desde Keter y Jojmá hacia abajo, todas ellas contribuyen al desarrollo de la simiente física (ver *Likutey Moharán* I, 10:5, nota 35).

*

Iesod y Maljut: Una Introducción Kabalista

Muchos de los conceptos relacionados con Iesod y Maljut, que corresponden a la unión entre hombre y mujer, serán tratados en los capítulos siguientes. Aquí presentaremos una breve introducción a estos tópicos.

Zeir Anpin comprende seis *Sefirot*, comenzando con Jesed y terminando con la sexta, Iesod. La energía de Jesed, de Guevurá y de las *Sefirot* que les siguen son contenidas y retenidas dentro de Zeir Anpin hasta que alcanzan la *Sefirá* de Iesod. (Por ende, la revelación de Jesed, etcétera, sólo tiene lugar en el nivel de

Iesod). Es a través de Iesod que Zeir Anpin transmite su *shefa* (abundancia) a Maljut. Maljut recibe la *shefa* y la desarrolla hasta que está lista para ser transferida al mundo, para beneficio de la humanidad.

El *Sefer Ietzirá* explica que las seis direcciones del espacio (norte, sur, este, oeste, arriba y abajo) corresponden a las seis *Sefirot* de Zeir Anpin. Para alguien ubicado en un determinado lugar, las seis direcciones apuntan *hacia fuera*. Esto define el aspecto masculino, pues lo masculino se relaciona con el mundo y se expresa a sí mismo con una orientación "hacia afuera". Maljut, el aspecto femenino, es por el otro lado, una única *Sefirá* y es el punto central que atrae a las seis direcciones de Zeir Anpin. Así, el aspecto femenino de la Creación está representado por un modo introspectivo y es el objetivo final de Zeir Anpin.

Explayándonos más sobre este punto, podemos visualizar a Zeir Anpin y a Maljut como los seis días de la semana y el Shabat. Los seis días de la semana corresponden a las seis *Sefirot* de Zeir Anpin, el aspecto masculino, días en que salimos a ocuparnos de nuestras tareas - así sean nuestras necesidades materiales o nuestra lucha espiritual. Durante el Shabat, nos encontramos en el nivel femenino, pues ahora podemos absorber los frutos de todo lo que hemos estado haciendo durante la semana. Así, una persona puede trabajar muy duro durante toda la semana, física o espiritualmente, pero sin el Shabat no tiene manera de *recibir* los beneficios de sus esfuerzos (ver *Innerspace*, p.75).

Zeir Anpin y Maljut tienen una relación muy especial pues corresponden respectivamente a la *Vav* y a la *Hei* finales del Tetragrámaton. Esta relación es una extensión de la relación entre *Aba*/Jojmá (Padre/Sabiduría) e *Ima*/Biná (Madre/Entendimiento), que corresponden respectivamente a la *Iud* y a la primera *Hei* del Tetragrámaton (ver Apéndice C). La diferencia estriba en que, mientras Jojmá y Biná (como Padre y Madre) son considerados con un "status igual", Zeir Anpin y Maljut no son - en un comienzo - iguales; más bien son descritos como "hijo" e "hija". Zeir Anpin es el "hermano mayor" de Maljut y ella es su "hermana menor". Como "hijos" son separados y diferentes, y deben *crecer* hasta llegar a cumplir con los roles de socios igualitarios. Recién cuando ambos maduran, puede unirse Zeir Anpin con Maljut y llamarla "mi hermana, mi novia" (Cantar de los Cantares 4:9, 4:10, 4:12, 5:1, 5:2). Cerca de las tres cuartas partes de los escritos del Ari tratan sobre el "crecimiento y maduración" de Zeir Anpin y Maljut.

Durante el proceso del crecimiento humano, el desarrollo de la capacidad para reproducirse marca un momento importante de la maduración. La maduración y la reproducción van de la mano y ambas implican Daat. Al observar el crecimiento del niño vemos que ya al nacer se manifiesta un cierto nivel de intelecto; se percibe con claridad que una nueva mente ha llegado al mundo. El niño sano se muestra de inmediato agudamente consciente de su entorno y responde de un modo propio; el sistema nervioso central y el sistema nervioso periférico funcionan interrelacionados desde un comienzo. Al cabo de unos pocos meses, el niño obtiene cierto control sobre sus brazos y manos, y unos meses después sus piernas ganan fuerza y coordinación. En este punto, el intelecto del niño es extremadamente limitado. Aún debe crecer, estudiar y almacenar información en su mente en vías de desarrollo, aprendiendo y comprendiendo. Cuando alcanza la pubertad ya ha adquirido su propia base de conocimientos. Este conocimiento es su nivel de Daat. Cuando el niño madura al punto en que está listo para procrear, es capaz también de traer al mundo nuevas revelaciones intelectuales.

Como hemos visto, Iesod corresponde al órgano sexual y se establece como el punto focal para la liberación de la energía espiritual y física que surge de los poderes combinados del cuerpo entero y de todas las *Sefirot*. Puede decirse entonces que el modo como se encaran las relaciones maritales es la indicación primaria del carácter innato de una persona, de cuánto ha trabajado en su desarrollo y hasta qué punto ha logrado la madurez psicológica. Es decir, el carácter y el auto desarrollo van de la mano con el crecimiento del propio intelecto. Esto ocurre tanto en los hombres como en las mujeres.

Específicamente, la naturaleza del propio Jesed (la capacidad de amar y cuidar al otro) y de Guevurá (el sentido del juicio y de la restricción), de la manera que fueren y en el grado en que se hayan desarrollado, encuentran su expresión en el modo como uno se relaciona con su pareja antes, durante y después de las relaciones maritales. Aquí es extremadamente importante que cada miembro de la pareja desarrolle la sensibilidad para saber cómo incluir a Dios en la relación. Esto a su vez establece el Reinado del Cielo en el mundo. Sólo cuando reine la paz y la gente actúe con el más elevado respeto y amor podrá revelarse toda la gloria de Dios.

*

Hombre y mujer Él los creó.

Génesis 1:27

Enseña el Zohar que cada alma contiene características "masculinas" y "femeninas". Cuando llega el momento en que un alma determinada debe descender al mundo físico, ésta se separa y sus características se vuelven una "entidad dual", una parte masculina y la otra femenina. Este es el gran significado del matrimonio y de la unión marital: volver a juntar las "dos mitades" de un alma (ver *Zohar* III, 283b).

Así podemos comprender mejor una interesante enseñanza del Ari: cada una de las Diez *Sefirot* corresponde a uno de los Santos Nombres de Dios, cada uno de los cuales expresa un específico poder de Dios. El Santo Nombre que corresponde a Iesod es *Shadai*, que se traduce como, "¡Hay suficiente!". Este nombre implica que Dios tiene la capacidad absoluta para darle a cada persona todo lo que necesite. El Santo Nombre correspondiente a Maljut es *Adonai*, que connota "Señor", pues Él es el Señor del Universo y *Rey* de todo (ver Apéndice C).

El versículo afirma (Génesis 35:11), "Yo soy El *Shadai*; fructificad y multiplicaos...". Expandiendo las letras del Santo Nombre *ShaDaI* (*Shin, Dalet, Iud*) se produce la letra *Shin* (*Shin, Iud, Nun*), la letra *Dalet* (*Dalet, Lamed, Tav*) y la letra *Iud* (*Iud, Vav, Dalet*). Si se eliminan las letras iniciales de cada una de ellas, nos quedan las "letras ocultas" *Iud, Nun* (cuyo valor es 60),

Lamed, Tav (430) y *Vav, Dalet* (10). Estos valores de las letras suman 500.

Hemos indicado (arriba, Capítulo 36) que el hombre tiene 248 miembros, mientras que la mujer tiene 252 miembros. La suma de los miembros de la entidad unificada formada al unir los dos individuos separados, el hombre y la mujer, es 500 (ver *Baal HaTurim* sobre Génesis 35:11). Dado que las relaciones maritales deben ser realizadas con recato, *ocultas* de la vista, estas "letras ocultas" (que no son pronunciadas) corresponden a la relación especial entre hombre y mujer, la que los une en santidad para que puedan procrear. Cuando la pareja reconoce la importancia del acto marital - la belleza e intimidad que existe en la unión de dos opuestos - se alcanza entonces la paz y el Reinado de Dios se establece más firmemente.

*

Iesod

El Ari habla de *Or Iashar* (Luz Directa) y de *Or Jozer* (Luz Refleja). Dios nos envía la abundancia que nos sustenta. Con ella vivimos y somos capaces de realizar buenas acciones. De manera recíproca, estas buenas acciones Le dan a Dios un cierto placer. Como un padre y una madre, Dios se alegra cuando Sus hijos "crecen" y se vuelven capaces de Imitarlo. Este es el *najes* (placer) que Él recibe de nuestras buenas acciones. Cuando buscamos emular a Dios, ello es considerado como si Le hubiésemos dado algo en retorno.

Enseña el Rebe Najmán:

> El benefactor corresponde al aspecto masculino, mientras que el beneficiario corresponde al aspecto femenino. Aquél que *da* corresponde al hombre. Aquél que *recibe* corresponde a la mujer. Este principio se aplica a todos los Universos y a todos los niveles. Incluso el Santo, bendito sea, cuando recibe placer del cumplimiento de una buena acción por parte de Sus creaciones,

es considerado, si así pudiera decirse, un Beneficiario, reflejando el Aspecto Femenino (*Likutey Moharán* I, 73:2).

Este concepto puede ser visto en términos de la interacción del hombre con Dios a través de las Diez *Sefirot*: la abundancia de Dios se expande desde Arriba, a lo largo del sendero de las *Sefirot*, a través de Iesod y hasta Maljut. Maljut, como ya hemos mencionado, es la más baja de las *Sefirot* y el punto a través del cual el hombre puede llegar a reconocer y servir a Dios. Aceptar el Reinado de Dios es el primer paso para acercarse a Él. De modo que inicialmente es a través de la *Sefirá* de Maljut que interactuamos y establecemos una relación fundamental con Dios. (Recordemos que Maljut corresponde a lo femenino pues se basa en el rol de *aceptación* del yugo del Reinado de Dios). Sólo luego de haber aceptado el yugo de Su Maljut (Reinado) es posible comenzar a relacionarse con Iesod como el puente hacia los ámbitos superiores. Así como Dios siente placer al enviarnos Su abundancia, también recibe placer de Sus criaturas cuando éstas avanzan hacia niveles superiores en el reconocimiento y servicio a Dios.

La *Sefirá* de Iesod corresponde al *brit*, el órgano reproductor masculino; en la Kabalá, Iesod es llamado *Jai Olamim* - la "Vida de los Mundos" (*Zohar* I, 193b). "Vida", pues por un lado sirve al propósito y a la esencia misma de la vida y por otro, porque se dice que está "vivo", es decir, es un instrumento para dar la vida; "Mundos", porque Iesod actúa como un catalizador, permitiendo la interacción entre los Mundos Superiores y este mundo (Maljut). Así como la *Sefirá* de Iesod transfiere *shefa* desde las *Sefirot* superiores hacia la *Sefirá* de Maljut, Iesod es también el punto de retorno desde donde Maljut, habiendo derivado su fuerza vital y abundancia desde Arriba, puede devolver a Dios el placer de Sus criaturas al servirLo. "Iesod representa así uno de los más grandes placeres humanos. Es el tipo de placer que incluye los niveles más profundos de la mente humana. El placer puede ser bueno o malo, pues puede llevar hacia una u otra dirección" (*Innerspace*, p.69). Si el nivel de Iesod de la persona es de santidad, la llevará a buscar niveles más elevados de Divinidad. Pero el deseo sexual puede

446 / Anatomía del Alma

ser utilizado (y en general lo es) para alejar de la espiritualidad. En los próximos capítulos trataremos el significado del hecho de que la lujuria y la espiritualidad emanen de la misma fuente.

* * *

41

El Pacto de Abraham

Teraj, el padre de Abraham, era uno de los idólatras más importantes de su época. Viviendo en un ambiente idolátrico, Abraham siempre sintió un vacío en su vida. Buscando llenar ese vacío, encontró a Dios, y aunque hubo de pasar por increíbles dificultades, sufriendo hambrunas, guerra y falta de hijos, siempre se mantuvo fiel a Él. Finalmente, Dios hizo un pacto eterno con Abraham y sus descendientes.

> **Y el Señor se le apareció a Abraham y le dijo, "Yo soy *El Shadai*; camina delante de Mí y sé perfecto. Y yo haré Mi Pacto contigo... Estableceré Mi Pacto entre Yo y tú y tu simiente después de ti... Yo seré tu Dios... Y tú heredarás esta tierra... Este es Mi Pacto... Que sea circuncidado cada varón entre vosotros...".**
>
> Génesis 17:1-14

El Pacto (*Brit* en hebreo) es el pacto que Dios hizo con Abraham y con la nación judía.

Debemos considerar el significado del hecho de que Dios, el Rey de reyes, haya hecho un pacto con Su Pueblo. ¿Es posible que por el solo hecho de que se nos practique la circuncisión en la infancia hayamos cumplido con nuestra parte del Pacto? ¿Es posible que desde el momento de la circuncisión estemos absueltos de *guardar* el Pacto y todo lo que significa? Si un rey mortal hiciese un Pacto con el pueblo, ¿acaso no lo honrarían y harían lo posible por cumplirlo todo el tiempo? ¡Por supuesto que harían todo lo posible para no violarlo! ¡Cuánto más aún debe sentirse obligado el judío a honrar, cumplir y guardar constantemente, a lo largo de toda su vida, su Pacto con Dios!

¿Cuál es, entonces, la sustancia de este Pacto? ¿Qué es lo que se requiere exactamente de un judío para cumplir con el pacto? De hecho, ¿dónde se nos dice que debemos amar y guardar el Pacto toda la vida, aparte de lo que se encuentra escrito en el relato del pacto que Dios hizo con Abraham, es decir, del *acto* de la circuncisión?

El signo específico del Pacto de Dios, el órgano sexual, tiene el poder de iniciar una nueva vida. Pero la procreación sólo puede llevarse a cabo a través de la unión sexual. Enseña el Talmud que hay tres socios en la formación de un niño: "El padre contribuye con las partes blancas del cuerpo [huesos, tendones, etcétera]; la madre contribuye con las partes rojas [piel, carne, etcétera]; y Dios le da la vida al niño...". (*Nidá* 31a). Sólo cuando estos tres socios funcionan en conjunto puede el niño llegar al mundo. ¿Cómo sucede esto?

La palabra hebrea para matrimonio es *KiDuSHin*, que surge de la palabra *KoDeSH* (santo). Cuando la unión entre marido y mujer es santa, la Divina Presencia, el Tercer Socio, reside con ellos (cf. *Sotá* 17a). Así, la unión sexual, cuando se realiza en santidad, es un reflejo de la actitud de respeto de la pareja hacia los poderes de procreación otorgados por Dios. Vivir dentro de los límites de las relaciones sexuales permisibles asegura el cumplimiento del Pacto, y por lo tanto del Pacto mismo. Enseña el Rebe Najmán:

> Si la persona contrae matrimonio de acuerdo con la ley de la Torá y mantiene su comportamiento marital dentro de los límites de la Torá, es considerada entonces como una persona que ama el Pacto de Abraham (*Likutey Moharán* I, 11:7). Cuidar el Pacto es el medio principal para acercarse al Santo, bendito sea (*Likutey Moharán* I, 29:5).

*

La Circuncisión

La Circuncisión es el aspecto físico de nuestro compromiso con el Pacto entre Dios y Abraham. El niño nace con una cobertura de piel sobre el glande, la punta del órgano. Esta piel es superflua y, como con todos los otros "excesos" del cuerpo, puede ser retirada sin efectos adversos. El *Brit Milá*, el Pacto de la Circuncisión, requiere quitar esa piel. El proceso de la circuncisión incluye el retiro de la piel, llamada *orlá*, para descubrir el glande.

Hay, de hecho, dos capas de piel que cubren el glande: la primera es el prepucio mismo y la segunda es una fina membrana, que debe ser abierta y empujada hacia atrás del glande. Durante la circuncisión el *orlá* es retirado por completo; esta parte del proceso es llamada la *milá*. Sin embargo, la *milá* deja aún el glande cubierto por la membrana, sobre la cual se realiza la *priá*. *Priá* significa descubrir o revelar, y este proceso implica abrir la membrana para revelar la punta del órgano. Retirar sólo el prepucio, dejando la membrana, invalida la circuncisión.

Escribe el Ari que la mitzvá del *Brit Milá* corresponde a la visión profética de la Santa Carroza percibida por Ezequiel. "Y vi una tormenta de viento proveniente del norte, una gran nube y un fuego fulgurante; una *Noga* [brillo radiante] la rodeaba y un *Jashmal* apareció en el fuego" (Ezequiel 1:4). El Rebe Najmán ofrece una interpretación de esta visión tal como se aplica a la condición humana (ver *Likutey Moharán* I, 82; *ibid.* 19:3-5). Puede decirse que la tormenta de viento representa los obstáculos generados por la familia, los amigos y las dificultades financieras que la persona debe enfrentar en su búsqueda de lo espiritual. La gran nube representa las dudas y la confusión, tales como los cuestionamientos a la fe. El fuego fulgurante alude a la avaricia, a la lujuria sexual, a la arrogancia y al estallido de la ira. *Noga* es el brillo compuesto en parte por el bien y en parte por el mal. El bien en *Noga* debe ser reincorporado a la santidad, para que el mal, privado de su fuente de vida, se agote y muera. El *Jashmal* sirve como una barrera, previniendo que el mal de *Noga* penetre en el ámbito de la santidad.

El prepucio corresponde a las tres *klipot* (literalmente, "cáscaras") completamente malas - representadas por la tormenta de viento, la gran nube y el fuego fulgurante de la visión de Ezequiel. El prepucio cubre por completo el glande, que es llamado *Ateret HaIesod* (la Corona de Iesod) e impide que la *shefa* (abundancia) Divina pase, como debiera, a través de Iesod hasta Maljut. Retirar el "prepucio" - *milá* - extrae de Iesod a estas tres *klipot*, permitiendo una libre transferencia de abundancia. Aun así, esta transferencia no puede realizarse de la manera apropiada hasta que Iesod no sea revelado *por completo*.

La fina membrana que rodea el glande, correspondiente a la cuarta *klipá*, la *Klipá Noga*, debe ser empujada hacia atrás. Es así que se nos ordena cumplir con la *priá*, retrayendo la membrana y revelando el glande. Una vez realizada, la *priá* impide que el elemento negativo de *Noga* entre al ámbito de la santidad.

Al tratar el tema del retiro del prepucio, el Rabí Natán se refiere a las otras aplicaciones de estos términos:

> Existe una ordenanza conocida como el *orlá*, que prohíbe comer las frutas de los tres primeros años de árboles recién plantados. Durante el cuarto año es posible comer sus frutos, pero sólo luego de haberlos redimido. A partir del quinto año, uno puede disfrutar de los frutos de su trabajo sin restricción alguna (ver Levítico 19:23-25). Esto nos enseña el valor de la humildad y el rechazo de la arrogancia. Existen cuatro niveles de humildad, correspondientes a los cuatro primeros años. La persona debe ser humilde delante de aquéllos más grandes que ella, delante de sus pares e incluso delante de aquéllos que se encuentran en un nivel inferior. Cuando se alcanza este tercer nivel de humildad en el cual la persona se considera menos que todas las demás, se debe entonces buscar un nivel más profundo de humildad.
>
> Los tres primeros niveles de humildad contienen algo de arrogancia; estos niveles corresponden a las tres *klipot* negativas - pues en cada uno de estos niveles la persona se niega, en cierta forma, a humillarse delante de los demás. Incluso alguien que actúa con "absoluta humildad" - humildad que lo coloca por debajo de la norma de la estima humana - también posee algo de arrogancia, pues puede llegar a sentir que no es adecuado que alguien como él deba ser tan humillado. Este es el sutil mal de *noga*. Esta *noga* sólo se vuelve una fuerza totalmente positiva cuando la persona comprende que siempre debe ser completamente humilde delante del Creador (*Likutey Halajot, Orlá* 5:1-2).

La arrogancia es la característica más negativa del hombre y debe ser erradicada. Esta característica corresponde al prepucio. La arrogancia es un rasgo que tiende a sabotearse a sí mismo: y es su propia fuente de humillación, pues la persona arrogante es despreciada, dado que es su misma arrogancia la que hace que la gente busque desacreditarla. También a través de sus acciones puede atraer la humillación, esperando y ordenando que las cosas sean como ella lo desea, cuando por lo general no lo son (*Likutey Moharán* II, 82).

En ningún otro lugar se hace tan patente este rasgo negativo como en la actitud de la gente hacia sus proezas sexuales; hay gente que tiende a "pavonearse" y al hacerlo se vuelve objeto de humillación. Por el contrario, aquél que busca la espiritualidad del Pacto de Abraham quita su prepucio - su arrogancia - que es fuente de humillación y oprobio. El Rebe Najmán enseña que "el oprobio y la humillación coinciden con la inmoralidad sexual, y la inmoralidad sexual es sinónimo de un Pacto denigrado" (*Likutey Moharán* I, 19:3).

También enseña el Rebe Najmán:

> El *brit* corresponde al *JaSHMaL* que protege del mal [como arriba], pues *JaSH* tiene el significado de "silencio" y *MaL* sugiere la *Milá* [circuncisión]. Ya hemos visto que el prepucio corresponde a la humillación. Cuando una persona es insultada o avergonzada, pero se mantiene en silencio y controla su deseo natural por responder, al punto en que no siente ningún mal ni siquiera en su corazón, entonces revela las cualidades del *brit*, obteniendo así un tremendo mérito (*Likutey Moharán* I, 82:2).

Es así que el Pacto de Abraham cultiva en la persona las características del autocontrol; aunque sea humillada, será capaz de restringirse y de no responder. Este comportamiento limpia su corazón (ver también arriba, Capítulo 9, "El Torrente Sanguíneo"). Es significativo que también del corazón se dice que tiene un prepucio y que aquél que se vuelve hacia Dios es capaz (y de hecho se requiere que) "circuncide" su corazón (Deuteronomio 10:16).

(Es interesante notar que anatómicamente existe una cobertura del corazón conocida como el pericardio. Hay ciertas afecciones que son tratadas quirúrgicamente por la medicina occidental quitando el pericardio.)

*

El Rebe Najmán enseña que el *brit* es paralelo al concepto de "fructificad y multiplicaos". Al guardar el Pacto es posible merecer un sustento fácil y la ganancia puede ser "fructífera" (*Likutey Moharán* I, 23:4; *ibid.* 34:4). El *brit* también es llamado (Números 35:12) "el pacto de paz", pues la persona que guarda su Pacto tendrá éxito al encontrar la esquiva bendición de la paz - en su casa, en su cuerpo y en su alma. Donde hay paz, hay abundancia y bendición, tal cual se nos enseña (Salmos 147:14), "[Dios] pone por tu término la paz; te satisface con lo mejor del trigo".

El profeta (Ezequiel 36:30) habla de "la vergüenza del hambre". Esto corresponde a una reflexión sobre la vergüenza del prepucio, como en (5:8-9), "Luego de que Josué circuncidara a todo el pueblo... Dios dijo, 'Hoy he quitado de ustedes la vergüenza de Egipto'." Quitar el prepucio, es decir, eliminar las *klipot* que rodean el *brit*, representadas por el "hambre" y la "carestía", abre los canales para que la abundancia llegue a la persona (*Likutey Moharán* I, 39). Así, denigrar el Pacto lleva a la pobreza (*Likutey Moharán* I, 7:7).

*

Un Buen Pacto

Dios le informó a Abraham que estaba haciendo un Pacto con él y con todos sus descendientes. Este Pacto es la señal de que Dios siempre estará junto al pueblo judío y que el pueblo judío siempre estará junto a Dios. Este es el Pacto de (Génesis 17:10): "Deberás circuncidar todo hijo varón". Enseña el Rebe Najmán: Todos los judíos son llamados Tzadikim por el hecho de estar circuncidados (*Likutey Moharán* I, 23:10). En otras palabras, el mérito del *brit milá* es muy grande: es suficiente para otorgarle a la persona la distinción de la santidad y el título de "Tzadik". El Zohar ilustra esto con la siguiente historia:

> Abraham circuncidó a Ishmael, su hijo mayor, cumpliendo con el mandamiento de Dios (Génesis 17:25). Como resultado, y durante cuatrocientos años, el ángel guardián de Ishmael estuvo reclamando su recompensa delante de la Corte Celestial. "¿Acaso no es verdad que todo aquél que tenga el *brit milá* tienen una porción en Tu Nombre?" preguntó el ángel. "Sí", respondió Dios. "Si es así", preguntó el ángel, "¿Por qué Ishmael no recibió una porción de santidad igual a la de Itzjak, el otro hijo de Abraham?" "La circuncisión de Ishmael no fue realizada en aras de la mitzvá", respondió Dios. "Sin embargo", dijo el ángel, "él fue circuncidado".
>
> Dios respondió, "Ishmael recibirá una porción de santidad como recompensa. Sin embargo, así como su *brit milá* fue vacío y carente de un significado profundo, de la misma manera la porción de santidad que recibirá será vacía. La Tierra Santa será la recompensa de Ishmael, pero sólo podrá poseerla cuando no haya allí judíos".

Y, continúa el Zohar, la ocupación árabe de la Tierra Santa será el mayor obstáculo para el retorno del pueblo judío a su madre patria, hasta el momento en que se agote el mérito de la mitzvá de Ishmael (*Zohar* I, 32a).

Si ésta es la recompensa por el *brit milá* cuando no es realizado en aras de la mitzvá, y además carece de significado, ¡cuánto más grande será la recompensa para todos aquéllos que realicen el *brit milá* en aras de cumplir con la voluntad de Dios!

Más aún, afirma el Midrash que Abraham está sentado a la entrada de Guehinom y protege a todo aquél que ha sido adecuadamente circuncidado, evitando que entre. Sin embargo, si alguien ha abusado voluntariamente de su *brit*, Abraham no lo defiende. ¿Cómo sabe Abraham si el alma ha cuidado la santidad de su *brit*? Si no lo cuidó, el prepucio volverá a crecer indicando que esa persona ha abusado de este don con un mal comportamiento sexual. Aquél que trata sinceramente de guardar el Pacto será reconocido por

Abraham y será salvado de Guehinom (*Bereshit Rabah* 48:8).

*

Amor y Matrimonio

Abraham es el paradigma de *Jesed* (actos de bondad). Su amor por sus congéneres era tan grande que constantemente buscaba una ocasión para ayudar a los demás. Es por esto que mereció ser la primera persona a la cual se le ordenó cumplir con la mitzvá de la *milá*. ¿Cuál es la conexión entre Jesed y *milá*?

Como hemos visto, la energía de Jesed sólo puede revelarse a través de Iesod. En tiempos de Abraham aún no había sido entregada la Torá; ¿de qué manera se manifestaba su devoción a Dios? A través de su gran anhelo y deseo por servir a Dios. Abraham sintió que la misión de su vida era revelar al mundo el Jesed de Dios y Su Reinado. También sentía un tremendo deseo de compartir su propio amor y bondad con los demás. Y para poder traer tanto amor al mundo, tuvo que ser circuncidado. La circuncisión eliminó todas las *klipot* que podían impedirle transferirles a los demás el Jesed y la *shefa* de Dios. Espiritualmente esto significa que debía eliminar todo rasgo negativo, simbolizado por el prepucio. Enseña el Rebe Najmán:

> *Jesed* - amor - se muestra a través del deseo y el anhelo de la persona. Aquél que tiene un gran amor, tendrá un profundo anhelo por alcanzar lo que desea. Este amor se manifiesta en el *brit* (*Likutey Moharán* I, 31:6).

El amor, al igual que *Jesed*, significa entregarse sin reservas a los demás. Esto define el objetivo del matrimonio: cada miembro de la pareja debe comprometerse a dar de sí mismo de manera total e incondicionalmente. El lazo del matrimonio es esencialmente espiritual, una unión que trasciende los deseos físicos y las necesidades materiales de los miembros de la pareja. Aquél que se concentra en el lazo espiritual que hay entre marido y mujer llegará a percibir que existe un espíritu que rodea este amor y que sobrepasa por mucho su lazo físico. Las parejas que entran al matrimonio con esta actitud podrán sobrellevar las malas épocas que inevitablemente deberán enfrentar, pues su Pacto se centraliza alrededor de las necesidades más importantes de ambos - sus necesidades espirituales.

Cuando, por el contrario, una pareja se une sólo sobre la base de la atracción física, con el paso del tiempo el matrimonio se deteriora; su relación se desgasta y ambos comienzan a alejarse. Si su concepto de la vida tiende a ser "anticuado", podrán sentir la responsabilidad de mantenerse juntos, quizás para bien de los hijos, pero ninguno de los dos disfrutará ya de la relación. Si son "modernos", pueden entregarse a relaciones ilícitas, extramaritales. La mentira entra en sus vidas y forma parte de la rutina diaria. El temor a ser descubiertos corroe lo poco que queda de una relación agonizante.

Si *Jesed* (es decir, el sentimiento de amor y bondad) de la relación es degradado, entonces también el *brit* es degradado, pues Jesed se manifiesta en Iesod. Es decir, si Jesed se encuentra degradado en su fuente, también estará dañado al manifestarse como Iesod, y ello se reflejará en la relación física dentro del matrimonio. En la mayoría de los casos, es el amor el que ha sido dañado desde un comienzo, pues nunca fue un *verdadero* amor, basado en una unión espiritual. Más aún, como hemos explicado, Jesed es la primera revelación de los *mojín* (arriba, Capítulo 36). Como tal, un Pacto quebrado o engañoso es una señal segura de una mente degradada (ver *Likutey Moharán* I, 34:7).

Enseña el Rebe Najmán:

> El profeta previó (Isaías 11:9), "No obrarán mal ni destruirán en todo Mi santo monte, porque estará la tierra llena del conocimiento del Señor, como las aguas que cubren el mar". Los atributos de la compasión y de la bondad dependen por completo de Daat, el cual será muy grande en el Futuro Mesiánico. Es por esta razón que, cuando llegue Mashíaj, no habrá más crueldad o deseo de dañar a los demás. La compasión reinará en todas partes.

Hoy en día, sin embargo, hay veces en que las fuerzas del mal pueden nutrirse de la compasión... Entonces, la compasión se distorsiona. Cuando la compasión se distorsiona, se vuelve crueldad y el Daat mismo es degradado... Cuando Daat es dañado, se despiertan las pasiones por las relaciones ilícitas [tales como el adulterio]. Esto está relacionado con lo que dicen los Sabios (*Sotá* 3a), "Ningún hombre peca a no ser que lo posea un espíritu de locura [y distorsione su Daat]". Cuando, por otro lado, Daat se perfecciona, la persona está protegida de estas pasiones (*Likutey Moharán* II, 8:2).

El Rebe Najmán nos dice que no todo amor y compasión son lo que aparentan ser. Uno puede, por ejemplo, dejar de reprender a un niño por "compasión", pero ese niño perderá la posibilidad de aprender lo que se espera de él. Otras veces, uno puede actuar con una aparente crueldad al disciplinar a su hijo, pero esto puede servir para fortalecer su carácter. Una falta de adecuada disciplina puede ser reflejo de un Daat degradado, de compasión mal entendida. Así, toda relación necesita de un perfecto equilibrio, tal cual se refleja en Tiferet y Iesod (la columna del centro; ver Apéndice C). Este equilibrio en la relación con los demás demuestra una mente equilibrada y un Daat bien desarrollado, donde el amor y la compasión son verdaderos y beneficiosos y donde cada uno se relaciona con los demás de manera honesta.

Aquél que posee un Daat equilibrado tiene la capacidad de vivir un matrimonio maduro, amoroso y fructífero. Esto se debe a que su Daat se filtrará hasta Iesod, hasta todos los aspectos de su personalidad y de sus rasgos de carácter (reflejados en su orden personal de las *Sefirot*). Ello se manifestará en una relación saludable con la pareja, lo que implica entrega, honestidad y fidelidad. Guardar el pacto y establecer una relación confiable contribuirá a su vez con un Daat bien desarrollado.

Sin embargo, la persona que degrade su Daat caerá en las relaciones ilícitas. No le será fiel a su pareja pues sus intenciones detrás de la relación no son sanas ni muy probablemente, honestas. De hecho, nuestros Sabios se refieren a una relación ilícita como mentira e idolatría (*Zohar* II, 87b; ver también *Likutey Moharán* I, 36:8), pues aquél involucrado en una relación ilícita está viviendo una mentira. Tal persona no puede descubrir la espiritualidad, pues a través de sus propias acciones se ha alejado de la verdad, que es Divinidad. De este modo dañará al Daat que normalmente lo habría acercado a Dios.

Vemos entonces que el *brit* y la fe son interdependientes (ver *Likutey Moharán* I, 31:3). Ser una pareja leal y fiel es el producto de cuidar la conducta sexual que, a su vez, es el resultado de un Daat equilibrado. Controlar los deseos lujuriosos establece a la persona sobre una senda de honestidad y verdad.

Es interesante notar que el atributo de la fe fue también patrimonio de Abraham, como dice la Escritura (Génesis 15:6), "Él tenía fe en Dios". Basándose en este versículo enseña el Midrash que "Abraham fue el primero de los creyentes y el primero en circuncidarse" (*Ester Rabah, Pesijta* 10; *Shir HaShirim Rabah* 4:19; ver *Likutey Moharán* I, 31:6). La conexión es intrínseca para ambos, la fe y el *brit*: dado que Abraham fue el primero en tener fe en el DiosVerdadero, fue a él que se le dio la mitzvá de la circuncisión.

Amalek, por el contrario, representa el ateísmo. Esto se puso de manifiesto cuando los Amalekitas lucharon contra los judíos, castrando a sus víctimas (ver Deuteronomio 25:18, Rashi; *Likutey Moharán* II, 19:3). Enseña el Rebe Najmán que "la fe sólo puede mantenerse cuando uno cuida el Pacto" (*Likutey Moharán* I, 31:3).

Estos conceptos están profundamente relacionados: aquél que guarda el Pacto es (o se vuelve) una persona honesta y confiable. Más aún, como hemos visto, al guardar el Pacto, la persona puede alcanzar verdadero Daat, una conciencia expandida, pues su mente está protegida por el Pacto. Por el contrario, aquél que degrada el Pacto está "malgastando su mente" y reduce su intelecto al nivel de sus impulsos biológicas (ver también *Likutey Moharán* I, 29:4).

Así, el verdadero Daat va de la mano con el cuidado del Pacto (ver *Likutey Moharán* I, 177:2), lo mismo que el amor y la compasión, manifestaciones de ese intelecto. El adulterio, el ser infiel a la pareja, degrada el Pacto. Esta deslealtad es equivalente (a nivel humano) a la idolatría, a la deslealtad hacia lo Divino.

Sin embargo, el Rebe Najmán enseña que existe una solución. Las meditaciones Kabalistas del mes de Elul corresponden al cumplimiento del Pacto. Estas meditaciones incluyen aprender cómo "andar por la senda del arrepentimiento". Todo aquél que se aleja de la senda ordenada y cae en la inmoralidad daña los senderos y caminos por los cuales debe transitar a lo largo de su vida. Arrepentirse y comenzar a guardar nuevamente el Pacto puede rectificar las transgresiones y llevar a la persona de retorno a la senda correcta (*Likutey Moharán* II, 87).

*

Shadai: "¡Hay Suficiente!"

Ahora podemos comprender mejor cómo el Santo Nombre *Shadai* (ver arriba, Capítulo 40) está relacionado con el concepto del *brit* y cómo aquél que guarda el Pacto puede atraer espiritualidad desde este Santo Nombre y llegar por tanto a reconocer a Dios.

El Nombre *ShaDai* es un acróstico de *Sheiesh DaI*, "¡Hay suficiente!" Dios tiene suficientes recursos como para mantener todas y cada una de las facetas de la Creación. Este Santo Nombre refleja la idea de que no es necesario mirar más allá de los propios límites para encontrar satisfacción - así sean límites intelectuales, emocionales, materiales o financieros. Aquél que busca la espiritualidad será mantenido con lo "suficiente" por Aquél que todo lo sustenta.

Consideremos las siguientes enseñanzas:

> *Shadai* indica satisfacción con lo que nos ha tocado en la vida. Esto se refleja en la fe. Pues aquél que posee una fe sólida no desea posesiones materiales. Cuidar el Pacto y, al hacerlo, quebrar nuestra lujuria, atrae sobre nosotros el poder de este Santo Nombre (*Likutey Moharán* I, 23:12).

> El orgullo lleva a denigrar el Pacto. Guardar el Pacto refleja restricción y humildad. Restricción es el reconocimiento de que los recursos del Santo, bendito sea, son suficientes para proveernos de todas nuestras necesidades (*Likutey Moharán* I, 11:3).

42

Iesod: El Tzadik

A lo largo del Talmud y del Midrash encontramos referencias a los Tzadikim y a su grandeza, pero no vemos ninguna descripción concisa con respecto a qué califica a una persona para ser llamada "Tzadik". ¿Cómo definimos al Tzadik? Es claro que el término hace referencia a una persona espiritual. Pero esta "persona espiritual" ¿es acaso un erudito de la Torá o es alguien que ora con fervor? ¿Acaso es aquél que cuida con mucho celo ciertas mitzvot o alguien que cumple con *todas* las mitzvot de la mejor manera posible? La Kabalá es muy explícita con respecto a quién es Tzadik. "¿Quién es Tzadik?" pregunta el Zohar. "Aquél que guarda el Pacto" (*Zohar* I, 59b).

En la Kabalá, Iesod corresponde al nivel del Tzadik, la persona recta. Iosef es presentado como el paradigma del Tzadik: pues se mantuvo firme en su prueba más grande, al rechazar los avances sexuales de la esposa de Potifar (Génesis 39). Dado que, hablando en general, el deseo sexual masculino es más fuerte que el femenino (ver *Ketubot* 64b), en este capítulo nos centraremos principalmente, pero no exclusivamente, en las pruebas que enfrenta el hombre. Sin embargo, muchos de estos conceptos se aplican también a la mujer.

Zeir Anpin, compuesto por las seis *Sefirot* inferiores, representa un nivel más elevado que Maljut, la *Sefirá* más baja. Más adelante explicaremos con detalle la naturaleza de esta relación (Capítulo 44). En este punto, podemos comprender que Iesod, que está incorporado en Zeir Anpin, implica un nivel que es raíz o fuente de Maljut, el nivel inferior que le sigue.

El Rebe Najmán enseña que existen dos niveles del *brit*. El nivel superior se refiere al nivel del Tzadik, al cuidado del pacto. El nivel inferior corresponde al conocimiento de la Torá, aquél que diferencia entre lo puro y lo impuro, lo permitido y lo prohibido, lo correcto y lo incorrecto (*Likutey Moharán* I, 31:5). Abraham, cuyo atributo característico era Jesed, alcanzó el nivel más elevado del *brit*. Como hemos visto, la energía de Jesed sólo se revela en Iesod; es por ello que fue Abraham quien recibió el mandamiento de la circuncisión. El nivel secundario del *brit* fue alcanzado por el sirviente de Abraham, Eliezer, erudito en las enseñanzas de Abraham (*Ioma* 28b). Aquél que logra estos dos niveles del *brit* es conocido como *tzadik* y como *lamdán*, una persona recta y erudita. La persona erudita se encuentra necesariamente en un nivel inferior al del Tzadik, pues el conocimiento debe estar subordinado a las buenas acciones, dado que el conocimiento por sí solo puede engañar a la persona (ver *Avot*, 3:17).

Aquél que, como Abraham, alcanza el nivel más exaltado del *brit*, puede ser muy "fértil". Abraham es llamado (Génesis 17:5) "padre de una multitud de naciones": además de sus propios hijos, "fue padre" de las almas de muchos conversos. La persona que asciende a un nivel elevado de rectitud puede enseñarles a las otras almas cómo servir a Dios (ver *Likutey Moharán* I, 31:5-8).

Vemos entonces que ser Tzadik es haber alcanzado el más elevado de los niveles; por encima aún del nivel de aquéllos que conocen toda la Torá. Guardar el *brit* - observar las leyes que corresponden al Pacto - permite que hasta la más simple de las personas alcance el nivel de Tzadik, aunque no sea el nivel más alto de Tzadik. Tal vez mucha sea escéptica con respecto a este concepto. ¿Es esto *todo* lo que se requiere para ser un Tzadik? Sí, responde el Rebe Najmán. "Acaso es posible ser un Tzadik sin ser un erudito... Hasta la persona más simple puede ser un Tzadik" (*Sabiduría y Enseñanzas del Rabí Najmán de Breslov* #76).

El valor de la palabra hebrea *brit* es 612, pues ésta es una mitzvá que incluye a todas las otras 612 mitzvot. La palabra *Torá* es equivalente a 611, pues también ella está incluida en la mitzvá del *brit*. Podemos concluir entonces que cuidar el *brit* equivale en valor a todas las otras mitzvot combinadas. Todo intento de guardar el Pacto mediante la pureza sexual nos llevará automáticamente hacia la Torá y la santidad.

Más aún, enseña el Rebe Najmán que no es posible comprender siquiera las enseñanzas de un Tzadik a no ser que la mente esté limpia de todo pensamiento lujurioso. Aunque la persona pueda ser erudita, es decir, que haya dominado el nivel inferior del *brit*, sus estudios pueden engañarla. Es necesario buscar constantemente el nivel superior del *brit*, limpiándose de toda lujuria. Sólo entonces se podrán comprender las enseñanzas del Tzadik (ver *Likutey Moharán* I, 36:5). Esta es una doctrina básica para todos, en todos los niveles de la vida.

Esta idea parece implicar una contradicción inherente: ¿Cómo es posible estudiar acerca de la espiritualidad si uno ha degradado el Pacto? No es posible rectificar aquello que ha sido dañado hasta no haber aprendido - del Tzadik - como rectificar esos daños. ¡Pero no es posible comprender las enseñanzas del Tzadik hasta que estos daños no hayan sido rectificados! Esta paradoja se resuelve a través del principio de que todo individuo es capaz de comprender las enseñanzas del Tzadik de acuerdo con el grado en el cual *esté dispuesto* a rectificar sus errores. Si la persona acepta que sus errores son de hecho fallas, que son producto de algún error en *ella misma*, y que en última instancia debe apoyarse en el consejo del Tzadik para ayudarla a corregir ese error, entonces será capaz de beneficiarse de las enseñanzas del Tzadik (*Parparaot LeJojmá* I, 36:5).

Comprender esta enseñanza es de crucial importancia si uno desea embarcarse en el camino espiritual. El Pacto es *el* cimiento sobre el cual es posible comenzar a construir verdaderamente una vida espiritual. Pero considerando las tentaciones que existen (como pronto trataremos), ¿cómo puede alguien superar estos obstáculos? La idea de aceptar la responsabilidad de nuestros errores y de *estar dispuestos* a aceptar la guía del Tzadik nos enseña que la opción por lo Divino es real y *puede* ser alcanzada por todos, en base a los *esfuerzos* que cada uno ponga en la búsqueda. Así como sólo es posible alcanzar los peldaños superiores de una

462 / Anatomía del Alma

escalera si primero se pasa por los inferiores, de la misma manera los esfuerzos de cada uno al comenzar a trabajar lentamente y con constancia contribuirán a una constante elevación del nivel espiritual, permitiendo pasar finalmente por las Puertas de la Santidad y sentir la verdadera dulzura de las enseñanzas del Tzadik.

*

Un Sólido Cimiento...

> **El Tzadik es el cimiento del mundo.**
>
> Proverbios 10:25

¿Cómo se alcanza el nivel de Tzadik? ¿Cómo se puede guardar el *brit*? ¿Cuáles son los beneficios de cuidar y guardar las facultades reproductivas y qué abismos se deben enfrentar si uno sucumbe a la constante presencia de las tentaciones?

Tanto el Talmud (*Guitin* 52a) como el *Zohar* (II, 203a) hablan del "viento tormentoso" que puede generar un trastorno en el hogar antes de la llegada del Shabat. Los seis días de la semana son un paralelo de las seis *Sefirot* de Zeir Anpin, y el Shabat es un paralelo de Maljut (ver arriba, Capítulo 40). Así, cuando Iesod (la sexta *Sefirá*, paralela al sexto día) está dispuesta a transferir su simiente a Maljut - conceptualmente la llegada del Shabat - un "viento tormentoso", es decir, un súbito despertar de los obstáculos, se hace presente para impedir esta transferencia, tentando a la persona para hacerla sucumbir ante la ira o la transgresión. Las tentaciones, al igual que los días de la semana, siempre se presentan en un ciclo recurrente.

Dado que Maljut corresponde a la pareja y al habla (ver arriba, Capítulos 26, 29) es posible superar las tentaciones santificando el habla. Así se "santifican" las relaciones, otorgando el debido respeto a la pareja y no mezclándose en relaciones prohibidas. Al santificar Maljut se despierta el anhelo por lo espiritual, disminuyendo los malos deseos (ver *Likutey Moharán* I, 19:3).

Enseña el Rebe Najmán que existe un "rocío de santidad" cuyas gotas descienden al mundo trayendo abundante bendición y prosperidad. Este rocío corresponde a las "gotas" de simiente que, como hemos visto (arriba, Capítulo 40), emanan de la mente de la persona. Aquél que se conduce con la mirada puesta en la espiritualidad atrae bendiciones al mundo a través de sus "gotas". Sin embargo, dedicarse a actos sexuales proh*ibi*dos es una pérdida de simiente, un debilitamiento de la mente y un derroche de la abundancia - un rechazo impúdico de todo el bien que Dios nos ofrece. Así, degradar el Pacto, malgastando la simiente, disipa las bendiciones y la abundancia, las que entonces se transforman en alimento para los poderes no santos del Otro Lado (ver *Likutey Moharán* I, 11:4).

Vemos entonces que guardar el Pacto es un proceso de santificación. Degradar el Pacto mediante la impureza sexual constituye lo opuesto a esta santidad. El nivel básico del cuidado del *brit* se logra adhiriéndose a las leyes del matrimonio y de la pureza familiar tal cual se encuentran en la Torá. Los siguientes son algunos de los ejemplos más comunes de daño al Pacto:

- Relaciones con una mujer que no se adhiere a las leyes de la pureza familiar.

- Relaciones con una mujer proh*ibi*da en matrimonio por la Torá (tal como un *Kohen* con una divorciada; o peor aún, adulterio, incesto o un casamiento fuera de la fe).

- Relaciones extramatrimoniales.

- Homosexualidad.

- Onanismo.

Cometer cualquiera de estos actos constituye una degradación del Pacto y lo opuesto a honrar y santificar los poderes Divinos de procreación. Todos implican malgastar simiente y la transferencia de todas las bendiciones y la abundancia al Otro Lado, a las fuerzas del mal parásitas de la santidad.

*

Enseña el Rebe Najmán:

> Una ardiente pasión en el corazón se asemeja a un viento tormentoso. Esa pasión sólo puede "enfriarse" mediante un hablar santo. Si la persona no toma la iniciativa de "enfriarla", será el mismo viento tormentoso el que la "enfríe" a ella - produciéndole una emisión nocturna (*Likutey Moharán* I, 19:5).

La palabra hebrea para tal emisión es *KeRi*, similar a la palabra hebrea *KeRIrut*, que significa frío. Una emisión nocturna es llamada *miKRé laila*, pues la violenta tormenta que arde dentro, la responsable de la emisión, hace que el individuo se vuelva frío e indiferente a las influencias de lo espiritual. Si alguien sucumbe a las tentaciones y malgasta su simiente, esto "enfría" sus aspiraciones espirituales. Pero si controla sus tentaciones, puede "calmarse" y encontrar satisfacción física y espiritual dentro del marco de las relaciones permitidas.

Desafortunadamente, guardar el Pacto no es cosa fácil de alcanzar. El mundo en que vivimos ofrece innumerables tentaciones; el hombre se halla expuesto a toda clase de seducciones, mucho antes incluso de llegar a considerar contraer matrimonio. Cuanto más uno espere a casarse, más difícil le será guardar la señal del Pacto con pureza. Es por esto que el Rebe Najmán aconsejó a sus seguidores que contrajesen matrimonio lo más jóvenes posible, antes de ser vencidos por la tentación. Enseñaron nuestros Sabios: aquél que contrae matrimonio antes de los veinte años podrá ser salvado de los pensamientos lujuriosos (*Kidushin* 29b). Aunque el matrimonio no siempre es factible a esa edad, la gente debe casarse lo antes posible.

Incluso luego del matrimonio suelen presentarse diversas complicaciones que generan toda clase de problemas con respecto al cuidado del Pacto. El trabajo y las presiones financieras, los problemas con los hijos, demasiados viajes y muchas otras circunstancias presentan en general una prueba severa. Si agregamos a la lista de las tentaciones diarias la presencia cada vez más notable de los medios de comunicación, uno se encuentra frente a una formidable tarea. Aun así, la institución del matrimonio sigue siendo tan básica para el mantenimiento del equilibrio emocional y espiritual que el Rabí Natán cierta vez hizo notar, "Si están casados y me dicen que se dedican al servicio del Todo Poderoso, les creeré. Si no están casados y me dicen que se dedican al servicio del Santo, bendito sea, ¡no les creeré!" (*Aveneha Barzel* p.85).

*

El Rebe Najmán enseña que la inmoralidad puede destruir el cuerpo (*Likutey Moharán* II, 107). Esto está en conformidad con la enseñanza del Talmud (*Suká* 52b), "El hombre tiene un órgano pequeño [el *brit*]: si lo deja con hambre, se sentirá satisfecho; si lo alimenta, nunca estará satisfecho". Cuanto más se dedica una persona a la actividad sexual, más crece su apetito por ella. Cuanto más respeto sienta una persona por sus facultades de procreación a través de la restricción, más grande será su satisfacción en las relaciones maritales. Esto se debe a que al ejercer el control uno obtiene claridad mental. Aquel que busca aumentar constantemente los placeres sensuales terminará despilfarrando su energía vital y anulando su mente, generándose daño a sí mismo y a los demás.

Este concepto se muestra claramente en la sociedad moderna, con el aumento de la homosexualidad, la pedofília, el abuso sexual y los crímenes sexuales violentos. Todos son productos de personas cuyas mentes han sido violadas y degradadas por la incesante exposición a películas, literatura, propaganda, etcétera.

La homosexualidad y la masturbación, por ejemplo, son las formas más notables de la pérdida en vano de la simiente, y sin embargo muchos consejeros profesionales aconsejan estas actividades como útiles para la liberación de las cargas emocionales. Cuando la gente necesitada de terapia busca ayuda para obtener equilibrio emocional, se encuentra generalmente alentada a dedicarse a ciertas actividades que la llevarán a socavar su energía y a malgastar su mente. Este es un camino devastador que coloca al desafortunado cliente en la senda de un continuo abuso sexual - ¡de sí mismo! - con poca esperanza de mejoría, hasta que un día se despierta y comprende que ha sido mal aconsejado y engañado.

Es por esto que la primera fase de la *teshuvá* (arrepentimiento) implica usualmente un completo cambio de la forma de vida - pasar de un extremo al otro - para producir un quiebre en el comportamiento negativo habitual y darse un tiempo para ajustarse y crear un nuevo patrón de vida. Por ejemplo, es sabido que la única manera de superar el alcohol o la adicción a las drogas es mediante una completa abstinencia. El alcohólico que dice "Un vaso más..." nunca podrá superar su adicción. Lo mismo sucede con la promiscuidad sexual. La única diferencia es que, en el caso del alcohol o de la adicción a las drogas, nunca se podrá volver a ello. En el caso de las relaciones sexuales, sin embargo, la *teshuvá* conlleva una segunda fase denominada "santificación de aquello que está permitido". En otras palabras, de acuerdo con el Judaísmo, las relaciones sexuales sanas dentro de los sagrados precintos del matrimonio y de acuerdo con las leyes de la pureza familiar son, de lejos, la mayor rectificación de los daños del pasado, mucho más que cualquier forma de abstinencia.

En general, sin embargo, la primera fase de la *teshuvá* debe incluir la restricción y el autocontrol. Hasta que la persona no aprenda a controlarse, no tendrá un "Iesod" en su vida, ningún cimiento sólido sobre el cual apoyarse. Luego de que se ha practicado la restricción y aprendido sus valiosas lecciones, él o ella podrán avanzar hacia una vida nueva y saludable.

¿Qué sucede con la persona que no puede hacer *teshuvá* sobre sus malas acciones pasadas? ¿Acaso no hay esperanzas para ella? Esto nos lleva al regalo divino de la reencarnación. Todas las fuentes Kabalistas coinciden en lo siguiente: El alma (o la porción del alma que lo requiera) será reencarnada para rectificar todo mal cometido en su vida previa. Para facilitarlo, el individuo reencarnado será llevado hacia las áreas específicas que requieren rectificación. De acuerdo con el Ari, el Talmud (*Shabat* 118b) alude a esto al relatar que cuando se le preguntó al Rabí Iosef, "¿Qué mitzvá era la que tu padre [Raba] cuidaba con mayor esmero?", el que preguntaba sabía que todo judío debe cumplir con todas las mitzvot de la mejor manera posible. Claramente, por lo tanto, la pregunta era mucho más profunda: si una persona está asociada de manera poco común con una mitzvá en particular, eso indica que su misión al venir al mundo es rectificar esa mitzvá. De acuerdo con esto, la pregunta se refería a cuál era la mitzvá con la que había quedado en deuda el alma de Raba en su encarnación previa. Escribe el Ari que lo mismo se aplica a cada individuo. Las características principales de la debilidad espiritual de la persona son las áreas específicas que debe rectificar (ver *Shaar HaGuilgulim* 16).

Así, si la persona nace con una tendencia a derramar sangre, ésta debe ser canalizada al servicio a Dios, es decir, siendo un *shojet* (carnicero ritual) o un *mohel* (aquél que realiza la circuncisión). Todos tienen dificultades con los rasgos de carácter que Dios les dio para trabajar en esta vida. Si han rec*ibid*o una dificultad, su tarea consiste en encontrar maneras de utilizarla para servir a Dios en lugar de ir en contra de Sus directivas. Lo mismo se aplica a la pasión sexual, al deseo de posesiones materiales y demás.

Enseña el Rebe Najmán que la degradación del Pacto trae la "espada", como en (Levítico 26:25), "Traeré la espada contra ustedes, la que ejecutará venganza por el Pacto" (*Likutey Moharán* I, 20:10). Esta espada se manifiesta en las diferentes clases de sufrimientos por los que debe pasar la gente. Por el contrario, el *brit* representa la paz (ver arriba, Capítulo 41). Cuidar el Pacto trae literalmente la paz al hogar, permitiendo que marido y mujer aprendan a comunicarse en una relación santa entre Iesod y Maljut. De este modo, la pareja puede construir su hogar sobre un cimiento sólido. Allí donde se transgrede el Pacto se debilita el cimiento mismo sobre el cual han construido sus vidas. Su relación se vuelve inestable y la inseguridad reina en sus vidas.

Pero ésta no es una situación definitiva. Escribe el Rabí Natán que una pequeña medida de intelecto es suficiente para contrarrestar el peor ataque contra la mente - y contra Iesod - para que la persona pueda salir victoriosa. El Rebe Najmán escribe que todo sucede "en la mente" (ver *Likutey Moharán* I, 72). La simiente emana de la mente porque es allí donde tiene lugar toda la "acción". Si la persona siente una pasión que puede alejarla de la espiritual, será su mente la que *controle* ese deseo. La pasión puede retornar, pero aquél que preste atención podrá volver a redirigir su mente. Como hemos visto (Capítulo 18), quien busca la espiritualidad tiene la mente abierta y es capaz de volverse hacia otros pensamientos para cambiar así la luz de su conciencia. Aquél que no busca la espiritualidad es de mente estrecha y sus pensamientos pueden fácilmente quedar fijos en una idea.

Agrega el Rebe Najmán que la simiente de la persona es indudablemente algo muy valioso y "querido". La palabra hebrea *IaKaR* (querido) tiene las mismas letras que *KeRI* (emisión). Quien eleva el honor de Dios mediante una conducta moral apropiada se hace "querido". Logra el poder de elevar a aquéllos que han caído debido a la emisión en vano de semen. La Gloria de Dios se revela entonces y es elevada, incluso por aquéllos que recién están comenzando a reconocerLo (*Likutey Moharán* I, 14:1, 13).

Aunque la persona haya degradado su *brit*, siempre hay esperanza. El *brit* es llamado *jotem* (sello) pues el Pacto de Abraham es el sello de Dios en el cuerpo del hombre. El Pacto degradado corresponde a (Levítico 15:3) "*heJTiM besaró* - su carne está sellada [es decir, su órgano ha sido bloqueado con una descarga seminal]". Al aprender a restringirse y guardar el Pacto, uno puede elevarse de un estado de "*heJTiM besaró*", a otro de *JoTeM* (el sello del Pacto) y rectificar así los daños causados (*Likutey Moharán* II, 5:11).

*

...Trae Contento en la Vida

Si no fuera por la sal, el mundo no podría
soportar la amargura.

Zohar I, 241b

La sal tiene una propiedad única que hace que, pese a su sabor amargo, sirva como condimento para casi todos los alimentos. En este sentido, la sal contiene dos propiedades opuestas - su gusto es fuerte, pero suaviza los alimentos, haciéndolos agradables al paladar. En un sentido más profundo, la "dicotomía de la sal" representa el sufrimiento por el que debe pasar la persona y la tranquilidad que encuentra al superarlo. De hecho, el Talmud encuentra un paralelo entre la sal y los sufrimientos en el hecho de que Dios hizo un pacto con ambos.

> Existe un pacto de sal, como en (Levítico 2:13) "Que no falte [de los sacrificios] la sal del Pacto eterno de Dios..."; y existe un pacto con el sufrimiento (ver Deuteronomio 28:69). Así como la sal ablanda la carne, de la misma manera el sufrimiento [ablanda a la persona, pues] genera el perdón por sus pecados (*Berajot* 5a).

Lo triste de la vida es que el sufrimiento les acontece a todos. Alguna gente sufre pequeños problemas; otros, dificultades financieras mayores y otros enfermedades serias o problemas domésticos. Algunos sufren todos los días, otros de manera intermitente; pero todos sufren. Aun así, todo aquél que sufre admitirá que las cosas "podrían estar peor". El Talmud equipara la sal con el sufrimiento, pues "así como la sal ablanda la carne, de la misma manera el sufrimiento genera el perdón por sus pecados". Si bien es verdad que siempre existe el dolor del sufrimiento, dentro de ese sufrimiento hay un "edulcorante" - pues hace que el hombre reconozca sus errores y lo ayuda a dirigir su vida hacia la rectificación de sus fallas. (También esto se alude en la vesícula biliar: la bilis que contiene es muy amarga pero su función es "endulzar"; ver arriba, Capítulo 11).

El Rebe Najmán se refiere al uso de la palabra "pacto" que hace el Talmud con respecto a la sal y al sufrimiento, para revelar una dimensión más de cómo el Pacto puede llevar a la persona hacia una vida de dulzura y satisfacción.

Enseña el Rebe Najmán:

> El Tzadik corresponde al *brit*. Él sostiene el mundo, portando todas sus bendiciones, tal como se nos dice (Proverbios 10:6),

"Bendiciones sobre la cabeza del Tzadik". Pues el Tzadik [es decir, Iesod] retiene la "semilla" de todas las almas, de las cuales emana la abundancia para el mundo (*Likutey Moharán* I, 54:3).

El Rebe Najmán continúa explicando que el concepto del Tzadik alude al cuidado del Pacto. Todos, en la medida en que guarden el pacto, pueden merecer el título de "Tzadikim". El cuidado del Pacto ayuda a la persona a sobrellevar el sufrimiento y a recibir bendiciones, a la vez que le facilita ganarse el sustento. Por ende, el cuidado del Pacto, que indica el nivel de Tzadik y del pacto de sal, ayuda a aliviar el otro pacto, el del sufrimiento.

¿Cómo se produce esto? La simiente, que se origina en el cerebro, es comparada al *tal* (rocío), el rocío santo de la Luz de Dios que fluye desde los Mundos Superiores. Esto se basa en la siguiente enseñanza del *Tikuney Zohar* (Segunda Introducción, 17b):

El Rabí Simón se levantó y comenzó su discurso. Dijo (I Crónicas 29:11): "Tuyos, Dios, son la Grandeza y el Poder. [Tuya es] la Armonía [de estos extremos]. [Tuyo es] el Dominio y el Esplendor sobre Todo lo que hay en el cielo y en la tierra. Tuyo, Dios, es el Reinado y la Absoluta Soberanía sobre todo". Escuchen, seres superiores que duermen en Jevrón, y [Moisés] el Pastor Fiel. ¡Despierten de su sueño! "¡Despierta y canta, tú que moras en el polvo! *Pues Tu rocío será un rocío de luces* y la tierra arrojará a sus muertos" (Isaías 26:19). Éstos son los rectos, de los cuales se dice (Cantar de los Cantares 5:2), "Estoy dormida pero mi corazón está despierto; la voz de mi Amado golpea. Ábreme tu corazón, Mi hermana, Mi amiga, Mi Paloma, Mi perfecta gemela, pues Mi cabeza está llena de rocío y Mis bucles con las gotas de la noche". Pues en verdad, los rectos no están muertos. Por esta razón se dice con respecto a ellos, "¡Despierta y canta, tú que moras en el polvo!"

Pastor Fiel, tú y los Patriarcas deben salir de vuestro sueño y cantar para despertar a la *Shejiná* [literalmente, "la Presencia Inmanente de Dios"]. Pues se dice que mientras la humanidad sea incapaz de percibir la Presencia de Dios en la Creación, la *Shejiná* estará dormida en el exilio. Hasta ahora, todos los rectos han descansado en un profundo sueño. [Pero cuando llegue el momento de la Redención], de pronto la *Shejiná* emitirá tres gritos para despertar al Pastor Fiel. Ella le dirá: Levántate, Pastor Fiel, pues sobre ti está escrito, "Estoy dormida pero mi corazón está despierto; la voz de mi Amado golpea" [regañándome amorosamente] con las Cuatro Letras de Su Nombre. Y Él dice: "Ábreme tu corazón, Mi hermana, Mi amiga, Mi Paloma, Mi perfecta gemela". Pues (Lamentaciones 4:22) "Hija de Sión, ha terminado el castigo de tus pecados; ya no Te llevaré más al exilio". "Pues mi cabeza está llena de *tal* [rocío]".

    ¿Qué significa "llena de *tal*"? Se refiere al Santo, bendito sea. Él dice: Desde el día en que fue destruido el Templo terrenal e Israel fue enviada al exilio, tú pensaste que yo habitaba tranquilamente en Mi Casa Celestial. ¡No! No He entrado en [Mi Casa] Arriba desde el día en que ustedes salieron al exilio. Les daré una señal para mostrarles que no He entrado durante la larga noche de vuestro exilio: "Mi cabeza está llena de *tal* y Mis bucles con las gotas de la noche". El valor de *TaL* [las letras hebreas *Tet-Lamed*] es 39. Esto es equivalente al valor de las tres primeras letras de Mi Nombre [cuando cada letra está "expandida" con la letra *Alef*]: *Iud-Vav-Dalet* = 20; *Hei-Alef* = 6; *Vav-Alef-Vav* = 13 (totalizando 39). La cuarta letra, *Hei-Alef*, es igual a 6. Esta representa Mi *Shejiná* en el exilio. Cuando se suman las Cuatro Letras de Mi Nombre, da 45 (ver Apéndice C). Cuando la última letra, *Hei-Alef*, es separada de las otras [es decir cuando Mi Presencia se oculta de la humanidad], ellas sólo valen 39. La letra final representa así a la *Shejiná*, que es incapaz de recibir el *tal* [rocío] de las tres primeras letras, pues se encuentra en el exilio. Sin embargo, cuando este *tal* fluya para "llenar" la *Shejiná* con el flujo de todas las Fuentes Superiores, Ella revivirá y habrá llegado la Redención. En esa época, el Pastor Fiel y los santos Patriarcas se levantarán de inmediato. Éste es el misterio de la unificación del Nombre de Cuatro Letras de Dios, *IHVH*.

La *guematria* básica (el equivalente numérico) del Tetragrámaton, *IHVH*, es 26. La segunda, tercera y cuarta letras de Nombre pueden ser "extendidas" de cuatro formas diferentes, dando cuatro diferentes ecuaciones numéricas (ver Apéndice C). Una de estas se obtiene deletreando el Nombre utilizando la letra *Alef*, así afirma el Zohar, *Iud-Vav-Dalet* = 20; *Hei-Alef* = 6; *Vav-Alef-Vav* = 13; *Hei-Alef* = 6, dando un total de 45. La letra final, *Hei-Alef*, corresponde a la *Shejiná* y a la *Sefirá* de Maljut. El rocío

472 / Anatomía del Alma

(es decir, la abundancia) de Dios que desciende a Maljut proviene de la expansión de las tres primeras letras, *IHV*, que da un valor de 39, el mismo valor que la palabra *TaL*.

TaL corresponde a las treinta y nueve formas de trabajo que se utilizaron en la construcción del Tabernáculo en el desierto. Como es bien sabido, la abundancia y la bondad llegan al mundo a través del Tabernáculo (es decir, del Templo, donde se revela la Divinidad). Aquel que guarda el Pacto atrae sobre sí el *tal* de abundancia. Cuando se dedica a las treinta y nueve formas de trabajo en busca de su sustento, sus esfuerzos son un aspecto del Tabernáculo - refiriéndose a la construcción del Tabernáculo que corresponde a las treinta y nueve luces del *tal*. El sustento le llega fácilmente y siempre es dulce. Por el contrario, cuando la persona degrada su *brit*, su trabajo es un aspecto del Tabernáculo en el momento de su destrucción. El sustento le llega con dificultad y está lleno de amargura. Esto es equivalente a recibir los treinta y nueve latigazos prescritos por la Torá como castigo para diversas infracciones (*Likutey Moharán* I, 11:4).

Guardar el Pacto ayuda a que la persona viva una vida de satisfacción y alegría, protegiéndola de caer presa de la idolatría en la forma de la avaricia. No hay nada que haga que el hombre pierda más vitalidad y virilidad como la preocupación y la tristeza. Esto lleva a la depresión, la que genera más preocupaciones, *ad infinitum*. Por consiguiente, preocuparse sobre la situación financiera (que, como se explicó [arriba, Capítulo 41], surge de la degradación del pacto) puede acortar la vida de la persona. De manera similar, aquél que se rebela contra el Tzadik, el verdadero guardián del Pacto, es castigado y se ve plagado de una avara insatisfacción. Guardar el Pacto y escuchar al Tzadik ayuda a superar las preocupaciones y conduce a la alegría (*Likutey Moharán* I, 23:3-7).

*

Noé y el Arco Iris

El arco iris, como Pacto, es otro símbolo del cuidado del *brit*. Como hemos visto, la Torá refleja la historia de la humanidad.

Al analizar la historia de Noé y del Diluvio podemos ver cómo ésta refleja la batalla universal en contra de la inmoralidad (ver Génesis 6-9).

Las almas de la Generación del Diluvio estaban sumergidas en la inmoralidad. Practicaban el adulterio, la homosexualidad, la masturbación y el bestialismo (ver *Bereshit Rabah* 6:5). Su constante derroche de simiente invocó terribles juicios, al punto en que la humanidad debió ser eliminada.

El castigo de esta generación estuvo "de acuerdo con su crimen". El pecado principal de la Generación del Diluvio fue la emisión en vano de simiente. Afirma el Talmud que aquél que emite simiente en vano es considerado como si hubiera traído el diluvio al mundo (*Nidá* 13a). Podemos comprenderlo mejor cuando vemos que una sola descarga de semen contiene *varios cientos de millones* de células espermáticas, cada una de las cuales tiene el potencial de fertilizar el óvulo femenino. Esta simiente está "viva" con el poder de dar vida, de modo que toda emisión en vano es una pérdida de vida - tal como una inundación apareja pérdida de vidas.

Noé fue el único hombre de esa generación considerado digno de ser salvado del Diluvio que Dios trajo al mundo. Él era la única figura bíblica con el título de Tzadik. Porque el Tzadik es alguien que guarda su Pacto, y Noé era el único guardián del *brit* en esa generación inmoral.

Para escapar del Diluvio, Noé debió construir un Arca para protegerse y proteger a su familia junto con al menos dos animales de cada especie. El Rebe Najmán enseña que la palabra hebrea para "Arca" es *teivá*, que también puede traducirse como "palabra". La "palabra" de Noé fue la plegaria. Esencialmente, fue esta "palabra" de plegaria, la manera más sagrada y efectiva de utilizar el habla, lo que protegió a aquéllos que estaban en el Arca de las aguas destructivas del Diluvio (*Likutey Moharán* I, 14:10).

Vemos entonces que la única opción de salvación que tuvo Noé, como Tzadik de esa generación, fue elevar sus plegarias a Dios. El Tzadik, como hemos visto, es llamado así debido a que guarda su Pacto. Esto le permite unirse con Maljut, que representa el habla (ver más arriba) y así fortalecer la plegaria y dirigirla de manera apropiada. Fue gracias a sus plegarias que Noé pudo salvarse de la destrucción del Diluvio. Como Tzadik, capaz de fortalecer sus plegarias, pudo también salvar a su familia.

Luego del Diluvio y al salir del Arca, Noé fue abrumado por la visión de la destrucción del mundo. Oró entonces a Dios, Quien le prometió que nunca más traería un diluvio así sobre la tierra. Como prueba de esta promesa, Dios le ofreció a Noé la señal del arco iris como recordatorio de Su Pacto.

Cuando Dios ofreció Su Pacto, esperaba que a cambio de su protección el hombre hiciera lo mismo y tuviese respeto por la moralidad humana. Pero poco después, Jam, el hijo menor de Noé, produjo un tremendo daño a través de su transgresión sexual. Noé lo maldijo duramente, diciéndole, (ver Génesis 9:18-29), "Esclavo serás".

Jam, el hijo de Noé, transgredió en contra de la misma fuerza que le había permitido a Noé sobrevivir - el *brit*. Jam se traduce como "caliente", indicando la "sangre caliente de la lujuria" que arrastra a la persona (*Tikuney Zohar* #18, 37a). Debido al "calor" descontrolado de esta transgresión y por haberse hecho esclavo de sus deseos, Jam fue maldecido con la esclavitud. Éste es el destino que le aguarda a aquél que no controla su lujuria.

Llevando estos conceptos hacia una aplicación más práctica, el Rebe Najmán enseña que el *brit* de Noé y el *brit* de Abraham tienen mucho en común: el arco iris, que señala el *brit* de Dios con Noé, es llamado *keshet*, que también se traduce como arco. El Pacto de Abraham es también llamado el *keshet habrit*, el arco del Pacto; y alude al *brit* cuando éste funciona en pureza. El órgano del *brit* es visto como un arco; la simiente, como la flecha (*Zohar* III, 272a; *Likutey Moharán* I, 29:6). Al cuidar el *brit*, se obtiene el poder de una plegaria efectiva; al rectificar el Pacto (arco), uno puede transformarse en un "lanzador de flechas", alcanzando el "blanco" con sus plegarias de la manera más efectiva (*Likutey Moharán* II, 83:1).

La plegaria se ve afectada por el *brit* debido a que Zeir Anpin corresponde a la voz y Maljut, a la palabra (ver *Zohar* II,

230b). Iesod, que es una manifestación de Zeir Anpin, representa el *brit*, y Maljut recibe de Iesod. Por lo tanto, aquél que guarda el *brit* rectifica la voz y le da poder al habla, a la plegaria. Por otro lado, aquél que degrada su *brit* daña su voz, perdiendo el sentimiento por la plegaria; al dañar el *brit* se disminuye el poder de la plegaria (ver *Likutey Moharán* I, 27:6; *ibid.* II, 1:10).

Esto también se alude en el hecho de que la tráquea está sostenida por seis anillos de cartílago (ver arriba, Capítulo 26). Iesod es la sexta *Sefirá* de Zeir Anpin. Así, al degradar Iesod, el "sexto" aspecto de Zeir Anpin, se daña la voz.

Hemos visto que la simiente proviene de todo el cuerpo (arriba, Capítulo 40). El Rebe Najmán enseña que aquél que guarda el Pacto merece sentir en todo su cuerpo la dulzura de sus plegarias. Todos sus huesos sienten esta dulzura, tal como cantó el Rey David (Salmos 35:10), "Todos mis huesos dirán: 'Oh Dios, ¿Quién es como Tú?'." Sus plegarias son como flechas disparadas hacia el objetivo con precisión, rectitud y verdad (*Likutey Moharán* I, 50:1).

* * *

43

El Remedio General

Cierta vez, al hablar del tema del Pacto, el Rebe Najmán hizo notar que probablemente las tres cuartas partes de la población masculina del mundo experimentaban emisiones nocturnas. A veces esto es resultado de un exceso de comida, y otras veces, de una enfermedad. Pero para aquéllos que la experimentan como resultado de sus pensamientos lujuriosos, sus ramificaciones son verdaderamente temibles (*Sabiduría y Enseñanzas del Rabí Najmán de Breslov* #141). Con esto en mente, el Rebe Najmán reveló el *Tikún HaKlalí* (El Remedio General).

Sabemos que para cada pecado existe un *tikún* apropiado, una acción específica que puede rectificar el daño espiritual producido por esa transgresión. Sin embargo, ¿cuál es el *tikún* cuando necesitamos rectificar muchos pecados, o rectificar un pecado con muchas ramificaciones? ¿Será necesario activar todos los *tikunim* específicos? ¿Acaso es posible? Debido a que no lo es, el Rebe Najmán nos dice que existe un concepto general de rectificación, un Remedio General para todos los pecados.

Enseña el Rebe Najmán:

> Existen 365 prohibiciones en la Torá, correspondientes a los 365 nervios y venas del cuerpo. Transgredir cualquier mandamiento corresponde a dañar la vena o nervio específico asociado con ese mandamiento. Es prácticamente imposible rectificar cada transgresión, pues cada mitzvá tiene muchas ramificaciones, así como cada vena tienen muchos capilares. ¿Dónde es posible entonces buscar la rectificación? Aquí se

aplica el concepto del Remedio General; éste es un remedio que se encuentra por sobre todo y que puede rectificarlo todo. Esto puede lograrse mediante la rectificación del *brit*. [La Torá tiene un total de 613 mitzvot. La palabra *brit* es numéricamente equivalente a 612, al sumarle 1 por la mitzvá misma del *brit* se alcanza un valor igual a 613. Así, el cumplimiento de esta mitzvá engloba a todas las demás]. Rectificando el Pacto, uno puede rectificar todos los demás pecados.

Esto es efectivo pues el *brit* está asociado con el Santo Nombre *Shadai*, "¡Hay suficiente!" (ver arriba, Capítulo 40). El Santo, bendito sea, tiene *suficiente* - suficiente bondad y capacidad - para rectificar los peores pecados y las transgresiones más tremendas. Si, luego de eyacular de manera impropia y de malgastar la simiente, el hombre comienza a guardar el Pacto y a buscar el Remedio General, llegará entonces a *SHaDaI*, la Bondad del Santo, bendito sea. Al arrepentirse, uno obtiene la capacidad de *SHaDI* [se traduce como "poner en su lugar"] todas las rectificaciones necesarias para las diferentes venas y nervios, rectificando incluso las áreas más complejas (*Likutey Moharán* I, 29:4).

Como hemos visto (arriba, Capítulo 42), el *brit* incluye todos los niveles de Torá y de espiritualidad. Al guardar el *brit*, uno "pone" las rectificaciones en su lugar, en aquellas áreas que, en otras circunstancias, habrían sido imposibles de alcanzar. Así, hasta los más serios pecados pueden rectificarse mediante la rectificación general del Pacto, del *brit*.

*

El Remedio General (Tikún HaKlalí)

El Remedio General revelado por el Rebe Najmán es un paralelo de los Diez Tipos de Melodías con las cuales fue compuesto el Libro de los Salmos (ver *Pesajim* 117a; *Zohar* III, 101a). Hemos tratado del poder de la canción (Capítulo 29) y hemos visto que es una profunda expresión del ser interior. El Rebe Najmán enseña que los Diez Tipos de Melodías les dan vitalidad a los diez modos del pulso (ver arriba, Capítulo 24). Cuando la alegría es denigrada, el pulso también se daña. El Remedio General invoca un nivel de canción y de alegría que es capaz de superar a la melancolía y a la depresión causantes de la experiencia de emisión en vano. La canción tiene el poder de rejuvenecer las venas y los nervios dañados, llevando la rectificación hasta los más remotos capilares (ver también *Likutey Moharán* II, 24:1). Tiene el poder de separar el bien del mal y de eliminar los daños espirituales causados por el pecado.

Por tanto, el Rebe Najmán aconseja recitar diez capítulos del Libro de los Salmos con la finalidad de efectuar esta poderosa rectificación. Aunque diez Salmos cualesquiera pueden corresponder a los Diez Tipos de Melodías, el Rebe Najmán reveló los diez Salmos específicos que comprenden el Remedio General. Esos son los Salmos: **16, 32, 41, 42, 59, 77, 90, 105, 137, 150**. Estos diez Salmos constituyen en conjunto una rectificación muy efectiva y deben ser recitados tan pronto como sea posible luego de que se ha experimentado una emisión nocturna, preferiblemente ese mismo día (ver *Likutey Moharán* II, 92:1-2).

Dado que estos diez capítulos del *Tikún HaKlalí* sirven como remedio especial para el pecado de la emisión en vano de simiente - el pecado que abarca en sí la degradación de la señal del Pacto - también sirven como rectificación general de todos los demás pecados. Sabemos que guardar el Pacto demanda pureza sexual y que guardar el Pacto es equivalente a todas las demás mitzvot combinadas. Se desprende que dañar el Pacto mediante la impureza sexual produce un daño espiritual mucho más grave que el causado por cualquier otro pecado individual. Dañar el *brit* es por lo tanto una transgresión específica con ramificaciones muy amplias. Es por esto que para su rectificación requiere un Remedio General - un *Tikún HaKlalí*.

Dijo el Rebe Najmán, "Recitar estos diez capítulos del Libro de los Salmos es un maravilloso remedio y una poderosa rectificación. Es absolutamente original; desde la Creación, todos los Tzadikim han estado buscando un remedio para este pecado. El Santo, bendito sea, ha sido bueno conmigo, permitiéndome conocer y revelar este remedio al mundo" (*Sabiduría y Enseñanzas del Rabí Najmán de Breslov* #141).

El Rebe Najmán nos enseña que recitando los diez salmos del Remedio General, podemos rectificar todos los daños causados por la emisión en vano de simiente - y por todos nuestros demás pecados - y llegar así a un verdadero arrepentimiento (*Sabiduría y Enseñanzas del Rabí Najmán de Breslov* #141).

*

Es importante enfatizar que el Rebe Najmán recomendó el recitado del Remedio General como rectificación para una emisión nocturna *accidental* y no para la emisión deliberada de simiente (*Sabiduría y Enseñanzas del Rabí Najmán de Breslov* #141). No debemos cometer el error de suponer que conocer el Remedio General vuelve inocuo al pecado intencional. Y de hecho, enseña el Zohar que no hay un arrepentimiento efectivo para la emisión voluntaria de simiente (*Zohar* I, 188a).

Pero aun así, pese a la severidad del pecado de la degradación voluntaria de la señal del Pacto, el Rebe insistió enfáticamente en que esta enseñanza del Zohar no debía ser tomada literalmente. Indicó que el arrepentimiento ayuda para *todos* los pecados, inclusive uno tan grave como éste. El verdadero arrepentimiento implica no volver a repetir jamás el pecado: enfrentar la misma situación, encontrar la misma tentación y superarla (*Sabiduría y Enseñanzas del Rabí Najmán de Breslov* #71). Como dijo el Rebe Najmán: "¡Nunca te des por vencido!" (*Likutey Moharán* II, 78).

Escribe el Rabí Natán:

> Existe una chispa eterna de santidad dentro de cada judío. Aquél que derrama su simiente en vano daña esta chispa vital y trae el mal y la muerte al mundo (ver arriba, Capítulo 42). Sin embargo, es posible arrepentirse. Se deberán tomar los pasos necesarios para reparar y rectificar esta "chispa de santidad". Para ello uno debe unirse al Tzadik - aquél que guarda completamente su Pacto. De esta manera, y mediante su arrepentimiento, uno se vuelve digno de revelar niveles adicionales del Amor del Santo, bendito sea. Lógicamente, aquél que ha dañado esta chispa no

debería tener la posibilidad de arrepentirse; pero si se arrepiente genera la revelación de nuevos niveles de Amor (*Likutey Halajot, Tefilin* 2:11).

*

Alusiones Útiles

No es cosa simple superar la pasión sexual. Uno necesita toda la ayuda posible para prevalecer por sobre esta inclinación compulsiva. El Rebe Najmán ofrece varias sugerencias que pueden ser muy útiles para conquistar la lujuria.

En un sentido general, el Rebe Najmán enseña que cumplir con las mitzvot corresponde a la rectificación del *brit* (*Likutey Moharán* II, 1:11). *MiTZVá* proviene de la raíz *leTZaVot*, "unir" o "juntar". Es mediante el cumplimiento de las mitzvot que uno será capaz de recuperar sus "pérdidas", juntar la simiente "desechada" y así rectificarla.

Enseña también el Rebe Najmán: "Cuando merezcas la verdadera alegría, al punto en que llegues a bailar de alegría, el Mismo Santo, bendito sea, protegerá tu Pacto y te ayudará a guardar su pureza" (*Likutey Moharán* I, 169). La depresión es llamada "la mordedura de la Serpiente" y lleva hacia la degradación del *brit*. La alegría, por otro lado, es el arma más efectiva en contra de la depresión y el mejor método para superar la lujuria y guardar el Pacto.

El estudio de la Torá es otra herramienta esencial para el cuidado del Pacto. El Rebe Najmán dice que el estudio de la Torá tiene un poder enorme. Puede sacar a la persona fuera de cualquier abismo en el cual hubiera caído. Cuando se le preguntó con relación a la degradación del *brit*, el Rebe Najmán respondió, "La Torá [en la *Sefirá* de Tiferet] está ubicada más arriba que el *brit* [Iesod]" (*Tzadik* #573).

(Más arriba hemos mencionado que el *bri* engloba a todas las otras mitzvot de la Torá [ver Capítulos 42-43]. Esto contradice aparentemente lo que el Rebe enseña aquí, con respecto a que el nivel de la Torá es más elevado que el nivel del *bri*. Sin embargo, debemos comprender que la Torá es de hecho el

Pensamiento de Dios que nos es revelado para que podamos conocer el camino correcto para acercarnos a Él. Como tal, el *brit* tiene su raíz en la Torá. Sin embargo, a nuestro nivel, el *brit* engloba a todas las otras mitzvot).

También enseñó el Rebe Najmán:

- La verdad protege del daño a la señal del Pacto (*El Libro del Alef-Bet, Verdad* A:24; ver también arriba, Capítulo 41).

- Inspirar a otros en el servicio al Santo, bendito sea, es una rectificación por haber dañado el Pacto (*Likutey Moharán* I, 14). (Aquellas personas a las que uno ha podido inspirar, también estaban "fuera del ámbito de la santidad", como la simiente emitida en vano, y todos retornan ahora a la santidad).

- Para rectificar el Pacto busca la paz (*El Libro del Alef-Bet, Comportamiento Inmoral* A:30; ver arriba, Capítulo 41, sobre la paz).

- Ganar dinero para poder dar caridad sirve como rectificación del propio *damim* [dinero], lo que limpia los *damim* [la sangre de la inmoralidad y de la impureza]. La caridad es comparada con la simiente, como en (Osea 10:2), "Siembren caridad para ustedes". La simiente rectificada - guardando el Pacto - purifica y limpia las venas. De esta manera la caridad puede rectificar la mente (*Likutey Moharán* I, 29:9).

- Aquél que hace buenas acciones y da caridad rectifica su Pacto (*El Libro del Alef-Bet, Caridad* A:54).

- La caridad es una rectificación para el daño del Pacto. Degradar el *brit* mediante la emisión en vano de "simiente" hace que la energía espiritual sea transferida al Otro Lado. Al dar caridad esta energía retorna al ámbito de la santidad. Sin embargo, esto sólo es posible si el receptor es alguien digno. Dar caridad a una causa o persona indigna envía más energía adicional hacia el Otro Lado, aumentando la gravedad de los pecados (*Likutey Moharán* I, 264).

• La Tierra Santa puede ayudar a purificar el *brit* (*Likutey Moharán* I, 44).

También son útiles la plegaria y el *hitbodedut*. La plegaria juega un papel muy importante en la lucha por la pureza, tal como veremos en el siguiente capítulo. Además, como vimos más arriba, el Rebe Najmán reveló el Remedio General como un medio para combatir la lujuria y rectificar el daño espiritual producido por las transgresiones sexuales. (Estos conceptos pueden ser estudiados con más detalle en el libro *El Tikún del Rabí Najmán* publicado por el Breslov Research Institute).

* * *

44

Maljut: El Principio Femenino

Maljut es el Reinado. Es la última de las *Sefirot*, representando la terminación y culminación de la Creación, que es la revelación del Reinado de Dios. En la fisiología humana, la "energía" de Maljut se encuentra contenida en los órganos reproductivos femeninos. Espiritualmente, Maljut es considerado también un "principio femenino", pues se beneficia del flujo de energía espiritual que emana desde Arriba. Como hemos visto, Maljut también devuelve aquello que ha re*cibid*o, de una manera más completa y refinada. En la unión marital, el hombre entrega cientos de millones de células espermáticas, de las cuales sólo una logrará por lo general fusionarse con el núcleo del óvulo femenino. A partir de este óvulo fertilizado la mujer entregará en retorno un niño completo. Antes de tratar los órganos femeninos en detalle, pasemos revista a algunos de los principios y manifestaciones de Maljut.

Zeir Anpin y Maljut son dos Personas Divinas que actúan independientemente, aunque son interdependientes (ver Apéndice C). Cada una denota un individuo *separado* - aunque incompleto por sí mismo. Ambas deben interactuar. Como hemos mencionado (Capítulo 40), Maljut representa la introspección, la capacidad de mirar hacia adentro y de controlarse. Esto puede verse más claramente en la forma en que Maljut se manifiesta como la Ley Oral, como la plegaria y como la fe.

*

La Ley Escrita y la Ley Oral

El Zohar enseña que la Ley Escrita (la Torá) corresponde a Zeir Anpin y que la Ley Oral corresponde a Maljut. Si bien la Ley Escrita es la fuente primaria de todas las leyes y de todos los elementos de la espiritualidad, ésta no provee de una guía clara con respecto a cómo efectivizar esas leyes. Los versículos de la Ley Escrita son demasiado sintéticos como para ser interpretados literalmente. También esto sucede con Zeir Anpin: es completo en sí mismo, pero se encuentra más allá de nuestro alcance. Pero si unimos la Ley Escrita con la Ley Oral, obtenemos una combinación perfecta. La Ley Escrita presenta un versículo y la Ley Oral lo expone. Así podemos ver que todas las leyes se hallan esbozadas con unas pocas palabras de la Ley Escrita y comenzamos a percibir a la Ley Oral con un profundo respeto por sus innumerables tesoros. Si, por otro lado, la Ley Escrita y la Ley Oral son vistas como entidades separadas, nos quedaremos con dos unidades aisladas, cada una incapaz por sí sola de dirigirnos hacia la espiritualidad.

Así Maljut (La Ley Oral), se presenta como la consumación de Tiferet (es decir, Zeir Anpin, la Ley Escrita). De hecho, la Ley Oral descubre las conexiones profundas entre las diferentes partes de la Ley Escrita. Es por esta razón que sólo debemos cumplir con los mandamientos de la Torá a través del "sabio consejo" de la Ley Oral. Intentar seguir cualquier mandamiento de la Ley Escrita, sin ubicarlo en su relación con las otras partes de la Ley Escrita, tal cual se explican en la Ley Oral, puede llevar a serias distorsiones. La Ley Oral, como aspecto de Maljut, tiene la capacidad única de recibir del nivel superior, de la Ley Escrita, y de transformarla en algo práctico, permitiéndole interactuar con todos los niveles por debajo de ella. Si una persona, aunque no posea ningún conocimiento ni comprensión de la Ley Escrita, sigue los "dictados de Maljut", la Ley Oral, estará entonces cumpliendo con sus obligaciones básicas. Pero no así a la inversa.

*

Torá y Plegaria

Zeir Anpin y Maljut también representan respectivamente a la Torá (la Ley Oral y la Ley Escrita) y a la plegaria. A partir de la Torá sabemos *qué* hacer, pero traducir ese conocimiento en acción requiere de la plegaria. Podemos estudiar y ser muy expertos en la ciencia de cómo buscar una vida espiritual, pero sólo mediante la plegaria a Dios podremos ser dignos verdaderamente de comprender e internalizar el alcance de nuestros estudios. Volvemos a ver nuevamente cómo Maljut sirve como reflector de Zeir Anpin, siendo la plegaria el complemento perfecto de la Torá. Al orar para alcanzar la capacidad de cumplir con la Torá, será posible ascender a planos espirituales más elevados, planos desde los cuales se podrá alcanzar mayores y más profundas percepciones de la Divinidad. Así Maljut, que originalmente era el recipiente de la Torá de Zeir Anpin, se vuelve a su vez un catalizador a través del cual es posible transformar las adquisiciones intelectuales en logros aún mayores.

Maljut facilita la revelación del Reinado de Dios pues es la *Sefirá* a través de la cual podemos interactuar con Él. Cuando Dios nos envía abundancia y nosotros reconocemos que ella proviene de Él, ese reconocimiento demuestra nuestra sumisión a Su Reinado. De esta manera, nos transformamos en el factor esencial para la revelación de Su Maljut. Nuestra participación en esta relación dinámica requiere que tomemos todo aquello que hemos re*cibid*o y lo retornemos a Dios de una manera más completa que, como hemos visto, es la función de Maljut. Esto se logra a través de la plegaria.

En nuestras plegarias solemos pedirle a Dios que haga cosas para nosotros. Podemos encontrarnos plagados de problemas, sin salida aparente para una situación difícil. Cuando Le oramos a Dios, Le pedimos una solución o una salvación que requieren de la intervención Divina y que pueden estar mucho más allá del curso "natural" y normal de los acontecimientos. Es muy probable que si persistimos, nuestras plegarias sean respondidas. *Ésta* es la verdadera manifestación de Maljut - *nuestra* capacidad para gobernar. De hecho y en cierto sentido, es la capacidad de gobernar sobre Dios Mismo, "forzándolo", si así pudiera decirse, a alterar las circunstancias "naturales" y a mejorar nuestro destino. Esto define la relación recíproca de Zeir Anpin y de Maljut, donde tomamos la energía espiritual que nos entrega Dios y la utilizamos para servirLo, al punto en que nos volvemos "benefactores", si así pudiera decirse, mientras que Dios es el "Beneficiario".

El Rabí Natán apunta que Zeir Anpin y Maljut comprenden juntos las siete *Sefirot* inferiores. La Torá es llamada "siete", como en (Proverbios 9:1; ver Rashi), "Ha tallado sus siete columnas". También la plegaria es llamada "siete", como en (Salmos 119:164), "Siete veces al día Te alabo...". Es así que la Torá y la plegaria representan cada una, cuando están unidas, la estructura de las siete *Sefirot* de Zeir Anpin y Maljut. La naturaleza de Maljut se encuentra reflejada en el Rey David, quien es conocido como la personificación de Maljut. El valor numérico de *DaViD* es 14, representando la combinación de los siete pilares de la Torá y de las siete alabanzas de la plegaria. Aquél que combina las dos devociones, el estudio de la Torá y la plegaria, perfecciona su aspecto de Maljut, tal cual lo hiciera el Rey David (ver *Likutey Halajot, Birkot HaShajar* 5:6).

En la era actual, Zeir Anpin y Maljut no son iguales, pues uno es principalmente un dador mientras que el otro es casi exclusivamente un receptor. Es por eso que hoy en día prevalece la desigualdad en este mundo. Enseña el Ari que cuando llegue el Mashíaj, Maljut, el aspecto femenino, será igual a Zeir Anpin y, hasta en ciertos aspectos, más grande aún. El Rabí Natán indica que hoy en día, la persona que se ocupa seriamente del estudio de la Torá y de las plegarias - especialmente en su *hitbodedut* - y que hace de ellos "socios en partes iguales", invirtiendo el mismo esfuerzo en ambos, obtendrá el nivel de igualdad de Zeir Anpin y de Maljut como el que existirá en la era Mesiánica (ver *Likutey Halajot, Rosh Jodesh* 5:4; *ibid., Mataná* 5:8).

*

La Fe

Otro concepto fundamental de Maljut es la fe. La fe se basa en la idea de que existe algo que trasciende *mi* conocimiento: yo sé que está allí, pero por el momento no lo puedo comprender. El Rebe Najmán enseña que, en este sentido, Maljut funciona como un embudo - grande en un extremo y pequeño en el otro. La minúscula abertura por debajo es el punto a través del cual se filtra la sabiduría Divina y sin el cual nunca seríamos capaces de comprender el intelecto superior, en ningún nivel (*Likutey Moharán* I, 30:3). Maljut es entonces el "embudo" a través del cual puede pasar Jojmá y así serle entregada a la humanidad. (Este concepto fue explicado más arriba con respecto a los *mojín*; ver arriba, Capítulo 14).

Por otro lado, la fe debe ser dirigida hacia la búsqueda de la Divinidad, el verdadero Intelecto superior. Aquél cuya fe (Maljut) es una "entidad separada" y no está dirigida hacia Zeir Anpin (es decir, la Torá) ni hacia los niveles más elevados - hacia Dios Mismo - no puede alcanzar el intelecto espiritual. Separa a Maljut de su fuente espiritual, impidiendo la transmisión del verdadero intelecto, fomentando así una fe mal orientada o divorciada de todo verdadero intelecto. De manera similar, aquéllos que están esclavizados bajo los "intelectos externos", tales como la filosofía atea y otras locuras que se disfrazan de sabiduría, pueden tener fe en la existencia de un vasto conocimiento, pero su intelecto está mal orientado.

*

El Habla

Como hemos visto (Capítulo 29) el habla también se encuentra relacionada con el concepto de Maljut. Ningún líder puede gobernar sin el habla. Sus edictos deben ser revelados para que sus súbditos los puedan cumplir. De la misma manera, a través de aspecto del habla, Maljut *proclama* la voluntad de Dios y revela Su soberanía.

Enseña el Rebe Najmán:

> Maljut corresponde a la Divina Presencia. Aquél que rectifica su habla adquiere la capacidad de lograr un contacto íntimo con Maljut, con la Divina Presencia del Santo, bendito sea (*Likutey Moharán* I, 2:1).

Maljut, representado por la boca, es el punto a través del cual se canalizan hacia abajo los más sublimes pensamientos que luego son revelados en este denso plano físico. Aunque nadie puede saber lo que otra persona tiene en su mente, sus pensamientos pueden revelarse a través del aspecto de Maljut tal cual es perc*ibid*o en el habla. Maljut representa así la culminación de todo el proceso del pensamiento, siendo a su vez un desencadenante de nuevos pensamientos (que no habrían llegado a la mente de no haber expresado y escuchado otros pensamientos).

*

Todos los "pares" de los que hemos tratado son inseparables e interdependientes. El pensamiento y el habla, aunque distintos, son inseparables. Lo mismo ocurre con respecto al intelecto y la fe, a la Torá y la plegaria, a la Torá Escrita y a la Torá Oral, a Tiferet y a Maljut, a lo masculino y a lo femenino. En cada caso, es *debido* precisamente a sus diferencias que ambos se complementan e interactúan. Ambos son socios, aunque poseen funciones totalmente diferentes. Así como las diferentes hormonas influyen sobre distintas partes de nuestro cuerpo de modos diversos pero necesarios, estas dispares fuerzas espirituales despiertan manifestaciones de conceptos espirituales diferentes aunque igualmente importantes. Es esta total diferencia lo que hace posible la interacción entre las diferentes fuerzas y lo que permite revelar nuevas ideas y conceptos - ¡crear nueva vida!

* * *

45

Eva

Así como Adán es el paradigma de los hombres, Eva (*Javá*) es el paradigma de las mujeres. La palabra hebrea *JAVaH* tiene la connotación del habla, como en el versículo (Salmos 19:3), "Noche a noche [expresa] *ieJAVeH* conocimiento". Eva es así el habla de Maljut que perfecciona al hombre y lo diferencia de los animales, pues el hombre es el único ser, en toda la Creación, que posee el poder del habla. Esto es particularmente importante a la luz del hecho de que uno de los significados básicos del nombre *ADaM* (hombre) es *DoM* (silencio). Esto se refiere al silencio del pensamiento meditativo, a la actividad del pensamiento antes de ser expresada. Eva es así el habla creativa que surge de este profundo silencio de la meditación.

Existen dos tradiciones con respecto al modo en que fue creada Eva. Una dice que Eva fue creada a partir de una costilla extraída de Adán y la otra que Adán y Eva fueron creados espalda contra espalda y que luego fueron separados por la mitad. Estas dos tradiciones están indicadas en los mismos nombres de Adán y Eva cuando se los compara con el Tetragrámaton.

El valor numérico del nombre *ADaM* es 45 (*Alef* = 1; *Dalet* = 4; *Mem* = 40), que es el mismo del Tetragrámaton, *IHVH*, cuando éste es deletreado de forma completa utilizando la letra *Alef* (*IUD* = 20; *hAi* = 6; *vAv* = 13; *hAi* = 6; ver Apéndice).

Cuando las letras del Tetragrámaton (*IHVH*) se calculan solas, éstas suman 26 (*Iud* = 10; *Hei* = 5; *Vav* = 6; *Hei* = 5). Cuando estas letras iniciales (*IHVH*) son omitidas del nombre deletreado de forma completa utilizando la letra *Alef* (cuyo valor, como hemos visto, es equivalente a 45), las letras restantes tienen un valor total de 19, el equivalente de *JaVaH* (Eva).

Las mismas equivalencias se obtienen cuando el Tetragrámaton de 45 es separado por la mitad. Las primeras dos letras deletreadas equivalen a 26. Las segundas dos letras deletreadas equivalen a 19.

Así mediante dos métodos de cálculo altamente significativos vemos que el Tetragrámaton de 45 es una combinación especial de 26 más 19, lo que equivale a 45, *ADaM*. El primer método, en el cual *extraemos* las letras "de relleno" de lo femenino (19), dejando las letras iniciales de lo masculino (26), es un paralelo o contraparte interior de la tradición de que Eva fue *extraída* de la costilla de Adán. En este sentido, el aspecto masculino de Adán (45) es el Nombre *IHVH* (26), mientras que el aspecto interior, femenino es Java (19).

El segundo método de cálculo, donde el Tetragrámaton es separado por la mitad, es un paralelo o contraparte interior de la tradición de que Adán y Eva fueron creados espalda contra espalda y que luego, más tarde, fueron separados dividiéndolos por la mitad (ver *Berajot* 61a).

*

El Tesoro

Vaiven, y la construyó Dios...

Génesis 2:22

Luego de separar a Eva de Adán, Dios la *construyó* como una forma completa. De acuerdo con el Talmud, esto significa que Él "construyó" la forma femenina como un *otzar*, un lugar de acopio o silo, una estructura angosta arriba y más ancha debajo, con el propósito explícito de ser capaz de llevar un niño (*Berajot* 61a). El cuerpo de la mujer comienza a adoptar esta forma al llegar a la pubertad, cuando su pelvis comienza a ensancharse, pues en ese momento ha alcanzado la edad en la cual le es posible concebir.

El Rebe Najmán enseña que la palabra *otzar*, con la cual se compara a la mujer, también significa "tesoro". El tesoro inherente a la mujer es el temor a Dios, como en (Isaías 33.6), "El temor a Dios es Su tesoro", pues aquél que carece del tesoro del temor a Dios no puede pasar por las puertas de la santidad. Esto puede verse también a partir de la correlación de la mujer con la *Sefirá* de Maljut, que corresponde al temor (ver *Likutey Moharán* I, 60:9; ver también arriba, Capítulo 40, que Maljut es la puerta del temor a Dios; ver también Capítulos 32 y 35).

Uno podría pensar que incluso sin temor a Dios, el trabajo espiritual puede ser realizado por amor, pero la verdad es que el amor que carece de temor y respeto no tiene sentido. Como en las relaciones físicas, el amor se desvanece. De hecho, ¿por qué habría de continuar? Sin embargo, en una relación basada *tanto* en el amor como en el respeto, cada uno de los aspectos refuerza al otro. Dios creó en el ser humano la capacidad de amar y de entregarse a sí mismo, pero, sin la personificación del temor, el concepto de la mujer, el ser humano sería incapaz de renovarse y de fortalecerse al verse superado por las muchas y variadas vicisitudes de la vida. El temor a Dios infunde en la persona la restricción necesaria que le permite continuar andando por una senda clara cuando las cosas parecen oscuras. El temor a Dios siempre puede llevar a la persona de retorno hacia su nivel previo - y hacia adelante, a niveles aún no logrados.

*

Abundancia

Maljut es el ámbito donde el hombre interactúa con Dios. Debido a ello, es importante conocer la naturaleza de esta *Sefirá*, para interactuar así más efectivamente con Dios.

El Ari enseña que todos los Universos se encuentran en un estado de continuo movimiento. Cada punto en el tiempo es diferente debido a que, momento a momento, el equilibrio de energía en cada Universo está cambiando constantemente (*Etz*

Jaim 1:5). El Rabí Natán agrega que precisamente debido a esto el arrepentimiento es efectivo para todos; pues cada momento trae una nueva vida, presente en una situación totalmente nueva que nunca antes ha existido (*Likutey Halajot, Tefilín* 5:5). En ningún otro lugar se hace más evidente este cambio como en Maljut, la *Sefirá* que refleja el aspecto femenino.

En el cuerpo de la mujer ocurren los cambios más singulares y más continuos. Cada mes, por ejemplo, el ciclo menstrual afecta tanto el cuerpo como los estados mentales y emotivos de la mujer. Las transformaciones que tienen lugar dentro del cuerpo de la mujer a lo largo del embarazo son mucho más notables aún que aquellas diferencias fisiológicas que existen entre el hombre y la mujer.

Estos cambios no siempre fueron parte de la vida de la mujer, sino que comenzaron luego de que Adán y Eva comieran del Árbol del Conocimiento del Bien y del Mal. Antes de su pecado, Adán y Eva cohabitaron y sus hijos, Caín y Abel, nacieron de forma inmediata. Tras comer del Árbol, Adán y Eva fueron castigados de diferentes maneras. En lugar de quedar en el Jardín del Edén, libre de preocupaciones con respecto a su subsistencia, el hombre fue forzado a salir y fue maldecido con la necesidad de trabajar duro y de sudar para lograr la satisfacción de sus necesidades físicas. La mujer, por su parte, fue castigada con los dolores de los ciclos menstruales, del embarazo y del parto (*Rashi* sobre Génesis 3:16-19).

El "nacimiento inmediato" que existía en el Jardín del Edén se reflejaba también en el nivel conceptual, pues en el estado de existencia anterior a que el hombre comiese del Árbol, éste era capaz de concebir nuevas ideas y de percibir inmediatamente sus resultados. La transgresión de Adán y Eva dio como resultado la necesidad de que toda la humanidad experimentara el doloroso proceso de la prueba y el error, y la angustia de tener que esperar ansiosamente antes de poder disfrutar de los resultados o de experimentar su recompensa.

Aunque, como consecuencia de las acciones del Primer Hombre, debemos vivir con un cierto nivel de tribulaciones, esto puede ser beneficioso para nuestro crecimiento espiritual. Una ventaja, como hemos visto más arriba, es el hecho de que ahora el arrepentimiento es más efectivo. Por esta razón, es necesario comprender que las plegarias deben ser siempre diferentes, ajustándose constantemente a las cambiantes necesidades y a las nuevas pruebas que se presentan. Esto se debe a que toda interacción con Dios tiene lugar en el ámbito de Maljut, correspondiente a la palabra y a la plegaria. Para lograr un arrepentimiento efectivo, se deberán incorporar ambos aspectos de Maljut - el cambio y la plegaria - dado que éste es el ámbito en el cual uno se comunica con Dios.

Otro beneficio proveniente del castigo de Adán y Eva se aplica a los cambios que debe atravesar la mujer y cómo es que ellos se manifiestan en Maljut. Los cambios en Maljut son comparados a las etapas humanas de la infancia, la madurez, el matrimonio y el nacimiento de los hijos. En términos de la relación entre el hombre y Dios tal como se manifiesta en Maljut, debemos comprender que la capacidad del hombre para ejercer control sobre la abundancia que Dios le entrega a este mundo, es regulada de acuerdo con las constantes transformaciones que ocurren dentro de Maljut. De modo que las diferentes etapas representadas en Maljut - infancia, madurez, matrimonio y nacimiento de los hijos - corresponden a los niveles del cumplimiento de las buenas acciones por parte del hombre.

Dios envía abundancia al mundo de acuerdo con los esfuerzos del hombre para alcanzar Su conocimiento. Si el hombre utiliza todas sus fuerzas en el cumplimiento de las mitzvot, Dios entrega una gran abundancia. Pero si el hombre peca, la abundancia es retenida o es enviada en demasía y derivada por senderos tortuosos y "callejones" hacia el Otro Lado, el cual penetra en Maljut y extrae la *shefa* (abundancia) para sí mismo, Dios no lo permita.

Es importante notar, tal como explica el Ari (*Etz Jaim* 35:1), que la palabra hebrea para mujer es *NeKVah*. Sus letras representan los tres estadios del desarrollo femenino: *Ketaná* (niña), *Na'aráh* (pubertad) y *Bogueret* (madurez). La letra final de *nekvaH*, la *Hei*, representa la letra *Hei* final del Tetragrámaton.

Una mujer no vuelve a la infancia una vez que ha alcanzado la pubertad y nunca vuelve a la pubertad una vez que ha alcanzado la adultez; pero la *Sefirá* de Maljut *siempre* está cambiando. Cuando Maljut alcanza el nivel de madurez y "cohabita" con Zeir Anpin, desciende la *shefa*. Pero dado que la humanidad aún no está lista para la Redención, Maljut debe revertir a una etapa de inmadurez, comenzando nuevamente todo el proceso. Cuando, en la época Mesiánica, toda la humanidad vuelva a Dios, Maljut madurará completamente y se mantendrá en ese nivel. Entonces abundará la *shefa*, todos gozarán de salud y prosperidad y el sufrimiento desaparecerá de la faz de la tierra.

*

Un Cimiento Puro

Una de las diferencias entre la fisiología del hombre y de la mujer consiste en el hecho de que cuando el hombre alcanza la pubertad, es capaz de procrear sin cambios aparentes importantes en su cuerpo. Su prepucio, que representa diversas características negativas, le fue quitado mucho antes, en el momento de la circuncisión (ver arriba, Capítulo 41). El cuerpo femenino, por el contrario, comienza a atravesar en la pubertad varios cambios notables: su pelvis y su cadera se ensanchan y sus pechos se desarrollan, por citar algunos ejemplos. A diferencia del hombre, el Iesod femenino aún tiene una *klipá noga*, reflejada en el himen, que aún debe ser penetrado para que ella pueda procrear.

El desarrollo de la mujer es paralelo a los cambios que debe sufrir Maljut cuando alcanza sus propias etapas de madurez. Recién cuando Maljut ha "madurado" puede unirse con Zeir Anpin y recibir así la *shefa* Divina.

Enseñan nuestros Sabios que la virginidad de la mujer denota pureza (*Nidá* 65b). El Ari trata este tema en profundidad, aunque sus enseñanzas se encuentran más allá del espectro de esta obra. Sin embargo, es básico en el acercamiento general del Ari el que la existencia del himen le permite a la mujer cuidarse de la exposición a fuerzas indignas hasta el momento en que está lista para unirse en una relación marital pura en aras de la procreación. En ese punto, el Iesod del hombre se combina con el Iesod de la mujer, estableciendo un "cimiento" sólido, donde pueden llevarse a cabo la concepción y el nacimiento.

Este concepto nos enseña que Dios ha equipado a cada individuo con los medios para cuidarse del ateísmo y de la inmoralidad. Todo aquél que así lo desee, podrá protegerse de estas fuerzas y construir una vida espiritual, mediante sus propios recursos otorgados por Dios; pues todos tenemos la capacidad de fundar sólidos cimientos morales para las futuras generaciones.

*

Renovación: El Ciclo Mensual

Maljut corresponde a la Luna. Percibimos a la Luna en un ciclo mensual, creciendo gradualmente desde el comienzo de cada mes, llegando a llena a mediados del ciclo y luego menguando. Al llegar al punto en que parece desaparecer, ésta se renueva inmediatamente, volviendo a crecer. Así, la Luna es un ente en constante cambio, como la mujer que experimenta los ciclos mensuales de la menstruación. Ambos son manifestaciones de Maljut.

Al comienzo del ciclo menstrual, se liberan diversas hormonas que estimulan el desarrollo de los óvulos. Cerca de catorce días más tarde, un óvulo está maduro y listo a ser fertilizado. Este estado de madurez sólo dura unos pocos días. Si durante ese tiempo no se lleva a cabo la fertilización, el óvulo comienza a degenerarse y poco después el epitelio interno del útero, junto con el óvulo, es expelido del cuerpo en el proceso de la menstruación. Este ciclo es asombrosamente similar al de la Luna, la cual crece hasta la "madurez", se mantiene llena unos pocos días y luego disminuye.

Escribe el Rabí Natán que estos ciclos también pueden verse en correspondencia con la existencia humana en general. Cada persona tiene constantes subidas y bajadas, su "crecer y menguar", lo que hoy llamaríamos biorritmos. Escribe el Ari que cada persona tiene al menos un día por mes en el que todo "sucede de la manera correcta", como también algunos otros días de éxito en momentos específicos (ver *Shaar HaGuilgulim* #38, p.135). Pero, ¿cómo debemos lidiar con los momentos difíciles, diseminados por todo el mes?

La respuesta, inherente a los ciclos físicos que pueden verse en la naturaleza - el ciclo lunar y el ciclo menstrual - es que todo lo que sucede, así sea bueno o malo, forma parte del constante ciclo de la vida. Cuando algún momento o situación trae éxito, alivio o alegría, debemos tratar de utilizarlo a nuestro favor. Sin embargo, cuando los momentos difíciles inevitablemente llegan, debemos superar toda tendencia al pesimismo y a la negatividad, extrayendo fuerzas de los buenos tiempos, siendo conscientes de que así como la luna disminuye, también crece. Es por esto que la "Luna Nueva" es llamada *Rosh Jodesh*; la palabra *JoDeSH* tiene las mismas letras que la palabra hebrea *JaDaSH* (nuevo). La renovación mensual de la luna nos enseña que es necesario que una persona se renueve constantemente, sin importar la situación en la que se encuentre. De hecho, continúa el Rabí Natán, es posible renovarse cada día que pasa (*Likutey Halajot, Tefilin* 5:19).

El Rey David refleja todas las cualidades de Maljut, tal cual éstas se manifiestan en la Luna (ver arriba, Capítulo 40). Enseñan nuestros Sabios (*Zohar* I, 55a) que el Rey David no debía haber vivido, pues estaba destinado a nacer muerto. Dios le permitió a Adán conocer esta información y así, para salvar el gran potencial que reconoció en el alma del David, Adán le otorgó setenta años de su propia vida. (Es así que Adán sólo vivió novecientos treinta años, en lugar de los mil años que estaba destinado a vivir). Manteniéndose en el patrón cíclico tal cual puede verse en Maljut, el Rey David se renovaba constantemente. Él, más que cualquier otra personalidad bíblica, sufrió terriblemente a lo largo de toda su vida. Pero aun así se revitalizaba constantemente y recobraba fuerzas. Por eso, si bien originalmente "no tenía vida", fue capaz de darse una vida plena, utilizando la energía que generó en su alma mediante sus propios esfuerzos por renovarse (*Likutey Halajot, Tefilín* 5:21).

*

Pureza Familiar

La Torá prohíbe que la mujer tenga relaciones maritales durante su período menstrual e inmediatamente después, y sólo puede hacerlo una vez que han pasado siete días limpios sin percibir la mínima traza de sangre. Luego de este lapso, entra en las aguas purificadoras de la *mikve* (baño ritual) y queda permitida para su esposo. Esto forma parte de la mitzvá de la pureza familiar.

Durante la menstruación, se considera que el útero de la mujer sufre de una "herida abierta". En ese momento, todo contacto abrasivo con un objeto externo puede causar irritación, lo que puede ocasionar graves problemas físicos. Esta es una de las explicaciones para la abstención de relaciones maritales durante el período menstrual e inmediatamente después.

(Diversos estudios han demostrado que allí donde se observa la mitzvá de la pureza familiar, la incidencia de cáncer en el útero y en el cuello del útero es mucho menor que en las familias en las que no se cuidan estas leyes de pureza familiar. Algunos de estos estudios fueron realizados por el Dr. Hiram Wineberg, jefe de Ginecología en el Mount Sinai Hospital de New York en 1919 y han sido continuados, entre otros, por el Dr. M. Smytlin de Brooklyn y por el Profesor L. Duncan Bulkey del New York Skin and Cancer Hospital. Este material se encuentra más allá de los alcances de este libro pero es citado como un ejemplo adicional de las ventajas físicas de observar las leyes de la Torá en la pureza familiar. Para más información sobre el tema de pureza familiar y la importancia de la inmersión en la *mikve*, ver *Aguas del Eden* del Rabí Arie Kaplan, publicado por Sucath David, Argentina).

El Talmud ofrece otra razón importante para este período de abstención impuesto por la Torá: si los miembros de la pareja tuviesen oportunidad de tener relaciones íntimas constantes, esto podría llevar a una excesiva familiaridad, disminuyendo así el amor y el respeto mutuo. El decreto de la Torá con respecto a la abstención de relaciones íntimas durante una parte del mes mantiene vivo el sentimiento de frescura en la relación (*Nidá* 31b).

El término hebreo para menstruación es *nidá*, que surge de la raíz *nad* y *nadad* (vagar; exilio). El concepto de exilio es inherente al fenómeno de la menstruación. Luego de que Adán comiera del Árbol del Conocimiento, parte de su castigo fue ser exilado del Jardín del Edén. También Eva comió del Árbol y parte de su castigo fue el fenómeno de la menstruación - una clase de "exilio".

Enseña Rebe Najmán:

> Existen 365 prohibiciones de la Torá, correspondientes a los 365 nervios y vasos sanguíneos del cuerpo humano. Aquél que se cuida del pecado, especialmente de la transgresión sexual, mantiene su sistema vascular limpio y saludable. Sin embargo, aquéllos que cometen pecados, especialmente pecados sexuales, impurifican su sangre, de la misma manera que la sangre de la menstruación es considerada impura. Esto corresponde al concepto de la "sangre menstrual" de la Divina Presencia. Esto representa a Maljut en el exilio, cuando Ella (Maljut) está "separada" de Su "Marido" (Zeir Anpin). Nuestras acciones relativas a los mandamientos del Santo, bendito sea, despiertan una respuesta reactiva en Su relación hacia nosotros. Así, el pecado del hombre es el responsable de que tanto Israel como la humanidad se encuentren en un constante exilio del Jardín del Edén (*Likutey Moharán* I, 29:3).

La mayor tragedia del exilio se produce cuando los judíos olvidan la riqueza de su propia cultura y se asimilan a las naciones que los albergan. Su sensibilidad hacia lo espiritual se embota y comienzan a correr detrás de los mismos bienes materiales que poseen sus vecinos. Pero esta situación es reversible.

La menstruación es un ciclo mensual y la inmersión en la *mikve* sirve como la "puerta" a través de la cual uno emerge de la impureza hacia la pureza. Los pecados responsables de que uno descendiera de la espiritualidad hacia el exilio y el distanciamiento de lo Divino, pueden ser retirados y limpiados mediante las aguas purificadoras de la *mikve*.

El Rabí Natán explica cómo la inmersión en la *mikve* puede limpiar del pecado:

> La inmersión en la *mikve* es un acto de auto-anulación ante el Santo, bendito sea, pues ningún ser humano puede sobrevivir bajo el agua. Al sumergir por completo el cuerpo bajo el agua, uno está

demostrando su voluntad de sacrificar la propia vida en aras de limpiarse totalmente del pecado. Esta forma de auto-anulación indica un estado de "nada", que en hebreo es llamado "*mah*". El valor equivalente de *MaH* es 45, el mismo valor numérico que *IHVH* (expandido con *Alef*; ver Apéndice C). Arrepentirse y retornar al Santo, bendito sea, produce la rectificación y la purificación de la "impureza menstrual" espiritual y permite de manera efectiva que el aspecto de Adán y el aspecto de Eva se unan en santidad (*Likutey Halajot. Mikvaot* 1:1).

El Rebe Najmán compara la relación cíclica y fluctuante de la vida matrimonial judía - los tiempos de estar juntos y los tiempos de abstención - a los movimientos de las criaturas angélicas de la Santa Carroza de Dios, que "corrían y retornaban" (Ezequiel 1:14). De esto podemos inferir que el logro de la espiritualidad también requiere de tiempos de cercanía física y de tiempos de abstención (*Likutey Moharán* I, 265). Por tanto, aquél que practica las leyes de pureza familiar puede mantenerse puro incluso en tiempos de impureza, si el *deseo* por la pureza es lo más importante en su mente. Pero también lo opuesto puede aplicarse: aquéllos que se niegan a anularse delante de Dios quedan impuros, incluso en tiempos de aparente "pureza".

El Rebe Najmán enseñó también que las manos corresponden a la fe (ver arriba, Capítulo 37). El valor numérico de *NiDaT* [la sangre menstrual] (454) es equivalente a la *guematria* de *IaD* (mano) cuando sus letras (*IUD DaLeT*) son expandidas (*Iud Vav Dalet* = 20; + *Dalet Lamed Tav* = 434). El daño generado al degradar las manos, es decir la fe, puede compararse a la impureza de la menstruación. Rectificar la fe es la verdadera purificación de la "menstruación" (*Likutey Moharán* I, 22:1-2; notas 22, 33).

*

Lactancia

El amamantar es una función natural que generalmente sólo puede realizar la madre luego de que ha dado a luz. Durante el embarazo, el feto obtiene su sustento del alimento que ingiere la madre. La lactancia comienza luego del nacimiento, cuando las hormonas suprimen el flujo menstrual y estimulan la producción de leche para que el niño pueda mamar (ver *Bejorot* 6b). Tal como lo describe el Rebe Najmán, durante la lactancia, la sangre menstrual, signo de impureza, es transformada en una sustancia de absoluta pureza, proveyendo el medio de vida para aquéllos demasiado débiles como para procurarse el sustento (ver *Likutey Moharán* I, 9:3).

Dice el Rey David (Salmos 103:2), "Bendice a Dios, mi alma; no olvides Sus *guemul* [beneficios]". El Talmud hace notar que la palabra *guemul* también se refiere al alimento de pecho. El Rey David estaba expresando su agradecimiento a Dios por el hecho de que, como seres humanos, los pechos de nuestras madres están ubicados en la región del corazón, el asiento de Biná, a diferencia de las glándulas mamarias de los otros mamíferos, que están ubicadas en la región de los genitales. El niño es creado para servir a Dios y para vivir una vida espiritual, y es por eso que, a diferencia de los animales, no está forzado a ver el area genital. La gratitud del Rey David se inspiraba en el hecho de que el niño no debe nutrirse a partir de un área por la cual se excretan sustancias de desecho (ver *Berajot* 10a).

Escribe el Ari (*Shaar HaKlalim* 3) que el Santo Nombre de Dios asociado con Biná es *Elohim*. Dado que los pechos humanos están situados en el área cercana al corazón, correspondiente a Biná, este Santo Nombre alude a la función del alimento de pecho. La palabra hebrea para pechos es *dadim* (singular *dad*). De las cinco letras del Santo Nombre *ELoHIM*, las dos primeras son *EL* y las dos últimas son *IM*, con una *H* en el centro, correspondientes a los dos pechos, derecho e izquierdo.

Luego que Dios extendiera el espíritu de profecía de Moisés sobre los setenta ancianos, dice la Torá (Números 11:27), "Eldad y Meidad están profetizando en el campamento". Cuando uno combina el pecho derecho y el izquierdo con las letras derecha e izquierda del nombre *Elohim*, es decir, cuando uno coloca un *DaD* con *EL* y el otro *DaD* con *IM*, se forman las palabras *ELDaD* y *MeIDAD*. Los pechos, ubicados en la región de Biná, aluden por tanto a la fuente de la cual se puede extraer la profecía. La letra *Hei*, que está en el centro del Santo Nombre *Elohim*, corresponde a la leche y abastece a ambos pechos. *JaLaV* (leche) equivale numéricamente a 40, y hay tres expansiones de la letra *Hei* que, sumadas a sus letras constitutivas, también suman 40 (ver *Etz Jaim, Shaar HaKlalim* 13, p. 7-8). Es así que los pechos aluden a algunos de los niveles más elevados de la espiritualidad, de la cual es posible extraer alimento espiritual.

Enseña el Rebe Najmán:

> Existe una fuente espiritual de abundancia que es conocida como Eldad y Meidad. Estos nombres corresponden a los pechos. La abundancia misma está asociada con la letra *Hei*, como en (Génesis 47:23), "*Hei lajem zeira* [he aquí semilla para Uds]...". Así, las letras que forman los nombres de Eldad y Meidad, que implican abundancia, juntamente con la letra *Hei*, que significa abundancia, componen el Nombre *ELoHIM*, fuente inagotable de abundancia.
>
> Cuando una persona peca, daña la letra *Hei*, de modo que la pata [separada] de la letra *Hei* se retira, dejando la forma de una letra *dalet*. (La "pata" es la letra *iud* que connota Jojmá, Sabiduría. La persona transgrede debido a que es poseída por un espíritu de locura [como arriba, Capítulo 41], por lo tanto se le "retira" su pata-sabiduría). *Dalet*, asociada con la palabra hebrea *DaL* [pobre], denota pobreza. Así *dalet* también denota Maljut, porque es la *Sefirá* que no tiene nada propio - sólo tiene aquello que recibe de Zeir Anpin. Así, cuando una persona peca, la letra *Hei* de *ELoHIM* se convierte en una *Dalet*, generando la frase "*EL DaMI* - Dios está en silencio", significando "la retención de la profecía". Para cambiar esta situación es necesario orar. La plegaria "abre" a Maljut a la recepción de la *shefa* de la profecía que ha disminuido como resultado del pecado. Para rectificar los pecados y atraer abundancia se necesitan la humildad y el temor al Santo, bendito sea. Con estos atributos se reconstruye Maljut y la *shefa* puede llegar a ella (*Likutey Moharán* I, 97:1-5).

La madre que mantiene una dieta balanceada será capaz de proveerle a su hijo suficiente alimento saludable. Lo mismo se aplica al alimento espiritual que el niño absorbe de su madre. El Rebe Najmán enseña que la mujer desvergonzada le imparte esta cualidad a su pequeño hijo. La mujer recatada, por el contrario, le transfiere a su hijo sus propios atributos refinados. Así, en el mismo acto físico de amamantar, la madre le transmite al niño una influencia espiritual crucial (*Likutey Moharán* II, 1:4; ver también *Avoda Zara* 10b, *Tosafot, v.i. Amar*).

Escribe el Rabí Natán en uno de sus discursos clásicos sobre la lactancia en el ser humano: El hombre es único entre todas las formas de vida animal en el hecho de que el niño mama de los pechos que se encuentran en el área del corazón, la casa de Biná. Los animales, por el contrario, se amamantan cerca de la región por donde sale la materia de desecho. En un sentido amplio, es posible aprender de esto que cada hombre o mujer tiene su único y propio lugar del cual deriva su alimento y nadie más puede interferir en el sustento de otra persona. De hacerlo, se crea una situación que fuerza a aquél que ha sido dañado, a levantarse y defenderse en contra de aquéllos que han usurpado o de alguna manera violado su vida o su sustento.

El Rabí Natán continúa aplicando este concepto a los patrones de la asimilación judía. Para asegurarse de que los gentiles se comporten como seres humanos, el judío debe actuar como un judío y seguir la ley de la Torá. Cuando los judíos intentan actuar como los gentiles, de hecho invaden su territorio, amenazándolos. Esto hace que los gentiles reaccionen hacia "los invasores judíos" de forma violenta e inhumana (*Likutey Halajot, Mekaj u'Memkar* 4:9).

*

Hemos visto que los pechos simbolizan un profundo sustento espiritual tremendamente poderoso pero individual. En un sentido más amplio, cada persona debe tomar el sustento a su propio nivel y no buscar un estilo de vida que no condice con sus posibilidades. Los pechos también son llamados *shadaim*, palabra que contiene el vocablo "*Dal* - ¡suficiente!" pues no hay necesidad de mirar más allá de la propia fuente de sustento para satisfacer nuestras necesidades; hay abundante espiritualidad a disposición de todos.

46

"Fructificad y Multiplicaos"

¿Qué otro evento nos produce más alegría que una boda? El Rabí Natán escribe que la alegría de una boda es comparable a la alegría del Mundo que Viene (*Likutey Halajot, Birkat HaReiaj* 5:20). Pero es sabido que también el Rabí Natán cuestionaba esta alegría, tal como expresó el Rey Salomón (Eclesiastés 2:2), "De la alegría, ¿qué es lo que logra?" En verdad, ¿qué motivo tiene la pareja para estar alegre? ¿Qué garantía tienen de que esta relación será firme, estable y duradera? ¿Acaso podrán enfrentar sus responsabilidades financieras? ¿Podrán sus hijos florecer? (La tasa de mortalidad infantil en épocas del Rabí Natán era notablemente elevada). Y ¿qué decir con respecto a los problemas inherentes a la crianza de los hijos - las enfermedades infantiles, los retos de la adolescencia y todos los demás problemas "normales" que acompañan el desarrollo de los hijos?

El Midrash expresa un pensamiento similar. Comentando el versículo (Eclesiastés 7:1), "Un buen nombre es mejor que el aceite fino; y el día de la muerte es mejor que el día del nacimiento", el Midrash ofrece esta analogía: Una nave zarpaba en el mismo momento en que otra llegaba al puerto volviendo de su viaje (en los días anteriores a la comunicación radial, era imposible conocer la suerte de un barco en alta mar o el momento en el cual llegaría). La nave que partía era despedida con alegría por mucha gente que gritaba *"¡Buen viaje!"*. Pero nadie saludaba a la nave que llegaba. Un hombre sabio observó la escena y comentó, "Lo más apropiado sería lo opuesto, la nave que se hace a la mar debería generar mayor preocupación. ¿Qué vientos soplarán y qué otras condiciones deberá enfrentar? ¿Qué pruebas le esperan?

Más bien, la nave que llega es la que debe ser recibida con alegría, pues ha vuelto intacta de su viaje".

De la misma manera, todos se alegran con un nacimiento; pero ¿quién puede decir qué es lo que le espera a este niño al crecer y madurar y enfrentarse a las inevitables dificultades de la vida? Más bien, deberíamos regocijarnos por la persona que ya ha completado el viaje de la vida y que ha fallecido con un buen nombre (*Kohelet Rabah* 7:4).

¡Y aun así el Rabí Natán compara la alegría nupcial con la alegría del Mundo que Viene!

El Rebe Najmán enseña que la unión de la pareja es algo muy valioso (*Likutey Moharán* II, 32:4). El Rabí Natán explica que esta unión tiene su raíz en el nivel más elevado del plan de la Creación, un nivel que ninguna mente es capaz de concebir. El alma humana se encuentra enraizada precisamente en la primera inspiración - en el "pensamiento" que precedió a todo el acto de la Creación. Fue este *pensamiento* de crear almas lo que más tarde "llevó" a Dios, si así pudiera decirse, a crear el resto del universo. Es así que la creación es un marco para la existencia y la actividad de las almas humanas y que el único propósito de la Creación es la revelación de la Divinidad. Este propósito se logra con el cumplimiento de las buenas acciones que realizamos mientras estamos en la tierra, cubiertos aún por nuestro cuerpo físico.

Pero el descenso del alma a este mundo físico sólo es posible a través de la unión del hombre y la mujer. Esta unión posibilita el arribo a la tierra de almas elevadas, pues es precisamente en su misma unión, como el hombre y la mujer llegan al más exaltado de los niveles (*Likutey Halajot, Minjá* 7:93).

Hemos visto que la prueba más importante para la espiritualidad es el control que uno ejerce para superar la lujuria física. Exploremos ahora cómo es que la espiritualidad y la sexualidad - aparentemente contradictorias por definición - se unen en santidad para traer un alma nueva.

El alma es, en su raíz, una unidad simple. Cuando el alma entra a este mundo se la divide en dos cuerpos separados, que son un paralelo de las dos fuerzas opuestas - masculino y femenino.

Ambos cuerpos deben ser dominados para poder aspirar a la Divinidad. Cada "mitad" debe pasar primero por una etapa de crecimiento individual y finalmente ambas deben buscarse. Es entonces cuando pueden ser reunidas, esta vez en el lazo del matrimonio.

Escribe el Rabí Natán que lo más notable con respecto a la concepción de un niño es que el proceso por el cual se trae un alma santa desde el nivel más elevado ¡debe comenzar precisamente a través de los órganos del sistema excretor! (Aunque el sistema reproductivo femenino no forma parte del sistema excretor como en el hombre, puede ser visto como tal, dado que el esperma entra por el mismo pasaje a través del cual sale la sangre de la menstruación).

El alma debe descender primero a través de los órganos excretores debido a que, en su fuente, el alma es un ente tremendamente elevado (ver Capítulo 3) y por lo tanto, su capacidad para revelar la Divinidad es extremadamente poderosa. Las fuerzas del mal se oponen necesariamente al descenso del alma a este mundo, pues cada alma es capaz de superar fácilmente la tentación a través de su composición innata. Esta capacidad natural del alma eliminaría la libertad de elección del ser humano, pues es necesario un equilibrio entre las fuerzas del bien y del mal para permitir la libertad de elección. Las fuerzas del mal sólo aceptan la entrada del alma a este mundo cuando es resultado de la excitación del deseo sensual, manifestado en los órganos inferiores, pues entonces es considerada como "contaminada" de materialidad y así puede mantenerse el equilibrio entre espiritualidad y materialismo.

El Rabí Natán continúa explicando que en su viaje hacia esta tierra el alma pasa primero a través de todos los Universos Superiores, para luego alcanzar a los padres en el momento de la concepción, en el climax de su deseo sensual. Entonces, luego del embarazo, que culmina con el trabajo de parto, con dolor y con sangre, el alma finalmente entra en una forma humana. De esto podemos ver que la persona que desea buscar la espiritualidad se encuentra en un dilema: por un lado busca su fuente, en el nivel más elevado. Por otro lado, ha nacido como resultado del

deseo y así encarna algunas de las más bajas características del
hombre (*Likutey Halajot, Minja* 7:20). Es asombroso por tanto que
la institución del matrimonio sea considerada tan importante
en la tradición y la literatura judías y es necesario por tanto que
intentemos comprender qué es lo que hace tan significativa esta
unión entre hombre y mujer.

*

Daat

En la Biblia, las relaciones maritales son denominadas
Daat (Conocimiento) como en el versículo (Génesis 4:1), "Y Adán
conoció a su esposa, Eva". Cuando el esposo y la esposa se unen
en pureza y santidad, sus almas se juntan para formar un vehículo
para la revelación del Daat de la Divinidad. El beso representa
la unificación de la *Iud* con la *Hei*, las dos primeras letras del
Tetragrámaton, correspondientes a los *Partzufim* (Personas
Divinas) de Aba y de Ima (Padre y Madre). Mediante la unión
sexual, que tiene raíz en el nivel de Iesod, representan la unificación
de la *Vav* y la *Hei*, las dos letras finales del Tetragrámaton, que
corresponden respectivamente a Zeir Anpin y a Maljut. Al igual
que los dos Querubim en el Santo de los Santos, constituyen un
mishkán (tabernáculo) o una *merkavá* (carroza) para el Nombre
Divino *IHVH*. Estos son los exaltados pensamientos e intenciones
que debe tener la pareja cuando se une para traer una nueva vida
al mundo.

Los *Partzufim* de Aba e Ima corresponden a las *Sefirot*
de Jojmá y Biná. La confluencia entre Jojmá y Biná trae una
revelación de Daat y la confluencia entre Zeir Anpin y Maljut,
que tiene lugar en la *Sefirá* de Iesod, lleva esta revelación a su
completa madurez. Esta doble confluencia producida a través de
la unión marital debe ser una experiencia positiva para ser efectiva
y traer las almas más elevadas hacia los cuerpos terrestres. El
Talmud enseña por tanto que es necesario, antes de la relación
marital, eliminar de la mente la ira y los pensamientos impropios,
de modo que la unión pueda tener lugar en una atmósfera de

amor, en paz y armonía. Las relaciones deben ser encaradas con recato y con el reconocimiento del tremendo poder que es capaz de generar la pareja (cf. *Nedarim* 20a-b).

El Rebe Najmán agrega que el comportarse con recato en las relaciones maritales puede compararse al cumplimiento de la mitzvá de la suká y que este nivel de modestia también le permite a uno merecer la santidad de la Tierra Santa (*Likutey Moharán* I, 48:3). Esto se debe a que el cumplimiento de cada una de estas dos mitzvot (la suká y estar en la Tierra Santa) requiere que la persona se encuentre completamente rodeada por la mitzvá. De la misma manera, si la pareja se mantiene cubierta durante las relaciones maritales (con una sábana o frazada) se encuentra entonces "dentro" de la mitzvá que está cumpliendo.

Las relaciones maritales pueden llevarse a cabo en cualquier momento, pero dado que el recato indica que la pareja debe estar oculta de la vista (la oscuridad y el ocultamiento aumentan de hecho la experiencia auditiva y táctil), es preferible la noche. El Shabat representa la paz, como ya ha sido explicado (arriba, Capítulos 10-11), de modo que la noche del viernes es considerada como el momento más propicio para las relaciones maritales.

Enseña el Rebe Najmán:

> Guardar el *brit* tiene dos niveles. La persona que tiene relaciones maritales durante los seis días de la semana es considerada como una persona que guarda su *brit*, dado que se cuida de no transgredir las leyes de la Torá. Sin embargo, la persona que guarda su *brit* manteniendo relaciones maritales [sólo] en la noche del Shabat alcanza un nivel superior.
>
> El primer tipo de unión [inferior] corresponde a la *Halajá* [la ley revelada] y el segundo tipo corresponde a la Kabalá [la tradición oculta]... Todo aquél que cumple con sus obligaciones maritales de acuerdo con la Ley de la Torá, incluso durante los seis días de la semana, alcanza un nivel desde el cual puede revelarles la Divinidad a los demás, pues este nivel corresponde al nivel de la Torá revelada, de la *Halajá*. El nivel superior de las relaciones maritales sólo en Shabat corresponde a los misterios más profundos de la Torá, a la Kabalá, donde se genera una

relación más íntima con el Santo, bendito sea (*Likutey Moharán* I, 11:5-6).

El Rebe Najmán enseña que el deseo de relaciones maritales comienza en la mente. Por ende, es crucial que la mente de la persona, como la fuente del deseo, esté conectada con Dios en el momento de la relación marital. Esto le permite que descienda un alma pura e iluminada para el niño que está siendo concebido. Por supuesto que la relación marital no siempre da como resultado la concepción. Sin embargo, cuando la pareja se une a la Divinidad durante su relación íntima, puede despertar y elevar las almas en su nivel de origen (el nivel del pensamiento, como se explicó) y llevarlas al arrepentimiento (ver *Likutey Moharán* I, 14:3-4). Así, centrar la mente en nuestra relación con Dios durante las relaciones maritales es una fuente de verdadero Daat, tanto si resulta o no una concepción, el mundo se ve imbuido con el conocimiento de Dios.

La unión marital de la pareja comienza generalmente con un abrazo y un beso. Así como en el plano físico esto despierta fuertes sentimientos de unión entre la pareja, de la misma manera ello crea una conexión espiritual paralela. Los principios Kabalistas de *jibuk* (abrazar), *nishuk* (besar) y *zivug* (unión íntima) se refieren a las relaciones espirituales entre los Mundos Superiores. *Aunque estos conceptos Kabalistas no tienen conexión alguna con las acciones físicas*, ellos se encarnan en las acciones de marido y mujer durante la relación marital realizada en pureza.

Los actos puros de intimidad física son descritos de hecho como la unión de las almas. Esto se debe a que Jojmá (correspondiente al primer pensamiento Divino) es la fuente de todas las almas, así como el pensamiento - que es el comienzo y de hecho la fuente del acto marital - también es la fuente de la concepción de un alma (*Shaar Ma'amrei Rashbi* p.32; ver *Likutey Moharán* I, 12:4, notas 80-82). Es así que el despertar de Jojmá, el aspecto masculino, es un elemento de Daat. La respuesta es el despertar de Biná, el aspecto femenino, que es otro elemento de Daat. El acto íntimo *es* Daat, la unión de dos elementos muy diferentes (como hemos visto más arriba, Parte 4).

Cuando marido y mujer se juntan en el acto de intimidad sexual, están literalmente uniéndose el uno al otro. Las diferentes fuerzas dentro de ellos pueden entonces surgir y unificarse para formar una unidad, una manifestación de Daat, que es el fruto de sus intelectos combinados (y que puede llegar a concretarse en la forma de un niño). Sin embargo, si la unión se produce a través de una relación prohibida, el resultado es totalmente diferente a Daat. En tal caso, los elementos de Jojmá y de Biná que son forzados a estar juntos no tienen la misma forma y nunca pueden unirse verdaderamente. Así como alguien se sentiría a disgusto relacionándose sexualmente con una persona que le es físicamente repulsiva, de la misma manera el alma siente el disgusto de ser unida con otra alma que le resulta detestable.

Ésta es una de las razones para las estrictas normas de la Torá con respecto a las relaciones sexuales. Las relaciones prohibidas incluyen cohabitar con una mujer en el momento de su menstruación o con una mujer que aún no se ha sumergido en la *mikve*, aunque sea la propia esposa; el adulterio; el incesto; y la homosexualidad. Varias de estas relaciones son llamadas "abominaciones" por la Torá. El alma fue creada para buscar la espiritualidad. Toda actividad sexual prohibida por la Torá levanta una barrera espiritual, debido a la naturaleza de la unión que tiene lugar entre los dos individuos. Unir el alma con el alma de otra persona en una relación prohibida crea una unión con el Otro Lado que es muy difícil de revertir (ver *Bereshit Rabah* 80:10).

Como hemos visto, la simiente se origina en la mente (Keter) y "viaja" por la médula (es decir, Daat) hasta que llega a Iesod, desde donde es transferida a su destino final, a Maljut. Comprender este proceso apropiadamente, podrá ayudarnos a tomar distancia de las actividades sexuales prohibidas y a ejercer el recato en nuestras relaciones maritales. Durante un viaje, toda desviación de la ruta establecida puede hacer que la persona se extravíe. Del mismo modo, toda desviación menor del sendero de la moralidad prescrito por la Torá puede hacer extraviar seriamente a aquél que busca el camino de la perfección espiritual. Por esta razón, aunque el Talmud enseña que la pareja en el matrimonio puede dedicarse a toda forma de intimidad, los Sabios recomendaron sin embargo mantenerse dentro de ciertos parámetros (ver *Nedarim* 20b). Experimentar durante las relaciones con prácticas que van más allá de los parámetros normales, puede llevar a fantasías, que a su vez arrastrarán hacia otras aberraciones, manifestaciones de una mente perturbada, y que pueden llegar a ser muy difíciles de controlar.

El mismo concepto ético se aplica a todas las diferentes clases de relaciones prohibidas. En un comienzo, una relación puede parecer sólo un paso más allá de lo aceptable, pero, así como una cosa lleva a la otra, esta relación "casi aceptable" puede llevar hacia actos más desviados aún. El aumento de la homosexualidad, de la pedofilia y de las violaciones en el mundo contemporáneo, atestigua la extrema insensibilidad que se ha desarrollado en las modernas actitudes sexuales que plagan nuestra sociedad. Una clara indicación de la demencia de una sociedad es hasta qué punto explica y justifica las aflicciones que llevan a tal comportamiento. Debemos orar con fuerza para ser protegidos y no quedar atrapados en estas actitudes. Y todos aquéllos que se encuentran hundidos en estos comportamientos sexuales aberrantes deben orar incesantemente para salir de esa forma de vida y volver a recuperar un nivel razonable de estatura moral.

Ésta fue la prueba que tuvo que enfrentar el protagonista del cuento "Los Niños Cambiados" del Rebe Najmán, donde el príncipe se vuelve esclavo y el esclavo se vuelve príncipe. El príncipe es aquella persona que debe *actuar* como actúa la realeza, regio en sus actitudes hacia la vida y bajo completo control. El príncipe del cuento, en cambio, se volvió esclavo de sus pasiones. De la misma manera, los individuos extraviados moralmente intentan conducirse como si ellos estuvieran en dominio de sus vidas, pero en realidad son esclavos de sus propios deseos neuróticos y fantasías eróticas.

*

Las Relaciones Maritales

No debemos llegar a la conclusión, en base a las fuertes disposiciones en contra de las relaciones prohibidas, de que la Torá considera las relaciones maritales bajo una luz negativa. Por el contrario, el Judaísmo percibe la intimidad marital como una faceta muy importante y positiva en la vida matrimonial, alentándola fuertemente (dentro de límites razonables). Enseña el Talmud (ver *Eruvin* 63b) que en cierto momento Ioshúa les ordenó a los judíos abstenerse de relaciones maritales por una noche, hecho por el cual fue castigado. De hecho, la literatura Talmúdica y Kabalista utiliza metáforas basadas en la unión entre marido y mujer para explicar muchas enseñanzas. Por ejemplo, "¿Por qué la lluvia es llamada *ReViÁ*? Porque ella *RoVeA* [impregna] la tierra" (*Ierushalmi, Shevi'it* 9:8; cf. *Taanit* 6b). Tales metáforas son utilizadas debido a que una unión en santidad entre el esposo y la esposa es considerada uno de los actos más hermosos y poderosos de los cuales es capaz el hombre. De hecho, nuestro objetivo último en esta tierra es que cada individuo alcance ese mismo nivel de íntima conexión con Dios. Así, *la manera de considerar* las relaciones maritales es lo que marca la diferencia entre un acto espiritual y un acto de lujuria. El Rebe Najmán enseña que la persona debe fortalecerse y juntar toda su fuerza interior para elevar sus pasiones (*Likutey Moharán* I, 253; ver también *Sotá* 47a: "Uno debe alejar el deseo con la mano izquierda, pero atraerlo con la mano derecha").

*

La Concepción

Hemos visto (Capítulo 20) que el aire que uno respira se ve influenciado por los propios deseos. El despertar de las relaciones sexuales comienza con los deseos y, de acuerdo con la naturaleza del deseo, uno puede crear una atmósfera de unión santa. Aquél que se encuentra en el nivel del Tzadik dirige sus deseos hacia la unificación de las letras de la Torá, trayendo nuevas revelaciones de Torá al tiempo que "crea almas" (ver arriba, Capítulo 27). Esto genera mayores revelaciones de Divinidad en el mundo. Pero también la persona común es capaz de revelar Divinidad mediante la unión marital, pues tiene la capacidad de traer al mundo un alma nueva (ver *Likutey Moharán* I, 31:14). Así, en las relaciones maritales, casi todo depende de la actitud de la pareja; pues tanto su orientación mental como su estado físico contribuyen a la formación del niño. El Rebe Najmán enseña entonces que durante las relaciones maritales es muy importante dirigir los pensamientos hacia la espiritualidad. Estos pensamientos no interferirán con las respuestas físicas del cuerpo, ni le quitarán a uno la capacidad de traer niños al mundo. Por el contrario, los pensamientos espirituales durante la intimidad física son extremadamente beneficiosos, tanto para el niño que es concebido como para la pareja dedicada a esa relación (*Likutey Moharán* II, 106).

En un plano más práctico, dado que el ciclo menstrual y las fases de la luna están conceptualmente relacionadas (ver arriba, Capítulo 45), el Rebe Najmán recomienda que cada pareja, antes de dedicarse a la relación marital, recite los pasajes bíblicos que se refieren a la Luna Nueva (Números 28:11-15; ver *Likutey Moharán* I, 171).

*

Dado que las células espermáticas no pueden desarrollarse a la temperatura normal del cuerpo, su desarrollo se lleva a cabo dentro del escroto, donde se mantiene una temperatura algo más baja. Cuando el hombre está dispuesto a cumplir con su papel en la unión marital, el esperma es llevado hacia el cuerpo, calentado a la temperatura del cuerpo y luego descargado.

Enseña el Rebe Najmán:

> El hombre "retiene su aliento" durante las relaciones maritales por dos motivos: Primero, esto permite que el esperma mantenga la temperatura cálida del cuerpo de modo que pueda tener éxito en la fertilización del óvulo femenino. Segundo, el cuerpo no puede expeler un fluido e inhalar al mismo tiempo (*Likutey Moharán* I, 60:3).

En esta lección, el Rebe Najmán habla también del "aire fresco y puro" y lo asocia con la riqueza y la abundancia. Como hemos visto, los deseos de la persona influyen en su manera de considerar las relaciones maritales, y estos deseos circulan de hecho en el aire que respira. Este aire también influye sobre la pureza de su propia simiente. Aquél que respira un aire limpio mejora el estado de salud de su cuerpo. Y esto hace que su semilla se vea mejorada también por un "sistema limpio", lo que es muy beneficioso para el niño concebido en esa unión. Así como esto se aplica al plano físico, también se aplica al ámbito espiritual: el estado de pureza espiritual durante las relaciones influye positivamente en el carácter del niño. Esta pureza trae consigo riqueza y abundancia, simbolizada por la simiente.

* * *

47

La Imagen Divina

El propósito de la creación del hombre fue revelar la "imagen Divina". Como hemos visto a lo largo de este libro, para poder alcanzar la espiritualidad, el hombre recibió un cuerpo que es paralelo a los Universos Superiores y a las *Sefirot*. El Primer Hombre debió haber alcanzado ese nivel, pero pecó, "quebrando" su imagen Divina y desparramando las chispas de santidad por el mundo (ver arriba, Capítulo 8). Desde entonces, todos y cada uno de sus descendientes "recolectan" esas chispas y reconstruyen la imagen Divina perdida, de acuerdo con sus propios esfuerzos por alcanzar la espiritualidad. Como sabemos, el hombre debe morir, frenando así sus esfuerzos por rectificar el pecado de Adán. Así, la primera mitzvá de la Torá es "fructificar y multiplicarse" - tener hijos - para que el proceso de "reconstrucción" de la "imagen Divina" pueda continuar constantemente, hasta ser completado. En esto radica la importancia de tener hijos.

En hebreo los hijos son llamados *BaNiM*, palabra que tiene una raíz relacionada con *BiNián*, "construcción", pues los hijos son la construcción y el cimiento del mundo. Sin ellos, el mundo no podría durar. Esta idea está explícita en la Torá y se ilustra en los deseos de Abraham y Sara por concebir un hijo. Luego de muchos años sin hijos, Sara le dijo a Abraham (Génesis 16:2), "Quizás yo pueda ser *construida* a través de ella [Hagar]". Rashi comenta estas palabras, "De aquí aprendemos que una persona que no tiene hijos no sólo está 'sin construir,' sino que de hecho se encuentra en un estado de ruina". Pues ¿qué queda luego de que su vida termina? ¿Quién llevará su nombre y continuará el trabajo de su vida después de su fallecimiento?

Los hijos son la clave para algo mucho más básico que los medios para construir el futuro; también pueden rectificar el pasado.

Escribe el Rabí Natán:

> Tener hijos a los que uno trata de impartirles el reconocimiento del Santo, bendito sea, es en sí una gran rectificación del *brit*. La persona no puede saber qué clase de descendientes tendrá; puede que sea un Tzadik, quizás también un gran Tzadik. Incluso entre los ancestros del gran Rabí Shimón bar Iojai, el autor del Santo Zohar, había gente muy simple y común. Pero de ellos descendió este gran Tzadik quien reveló al mundo niveles tan profundos de Divinidad y santidad. En su grandeza, el Rabí Shimón fue capaz de rectificar las faltas de todos sus ancestros. De hecho, a partir de sus méritos, él asumió la responsabilidad de la rectificación del mundo entero (ver *Suká* 45b; *Likutey Halajot, Shabat* 6:23).

Tener hijos es la primera mitzvá registrada en la Torá y tiene grandes implicaciones que recaen sobre todas y cada una de las personas, todo los días de la vida. Una es el concepto de la renovación: la persona nunca debe ser un "árbol seco" que no da frutos. Debe tratar de crecer cada día, de "dar a luz" nuevas ideas, nuevas maneras de encontrar a Dios, incluso en este mundo de existencia material. Otra, es la necesidad de compartir con los demás la propia sabiduría y comprensión de la espiritualidad - "plantar semillas" de Divinidad en sus mentes y corazones. Pero, aparte de sus aplicaciones conceptuales más amplias, esta mitzvá requiere que de hecho tengamos hijos, "fructificar y multiplicarse", literalmente.

*

La Misión

Caín y Abel nacieron el mismo día en que Adán y Eva cohabitaron por primera vez. Este fenómeno de "desarrollo instantáneo" fue posible en ese momento pues las almas de Caín y de Abel sólo necesitaban descender de los elevados niveles espirituales en los que se originaron hacia la existencia espiritual del Jardín del Edén. La transgresión de Adán y Eva creó la necesidad posterior de un período de espera de nueve meses antes de que el óvulo fertilizado pudiera transformarse en un niño totalmente desarrollado. Esto se debe al hecho de que el descenso del alma desde los Mundos Superiores hacia su actual situación en este mundo material es un cambio drástico y el alma necesita tiempo para adaptarse a su nuevo entorno.

El Talmud presenta una alusión de lo que sucede durante ese período de espera (*Nidá* 30b): "Cuando el niño se encuentra en el vientre de su madre, un ángel le enseña toda la Torá. Cuando nace, el ángel golpea al niño sobre el labio [golpe que se evidencia en la hendidura existente entre el labio y la nariz] y éste olvida todas las enseñanzas del ángel".

La pregunta obvia es ¿para qué estudiar si uno inevitablemente olvidará aquello que ha aprendido? Los comentaristas afirman que sin el estudio de la Torá anterior al nacimiento, nadie podría enfrentar las enceguecedoras fuerzas del materialismo. El estudio, aunque olvidado a nivel de la memoria consciente, deja una profunda impresión en el alma, impresión a partir de la cual todo aquél que así lo desee puede tomar y construir, desarrollando así una poderosa conciencia de la espiritualidad.

Enseña el Rebe Najmán:

> Antes de nacer, se le enseña a la persona todo aquello por lo que debe trabajar y todo lo que debe lograr en el curso de su vida. En el momento que entra al mundo, olvida todo este conocimiento. Su misión en la vida es buscar aquello que perdió. Estos "artículos perdidos", su misión olvidada, puede hallarlos en el Tzadik (*Likutey Moharán* I, 188).

Enseña el Talmud, "Durante la Revelación en el Monte Sinaí, cada judío recibió coronas [de luces espirituales]. Cuando el pueblo judío cometió el pecado del becerro de oro, estas coronas les fueron retiradas y Moshé mereció recibirlas todas" (*Shabat* 88a). Esta enseñanza implica que los "artículos perdidos" - las luces espirituales de los judíos - pueden encontrarse en los Tzadikim.

Buscar el verdadero Tzadik, aquél que tiene un claro aspecto espiritual, ayudará a que la persona descubra su verdadera senda, pues el Tzadik conoce los diversos senderos de la espiritualidad y puede dirigir a la persona por la senda más apropiada.

*

El Proceso de Purificación

El concepto espiritual de "preñez" al cual se refieren las Sagradas Escrituras puede compararse a un "embrión" que se forma en la *Sefirá* de Maljut. Todo lo que existe en la dimensión física refleja lo que sucede en el plano espiritual; de esta manera se aplica la misma terminología para dos fenómenos separados - uno físico y uno espiritual.

Sabemos que todas las interacciones entre el hombre y Dios tienen lugar en el ámbito de Maljut. Así como la madre busca lo mejor para sus hijos, Maljut siempre busca elevar a sus "hijos". Aquél que es digno puede beneficiarse de esta relación y ascender fácilmente; pero ¿cómo puede relacionarse Maljut con alguien remiso que se ha alejado, con alguien que se ha dejado caer en un estado que requiere ser rectificado antes de poder volver a avanzar y elevarse?

El Ari enseña que la función de Maljut en este mundo es algo más que simplemente recibir la *shefa* desde Arriba y transmitirla hacia este mundo. Maljut también busca y trata de elevar aquellas almas que se han desconectado de su fuente y que han descendido al punto de quedar atrapadas en los ámbitos más bajos. El plan maestro de Dios para el mundo implica que todos los seres humanos lleguen a reconocerLo; es a través de Maljut (que representa la aceptación del Reinado de Dios) que Dios da los pasos necesarios para implementar este plan.

Pero aquél que no reconoce a Dios necesita una ayuda externa. Dado que el Tzadik es capaz de alcanzar un alto nivel de reconocimiento de Dios, son los Tzadikim, las manifestaciones corporeas de Iesod y quienes se han mantenido fieles a Dios, los que pueden traer esta ayuda. Dado que Maljut recibe su energía de Iesod, el Tzadik, Maljut actúa como una interfase entre el Tzadik y aquellas almas que requieren purificación. De esta manera ellas pueden asociarse y beneficiarse con las enseñanzas del Tzadik, las que se encuentran en un elevado nivel espiritual. La luz de los Tzadikim (es decir, sus enseñanzas y consejos) se filtra a través de Maljut hacia el resto de la humanidad. De manera similar, la luz de las buenas acciones de aquellas personas que siguen el consejo de los Tzadikim vuelve filtrada nuevamente hacia los Tzadikim (es decir, hacia Iesod) a través de Maljut. Porque las acciones de estas personas no pueden alcanzar solas los ámbitos superiores, pues no son lo suficientemente puras. Maljut eleva y ayuda a purificar estas acciones de modo que puedan llegar al Tzadik, quien las eleva más aún. De esta manera, cada vez que alguien realiza una buena acción, ésta es tomada por el Tzadik e incorporada dentro de las "construcciones espirituales de santidad" (*Likutey Halajot, Minja* 7:11-12).

(Maljut es la *Sefirá* que busca las almas perdidas, pues como interfase entre Dios y la humanidad, es considerada la fuente de las almas. Más aún, Maljut es la más baja de la *Sefirot* y la que más cerca está del ámbito de las Fuerzas del Mal. Hemos visto (Capítulo 28) que existen chispas de santidad [es decir, almas] que caen presas de la fuerza del materialismo y quedan atrapadas en el ámbito del mal. Dado que sus transgresiones las distanciaron de Dios, su daño personal es considerado como un daño en Maljut, es decir, en la aceptación del Reinado de Dios. Estas almas deben por tanto pasar a través de Maljut para poder ser rectificadas. No importa cuán bajo haya caído una chispa, finalmente lamentará su situación y buscará su fuente. El Ari trató este tema en muchos de sus escritos, describiendo por ejemplo cómo Maljut desciende hacia los ámbitos inferiores para efectuar una rectificación; pero esta explicación se encuentra más allá de los alcances del presente libro).

Así, con la ayuda del Tzadik, Maljut busca a aquellas almas que han caído en el error o en la transgresión, construyendo a partir de todo vestigio positivo. Cada buena acción realizada por la persona se transforma en un rayo de luz sobre el cual puede centrarse Maljut para ayudarla a retornar hacia la espiritualidad.

Aun así podemos preguntar, si alguien ha estado alejado de la Divinidad durante mucho tiempo, ¿cómo puede esperarse que sea capaz de recibir y de beneficiarse con esta brillante luz espiritual? En una situación como ésta, es crucial el concepto de la "preñez" de Maljut. Las almas que se han distanciado de Dios experimentan un período de "gestación" durante el cual son introducidas lentamente hacia la oportunidad de desarrollarse y crecer en la espiritualidad. Sin esta etapa intermedia, la brecha entre el nivel actual del alma y el camino de la espiritualidad sería imposible de salvar. La "preñez" de Maljut es por tanto un proceso de purificación que corresponde a las pruebas y tribulaciones que debe enfrentar el alma antes de "nacer" a la espiritualidad.

*

Preñez y Nacimiento

Una vez que se ha producido la concepción, el huevo fertilizado forma un embrión que se implanta en la pared del útero. Éste comienza gradualmente a tomar una forma más definida y se vuelve un feto humano. El Talmud enseña (*Nidá* 38b) que la palabra hebrea para designar la preñez, *HeRaION*, es numéricamente equivalente a 271 - el número de días que transcurren desde el momento de la concepción hasta el desarrollo prenatal completo. La medicina moderna presupone que se necesitan 266 días para este desarrollo. (Cuando se le consultó sobre esta aparente diferencia a un obstetra de un importante hospital de New York, su respuesta fue, "El Talmud se ha ocupado de este tema mucho más tiempo que la medicina moderna. ¡Ellos deben saber mejor!")

Pero incluso luego de la concepción, hay veces en las que el embarazo se interrumpe de manera inesperada. Esto puede deberse a un desequilibrio en las hormonas o a otros problemas tales como un excesivo estrés físico o emocional, lo que hace que el feto sea abortado.

La preñez tiene su paralelo en el ámbito espiritual, tal como enseña el Rebe Najmán:

> Revelar una nueva idea o un nuevo sendero en el servicio al Santo, bendito sea, es comparable a la preñez. Uno debe

esperar, permitiendo la "gestación" de la idea hasta que llegue el momento en que ésta pueda "nacer". Pero con la controversia, uno puede causar un "aborto", forzando a salir a una idea aún no desarrollada, antes de su tiempo, destrozando entonces toda la "vida" que podría haber traído al mundo (*Likutey Moharán* II, 20).

Si el embarazo es saludable y llega a su término natural, la madre pasa a los trabajos de parto. Cuando el nacimiento es inminente, las contracciones uterinas hacen que el feto ya desarrollado gire suavemente, de modo que pueda entrar en el estrecho canal de nacimiento con la cabeza hacia adelante. Al acercarse el momento del nacimiento, las contracciones se intensifican. Cada contracción puede producir un intenso dolor. Las piernas de la madre comienzan a sentirse pesadas y frías. La sangre fluye del útero y se abre el saco amniótico. El niño comienza a emerger y, con la ayuda de Dios, nace un niño sano.

Hemos visto que la transferencia de simiente desde Iesod hacia Maljut simboliza la transferencia de abundancia al mundo. Esta abundancia tiene un tiempo de "gestación" en la *Sefirá* de Maljut, luego de lo cual es entregada al mundo. La razón de este "embarazo" es proteger a la abundancia de Dios de las fuerzas del Otro Lado hasta el momento en que se encuentre "completamente desarrollada" y pueda así ser re*cibida* por la gente.

Está escrito (*Zohar* III, 249b) que la mujer clama "setenta veces" antes de dar a luz. Esto se debe a que cada una de las siete *Sefirot* de Zeir Anpin y Maljut está compuesta a su vez por otras diez *Sefirot*. Para que Maljut "dé a luz", es decir, para revelar la *shefa* en el nivel actual, ésta debe atravesar el rango completo de las *Sefirot* de Zeir Anpin y Maljut. De modo que debe pasar por las siete *Sefirot*, multiplicadas por las diez *Sefirot* contenidas dentro de cada una, setenta *Sefirot* en total (*Zohar* III, 249b).

Enseña el Rebe Najmán:

> Las dolorosas contracciones del trabajo de parto corresponden al dolor que uno debe soportar antes de "dar a luz" nuevas ideas o un nuevo conocimiento espiritual. Durante el trabajo de parto la mujer clama con setenta clamores de angustia antes de que nazca

su hijo. De la misma manera, aquél que desee que se le revelen nuevos niveles de Divinidad, debe clamar una y otra vez durante la plegaria, para ser capaz de "dar a luz" estas nuevas y exaltadas ideas (*Likutey Moharán* I, 21:7).

El Rebe Najmán enseñó también que así como el nacimiento de un niño va acompañado de mucho dolor y llanto, de la misma manera el cumplimiento de las mitzvot puede llegar a ser un proceso doloroso. Es posible que cada vez que una persona intente cumplir con una mitzvá encuentre su camino plagado de dificultades. En ese momento debe clamar a Dios para que Él lo ayude.

La caridad actúa como un poderoso catalizador para ayudar a abrir las "estrechas" puertas que parecen retenernos e impedir que "demos a luz", esto es, que cumplamos apropiadamente con las mitzvot (*Likutey Moharán* II, 4,2). Así mismo, resulta muy beneficioso dar caridad en aras de una mujer que está por dar a luz.

También dijo el Rebe Najmán que es muy aconsejable recitar el Salmo 100 (*Mizmor L'Todá*) para una mujer que está en trabajo de parto, a fin de que pueda dar a luz fácilmente. Las iniciales de las dos primeras palabras de este salmo, *ML*, suman setenta, el número de gritos de la mujer durante el trabajo de parto. Las mismas primeras palabras del salmo en sí, corresponden a la Bondad.

Además, en el Salmo 100, hay cuarenta y tres palabras (número representado por las letras *MG*), que sirven para anular los efectos de las *klipot*. Estas *klipot* buscan impedir el nacimiento del niño, pues ese niño puede llegar a reconocer a Dios. Por tanto ellas (las *klipot*) dicen (Reyes I, 32.26), "*GaM li, GaM laj, lo ihié* - Ni para mí, ni para ti, habrá [un niño]". Las cuarenta y tres (*MG*) palabras que se encuentran en el salmo son capaces de anular el poder de *GaM* (43), que contiene el deseo de las *klipot* para impedir el nacimiento del niño (*Likutey Moharán* II, 2:12).

*

Enseña el Zohar que la sangre del parto corresponde al

sustento que se le da al Otro Lado, puesto de manifiesto en los juicios severos. El frío que siente la mujer en las piernas debido a la interrupción del fluir normal de la sangre durante el parto es una indicación de la presencia de los juicios. El concepto del parto como la revelación de nuevas ideas corresponde a la restricción de la mente, esto es, a los juicios, que se presentan antes de la obtención del conocimiento. Esto se debe a que los juicios se basan en Maljut, que se manifiesta en los pies. Por esta razón, los juicios son sentidos principalmente en las piernas y en los pies, y ellos hacen que uno se sienta "pesado" y cansado. Luego del nacimiento, la sangre vuelve a fluir con normalidad. Por ende, el nacimiento es considerado una mitigación de los juicios (*Likutey Moharán* I, 169:1; ver también *Likutey Moharán* II, 2:3).

Enseña el Rebe Najmán:

> "*Mizmor l'todá harí'u laShem kol ha'aretz*" [Una alabanza de agradecimiento: cantad a Dios, toda la tierra] (Salmos 100:1). Este salmo alude tanto al parto como al "nacimiento" de nuevas leyes y a la comprensión de nuevos conceptos de la *Halajá*. La palabra *L'Todá* [gracias; alabanza] contiene las mismas letras que *ToLaDá* [nacimiento]. La palabra *HaLaJá*, que se refiere a la ley judía, es un acróstico de *Harí'u LaShem Kol ha'aretz*. Para llegar a comprender los Códigos Halájicos uno debe soportar dificultades en el mismo grado en que lo hace una mujer en el momento del parto. Cuando finalmente el "niño" nace, uno puede alabar al Santo, bendito sea, con renovada comprensión y con un nuevo nivel de reconocimiento de Su Presencia y de Su Maljut (*Likutey Moharán* II, 2:2).

*

Exilio y Éxodo

Así como hay *tzirim* [bisagras] y *d'latot* [puertas] en una casa, de la misma manera una mujer tiene bisagras y puertas.

Bejorot 45a

La palabra hebrea para "contracciones" es *tzirim*, que también se traduce como "bisagras". Cuando el feto esta listo para salir, la cerviz de la madre se dilata, las contracciones del útero empujan al niño hacia fuera y la cerviz se abre, igual que una puerta, para permitir el pasaje del recién nacido.

El Rebe Najmán enseña que la *Sefirá* de Maljut corresponde a la letra *dalet* (ver arriba, Capítulo 45). La palabra *DaLeT* tiene las mismas letras que *DeLeT*, "puerta", la cual debe abrirse para permitir el nacimiento (*Likutey Moharán* I, 135:4-5). La letra *dalet* tiene el valor numérico de cuatro y alude a la idea de los cuatro exilios bajo los cuatro reinos del mal (ver *Bereshit Rabah* 2:4). Por consiguiente, es tarea de la humanidad "cortar a través" de los reinos del mal para liberar a la santidad de Maljut atrapada allí. Este "cortar" está representado por la apertura de la cerviz durante las labores de parto.

Sabemos que el hombre está compuesto por cuatro elementos que tienen su raíz en un solo elemento (ver arriba, Capítulo 4). De la misma manera, el poder del mal tiene cuatro reinos y un reino del mal que es origen de todos ellos, el cual se manifiesta en Amalek, como en (Números 24:20), "Amalek es la primera de las naciones". Es así que Amalek se yergue en el camino de la santidad de Maljut y trata de anularla. El Profeta Samuel comprendió esto y para vengar a los judíos "cortó" en *cuatro* partes a Agag, el rey de Amalek (Samuel I, 15:33; *Rashi*). Esta es la misma idea. La santidad de Maljut fue liberada al "cortar" a Agag, correspondiente a la apertura de la cerviz.

El Rabí Natán escribe que la batalla de Amalek en contra de la fe está simbolizada por un nacimiento difícil. Maljut corresponde a la fe, siendo su deseo "nacer", para despertar la fe en el mundo. A esto precisamente se opone Amalek.

En el momento del Éxodo, Dios realizó tremendos milagros, encendiendo la fe incluso en aquéllos que estaban extremadamente alejados de Él. El exilio de los descendientes de Abraham en Egipto puede compararse con la situación de la mujer en un parto difícil, incapaz de dar a luz. Con el Éxodo nació la Nación de Israel (la fe), pero inmediatamente después Amalek levantó la cabeza, con la intención de eliminar al "recién nacido". La salvación final requiere por lo tanto de la anulación completa de Amalek, la eliminación de todas las formas de ateísmo, para que las *d'latot* (puertas) puedan abrirse y el "recién nacido" (la fe renovada) pueda crecer y llegar a madurar (*Likutey Halajot, Tefilín* 5:30-34).

*

¿Mashíaj o Aborto?

Afirma el Talmud (*Iebamot* 63b), "Mashíaj no vendrá hasta que no hayan nacido todas las almas creadas". Más adelante afirma, "¡Aquél que no procrea es considerado como si hubiera cometido asesinato!" La razón detrás esta analogía extremadamente dura es que el único propósito de la existencia del hombre es revelar la Divinidad. Dado que cada ser humano es creado a "la imagen de Dios", se desprende que cada niño que nace aumenta la revelación de la Divinidad en el mundo. Así, aquél que no propaga la especie, de hecho disminuye la revelación de Dios en este mundo. Esto es equivalente al asesinato (ver *Tur, Even HaEzer, Priá V'Riviá* 1).

Si el no procrear es equivalente al asesinato, ¿cuánto más lo será el aborto? El alma humana, tanto si ya nació como si aún está por nacer, es ciertamente una porción Divina (ver arriba, Parte 2). Como hemos apuntado, el embarazo es el comienzo de la revelación de la Divinidad. Todo intento de abortar un embarazo es un intento de disminuir la Presencia de Dios en este mundo. El aborto sólo se permite en casos en que es necesario para salvaguardar la vida de la madre, pues la vida de ella es en sí misma una revelación de Divinidad. (Si el feto pone de alguna manera en peligro la vida de la madre, sin lugar a dudas se debe poner fin a la vida del niño aún no nacido en favor de la madre quien está viva en este mundo).

Abraham y Sara fueron los primeros en revelar el Reinado de Dios en este mundo. Abraham fue el paradigma de Jesed, que se revela en la *Sefirá* de Iesod. El nombre *SaRa* comparte la misma raíz que *S'raRá* (autoridad, poder); así Sara personifica a Maljut. La confluencia de Iesod y Maljut revela la Divinidad en el mundo.

Sin embargo, Abraham y Sara eran estériles. Luego de muchas plegarias (que en sí mismas son una manifestación de Maljut; arriba, Capítulo 44), tuvieron hijos. Ishmael, Itzjak, Iaacov y Esav son todos considerados sus hijos. (Ishmael le nació a Abraham luego de que Sara le diera a su sierva Hagar como esposa. Él es considerado así hijo "de ellos". Iaacov y Esav eran los hijos de Itzjak).

En la Hagadá de Pesaj hablamos de cuatro hijos: el hijo sabio, el hijo malvado, el hijo simple y el hijo que no sabe cómo preguntar. El Rebe Najmán enseña que estos "cuatro hijos" corresponden a todos los hijos de Abraham y de Sara. Itzjak representa el hijo sabio; Esav, el hijo malvado; Iaacov, el hijo simple (ver Génesis 25:27); e Ishmael, el hijo que no sabe cómo preguntar (en ningún lugar de la Biblia se registra a Ishmael hablando). Estos cuatro "hijos" - incluyendo al hijo malvado - son un paralelo de *dalet* (numéricamente cuatro), la manifestación de Maljut; pues los hijos, sin importar cómo resulten - para bien o para mal - contribuyen de alguna manera a la rectificación de Maljut (ver *Likutey Moharán* I, 30:6).

Como mencionamos al comienzo de este capítulo, los hijos son a menudo el factor redentor en la vida de sus padres y ancestros. Pero en otras instancias también los hijos pueden requerir una redención - no todos los hijos de los Patriarcas y las Matriarcas fueron perfectos. El Rebe Najmán comenta sobre estos dos tipos opuestos de hijos: "Los buenos hijos son el mejor remedio para sus ancestros" (*El Libro del Alef-Bet, Hijos*, A:42).

Con respecto a los hijos que se han apartado de la buena senda, dice el Rebe Najmán (*Avenea Barzel*, p.21 #4), "La persona debe orar para tener muchos hijos, no importa cómo resulten. Finalmente Mashíaj llegará y rectificará al mundo entero, trayéndolo nuevamente el estado espiritual del cual disfrutó el mundo el día de la creación de Adán y Eva".

*

E Pluribus Unum

¡*Shemá Israel*! [¡Escucha Israel!] El Señor, nuestro Dios,
el Señor es Uno.

Deuteronomio 6:4

El hombre fue creado para "fructificar y multiplicarse". La razón, como se ha dicho más arriba, es traer constantemente nuevas revelaciones de Divinidad. Pero, ¿por qué debe el hombre ser "*tan* fructífero?" ¿No bastaría con que cada pareja sólo tuviese dos hijos, para que la población del mundo se mantuviese constante? ¿Por qué toda pareja debe tener más de dos hijos y por qué, aun si los padres deciden tener más de dos hijos, deben tener familias muy numerosas?

Enseña el Talmud (*Iebamot* 63b), "Todo aquél que no contribuye a poblar el mundo es considerado como si hubiese disminuido la imagen Divina". Esto se debe a que cada niño nace con su propia mente. Él (o ella) trae al mundo su propio intelecto, un intelecto específico que nunca antes ha existido en el mundo. (Esto explica por qué los niños no siempre les hacen caso a sus padres - la mente de cada niño es absolutamente individual). Cada mente, cada nuevo intelecto, es capaz de reconocer a Dios y de reflejar Su grandeza a su manera. El Rebe Najmán enseña así que "el aumento en la tasa de nacimientos revelará más aún el honor del Santo, bendito sea" (*Likutey Moharán* II, 71:8).

Aquéllos que corren tras una forma de vida materialista tienden a considerar a los hijos sólo como un aumento físico de la familia, además de la carga adicional sobre el presupuesto familiar. En otros hogares los niños no son deseados, pues son un estorbo para el estilo de vida de la pareja. Otras familias sienten que está muy bien tener hijos y luego de "sumar" uno o dos, tienen la bondad de reservar un poco de "tiempo" para sus hijos, ofreciéndoles algunas horas a la semana - así estén los niños interesados o no en pasar con sus padres esas horas en particular.

Otras familias más inclinadas hacia lo espiritual también tienen necesidades materiales que deben ser cubiertas, pero para ellos los objetivos de la vida son totalmente diferentes, mucho más significativos y duraderos. Sólo es necesario observar una familia orientada hacia lo espiritual para advertir la calidez, el respeto y la cercanía que impregna sus vidas. Esto no quiere decir que sean ángeles, ni tampoco que no haya roces. Sin embargo, en su mayor parte, aquéllos inclinados hacia lo espiritual tienen un punto de vista más amplio con respecto a la vida y se ocupan de proveer a sus familias con amplia generosidad espiritual.

Esto está implícito en el Santo Nombre de Dios asociado con Iesod - *ShaDai* - que combina las dos palabras "*ieSH Dai* - ¡Hay suficiente!*" (ver arriba, Capítulo 40). En última instancia, aquéllos que viven una vida espiritual encuentran los recursos necesarios para mantener sus extensas familias. Son estas familias las que aumentan el honor y la gloria de Dios.

*

Es algo maravilloso que cada persona llegue a reconocer a Dios a partir de su propia e individual perspectiva. Sin embargo, cuando se comprende que todos están sirviendo a Un Solo Dios, se encuentra entonces otro concepto, mucho más bello aún.

Enseña al Rebe Najmán:

> Cada persona comprende la vida de una manera diferente de la de sus pares. No hay dos personas que sean iguales. Es por esto que el Santo, bendito sea, siente placer cuando, de entre la variedad de opiniones existentes respecto a un tema halájico específico, una de ellas es aceptada por la mayoría. Cuando la *mayoría* está de acuerdo con *una* idea, esto es algo muy precioso a los ojos del Santo, bendito sea (*Likutey Moharán* II, 2:6).

No hay dos personas que sean iguales; y nunca han existido en la historia de la humanidad dos personas que fuesen iguales en todos los detalles - ni nunca las habrá. La gente puede ser parecida, pero nunca es exactamente igual. Así, cada persona tiene su propia comprensión de Dios - cada una Lo ve a partir de una perspectiva diferente. Cuando recitamos el *Shemá*, la afirmación de fe, estamos reconociendo, cada uno a partir de sus diferentes perspectivas, la verdad universal de que Dios es Uno.

Este concepto es tremendamente significativo. Aunque cada persona posee un punto de vista diferente, todas pueden estar *de acuerdo* en "Una" cosa. Este es un estado perfecto de paz, de "pluralismo basado en la más exaltada Unidad", que permite que la gente supere sus diferencias y alcance la paz verdadera.

El Rabí Natán escribe que éste es el verdadero significado subyacente a la mitzvá de tener la mayor cantidad de hijos posible. Traer cada vez más seres humanos al mundo, cada uno con su propia mente, cada uno con una diferente perspectiva de Dios, pero así y todo, cada uno sirviendo al Dios Unico de la mejor forma posible, es algo que refleja la Gloria de Dios de la manera más poderosa. ¡Cuán hermoso será, cuando llegue Mashíaj, ver tanta gente *diferente* con un objetivo *común*! En ese momento reinará la verdadera paz (*Likutey Halajot*).

*

Enseña el Rebe Najmán:

> El *Sefer Iétzira* (4:12) dice que dos piedras construyen dos casas, tres piedras construyen seis casas y cuatro piedras construyen veinticuatro casas... Es decir, con dos "piedras", A y B, uno puede hacer dos combinaciones (AB y BA); con tres "piedras", A, B y C, uno puede hacer seis combinaciones; con cuatro, A, B, C y D es posible hacer veinticuatro combinaciones, y así en más. Cada piedra adicional aumenta el producto de manera exponencial.

Las "piedras" a las cuales hace referencia son almas (Lamentaciones 4:1). Así, ¡una reunión de diez personas genera 3.628.800 combinaciones! Imagina el aumento en el número de combinaciones con cada "piedra" - cada alma - que se agrega a la población. Imagina el número de combinaciones producidas por 100 personas... O por 1.000... O por 2.500 personas... o más. ¡Las posibilidades son abrumadoras!

El Rebe Najmán explica que cada una de estas "piedras"

- estas almas - se vuelve una parte de la "construcción" de la santidad. Cada una de las personas, al formar parte de esta "construcción", aumenta la "comunidad mundial" de santidad (*Likutey Moharán* II, 8:6).

En esto radica la importancia vital de tener hijos. Cuantos más hijos se tengan, más aumentará la estructura de santidad en el mundo (*Likutey Halajot, Priá v'Reviá* 5:2).

*

Paz en la Tierra

> **El Rabí Elazar dijo en nombre del Rabí Janina: Los eruditos de la Torá aumentan la paz en el mundo, tal como dice el versículo** (Isaías **54:13), "Y todos tus hijos [*banáij*] serán estudiosos [de la Torá], y grande será la paz de tus hijos".** No leas *banáij* [hijos], sino *bonáij* [constructores]
>
> *Berajot* 64a

El Rabí Ioshiahu Pinto comenta sobre este pasaje: aquéllos que buscan la espiritualidad a través del estudio de la Torá están dedicados a construir sólidos cimientos para el mundo (igual que los hijos son el cimiento del mundo). El versículo afirma (Isaías 48:22), "No hay paz para el malvado"; sólo aquéllos que buscan la espiritualidad pueden alcanzar la paz. Más aún, los estudiosos de la Torá, aquéllos que estudian y les enseñan a los demás, traen paz a aquéllos que originalmente estaban alejados de la espiritualidad. Y más directamente traen la paz a aquéllos que les proveen el sustento.

Esto se encuentra aludido en la repetición de la palabra *banaij* en el versículo "Y todos tus hijos serán estudiosos [de la Torá], y grande será la paz de tus hijos" - No leas *banaij*, sino *bonaij*". Las palabras *banaij* y *bonaij* están relacionadas con la palabra *Biná* (Comprensión). Aquéllos que se dedican a buscar y a comprender lo espiritual son los verdaderos constructores del mundo. Ellos difunden el conocimiento de Dios, llenando así el mundo de paz y armonía.

* * *

Parte Diez

Vida y Muerte

48

"Y Era Muy Bueno"

La vida tal cual la conocemos comienza con la concepción y termina con la muerte. Entre ambos eventos se suceden la infancia, la niñez, la pubertad, la adolescencia, la edad adulta, la madurez y, si lo merecemos, la ancianidad. Escribió el Rey Salomón con respecto a la vida (Eclesiastés 1:2), "Vanidad de vanidades, dice Kohelet; vanidad de vanidades, todo es vanidad". Tal como comentan los Sabios, cada uso singular de la palabra "vanidad" en el versículo representa uno, y cada uso en plural de "vanidades" representa dos, de modo que el versículo contiene un total de siete "vanidades". Pregunta por tanto el Midrash (*Kohelet Rabah* 1:3), "¿Por qué siete veces vanidad? Ellas corresponden a las siete fases que debe pasar la persona durante su vida". El Midrash ilustra estas fases:

- El recién nacido es como un rey: se lo coloca sobre una "carroza" real y todos lo abrazan y lo besan.
- Durante la infancia, es comparado con un cerdo, siempre sucio.
- Cuando alcanza la pubertad, es comparado a un cabrito que corcovea.
- En su adolescencia, ama exhibir sus proezas y mostrarse como un potrillo.
- Al alcanzar la edad adulta, cuando asume la responsabilidad del matrimonio y debe ganarse la vida, se asemeja a una mula.
- En la madurez, debe casar a sus hijos. Es comparado

entonces con un perro descarado que debe buscar la manera de lograrlo.

• Finalmente, en la ancianidad, cuando sólo puede "imitar" lo que hacen los jóvenes, es comparado a un mono.

El Midrash agrega que el Rey Salomón, el más sabio de todos los hombres, usó el término *hevel* (vanidad; bruma o vapor) para enseñarnos que la vida pasa muy rápidamente, sin ningún beneficio para el individuo. La vida es "bruma de brumas" - pronto se va, disipada antes de que uno se dé cuenta. Aunque esta descripción de la vida de un ser humano no es muy alentadora, es bastante precisa.

¿Cómo puede uno salvarse de este triste ciclo?

Cuando el Rey Salomón hizo esta afirmación, se estaba refiriendo claramente a una vida materialista, pues continúa (Eclesiastés 1:3), "¿De qué le sirve toda la tarea del hombre bajo el sol?" El Midrash comenta, "Para nada - bajo el sol. Pero ¿por sobre el sol? ¡Eso sí tiene valor!" ¿Qué es "sobre el sol"? ¿Qué es lo que está por sobre el mundo material? La espiritualidad (*Kohelet Rabah* 1:4).

Aquél que desea una vida materialista se reconocerá fácilmente en una de las etapas de la lista anterior. Sin embargo, aquel que intenta vivir una vida espiritual - en el nivel que pueda - se encontrará "por sobre" esas descripciones. Las aspiraciones espirituales traen un respiro a las dificultades diarias de la vida y van acompañadas por recompensas que se encuentran más allá del alcance de los "beneficios" ofrecidos por la vida material. Cierta vez, conversando con sus seguidores con respecto de la vida, el Rebe Najmán dijo, "Lo importante no es cuánto vive una persona sino cuán *bien* vive". El Rebe, quien sólo vivió treinta y ocho años, se estaba refiriendo a cuánta espiritualidad puede alcanzar una persona durante su vida.

El Rabí Natán repite una y otra vez, a lo largo de su *Likutey Halajot*, que la espiritualidad está a disposición de todo el mundo, incluso de aquéllos que se encuentran muy lejos de Dios. De hecho, cuanto más profundamente haya quedado uno "enterrado" en una vida de materialismo, mayor será la revelación de la gloria de Dios en el momento en que retorne a Él. Itro era un supremo sacerdote idolátrico. Cuando llegó al campamento de los Israelitas y dijo (Éxodo 18:11), "Ahora yo sé que Dios está por sobre todos los dioses", la gloria de Dios se elevó en *todos* los mundos - en este mundo y en todos los Universos Superiores (*Zohar* II, 69a).

Itro había estado hundido en la idolatría. Como idólatra se encontraba en el más bajo nivel de la espiritualidad, pero aun así su reconocimiento del Santo, bendito sea, produjo una tremenda revelación de la gloria de Dios - ¡una revelación incluso dentro de la oscuridad de su vida pasada! (ver *Likutey Moharán* I, 10:2). Todos tienen la capacidad de crear tal revelación. Sólo deben tener cuidado de no "morder más que lo que puedan tragar" (ver *Likutey Halajot, Kriat Shema* 1:2).

A lo largo de este libro hemos visto que en todos los aspectos de la vida, siempre estamos a un paso de la espiritualidad. Dios creó al hombre en forma tal que pueda reflejar e irradiar la Divinidad en cualquier momento - en cualquier lugar - si así lo desea. El Rabí Natán dijo cierta vez, "Si la persona no es capaz de realizar una mitzvá completa, ¿no deberá al menos cumplir media mitzvá?" Toda buena acción - incluso una acción incompleta, si es realizada con intención sincera - crea un ángel que actúa como abogado defensor delante del Tribunal Celestial el Día del Juicio (ver *Pirkey Avot* 4:13).

*

El Día del Juicio

> **Los años de nuestra vida suman setenta, y si con mucho vigor - ochenta; en su mayoría son sólo afán y futilidad pasando rápidamente y yéndose en un vuelo...**
>
> Salmos 90:10

Cuando la persona envejece, la muerte se vuelve más inminente; pero la muerte puede acaecer a cualquier edad - en la edad adulta, en la juventud, en la niñez o incluso en la infancia.

El día de nuestra muerte es nuestro propio Día del Juicio, cuando se hace un escrutinio de nuestras acciones, tanto buenas como malas. El Zohar (II, 199b) enseña que en este día se producen *siete* juicios:

* La muerte misma
* El anuncio de nuestras acciones, buenas o malas
* La ubicación en la tumba
* El juicio de la tumba
* La descomposición del cuerpo
* Guehinom
* El intervalo antes de que el alma se purifique completamente

Enseña el Ari que estos diferentes juicios no tienen la intención de ser castigos sino que vienen a limpiar a la persona del pecado. Así, Guehinom - y la Reencarnación, cuando es impuesta - son medios a través de los cuales se purgan los pecados. También la muerte es parte integral de este proceso de limpieza.

El sistema que utiliza Dios para determinar el balance final se encuentra más allá de la comprensión del hombre. En Su insondable misericordia, Dios agrega a la columna del crédito *todas* las circunstancias atenuantes - la educación, el ambiente, la comunidad, los recursos financieros y demás. Sin embargo, el juicio es real; somos totalmente responsables. La pregunta más importante que debemos responder es: ¿Nos hemos esforzado lo suficiente?

El Rabí Natán escribe que el abogado más importante para la persona en el día del juicio es el "factor de la voluntad", el grado en el cual él o ella *desearon* la espiritualidad. Si nuestro deseo fue constante a lo largo de la vida, incluso si fuimos un tanto negligentes, nuestro crédito aumentará en mucho. Esto no implica que no basta con un esfuerzo débil. "No pude hacerlo", no es una excusa aceptable. El "factor de la voluntad" implica hacer todos los esfuerzos posibles. Si nuestros esfuerzos no tuvieron éxito, entonces ¿qué podemos hacer? Debemos volver a tratar,

una y otra vez. Como solía decir el Rebe Najmán: "¡*Guevald*!
¡Nunca te des por vencido!"

*

Recompensa y Castigo

> **Y Dios vio que era *tov meod*, muy bueno...**
>
> Génesis 1:31

Cada uno de los días de la Primera Semana de la Creación,
Dios creó una faceta diferente del mundo. Cada día, al considerar
Su obra, Dios dijo "Es bueno". El sexto día, luego de haber creado
el mundo entero, incluido el hombre, "Dios vio todo lo que Él
había hecho, y he aquí que era *muy* bueno". Pregunta el Midrash,
"¿Por qué Dios agregó la palabra 'muy' el sexto día: 'muy'
bueno?" Hay muchas opiniones al respecto: "'Muy bueno' - ¡Es
la muerte!"; "'Muy bueno' - ¡es la beneficencia y la compasión
hacia los demás!"; "*Tov M'EoD*, 'muy bueno' - ¡Es ADaM!"
(*Bereshit Rabah* 9:10-12).

Hemos visto en diferentes contextos cómo el hombre debe
luchar a lo largo de toda su vida. Pregúntenle a toda persona
racional, "¿A dónde lleva la vida?" y su respuesta será muy
probablemente, "¡A la tumba!" Si éste es el caso, ¿de qué vale
la vida de la persona? La existencia física es necesariamente
limitada. A veces uno es afortunado de vivir lo suficiente como
para cosechar al menos algunos beneficios, pero no hay nadie que
en su vida no haya debido enfrentar la adversidad.

Aquél que busca la espiritualidad sabe que la vida no termina
con la muerte. Más aún, le es posible experimentar incluso en este
mundo la elevada existencia espiritual que le espera, aun limitado
por su cuerpo físico. Enseña la Mishná (*Pirkey Avot* 4:21), "Este
mundo es comparado con la antecámara del Palacio [el Mundo
que Viene]. ¡Prepárate en la antecámara para que puedas entrar al
Palacio!" Pero Este Mundo es más que una *preparación* para el
Mundo que Viene. La persona sensible y pensante comprenderá

que una vez que entra a la antecámara del Palacio, *ya está dentro* del Palacio mismo. Si vivimos nuestras vidas sabiéndolo, esta percepción nos elevará y nos sentiremos motivados a actuar de acuerdo con ello, haciendo esfuerzos cuidadosos y calculados para perfeccionarnos mientras tengamos la oportunidad. Es posible que las alegrías y satisfacciones del Palacio aún no estén a nuestro alcance; aun así, no estamos lejos de ellas y siempre podemos recordarlas. Así como la perspectiva de una boda trae alegría al corazón de la persona, de la misma manera la perspectiva de las alegrías del Mundo que Viene puede ser percibida e incluso experimentada aún antes de haberla alcanzado.

Antes de que podamos experimentar el Mundo que Viene, debemos pasar primero a través de la entrada del Palacio. Esta "entrada" es el proceso de la muerte. Aunque la muerte puede ser algo aterrorizante, es de hecho, para la persona media, un proceso *"muy* bueno" e importante. Si la historia se hubiera desarrollado de manera diferente, si Adán no hubiera pecado, el hombre habría podido vivir por siempre. Adán fue creado en un cuerpo espiritual que debía haber vivido eternamente. Esto no sucedió, sin embargo, pues el hombre no pudo superar la prueba y descendió en cambio al materialismo - una condición que no puede durar para siempre.

Pero sufrir y morir son para beneficio del hombre, pues aquél que trata de vivir una vida espiritual es purificado, en su mayor parte, mientras aún está vivo y la muerte llega como la etapa final de este proceso de rectificación. En la muerte, el cuerpo se descompone y todos los placeres físicos son eliminados. Aun así, cuando llegue finalmente el tiempo de la Resurrección, nosotros, que hemos sufrido, volveremos a "renacer"; el cuerpo físico será recreado en un estado físico aunque espiritual. Entonces viviremos para siempre, de la manera en que Dios quiso originalmente que viviese el hombre (*Likutey Halajot, Tefilín* 5:18).

Éste es el significado de la enseñanza citada en el Midrash: "'Muy bueno' - ¡Es la muerte!"; "'Muy bueno' - ¡es la beneficencia y la compasión hacia los demás!"; *"Tov M'EoD,* 'muy bueno' - ¡Es ADaM!". La muerte es *muy buena* porque en la muerte el hombre puede limpiarse de todas las impurezas. *Muy buena* es la beneficencia, pues estas acciones nos llevan al Mundo que Viene.

Y, "¡Muy bueno es Adam!". En hebreo, la palabra *M'EoD* contiene las mismas letras que la palabra *ADaM*, pues, a través del mundo tal cual lo conocemos, uno puede volverse un Hombre en el sentido más exaltado: un individuo totalmente espiritual, la cima de la Creación.

*

Podamos todos merecer ser testigos de la Revelación de Dios, con la Reconstrucción del Santo Templo, el Retorno de los Exiliados y la Venida del Mashíaj, pronto y en nuestros días, Amén.

* * *

Apéndice A

El Cuerpo y las Mitzvot

Sefer Jaredim

Sefer Jaredim

El hombre fue creado con una imagen Divina, esto es, con una imagen que refleja la espiritualidad (pues Dios no tiene una imagen física en absoluto). El Rabí Natán escribe que todo aquél que comprenda la Kabalá - el Zohar, los escritos del Ari y sus comentarios - comprenderá que cada misterio de la Torá del cual ellos hablan refleja la "Imagen Divina" sobre la cual fue creado el hombre. Esto incluye los conceptos del Espacio Vacío, de la Rotura de los Recipientes, de los Universos Superiores y de todos los otros misterios de la Torá. Cada concepto se aplica a todos y a cada uno de los individuos, hombre o mujer, joven o anciano, pues (Números 19:14), "ésta es la Torá – el hombre...". La Torá refleja al hombre; y el hombre puede reflejar la espiritualidad de la Torá y la santidad de Dios Mismo (*Likutey Halajot, Minjá* 7:22).

El Zohar enseña que el hombre es un microcosmos. Cada órgano o miembro refleja una diferente faceta de la Creación. Por lo tanto, si mediante nuestras acciones atraemos la espiritualidad dentro de cada uno de nuestros órganos, se estará, en un sentido, revelando a Dios en el mundo entero. Cada persona es un mundo completo y, al atraer la Divinidad hacia sí misma, Dios se revela en todas partes. De manera inversa, a aquella persona a quien le falta la rectificación que se logra a través de las mitzvot que corresponden a un miembro determinado es considerada "lisiada", pues para ella es muy difícil la revelación de la Divinidad. Es por esto que, cuando la gente clama a Dios, parece que a veces Él no "escucha". Pero no es así; la ausencia de una respuesta Divina es señal de que Dios no ha sido bien recibido en ese *lugar* en particular (*Tikuney Zohar* #70, p.130b). Para traer la Divinidad hacia nosotros debemos cumplir con las mitzvot, rectificando así los "miembros y órganos" a los cuales se aplica cada mitzvá.

Pero ¿cómo es posible hacerlo? ¿Qué mitzvá rectifica los ojos; cuál rectifica los brazos, la cabeza, las piernas y demás? Existen 248 mandamientos positivos y 365 prohibiciones. Si pudiéramos saber qué mitzvot les corresponden a determinados órganos, ¿influiría eso en la actitud de las personas hacia las mitzvot? El Rebe Najmán enseña:

> Todas las mitzvot, en conjunto, forman una estructura completa, igual que el cuerpo es una estructura completa. Cada mitzvá corresponde a un órgano diferente, a un miembro o arteria del cuerpo. Por ejemplo, cumplir con las mitzvot que corresponden a la cabeza ayuda a rectificar la cabeza. Más aún, cuanto más grande es la alegría en el cumplimiento de las mitzvot, más grande es la rectificación que se puede alcanzar (*Likutey Moharán* I, 5,2).

Aunque no sabemos con exactitud qué mitzvá corresponde a cuál órgano o miembro, somos conscientes de que, en un sentido general, aquellas mitzvot que están más cercanamente asociadas con ciertos órganos tienen un lazo mayor con ellos. En su clásico libro, *Sefer Jaredim* (El Libro de los Piadosos), el Rabí Eliezer Azkiri (m.1.600) propugna la observancia de las mitzvot y los beneficios que el hombre puede obtener de ellas, tanto física como espiritualmente. Divide a las mitzvot de acuerdo con la estructura del cuerpo, explicando qué mitzvot realiza cada órgano específico.

Aquí hemos presentado una versión sintética del *Sefer Jaredim*. Algunas mitzvot pueden ser realizadas por varios órganos y a veces varios órganos cumplen con una sola mitzvá. Hemos hecho una lista de las mitzvot de acuerdo con el órgano principal implicado en ellas, tanto los mandamientos positivos como las prohibiciones. Al igual que en el *Sefer Jaredim*, hemos presentado primero los mandamientos positivos y después las prohibiciones.

Hay varias mitzvot que se aplican en tiempos específicos y en lugares determinados y que no pueden ser cumplidas en la actualidad. Otras se aplican a individuos o a grupos específicos (*Kohen Gadol, Kohanim*, Levitas, hombres o mujeres). Otras se aplican sólo en la Tierra Santa o en el Templo. Aquí presentamos una selección de aquellas mitzvot que pueden aplicarse a la mayor parte de la gente, la mayor parte del tiempo y en la mayoría de los lugares.

*

El Corazón

Tal como hemos visto en nuestro texto (Parte 5), el corazón es el asiento de las emociones, de las pasiones y de los pensamientos. Es obvio por tanto que ciertas mitzvot pueden ser aplicadas tanto a la mente como al corazón.

Positivas

- Fe: creer en Dios; reconocer que Él creó el Universo entero y que lo guía con Divina Providencia; creer que Él nos dio la Torá en el monte Sinaí - la Torá Escrita y la Torá Oral; creer en los Tzadikim; creer en el Éxodo, en el Mashíaj, en la Resurrección y en otros principios básicos de la fe.

- Recitar el *Shemá*, la afirmación de nuestra fe.

- Temor a Dios: mantener constantemente una actitud de respeto, de temor y de reverencia ante Dios, lo que incluye mostrar el debido respeto en la sinagoga.

- Orar.

- Amar a Dios: sentir amor y mostrar honor a Dios, a través de las mitzvot, del Shabat, de las Festividades y en todos los demás aspectos de nuestra relación con Dios; acercarnos a Dios y a los Tzadikim.

- Regocijarse en las Festividades y en el cumplimiento de todas las mitzvot.

- Santificar el Nombre de Dios.

- Arrepentirse.

- Respeto y amor por los padres, los amigos, los conversos y por todos los judíos.

• Modestia, humildad y control de la ira y de otras características potencialmente negativas.

Prohibiciones

• Erradicar la herejía y la idolatría.

• No envidiar los bienes de los demás; evitar los celos.

• No olvidar a Dios, no olvidar la Revelación en el monte Sinaí y no olvidar la maldad de Amalek.

• Eliminar nuestra arrogancia, la ira, el odio hacia los demás judíos y características similares.

• Eliminar los malos pensamientos.

• No malgastar la piedad en aquéllos que no la merecen.

*

Los Ojos

Positivas

• Mirar los *Tzitzit*, leer la Torá de los textos.

• Llorar por la pérdida de una persona digna, lamentarse por la pérdida del Templo.

Prohibiciones

• No mirar con lujuria ni arrogancia, no mirar la idolatría, no leer libros que hablan de ateísmo...

*

Los Oídos

Positivas

- Dedicarse al estudio de la Torá, escuchar el *Shofar* en Rosh HaShaná, escuchar la *Meguilá* en Purim.

- Escuchar a los Tzadikim y a los jueces rectos.

- Escuchar las palabras de nuestras plegarias y bendiciones.

- Escuchar la lectura de la Torá, escuchar el *Kadish* y las bendiciones para responder "Amén".

Prohibiciones

- No escuchar a alguien que habla en contra de la Torá y/o en contra de la fe en Dios.

- No escuchar la mentira, la calumnia ni otras formas prohibidas del habla.

*

La Nariz

- La nariz corresponde a la pureza (ver Capítulo 34); así uno debe cuidarse de no quedar atrapado en perfumes prohibidos.

*

La Boca: El Habla

Positivas

• Hablar siempre de manera respetuosa a los padres,
abuelos, maestros y a todos aquéllos a quienes se les debe
respeto.

• Recitar las bendiciones, el *Shemá*, las plegarias, el *Kadish*
por los fallecidos, el *Kidush*, la *Havdalá*, la Hagadá
de Pesaj, la Cuenta del Omer y otras "mitzvot verbales"
relacionadas; escuchar el *Kadish* y las bendiciones para
responder "Amén".

• Confesar verbalmente nuestras transgresiones delante de
Dios.

• Estudiar Torá y enseñarles Torá a los demás.

• Decir sólo palabras de verdad, de paz y de ánimo;
hablarles a los demás suavemente y con respeto.

Prohibiciones

• No pronunciar el Nombre de Dios en vano; no hacer que
los demás mencionen el Nombre de Dios en vano - tal como
en un juramento, en bendiciones innecesarias, maldiciendo
a los demás, etcétera.

• No jurar en falso o en vano; no dar falso testimonio.

• No hablar de cosas profanas, no decir mentiras,
calumnias, burlas, no adular, no decir palabras de idolatría,
no engañar; no insultar ni avergonzar a los demás; no herir
a los demás mediante nuestras palabras.

• No instigar ni crear disputas, así sea de manera directa o indirecta; no dar malos consejos.

*

La Boca: Comer

Positivas

• Comer en el Shabat, en las Festividades, en Rosh Jodesh y en otras fiestas asociadas con mitzvot (tales como casamientos, circuncisiones, redenciones del primogénito); comer matza en Pesaj; comer en la *suká* durante la festividad de Sukot.

• Comer sólo alimentos kosher; comer alimentos que han sido apropiadamente diezmados (esta mitzvá se aplica a los alimentos que crecen en la Tierra de Israel).

Prohibiciones

• No comer en Iom Kipur, no comer *jametz* en Pesaj, no comer fuera de la *suká*.

• No comer comida no-kosher: animales kosher sacrificados de manera impropia, animales no-kosher (por ejemplo, el cerdo), aves no-kosher (por ejemplo, el cuervo), reptiles, peces no-kosher (por ejemplo, camarones, langostas, cangrejos). No comer carne y leche juntos.

• No comer alimentos que no han sido apropiadamente diezmados, no comer frutas que no fueron cosechadas de acuerdo con las leyes del Año Sabático (estas mitzvot se aplican a los alimentos que crecen en la Tierra de Israel).

*

Las Manos

Toda mitzvá que pueda ser cumplida mediante el uso de las manos. Algunos ejemplos:

Positivas

- Honrar a los padres, rabinos y ancianos; usar *Tzitzit* y *Tefilín*; encender las velas del Shabat y las Festividades; encender las velas de Jánuca.

- Lavarse las manos al levantarse y antes de comer, tal cual está prescripto por la ley; sostener el *lulav* y el *etrog* en Sukot; escribir o comprar libros relacionados con la Torá.

- Colocar la *mezuzá* sobre la puerta, devolver objetos perdidos a sus dueños, construir salvaguardas en nuestros hogares para evitar que la gente sea dañada (por ejemplo, construir una pared o parapeto alrededor de una terraza).

- Pagar a nuestros trabajadores en el momento acordado, dar caridad, diezmar los alimentos.

- Asistir a los demás cuando es necesario, ayudar a salvar la vida de otra persona.

Prohibiciones

- No fabricar ningún objeto de idolatría, no cometer asesinato, no golpear a otra persona, no robar, no tomar los bienes de otro sin su permiso, no actuar engañosamente.

- No destruir árboles frutales, alimentos ni otros elementos útiles, no mantenerse aparte y observar a otra persona cuando es dañada, no criar animales peligrosos.

• No aceptar soborno, no afeitar nuestras *peiot*, no utilizar las manos para propósitos lujuriosos.

• No utilizar las manos para trabajos prohibidos en Shabat o en las Festividades.

*

Las Piernas

Toda mitzvá que pueda ser cumplida mediante el uso de las piernas. Algunos ejemplos:

Positivas

• Ponerse de pie delante de los padres y los ancianos, ponerse de pie cuando uno ve un rollo de la Torá o un estudioso de la Torá, caminar (o viajar) hacia la sinagoga o hacia el cumplimiento de otras mitzvot.

• Visitar a los enfermos, asistir a los funerales.

• Confortar a los deudos (esta mitzvá también se aplica a la boca).

Prohibiciones

• No caminar más allá de la distancia permitida en Shabat y en las Festividades.

• No inclinarse frente a la idolatría, no caminar de manera arrogante.

*

El Brit

Positivas

- La circuncisión de acuerdo con los Códigos.

- Contraer matrimonio; tener un mínimo de dos hijos, un niño y una niña.

- Cumplir con las obligaciones maritales, santificarse y cohabitar de manera recatada.

Prohibiciones

- Abstenerse voluntariamente de contraer matrimonio y procrear.

- Abstenerse de relaciones maritales durante el período menstrual de la mujer hasta su inmersión en la *mikve*.

- No forzar a la esposa a tener relaciones maritales, no actuar de manera lujuriosa.

- Refrenarse de toda relación incestuosa o adúltera, o de toda relación prohibida, no darse a relaciones homosexuales o bestiales, no cometer promiscuidad, no practicar el onanismo.

El *Sefer Jaredim* describe el castigo de las transgresiones sexuales con una cantidad de variadas reencarnaciones y aconseja vehementemente en contra de ellas, dado que los castigos son mucho más severos de lo que uno pueda llegar a imaginar.

*

Existen muchas otras Mitzvot que pueden ser cumplidas mediante los diferentes órganos del cuerpo; aquí hemos citado sólo unas pocas de las más comúnmente aplicables. La lección esencial que puede tomarse de estos ejemplos es que al esforzarse por hacer lo mejor que uno pueda para servir a Dios, es posible iluminar el cuerpo con espiritualidad. ¡Entonces uno puede verdaderamente merecer una imagen Divina!

* * *

Apéndice B

Las Sefirot y las Características Personales

Tomer Dvora

Tomer Dvora

El Rabí Moshé Cordovero (1522-1170) es autor de muchas e importantes obras de Kabalá y fue director de la escuela de Kabalá de Safed antes de la llegada del Ari. Entre sus escritos se encuentra el *Tomer Dvora* (La Palmera de Débora), donde describe y explica las principales "Características" de Dios que el hombre debe emular, y cómo están aludidas en las Diez *Sefirot*. En este importante trabajo muestra cómo es que el hombre puede alcanzar estos elevados niveles. Comienza su primer capítulo con una explicación del objetivo de su libro:

Es apropiado que el hombre se parezca a su Creador, pues entonces se hace digno de su "imagen Divina". Si su parecido con la imagen espiritual sólo fuese corporal, sin el desarrollo de las características espirituales relacionadas, estaría falsificando la exaltada forma que posee, obteniendo el título de "una bella forma con actos detestables", pues las acciones del hombre son la forma espiritual y la imagen Divina. ¿De qué sirve la "imagen Divina" física del hombre si en sus acciones no se parece a su Creador? Corresponde por tanto que el hombre se asemeje en sus acciones y actos a la [*Sefirá* de] Keter...

El Rabí Moshé Cordovero procede a realizar un estudio sobre cómo las "Características" se encuentran aludidas en cada una de las Diez *Sefirot* y cómo el hombre puede alcanzar estas características en cada uno de los Niveles Superiores. También explica (Capítulo 2) que el hombre no puede lograr todos estos atributos de una sola vez, sino que debe desarrollarlos e internalizarlos de manera lenta y constante. Lo que sigue es una síntesis de las enseñanzas del *Tomer Devora*.

Keter

Los Trece Aributos de Misericordia están enraizados en la *Sefirá* de Keter (ver Capítulo 34). Dedicarse a obtener estos atributos rectifica el propio nivel de Keter. El Rabí Cordovero basa su lista de características espirituales en el versículo de Mija (7:18-20) donde se enumeran los Trece Atributos de Misericordia. Estos atributos, los cuales el hombre debe esforzarse por imitar, son:

(1) Tolerancia; (2) Paciencia con los demás; (3) Perdonar; (4) Buscar el bien en los demás y para los demás; (5) No guardar la ira; (6) Realizar actos de bondad; (7) Amar y buscar el bien para alguien que te ha hecho daño y ahora desea rectificar ese daño (perdonarlo no es suficiente); (8) Recordar las buenas acciones de los demás y olvidar sus malas acciones; (9) Sentir compasión por los demás, incluso por la gente malvada; (10) Actuar con honestidad; (11) Actuar con bondad e indulgencia hacia los demás (no insistir en aplicar "la letra de la ley" sobre los demás); (12) Ayudar a los demás a arrepentirse y no guardarles rencor; (13) Buscar maneras de mostrar misericordia y compasión a los demás, aunque uno no encuentre en ellos ningún factor atenuante.

Otros atributos y acciones paralelos de Keter que se encuentran en la "imagen Divina" del cuerpo humano son:

• La humildad; mantener la mente libre de todo pensamiento de mal; mostrarles siempre favor a los demás; mirar siempre el bien y rechazar el mal; evitar mirar lo impropio o indecente; ayudar al indigente; no caer en la ira; ejercer la paciencia; recibir a toda persona con alegría; nunca hablar mal, ni maldecir ni dedicarse a una charla vana; hablar siempre de cosas buenas.

Para alcanzar el atributo de la humildad, uno debe huir del honor y no buscarlo nunca. Es necesario reconocer los propios errores, recordando constantemente nuestros pecados y buscando maneras para rectificarlos. Esto nos mantendrá en el camino hacia la humildad. Además, tratar de honrar a todos y amar a los demás.

Jojmá

Uno debe esperar que Dios le imparta Su conocimiento al hombre, para que el hombre pueda alcanzar percepciones más claras de la Divinidad. Más aún, la persona debe estar siempre deseosa de compartir su conocimiento con los demás.

El versículo afirma (Salmos 104:24), "Todo fue creado con Jojmá". Así, todo en el mundo refleja la sabiduría de Dios. Con este conocimiento, la persona debe centrar sus pensamientos en cómo beneficiar a los demás, buscando siempre maneras de ayudarlos. Así como un padre siente compasión por sus hijos, cada persona tiene la responsabilidad de ser compasiva hacia los demás, al igual que hacia todos los niveles de la Creación - mineral, vegetal y animal. Uno debe cuidar el medio ambiente dado que ello refleja a Dios y a Su Sabiduría.

Biná

Para perfeccionar el atributo de Biná, uno debe arrepentirse constantemente. El arrepentimiento está asociado con Biná, con el corazón y con el sistema sanguíneo, tal cual se trató en nuestro texto en el Capítulo 9.

Jesed

Jesed está asociado con el amor, de modo que la persona debe cultivar el amor por Dios y por la humanidad. Existen muchas maneras de cultivar este amor:

• Cuidar a nuestros hijos y atender sus necesidades.

• Visitar a los enfermos y atender sus necesidades; también cumplir con la mitzvá de enterrar a los muertos y de confortar a los deudos.

• Dar caridad a los pobres.

• Ser hospitalario con las visitas y hacer la paz entre la gente.

Guevurá

Guevurá denota restricción. Este atributo ya ha sido tratado a lo largo de nuestro texto. Uno debe siempre ejercitar la restricción al enfrentarse con la tentación al pecado.

Tiferet

La Torá corresponde a Tiferet; así el estudio de la Torá es el método principal para desarrollar el propio atributo de Tiferet. Sin embargo, si la persona actúa orgullosamente con respecto a sus conocimientos, mirando con desprecio a sus alumnos, a sus amigos o a otros menos afortunados que ella, se priva así de beneficiarse verdaderamente de su conocimiento de Torá. Uno debe también utilizar su conocimiento de Torá para alcanzar el consenso de sus colegas y no adentrarse en la disputa ni en argumentos injustificables.

Netzaj y Hod

Netzaj y Hod corresponden a los pies, los que sirven de soporte al cuerpo. Para alcanzar estos atributos es necesario aumentar la influencia de la espiritualidad en el mundo, es decir, respetando y mantenimiento el estudio de la Torá, el cimiento del universo. El estudio del *Jumash* (Biblia) fortalece a Netzaj, el estudio de la Mishná fortalece a Hod, y el estudio del Talmud fortalece a ambos.

Iesod

Para fortalecer Iesod uno debe cuidarse de todo pensamiento o palabra inmoral. Es necesario también guardar el Pacto de todo acto inmoral (ver Capítulo 41).

Maljut

Dado que Maljut se encuentra asociada con la "pobreza" (pues no tiene luz propia; ver Capítulo 44) es necesario ser humilde para desarrollar este atributo. Esto incluye mantener un estilo de vida humilde, evitando la ostentación.

También es importante trabajar para alcanzar el temor al Cielo, dado que Maljut representa la aceptación del yugo del Cielo.

Para poder alcanzar cualquier nivel de Maljut es necesario estar casado y comportarse de acuerdo con los dictados de pureza familiar de la Torá (ver Capítulo 44).

*

Sea la voluntad del Todopoderoso que merezcamos andar sólo en Sus caminos, perfeccionar nuestra "imagen Divina", y ser dignos de reflejar los tremendos poderes de las Diez Sefirot todos los días de nuestras vidas. Amén.

* * *

Apéndice C

Gráficos y Diagramas

EL ORDEN DE LAS DIEZ SEFIROT

KÉTER
|
JOJMÁ
|
BINÁ
|
JESED
|
GUEVURÁ
|
TIFERET
|
NETZAJ
|
HOD
|
IESOD
|
MALJUT

ESTRUCTURA DE LAS SEFIROT

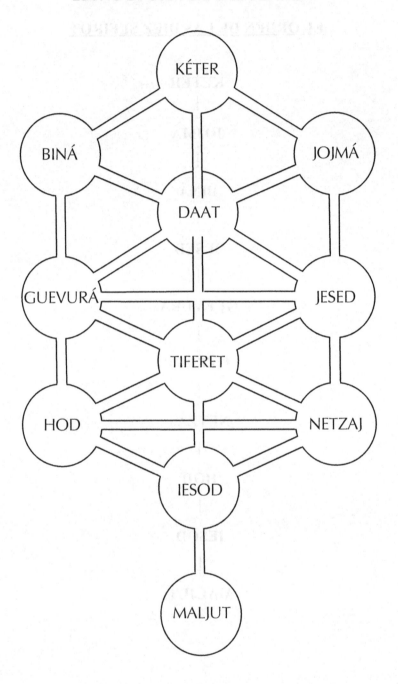

LAS SEFIROT Y EL HOMBRE

Kéter - Corona, Voluntad	Cráneo
Jojmá - Sabiduría	Cerebro derecho
Biná - Comprensión	Cerebro izquierdo
(Daat - Conocimiento)	(Cerebro medio)
Jesed - Amor	Brazo derecho
Guevurá - Fuerza, Restricción	Brazo izquierdo
Tiferet - Belleza, Armonía	Torso
Netzaj - Victoria, Duración	Pierna derecha
Hod - Esplendor	Pierna izquierda
Iesod - Fundamento	Órgano Sexual (Brit)
Maljut - Reinado	Pies

Alternativamente: Jojmá corresponde al cerebro/mente; Biná al corazón
Alternativamente: Maljut corresponde a la pareja del hombre, o la boca

NIVELES DE EXISTENCIA

MUNDO	MANIFESTACION	SEFIRÁ	ALMA	LETRA
Adam Kadmón		Keter	*Iéjida*	*Ápice de la Iud*
Atzilut	Nada	Jojmá	*Jaiá*	*Iud*
Beriá	Pensamiento	Biná	*Neshamá*	*Hei*
Ietzirá	Habla	Tiferet*(seis Sefirot)*	*Rúaj*	*Vav*
Asiá	Acción	Maljut	*Nefesh*	*Hei*

MUNDO	HABITANTES	T-N-T-A
Adam Kadmón	Los Santos Nombres	
Atzilut - Cercanía	*Sefirot, Partzufim*	*Taamim* - Musicalidad
Beriá - Creación	El Trono, Almas	*Nekudot* - Vocales
Ietzirá - Formación	Ángeles	*Taguim* - Coronas
Asiá - Acción	Formas	*Otiot* – Letras

LOS PARTZUFIM - LAS PERSONAS DIVINAS

SEFIRÁ		PERSONA
Kéter		Atik Iomin
		Arij Anpin
Jojmá	⎫	Aba
	⎬ Daat	
Biná	⎭	Ima
	⎧ Jesed	
	⎪ Guevurá	
	⎪ Tiferet	Zeir Anpin
	⎨ Netzaj	
	⎪ Hod	
	⎩ Iesod	
Maljut		Nukva de Zeir Anpin

Nombres alternativos para Zeir Anpin y Maljut:

Zeir Anpin: Iaacov, Israel, Israel Sava, Torá, Ley Escrita, Santo Rey, el Sol

Maljut: Lea, Rajel, Plegaria, Ley Oral, Shejiná (Divina Presencia), la Luna

LAS SEFIROT Y LOS NOMBRES DE DIOS ASOCIADOS CON ELLAS

Kéter - Corona	Ehiéh
Jojmá - Sabiduría	IaH
Biná - Comprensión	IHVH
	(pronunciado Elohim)
Jesed - Amor	El
Guevurá - Fuerza	Elohim
Tiferet - Belleza	IHVH
	(pronunciado Adonai)
Netzaj - Victoria	Adonai Tzevaot
Hod - Esplendor	Elohim Tzevaot
Iesod - Fundamento	Shadai, El Jai
Maljut - Reinado	Adonai

NUMEROLOGIA DE LAS LETRAS HEBREAS
GUEMATRIA

300 = שׁ	70 = ע	20 = כ	6 = ו	1 = א
400 = ת	80 = פ	30 = ל	7 = ז	2 = ב
	90 = צ	40 = מ	8 = ח	3 = ג
	100 = ק	50 = נ	9 = ט	4 = ד
	200 = ר	60 = ס	10 = י	5 = ה

Made in United States
North Haven, CT
22 October 2024

59309469R00310